作者简介

尼尔·J. 萨尔金德，在马里兰大学获得人类发展博士学位，并在堪萨斯大学任教35年后，成为该校心理学与教育学系的荣誉教授。他的早期研究兴趣是儿童认知发展领域。在进行认知风格研究几年后，他成为北卡罗来纳大学布什儿童与家庭政策研究中心的博士后研究员。他是《爱上统计学》《人类发展理论》《心理学研究方法》的作者。他编辑了几本百科全书，包括《人类发展百科全书》《测量与统计百科全书》以及《研究设计百科全书》，并且还是《儿童发展摘要和文献》杂志的编辑。他住在堪萨斯州劳伦斯市，闲暇时喜欢烹饪、游泳、阅读、收藏等。

内容简介

《心理学研究方法》（第9版）是美国广受读者欢迎的研究方法教材。作者尼尔·J. 萨尔金德以其35年之久的丰富的教学经验以及深厚的学术功底，将复杂的研究方法以深入浅出的方式阐释出来。内容简要而精练、浅显而深邃：从有关科学方法的基础知识和各种研究范式，到研究中所涉及的伦理问题；从选择研究问题到选择被试；从描述统计到推论统计；从行为测量法到描述与相关的方法；从质性研究方法到前实验和真实验研究方法；从准实验研究方法到发展研究方法；最后，从撰写开题报告到撰写研究论文。并且，每章中都设计了思考题，帮助读者对该部分的内容进行总结。第9版内容更新了不少知识与工具，例如：将与统计关联的工具更新为Excel的数据分析包，这比以前介绍SPSS更能方便读者；与时俱进地增加了关于伦理准则的介绍和质性分析的方法；增加了关于处理参考文献的软件介绍；特别是根据《美国心理学会出版手册》详细地讨论了APA论文写作格式和风格。

本书对社会与行为科学研究的基础知识进行了丰富而清晰的论述，适合高等院校的心理学及相关专业的本科生、研究生阅读，也可以为高等院校的心理学及相关专业的老师提供很好的参考。

作者简介

内容简介

心理学译丛

Exploring Research, 9e

心理学研究方法

（第9版）

[美] 尼尔·J. 萨尔金德　著
童　定　译
童辉杰　审校

Neil J. Salkind

中国人民大学出版社
·北京·

献给萨拉（Sara）、迈卡（Micah）、
泰德（Ted）和我的同僚沙克斯（Sharks）

前言

非常荣幸，我能够教授研究方法课程，与大家分享知识，并且不断探索这一迷人的主题。《心理学研究方法》（第 9 版）记录了这些年来我在课堂上所讲授的一切。

本书适用于那些在社会、行为或者是健康科学领域初次接触研究方法课程的高年级本科生和研究生，他们是本书最主要的读者。而近年来，公共政策、政治、新闻等相关学科也将研究方法纳入它们的课程计划中。这些学科的学生也开始使用《心理学研究方法》。近期，甚至美国学、民族音乐学等领域也开始吸收我们提及的各种方法。

本书试图以一种自然、翔实的方式介绍研究方法领域中的重要议题。《心理学研究方法》（第 9 版）的诞生，说明依然有很多读者喜欢这种简明、谦和的表达方式，而且，我坚信读者会越来越多。我要向所有选择本书的读者表示感谢。

新版本中有哪些改进？

本书很多改进之处都是源于学生、教师的建议。以下是第 9 版的主要改进。

- 比起 SPSS，当数据分析讨论进行时，我们更倾向选择 Excel 作为工具。这是由于 Excel 在各处都可用，包括学院、大学，以及其他机构和许多本书的使用者，都已在电脑中安装它。即使初学研究方法的学生也有基础的电脑与 Excel 技能。
- 更多涉及伦理，因为这变成了越发重要的论题，是研究方法初学者必须知晓的。有更多关于伦理实践进展的历史，以及对一些重要案例的简要介绍。
- 在与采用本书的教师进行大量讨论后，我们决定将章后练习的答案放在本书的结尾处作为一个单独的附录（附录 C）。
- 用于进一步探索的在线资源增加了 25%。
- 更新了处理质性数据和完善参考文献的软件内容。
- 我们在许多章节中插入了一些思考题，帮助读者对该部分的内容进行总结。如果需要的话，也可以以它们为主题展开讨论。那些“自我测试”题并不是要判定谁对谁错——它们只是用来促进读者对当下问题的思考。
- 更新了如何使用互联网进行研究的材料，提供更多在线的调查研究和综述报告的信息，包含了在研究环境下使用社交媒体的全新信息。以前的信息主题例如电子邮件，曾经新颖，现在过时了，我们有必要将其减少，腾出更多空间给其他材料，扩展更新的内容。
- 附录 A 中提供了一些使用 Excel 做数据分析的小窍门。
- 最后一章包含了使用最新第六版《美国心理学会出版手册》（*Publication Manual of the American Psychological Association*）的信息。

本书是如何构成的？

本书共有 14 章（包含小章 3A 和 3B）和三个附录。在第 1 章“研究的任务与重要性”里，不但包含有关科学方法的基础知识，而且还介绍了在社会和行为科学领域常用的各种研究范式。

第 2 章“研究过程：对专用术语的介绍”，重点讲述研究方法中的基本术语和概念，包括变量、样本、总体、假设以及显著性的概念。

任何研究都是从选择研究问题开始的。第 3A 章“问题选择和文献综述”就涵盖了如何选题的内容。这一章将教会你如何利用图书馆和其他丰富的资源来找到自己的兴趣点，并且收集大量的相关资料。还教会你如何使用电子资源（如在线搜索等），以及如何利用互联网来提升自己的研究技能。

在我们新增的第 3B 章“研究中伦理的重要性”中，介绍了伦理实践和研究中所涉及的伦理问题。

第 4 章“取样和概化”对于了解研究过程来说是至关重要的。如何选择被试、在何时何地研究结果可被推论到其他的群体，是进行任何科学研究的前提。这一章将详细为你介绍取样和推论的过程。

有什么研究离得了测量结果呢？恐怕没有吧。第 5 章“测量、信度与效度”将为你介绍测量过程、信度和效度等重要概念。你不仅需要了解测量原理，而且还要了解行为测量的方法。这就是你将在第 6 章“行为测量法”中学到的。这一章讨论不同类型的测验，以及它们的重要性。

一旦你了解了自己想要做什么研究并且知道了测量的重要性，那么接下来要做的就是走出去，去收集数据！在第 7 章“数据收集和描述统计”里将循序渐进地带你去了解一些重要的描述统计量，并且教你如何使用它们。

收集数据的目的之一就是用小群体的资料来推论大群体的情况。第 8 章“推论统计”将为你介绍这些推论统计方法，以及如何用它们进行统计推论。

接下来的四章将介绍几种不同种类的研究方法。在第 9 章“非实验研究：描述和相关的方法”，你将学到描述与相关的方法。

第 10 章“非实验研究：质性方法”介绍的是各式各样的质性方法，包括个案研究、民族志，历史法等，并且简单评论了每种方法的优缺点。我希望这些内容能够对你有所帮助，成为解答你所感兴趣的问题的新工具。

第 11 章“前实验与真实验研究方法”和第 12 章“准实验研究：实验研究的近亲”，为你介绍探索不同领域因果关系的各种研究设计。在第 12 章中，也会对发展研究做一介绍。

第 13 章“撰写开题报告”回顾了撰写开题报告的步骤，还包括一系列可以用来评估你的开题报告的问题。如果你的研究方法课程并没要求准备开题报告的话，那么这一章也可以作为独立的教学单元。

本书最后的第 14 章“撰写研究论文”，逐步讨论怎样按照《美国心理学会出版手册》第六版所要求的格式来撰写论文，从而达到学术期刊的要求。附录 A 是 Excel 数据分析的窍门汇编。附录 B 是书中一些研究范例的样本数据，这些数据文件也可以在网站 www. pearsonhighered. com/irc 上下载。附录 C 包含了每章末尾练习的答案。

本书有什么特色？

接下来我要介绍这本书的几大特色，希望它们能使这本书变得更加实用，也让你们在学习过程中体验到更多乐趣。由于它们在学生和老师那里一直反响不错，因此本书的新版本中依然保留了这些特色。

- 大部分章节开头都有“研究实例”，聚焦于每章要点，旨在说明研究是如何在社会与行为科学中实施的。
- 你会发现我们在书中用旁注的形式来突出一些重点。这些旁注不但可以帮助你进行复习，还能帮助你抓住重点，同时也给你留出了做笔记的空间。
- 那些“自我测试”题已经在前边介绍过了。
- 最后，在本书的结尾处有重要术语表。表中的术语都以黑体字的形式出现在正文里。

致教师

教师以不同方式使用教学材料。我试着完善这一版，让每一章能以不同于目录中包含的顺序被阅读。例如，有些教师告诉我他们从第 14 章开始，因为他们的课程的一个主要元素就是撰写研究论文。其他教师从第 4 章的取样开始，也有人从描述统计或相关方法开始。的确，这些内容在之前和之后的章节中都有提及，但是关联不大，不强求你的学生获取这些信息，但他们必须在讨论中理解这些概念。

并且，如果你想了解更多关于 Excel 及其在统计中的应用，你可以阅读我所著的另外两本书，包括《用 Excel 做统计》（*Excel Statistics*，第三版），以及《爱上统计学》[*Statistics for People Who*（*Think They*）*Hate Statistics*，Excel 版]。当然，如果有任何问题，致信给我（njs@ku. edu）。

最后，你可以在 www. pearsonhighered. com 学到更多关于本书的补充。

怎样使用本书?

我尽量以一种平易近人的方式来写这本书（相信你们也已经看出来了）。我认为这样做的意义就在于可以让你轻松上手，理解书中所讲的，能够按照书中的建议去做。曾经有评论家和早期版本的读者并不喜欢这种简单的叙事方式。而我却认为重要的和有趣的思想并不一定要写得晦涩难懂，简简单单最好。就像是，妈妈所说的话总是正确的，通俗的语言也饱含真理。

这本书可能是你学习研究方法课程的主要教材，也可能只作为补充学习材料。但不管怎样，下面总结的一些使用心得都会帮助你更好地利用本书。

- 翻翻书的目录，你就会了解书中都讲了些什么。
- 慢慢来，不要试图一次读太多的内容。大概每周学习一章就差不多。虽然把每章所包含的二三十页内容一下子读完并不是一项艰巨的任务，但是如果能够把内容分成几个主要的小节来阅读的话，学习起来会更加容易。读得太多太快会让你觉得疲劳，产生挫败感，这是谁都不愿意看到的结果。
- 通过做每章末尾的练习，可以加深你对所学知识的理解，还可以帮助你获得对这一章所讲的知识或技能的直接经验。
- 把你的疑问写在书页的空白处。如果有机会的话，向老师请教一下，或者把它们带到学习小组中进行讨论。

致谢

所有的教科书的封面只会印上作者的名字，但是完成任何一本书都不可能仅凭一个人的力量。《心理学研究方法》也是在许多人的帮助下才得以完工的。

在这里，我要对以下这些人表达最诚挚的谢意。克里丝·卡道恩（Chris Cardone），她既是位很棒的编辑，也是我的密友，正是在从米兰回来的路上，她使我产生了撰写这本书的灵感。特别感谢克里斯汀·提斯戴尔（Kristin Teasdale）对旧版的协助。特别感谢道格·贝尔（Doug Bell）长久辛勤的工作，从而使此版的面世成为可能。

我为错漏承担全部责任，并向使用旧版本并因错误产生困难的学生和教师道歉。这些错误已经尽量被人性化地移除。

最后，我还要感谢莱妮（Leni），感谢她对我一如既往的支持与爱。我很钦佩迈卡（Micah）、萨拉（Sara）和泰德（Ted），他们正在不断地追求专业、有个性的生活方式。世界正是因为这些年轻人才变得越来越美好。

那么，接下来就看你了。好好地使用这本书！我希望你的阅读经历能充满乐趣，不断获得新发现，不断发掘自身潜力。我将非常乐意听到你对于本书的看法，包括你喜欢哪里，不喜欢哪里，有什么意见、建议，或者其他什么都行。期待你写信或者发电子邮件给我！

尼尔·J. 萨尔金德（Neil J. Salkind）
University of Kansas
Lawrence，KS 66045

目录

第 1 章

研究的任务与重要性

1

章节概览

对研究说“Hello”!
研究是什么而不是什么?
科学探究的模式
研究的不同类型
何时采用何种研究方法?
基础研究与应用研究
小结
在线资源
练习

对研究说“Hello”！

当你走在那些有社会科学教授办公的大楼里，比如心理学系、教育学系、护理学系、社会学系或者是人类发展研究院的办公楼，你是不是就会看到一些蓄着胡须、不修边幅、穿着白大褂的男人，他们穿着皱巴巴的裤子，叼着烟斗，弯腰驼背地坐在电脑面前喃喃自语？或者是看到同样穿着白大褂不修边幅的女士，她们穿着皱巴巴的裙子，叼着烟斗，弓着腰对着电脑振振有词？

这就是研究者们奋力工作的情形吗？不。这只不过是你对科学家们的刻板印象。在教学或办公大楼里，你更有可能看到的是正在努力工作的各色各样的研究者。他们孜孜不倦地致力于破迷解惑，帮助我们在前代科学家的基础上不断了解人类行为。

就像是其他人一样，这些研究者也是每天早上赶去上班。但与其他人不同的是，他们满怀激情地做着研究，一步一步得出结论。虽然可能有些结果让人难以捉摸，有时甚至得不出什么结果，但是他们依然努力地去挖掘。如果可以用研究中的新发现去解答一些重要问题，或者为他人提供帮助的话，那也是值得欣慰的。婴儿早期干预计划、精神病理学疗法、新的课程设计、冲突解决策略、合理的用药方案，甚至在政治和法律方面的改变，无一不是依据大量研究者的研究结果。虽然结果不一定十全十美，但任何新发现或者新思想都是前人智慧的积淀，会对今后的研究者（可能就是你）产生启发。

你可能已经了解了研究者们所做的工作并对他们心存感激。但这还远远不够，接下来我们还要带你了解更多的知识，比如：

- 逐步了解研究过程。
- 开始为自己做研究做准备。
- 知道如何评价研究的质量。
- 学会查找、阅读和总结别人的研究。
- 了解在线研究的价值。
- 揭开基本统计方法的神秘面纱，知道它们是非常容易上手的。
- 测量你所感兴趣的行为、特质或其他特性。
- 收集在你所感兴趣的领域中的各类数据。
- 用先进的统计软件包（Excel）来进行数据处理。
- 通过设计各种研究来回答你想解决的问题。
- 撰写开题报告，然后按部就班地去做研究。开题报告中不仅要写清楚你的研究内容，还要列明你的研究步骤。

读到这里，你或许正兴奋地摩拳擦掌？或许有点踌躇胆怯？不管怎样，你都要相信，做研究绝对不是一件枯燥乏味的事情，特别是当你意识到，你在研究方法课上所学的知识、你所写的研究论文，可能就会成为你握在手中的一把钥匙，帮你开启智慧之门，了解更多的人类行为，继而使他人受惠于你时。

> 今天，决策建立在证据的基础上，而研究者们做的就是为决策收集基础性证据。

那么，现在我们就开始学习研究方法课程吧！首先看看别人都做了些什么研究，然后选定自己的研究课题。你大可不必紧张，因为在你之前，已经有成千上万的学生修过这门课，绝大多数的学生掌握了做研究的基本知识，知道如何去做研究，如何去区分好的研究和坏的研究。所以，不要犹豫，让我们一起开始这令人振奋的探索之旅吧！

研究是什么而不是什么？

2

你最好先了解一下研究者们都为我们的生活做了什么贡献。我们就从一些顶尖的研究者讲起吧，看看他们都获得了哪些殊荣，研究的焦点又是什么。他们也曾像你们一样捧着书本坐在教室学习。他们对研究与某个独特课题产生了越来越浓厚的兴趣，并把它作为自己一生的事业。

> 研究是人类工作中一项细致而深入的活动，能够产生新思想和新问题。

接下来的奖项由美国心理学会在2014年颁发，旨在表彰杰出的工作。

罗切斯特大学的理查德·阿斯林（Richard N. Aslin）获得了杰出科学贡献奖，他的研究关系到学习、发展和生物学。他聚焦在婴儿视觉感知、婴儿语言感知、统计学习。

罗格斯大学的G. 泰伦斯·威尔逊（G. Terence Wilson）获得了2014年心理学杰出科学应用奖，他致力于理解行为治疗的本质与理论，聚焦在恐惧减除，致力于运用暴露方法治疗焦虑障碍、成瘾、肥胖症和进食障碍。

最后，心理学杰出早期职业贡献奖之一颁发给了麻省理工学院的劳拉·E. 舒尔茨（Laura E. Schulz），她致力于儿童学习以及角色探索的研究。

美国教育研究协会（AERA）也褒奖卓越的贡献。

2009年E. F. 林德基斯特（E. F. Lindquist）特别奖颁发给密歇根州立大学的马克·D. 瑞卡斯（Mark D. Reckase），他为教育测量做出了贡献，包括计算机化测验、多维项目反应理论（MIRT）等。这个奖项是以美国高校测验项目的创立者E. F. 林德基斯特的名字来命名的，专门颁发给测量领域杰出的应用或理论研究者。

和许多组织一样，美国教育研究协会同样颁发奖项给处在早期职业生涯中的研究者，如早期职业奖，得主之一是威斯康星大学的萨拉·戈德里克-兰布（Sara Goldrick-Rab），以表彰她对高等教育的研究。

所有这些获奖者都有一个共同的特点，那就是在职业生涯的某段时间里，曾全身心地投入做研究中。

所以，长期研究的良好工作定义是什么？

做研究就是一个发现新知识的过程。而理论（如动机理论、人类发展理论、学习理论等）则帮助我们将新知识纳入原有的知识体系，并用这些相互联系的概念去解释现在和预测未来。理论是科学研究的重要组成部分，是研究的基础。在此基础上研究者们才能像滚雪球一样，不断积累新思想、新观念，直到这些因素结合起来，从而构建知识体系。

高质量的研究有一些不同的特征，其中有些特征与其他特征关系密切，常常交叠出现。高质量的研究是这样的：

- 以前人的研究为基础。
- 具有可复制性。
- 具有普适性。
- 具有一定的逻辑和理论基础。
- 具有可操作性。
- 在解决问题的同时又产生新的问题，周而复始。
- 可以不断积累。

● 是可以改善我们社会的非政治行为。

第一，*研究要以前人的研究为基础*。这并不意味着你就可以直接重复别人的研究（那样做是剽窃），但是你仍可以借鉴它们。它们可以为你提供基本的研究思路，让你知道自己该如何进行研究。比如说，目前已经有 200 个关于男女攻击性差异的研究，对于这些研究结果，你绝对不能不理不睬。虽然你不希望去重复它们之中的任何一个，但当你做研究设计的时候，一定要对那些研究中所用的方法以及研究结果了如指掌。

原子弹的诞生就融汇了前人的诸多智慧和不懈努力。来自世界各地的数百名顶级的科学家们，运用自己的知识，付出了高度紧张的努力，才制造了这一可怕的武器。这项
3 工作的特别之处就在于时间的紧急性。由于军事和政治的紧迫性，研究者们必须随时共享彼此的研究成果。今天刚刚做出的结果，立刻成为明天的研究基础（完整的故事可参见理查德·罗兹［Richard Rhodes］的普利策获奖图书《原子弹出世记》［*The Making of the Atomic Bomb*］）。

第二，当我们谈论别人的研究的时候，我们都会说*研究是一项可以复制的活动*。如果有人研究了问题解决能力与音乐天赋之间的关系，那么他的研究方法和研究过程（甚至结果）都应能在其他的群体中得到重复和验证。一方面，任何可靠的科学发现都应具有可重复性。如果你有点石成金的能力，那么你在任何时候都应该能够施展出来，是不是？还有教孩子阅读的新方法，或是早期干预计划等，都应该经得起重复。另一方面，只有当一个实验的结果可以再现的时候，其他研究者才能在此基础上继续深入探索。

第三，*好的研究要有普适性*。比如说，一个青春期的男孩在某一情境下对同伴压力特别敏感，那么换到另一个相似的情境也应该成立。有些研究条件具有极端的特殊性，难以再现，会使得它们的概括性较差，但是大部分研究结果也是值得借鉴的。

第四，*研究都有一定的逻辑和理论基础*。做研究不仅是为了满足一时的兴趣，而是要考虑现阶段的工作是否有助于今后解决更高级、更复杂的问题。没有人可以通过做一个大的研究就搞清楚儿童智力发展的全部过程，或是青少年喜欢拉帮结派的原因，又或是中年危机的成因。上述每一个大的研究方向都要分割出许多小的研究，这些小研究又都围绕一个共同的主题，而共同的主题就是指那些潜在的指导理论。

第五，*研究必须是可操作的*。很多时候，让一些科学家（尤其是一些像你一样年轻的、缺乏经验者）拿出一个可行的研究思路，绝对是对他们的一大挑战。他们好像认为什么都可以拿来做研究。经常有学生在论文中写道：“本研究的目的是看看当药物在电视广告中曝光后，其药效是否会降低。”这种含混不清又缺少概念架构的陈述不但没有价值，而且也难以实施。好的研究应该抛出一个有解的问题，继而去努力解答。

第六，*做研究能在解决问题的同时又产生出新的问题，周而复始*。今天的研究结论，可能就成为明天提出新问题的基础。稍后在这一章里会讲到科学研究方法，届时你会对这一周而复始的过程有更深刻的了解。

第七，*研究是不断累积的*。没有一个科学家是完全独立的，相反，他们都是站在别人的肩膀上继续进行研究。每个人的贡献总是小的，可能只局限在特定的领域。早期对语言发展的研究不能解答有关言语习得的所有问题，而现在的大多数研究也是在不断地完善先人的研究。把某一领域的所有研究结果汇总起来就形成了庞大的知识体系，这些知识被不同的研究者所共享，成为今后研究的基础。在一个特定领域中，总的知识大于该领域各部分的研究之和。因为我们不仅要了解新的研究进展，还要借助它们，通过多样的、富有成效的视角去审视其他研究发现。

第八，*研究的最妙之处就在于它是能够完善社会的非政治性活动*。之所以强调

“最”字，是因为往往太多时候研究经费的分配被特殊利益集团所掌控。是否开发艾滋病的疫苗不应该取决于某个人对个体生活方式的看法。同样，是否支持早期干预计划也与某个人的思想和政治观点无关。那么克隆技术是否就应该因为它可能被滥用而叫停？当然不能！要考虑的是如何制止新技术滥用，而不是停止研发新技术。

尽管做研究是与政治无关的，但是它的最终目的是让社会变得更好。研究者决不能为了研究营养缺乏对婴儿的影响，而让孕妇饿肚子；不能为了研究压力和营养的联系，而强迫人们吃一些可能对身体有害的食物。这些不道德的行为绝不应该被提倡，更何况还有其他很多不会给人带来伤害的方法可以用来解决那些问题。

以上这些是好研究应该具备的特点，那么不好的研究，也就是那些与上述所有或者部分情况背道而驰的研究又是什么样的呢？总的来说，低劣的研究就如同你出海捕鱼却无功而返。那些剽窃他人的研究结果、篡改数据或者是有意误导参与者的研究也都是低劣的。曾经确实有研究者这样做过，好在这样的人只占少数。 4

自我测试

提示：在每一节的最后，我们都为你准备了一些问题，以帮助你更好地理解这一章的内容，引导你学习。

1. 请你举出一个例子来说明研究是如何不断积累的。这样做对以往的研究者和将来的研究者各有什么益处？
2. 思考一个例子，说明任何领域的知识是如何产生新问题，或是相关话题的。

科学探究的模式

在过去的 20 年间，数以百计的出版物介绍了那些来自世界各地的科学家的日常工作情况，让读者对研究过程的轨迹和辛苦有了更深的认识。

> “做研究”就是遵循这样一个模式：以提出问题开始，以提出新的问题而结束。

抛开这些书的具体内容不谈，它们都有一个共同点，那就是遵循一个固定不变的模式，正是这一模式使得研究者们能够如从字母 A 到字母 Z 一般，按部就班、满怀信心地开始他们的发现之旅，寻找所提出问题的充分答案。

他们之所以能够从容不迫地选择研究方法、推论研究结果，是因为他们已经在如何探究人类行为的问题上达成共识。此外，为什么科学家们能够信任他们的同事，对他们的研究充满信心？我相信除了他们都共同拥有良好的研究初衷之外，肯定还有其他相似之处。实际上，他们都共同遵循一套标准的提出问题和解决问题的程式。

当你在一篇文章里看到方法 A 比方法 B 更有利于提高记忆力时，那么你就能非常确定地知道接下来的研究步骤会是什么样的。因为研究者已经对使用哪种方法来解决这一问题达成了共识，对比 A 方法和 B 方法的结果就会在今后的研究中得以应用。接下来的研究可能要调查方法 A 的各种变式，并了解它们是否也有作用以及它们的作用机制。发展心理学家、老年医学家（老年人的研究专家）、语言学家和生理心理学家的研究无一不是遵循这样整个过程。

图 1－1 是科学研究模式的各个步骤。

这个模式是用来寻找真理的（无论用什么样的方法），换句话说，是用科学的方法获得有关很多重要问题的合理的、可靠的答案，从而使我们更加了解人类的行为。

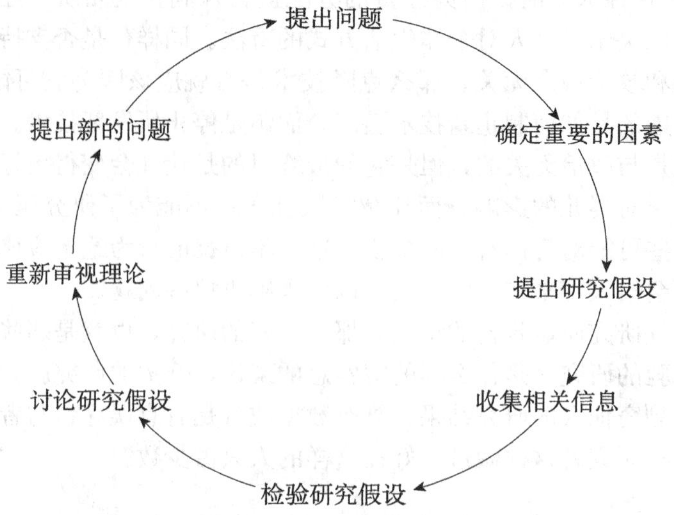

图1-1 研究过程中一环扣一环的各个步骤

5 电视对青少年的社交技能会有什么样的影响？这是一个有趣的热门话题，我们将用这个例子来说明研究的各个步骤。

提出问题

还记得《绿野仙踪》的故事吗？当多萝西意识到她必须要到翡翠城去的时候，她问葛琳达（那个好女巫）："我该从哪里开始呢？"葛琳达回答说："亲爱的，大多数人是从头开始的。"所有的科学研究也是一样。

我们首要的，也是最重要的一步就是提出问题（我想知道如果……将会发生什么?）或者是有个明确的目标（我们要寻求一种方法来……）。这些都是出于人们的好奇心，却又激励着我们去寻找答案。例如，你可能十分好奇地想知道社交媒体，如Twitter（推特）和Facebook（脸书），对儿童与其同伴之间的关系产生何种影响；也可能非常迫切地想知道如何有效地利用各种媒体来有效地教育儿童和成人有关吸毒的危害。

这些问题很随意，时常用来讨论和激发接下来的研究方向。这些问题是从何而来的呢？它们很少来自实验室或者是课堂，而是来自我们的经验和想象力，是科学、艺术、音乐、文学世界的浓缩品。并非巧合，很多小说（包括科幻小说）也都有事实依据。真正富有创造力的科学家总是在不断思考现在有哪些处理问题的方法，接下来又要解答什么重要问题。当路易斯·巴斯德（Louis Pasteur）说"机会青睐有准备的人"的时候，他真正的意思是"尽可能地利用你在学校内外学到的经验"。只有这样，你才能做好充分的准备去认识那些重要的问题，而正是这些问题激发你进行更多的科学探索。

问题的范围是非常广泛的，可以是社交媒体在同伴群体之中的影响，或具体到"社交媒体交易内容与被同伴接受"的关系。不管研究的内容是什么、研究的深浅如何，提出问题都是科学研究的第一步。

确定重要的因素

一旦提出了研究问题，那么接下来就要确定回答问题要调查哪些因素。可以从最简单的因素，比如说青少年的年龄或者社会经济地位等，到更为复杂的测量，例如每天面对面互动的次数。

下面列出了过去的10年中，研究者们在调查社交媒体的影响时所选择的因素：

- 青少年的年龄与性别。
- 族群。
- 家庭教育程度。
- 所接触社交媒体的类型。
- 自我认同的密友的数量。
- 家长对社交媒体的态度。
- 家庭结构。
- 家庭沟通模式。

事实上，有成千上万的因素和相关话题可以进行探索，我们只是列出了其中的几个。所有这些因素可能都会有助于我们了解社交媒体的影响作用。那么我们该选择哪些作为焦点进行研究呢?

一般来说，你可以选择这样的一些因素：

- 以往没有人研究过的。
- 能够帮助你理解所提问题的。
- 对调查来说有用的。
- 你个人或者是你的专业所感兴趣的。
- 可以引申出其他的问题的。

定义你所要研究的问题的性质本身就不容易（参见第3章)，更不必说提出一些能够激发更进一步研究的问题了。但是，只要你开始了你的研究之旅，那么你就成为科学家这一精英团体的一员，你要肩负起发表科学论文的责任。在论文中不但要说明你自己做了什么，还要说明该研究进一步的研究方向是什么。

提出研究假设

当问到什么是假设的时候，一个9岁小女孩回答得好：“假设就是一个有根据的推测。”假设就是把疑问转变为陈述，用那种“如果……那么……”的句式来说明变量之间的关系。

例如，有这样一个疑问：“使用Facebook对友谊的发展有什么影响?”那么，提出的假设就是：“使用Facebook作为他们维持社交接触主要方式的青少年拥有更少的密友。”在第2章里，我们将着重讨论一个好的假设都有哪些特点。

现在，你应该意识到假设就是最初所提问题的客观延伸。尽管由于提问形式所限，并非所有的问题都是可以回答的（尽管在提问阶段可能是个好的问题)，但一个好的假设就会把问题转换成一种可以检验的形式。好的问题能够产生好的假设，继而诞生好的研究与实用的结论。 6

收集相关信息

研究假设中应该交代清楚不同因素之间的关系，例如Twitter上的关注人数和社交技能水平之间的相关性。这是假设的目的所在。一旦形成了研究假设，那么接下来要做的就是收集信息或实验数据来支持或者否定假设。所以，如果你对“参与到社交媒体中是否对青少年的社交技能产生冲击”很感兴趣，那么接下来你就要去收集能够检验这一假设的数据。

例如，你可能要收集两类数据来检验上述假设：首先是知道青少年拥有的好友数量，其次是这些人际关系的质量。

在检验假设的时候，还有非常重要的一点要说明，那就是你是在检验假设，而不是去证明它们。作为一个好的科学家，不论你赞不赞同研究结果，你在收集数据的时候都应该做到实事求是。科学家们开始着手检验假设时，无论是选择收集研究数据的方法还是解释研究结果，都不能心存偏见。否则，整个研究过程就会全盘崩溃。除此之外，在科学研究中没有什么是真正错误的。一个假设不能得到验证，只不过表明还需要考虑一些其他的问题，或者原来的问题还要进行重新组织。这就是好的科学研究的魅力所在——在同一个主题内，总能提出新的问题——每个人都能发挥一点光芒。而把你或其他研究者所发出的这“点点星光”聚集起来就是一个新的、意义重大的发现。

检验研究假设

仅仅收集相关的研究数据就够了吗？当然不行。如果你收集到的数据显示，每周花费 10 小时以上在社交媒体上的青少年与同伴的关系良好程度比那些耗时 10 小时以下的青少年差 50%，那么你的研究结论是什么呢？

一方面，你可以说那些每周使用社交媒体 10 小时以上的青少年的社会化程度是其他青少年的一半，或者说关系的质量是那些每周使用 10 小时以下社交媒体的青少年的一半；另一方面，你需要讨论一下两组青少年的差异是否足够大，大到足可以让你下定论。你可能会下结论：还需要发现人际关系质量更大的差别，才能说明社交媒体使用与友谊质量的关联。

接下来与**推论统计**（inferential statistics）打个招呼吧（详见第 8 章），这些统计方法可以帮助你把某一因素（例如在 Facebook 上耗费的时间）对不同组别的作用从其他影响因素中分离出来，或者使之区别于**偶然性**（chance）。就如同运气、命运，或者其他你认为不可控制的因素，有些时候却能造成不同组别之间的差异。

例如，参与你研究的一些青少年进行了某些特别强调使用社交媒体来进行交流的社交活动，像发短信；抑或一些青少年害怕真实地报告他们学习期间在 Facebook 上花费的时间。

这些统计方法就能帮助你把想要研究的因素（例如在 Facebook 上耗费的时间）与那些无关的因素（例如家庭在现住址上居住的时间）分离开来，并告诉你得出某个结论的概率水平，从而使你能够判断出影响因素是否如同你最初所认定的那样，还是由一些其他的因素所导致，而那些因素还需要在今后的研究中进行探索。

讨论研究假设

一旦你收集了你需要的数据并且检验了研究假设，你就可以像一个优秀的科学家那样坐下来，稍做休息，审视和检验所得的结果了。所得的结果可能支持你的假设，也可能与你的假设相悖。不管是哪种情况，研究都告一段落了。如果数据能够支持你的假设，那么，你在研究假设中提到的重要影响因素和重要概念就被证实，你就可以在原来的研究道路上继续下一步的研究计划。如果假设没有得到证实，那么可能还需要一段时间去了解之前所没有考虑到的因素。就我们之前所举的例子来说，可能就意味着卷入社交媒体中对社交技能和社会关系是没有影响的。尽管研究者们可能会因为之前的预言（规范地说是假设）没有被证实而感到有些失落，但是任何操作严谨的研究不管其结果如何，都能提供有价值的信息。

7

重新审视理论

最后，就到了盘点工作的时间了，我们要看看所得的研究结果与最初的理论基础有什么关系。在本章的开头，我们把理论定义为一组能够预测将来和解释过去的陈述。而理论的一大特点就是能够被不断改进，而改进的依据就是那些与理论有同源假设的研究结果。

例如，有一用来揭示儿童和成人发展的独特理论叫作“社会学习论”，这个理论特别看重行为榜样和替代学习或者是说间接学习。按照这种理论，一旦现实环境与最初观察者看到的暴力行为所处的环境（如特别不合适的 Facebook 发布）有相同的信号或者是刺激的时候，观看的暴力节目就能够引发攻击行为。

如果观看那些暴力榜样的行动能够增加攻击行为这个假设被验证，再加上其他有力证据，通过不断“添砖加瓦”后，社会学习论这座“大房子”就建成了。而好的科学家总是在尝试把这些“砖块”（也就是新的信息）砌在最合适的地方。这样一来，新的知识就可能改变理论的表现形式或是其对人类行为的解释。然后，理论也会萌生出更多的新问题，那将有助于我们将来继续造“房子”。

提出新的问题

总之，一个基本的科学研究程序的最后一环就是提出新的问题。你可以简单地变换一下研究主题（男性和女性在使用社交媒体的方式上有什么不同?），也可以把最初的问题更加细化（社交媒体的使用是否对男性和女性的社会关系造成不同影响?）。不论假设是否得到了验证，好的研究都能让你更进一步理解最初的问题，让你到达一个崭新的、意想不到的领域。

自我测试

研究假设在科学研究中扮演着非常重要的角色，有了它，科学家就可以对他们想要了解的特定问题进行客观检验。那么有哪些因素可能会妨碍科学家们客观地去做研究？不觉察到这些偏见会造成什么危害？

研究的不同类型

现在，你已经清晰地知道了什么是研究，以及研究的过程是什么样的。那么就来看看不同类型的研究范例，了解不同的研究方法适合解决什么样的问题。

下面要讨论的那些研究方法，其不同点主要表现在三个方面：（1）所提问题的性质；（2）所选用的解答方法；（3）每种方法解答这些问题的精确程度。如果单纯考虑这些研究方法能够解决什么问题的话，它们之间可能区别不大，但是它们的研究内容和重点会有差异。换句话说，如果你对电视节目对儿童的影响感兴趣，那么可以通过非实验研究来调查观看习惯；也可以设计实验，让孩子们看某种暴力榜样行为，然后看它们对儿童的行为的影响。

表 1－1 对本书将会讨论的研究的两大基本类别（实验研究与非实验研究）进行了简要总结。

表中列出了各种研究方法的选用目的、研究的时间范围、对变量的控制程度、代码（那些出现在研究报告中能够向你透露研究类型的信息的词），还列举了一个典型的实例。第 9 章到第 12 章还会更加详细地介绍这些研究方法。

表 1-1 书中涉及的研究方法概览

	研究类型					
	非实验研究				实验研究	
	描述研究	历史研究	相关研究	质性研究	真实验研究	准实验研究
研究目的	描述既有现象的特性	将过去发生的事件与现在的事件相联系	检验变量之间的关系	探索人类行为及其社会、文化、政治背景	检验真正的因果关系	检验因果关系，但不能实现完全控制
研究的时间范围	现在	过去	现在或过去（相关）将来（预测）	现在或过去	现在	现在或过去
研究对变量的控制程度或者说是研究的精密性	无或低	无或低	低到中	中到高	高	中到高
查找文献的关键词	描述 访谈 综述 文献	过往描述	关系 与……有关 与……有联系 预测	个案研究 评价 民族志 历史研究 调查	……的功能 ……的原因 相互对照 ……的效应	……的功能 ……的原因 相互对照 ……的效应
实例	对青春期女生约会情况的调查	弗洛伊德的催眠术与当今心理治疗方法的联系	看电视时间与年级平均分之间的关系调查	个案研究——对儿童教育政策的有效性分析	学前言语学习计划对城市儿童言语能力的影响	空间和语言表达能力的性别差异研究

当讨论所使用的研究方法时，有一点需要牢记于心。与通常不一样的是，随着研究变得更复杂，以及研究者（正如未来的你）得到更好的受训，有可能会越来越依赖于混合的方法模型，其中实验和非实验方法被整合在一起。一些研究者觉得这种取向缺乏清晰性和精确性，但其他人觉得这是从多样视角考察感兴趣现象的最好方式，因而能提供很多有用的信息。

8

非实验研究

非实验研究（nonexperimental research）所包含的各种研究方法都是用以描述变量之间的关系的。非实验研究方法与你之后将要学到的研究方法最重要的区别就在于，非实验研究方法不能描述或者检验变量之间的因果关系。例如你想要调查青少年使用社交媒体的行为，你可以让他们以日记的形式把自己每天使用什么及使用多久记录下来。

> 非实验研究可以探索变量之间的关系，但是因果关系除外。

描述研究可以提供青少年在线行为内容的信息，但是不会讨论他们在线的原因和内容。在这类研究中，你不试图理解动机是什么、使用了什么网络工具，也不能尝试去控制他们的交流行为、内容或其他结果。这实际上就是非实验研究，因为在你的假设或者是调查中没有涉及任何形式的因果关系。

本书所讲到的非实验研究方法有描述法、相关法和质性研究方法。描述法和相关法将在第9章中介绍，第10章讨论质性研究方法。下面先对它们进行一下简要介绍。

> 描述研究关注当前发生的事件。

描述研究　描述研究（descriptive research）是对既有现象的特点进行描述。美国每10年的人口普查就是一个描述研究的例子，它收集了目前方方面面的信息，从门牌号码到超过60岁的已当祖父母的老人的数量。

收集这些信息有什么用呢？首先，它为你描绘了一幅有关你想要研究的有趣现象的概略图。例如，你想对儿童的阅读过程多加了解，那么你应该参考《阅读评估》

(*Reading Assessment*，http：//nces. ed. gov/nationsreportcard/reading/)。这本出版物（每两年发布一次）记录了儿童在 9 岁、13 岁和 17 岁的阅读成绩信息。或者通过参考疾病控制与预防中心发布的《发病率和死亡率周报告》(*Morbidity and Mortality Weekly Report*，http：//www. cdc. gov/mmwr/）来了解中西部麻疹疫情的流行情况，再或者通过劳动统计局的网站数据（http：//www. bls. gov/）来了解当前的失业率和孩子不满 5 岁的单亲职工的数量（大概有 60%）。你想了解的信息，都能在某个地方查到。正是描述研究提供了这类的信息。

再举一个例子，埃莉诺·汉纳等（Hanna，Yi，Dufour，& Whitmore，2001）的研究调查了早期吸烟与青春期饮酒、抑郁及吸毒的关系。他们采用描述统计和其他的统计方法将早期吸烟者与那些不吸烟者，或是那些经过简单实验控制的人相对比，发现他 *9*
们更容易饮酒和接触毒品，在学校里会惹更多麻烦，更早有性经历甚至怀孕。

描述研究可以单独进行，也可以作为其他类型的研究的基础，在深入了解群组之间差异之前先对群组的特征进行描述。而且，收集描述性数据可作为深入进行更复杂研究的第一步。想要描述结果吗？学习更多描述性技术吧。

相关研究 描述研究和**历史研究**（historical research）为你呈现了一幅图画，来描绘那些现在或过去发生过的事件。研究者们往往不满足于描述事件，而想进一步去探讨事件之间的关系。相关研究就是探索变量之间或事件之间关系的最常用的研究方法。

相关研究（correlational research）可以为你提供这样一些信息：两个或更多的事件是如何与其他的事件相联系的；这些因素之间有什么共有的特点；一个或者是多个信息在多大程度上能够预测一个特定的结果；等等。而这些是描述研究和历史研究所不能做到的。

> 相关研究检验变量之间的关系。

相关研究要用到一个叫作**相关系数**（correlation coefficient，详见第 9 章）的指标来评估变量之间关系的强弱。绝大多数的相关研究会报告这一指标。

如果你想知道大一学生的学习时间与学期平均成绩之间的关系，那么你可能就要做相关研究了，因为你是对这两者之间的关系感兴趣。如果你想找出能够很好预测研究生在校表现的变量，那么你就要做那些包含预测的相关研究。

例如，克拉克森斯基、古尔德和默德瑞（Klaczynski，Goold，& Mudry，2004）对文化、肥胖刻板印象、自尊和纤瘦（thin ideal）进行了研究。他们考察了对肥胖的负性刻板印象与其他的变量（包括对肥胖成因和控制体重的看法和自尊）的关系。他们发现，控制体重的信念与自尊之间呈负相关关系。

需要重点强调的是：相关研究能够检验变量之间的关系，但是并不能说明谁是因谁是果。换句话说，相关性和预测性研究可以检验除了因果关系之外的关系。而在因果关系中，一个变量的变化会直接影响其他变量的变化。

例如，社会犯罪率总是与冰激凌的销售水平同时增长，这是一个既定的事实。这是怎么回事呢？当然，任何有头脑的人都不会认为，禁止销售冰激凌能遏制犯罪行为，而是有另外的变量"气温"能够更好地解释冰激凌大卖和犯罪率升高（当气温升高的时候，两者都会增加）的原因。人们如果仅凭变量之间有相关就认定它们之间存在因果关系，那是极其荒谬的，不过你也不必每天盯着报纸去寻找是否某些政客恰恰会得出那样不明智的推论。

质性研究 **质性研究**（qualitative research，参见第 10 章）之所以被归于非实验研究是因为它不能直接检验因果关系，而且大多数情况下，它与实验研究遵循的是完全不同的模式。

> 质性研究探索社会、文化背景中的现象。

质性研究的目的就是考察在社会、文化和政治背景下的人类行为。可以通过各种不同的手段来实现这一目标，例如访谈法，历史法、个案研究法和民族志方法等。质性研究方法通常得到定性（非数值型）的原始数据。换句话说，质性研究者们更加关注的是受访者所讲的内容（当然不仅仅如此），而不是他们陈述某种观点的次数（频数）。

在社会和行为科学领域，质性研究是相对较新的研究方法。它的不断推广很大程度上是由于目前其他可用的研究方法还不完美。不少科学家认为传统的实验方法有太多限制和局限，不能发现一些潜在的、重要的因素及因素与因素之间的关系。质性研究方法则为你提供了一系列工具，让你可以用全新的方式来回答那些全新的问题。

实验研究

你已经了解相关研究能告诉你变量之间存在相关关系，但是不能证明变量之间存在因果关系。那么特质、行为或事件以何种方式相联系才能说明它们之间存在因果关系呢？有两类研究能够回答这个问题：真实验研究和准实验研究。

10 实验研究探索变量之间的因果关系。

真实验研究

真实验研究方法（true experimental research method）依照某种标准将参与者或被试分配到不同的组，这一标准称为处理变量或处理条件。例如，你想对比能够减轻成年人强迫行为的两种方法的效果。第一种方法中包含行为技术，而第二种方法中没有。这些人被分配到各治疗组，整个治疗过程结束之后，你肯定想通过比较两组被试的强迫行为的发生频率来比较这两种治疗方法的效果的差异。由于是由研究者来决定如何分组，所以研究者能够绝对地控制被试所处的环境。

真实验研究检验直接的因果关系。

这是探寻因果关系的理想模式，因为研究者已经明确了可能的原因（如果研究结果也支持的话），并且继续监测事态的发展。但是最关键的还是研究者能够完全掌控整个治疗过程。

在准实验研究中，研究者的控制水平就没有那么高了。在你研究之前，被试已经被间接地分了组（如社会阶层、物质滥用的类型、性别和受伤类型等）。

实验研究方法与其他的研究方法的差别归根结底就在于对变量的控制上。真实验研究（详见第 11 章）中只留下研究者感兴趣的因素，而其他可能的影响因素都被分离或控制。例如，弗莱明、克雷恩和考特（Fleming，Klein，& Corter，1992）研究了社会支持对抑郁情绪、产妇的态度和新生儿抚育行为的影响。作为实验设计的一部分，研究者将 142 位母亲分成了三组。第一组接受干预，第二组不受到任何干预，第三组通过群发邮件的方式受到特殊的干预。这里关键就在于对三组条件的“处理”（这也是实验设计的关键）。这个研究就属于真实验研究，因为参与者都处于不同的社会支持团体中，而不同社会支持团体的划分就是一种处理方式。而在准实验研究中，研究者没有通过分组对群组成员进行控制。准实验研究和真实验研究的主要区别就在于，在进行准实验研究前研究对象已经被划分到不同的小组。就是这么简单！

准实验研究检验因果关系，在分组上没有进行任何控制。

准实验研究

在**准实验研究**（quasi-experimental research）中，研究者已经依照被试现有的特征或者性质进行了分组。例如不同的性别、种族、年龄、年级、居住社区、工作类型甚至经历。在实验之前，这些类别已经存在，研究者在分组上没有进行任何控制。

比如说，你想了解居住在同一社区的人的投票方式。你不能改变他们的邻居关系，但是你可以通过准实验研究来探寻居住地与投票方式的因果联系。因此，如果你发现投票方式和居住地有关，你就可以满怀信心地说（当然没有实验研究那样确定）：一个人的投票方式与他的居住地之间有因果关系。

准实验研究被广泛地应用在那些无法对被试进行分组的实验中。例如，你可能想研究如何减少对儿童的虐待，你就不能够创建一个施虐者小组，而是只能去关注一下是否已经有既存的施虐者群体。就如同马克·查芬（Mark Chaffin）和他的同事（2004）的研究一样，他们就把那些对孩子进行身体虐待的父母分到三个干预小组。他们发现，在接受“亲子干预治疗”的小组中父母都减少了施虐行为。

准实验研究又称事后研究。

准实验研究也被称为事后研究，因为研究是在既定研究小组（比如虐待者和非虐待者、就业者与失业者、营养不良者和营养过剩者、男性与女性等）已经划分完毕之后进行的。由于经过了分组，研究者就能够较高程度，当然不是最高程度地控制那些可能的影响因素。为了提高控制程度，接下来还要进行真实验研究。

自我测试

我们已经简单定义和讨论了你将在本书中学到的各种研究方法。那么现在来问你一些问题：是什么决定了科学家们在解答问题或者检验假设的时候选用何种研究方法？哪一种研究方法对你想要解答的问题最有效？

11

何时采用何种研究方法？

这才是课程的开始，至少现在还没人指望你能明确地知道在某一个特定的研究中应该使用哪种研究方法。当你理解了非实验研究和**实验研究方法**（experimental research methods）的内容后，想必你已经心中有数，但是还需要一些实践经验，你才能真正了解取舍过程。

这里有一个备忘录来帮助你更快上手（见图 1-2）。

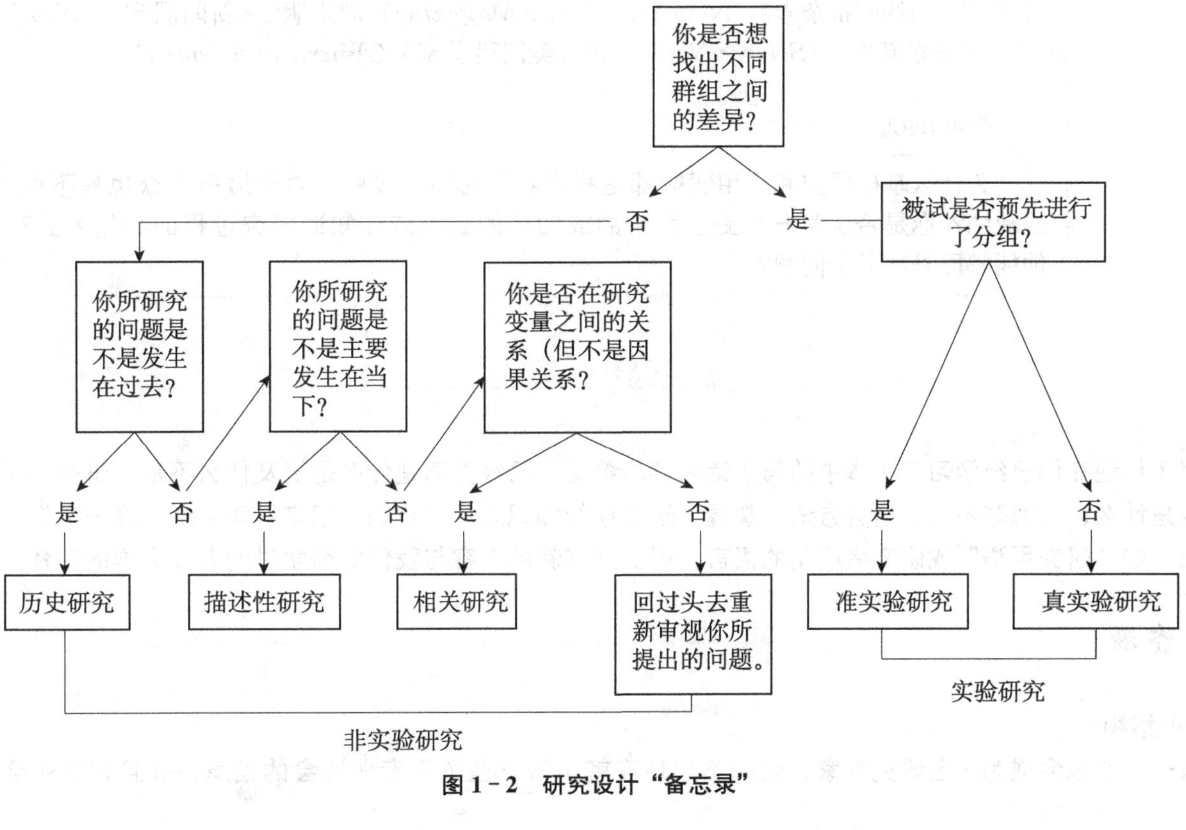

图 1-2　研究设计“备忘录”

有了它并不是说你不用再去学习如何区分实验和非实验**研究设计**（research design）了，这只是一个好的入门方式，或者在你需要的时候以供查阅。注意任何一种非实验方法都是质性方法的一种（这在图1-2中没有标出来）。

基础研究与应用研究

有时，在研究的世界里，不仅是研究类型存在差异，研究的意义和用途也会存在差异。于是研究就被分成了**基础研究**（basic research）和**应用研究**（applied research）。注意！在很多时候，这是用来区分研究活动方式的简便方法，但不能以此来区分研究者的意图或者是研究的重要性。

12

> 基础研究与应用研究都是学习和了解各种现象的关键。

这两类研究最基本的区别在于基础研究（常常称为纯理论研究）在研究完成之后，其结果不能直接被应用，而应用研究则可以做到这一点。这样的区分方法看似有些模糊，因为从长远意义来看，几乎所有的基础研究的最终结果都能够实现它的应用价值。实际上，两者之间曾经明确的区别现在正在缓缓消失。

例如，花在支持月球计划的每一美元，后来都会以6美元作为经济回报。也有基础研究证实了年轻人中的唐氏综合征和老年人中的阿尔茨海默病存在相关的假设，这在后来被证明是治愈这两种病症的关键性发现。还有一个例子：有谁会去关注有些孩子在区分两种相似的刺激的时候比其他的孩子更难呢？如果你想教这些孩子如何阅读的话，你就会关注这些了。很多不同的阅读计划，就是直接来源于这一基础研究结果。

切勿凭借基础或应用研究的标签来判断一项结题研究的质量，或研究计划是否值得支持。而是要仔细分析其研究内容，判断它的优点。显然这种方法得到了认可，因为越来越多的基础研究（可能一时的研究成果与目前的日常生活关系不大）出现在实践型的刊物如《斐·德尔塔·卡帕》（*Phi Delta Kappan*）和《美国心理学会通讯》（*APA Monitor*）上，也出现在《纽约时报杂志》（*New York Times Magazine*）周末版、《新闻周刊》（*Newsweek*）、《科学新闻》（*Science News*）和《美国科学家》（*American Scientist*）上。

自我测试

为什么基础研究和应用研究都是科学界所必不可少的，对于服务大众也是不可或缺的？你是否认为一个受过教育的或知情的公民应该知道研究过程的实施方式？他能够回答哪五个问题？

▼ 小结

太好了！现在你已经学习完了本书的第1章内容。希望你已经弄清楚什么是（及什么不是）研究，研究的目的是什么，有哪些不同的研究方法。掌握了这些新的知识之后，我们一起来看第2章，这一章将会重点介绍一些“研究用语”或研究者所用的语言，以及那些新的内容与我们之前学过的有什么样的联系。

▼ 在线资源

➢专业组织

总有一天你也会成为一名研究专家，因此不如现在就了解一些关于专业协会的信息，并且以学生会员的身份加入它们——这将永不贬值。

这里列了一些大型的专业组织以及它们的网址：

- 美国人类学协会：http：//www. aaanet. org/。
- 美国教育研究协会：http：//www. aera. net/。
- 美国医学协会：http：//www. ama-assn. org/。
- 美国心理学会：http：//www. apa. org/。
- 美国公共卫生协会：http：//www. apha. org/。
- 美国国家幼儿教育协会：http：//www. naeyc. org/。
- 美国护理协会：http：//www. nursingword. org/。
- 美国科学促进会：http：//www. aaas. org/。
- 美国统计协会：http：//www. amstat. org。
- 美国精神病协会：http：//www. psych. org。
- 美国药物学家协会：http：//www. pharmacist. com。
- 超常儿童委员会：http：//www. cec. sped. org。

➤科学如何起作用 13

为什么科学方法能够有效地为社会和行为科学家服务？这是获取信息的绝好机会。到加利福尼亚大学古生物学博物馆（http：//undsci. berkeley. edu）搜索“How Science Works”，观看有趣、有料的概览。

▼ 练习

1. 研究的过程总不会偏离研究的主题。作为一个刚接触科学研究，或者是刚接触你的专业（例如教育学、心理学、社会学和护理学等）的学生，请你回答下列问题：

a. 在你的学科领域，你对什么最感兴趣？

b. 在你的学科领域中有哪些杰出的研究者，他们的工作重点在哪里？

c. 本章所介绍和讨论的研究方法中，你认为哪种方法最适合你的学科研究？

2. 在你现在的研究中，你认为研究过程中最困难的是什么？你会做什么让研究过程的这一部分更简单一点、令人更舒适一点？在实施研究的哪一部分你最自信？

3. “假设”与“理论”在含义和应用上的区别是什么？

4. 到你所在学院或者学校的图书馆，下载一篇刊登在专业杂志上的研究论文。根据你在本章中所学到的“如何进行科学研究”的内容，回答下面的问题：

a. 所要研究的主要问题是什么？

b. 选定了那些重要因素？

c. 是否提出了研究假设？如果有，那么假设是什么？

d. 说说信息是怎么被收集的。

e. 所得的结果将如何影响最初的假设？

5. 在学校里，采访一位正在做研究的研究者，询问一些关于他的研究的情况：

a. 他的研究兴趣是什么？

b. 他为什么对这个领域感兴趣？

c. 研究中最吸引人的地方在哪里？

d. 研究中最不吸引人的地方在哪里？

e. 研究结果可能对此人所在的学科产生什么样的影响？

6. 选择社会和行为科学中的一个学科，例如儿童发展、社会心理学、高等教育或者是健康心理学。

在你所选的学科中，找到一个有代表性的准实验或者是实验研究。写上一段有关这个研究的介绍。同样也选择一个历史研究，也做同样的工作。

7. 这一章包含了在准实验研究中未控制分组的几个例子（基于性别、种族、年级的组别）。再举出 3 个适用于准实验研究的未控制分组例子。

8. 研究课题来自想象，可以通过科学、艺术、音乐和文学来丰富。举出你看过的书、电视剧或电影。你能从中得到什么样的研究课题？以下是一些例子：

《傲慢与偏见》（简・奥斯汀）：在什么情况下，对社会地位的看法关系到同伴的选择？

《独领风骚》（艾米・海克林）：一项涉及词汇课、新衣柜和社交群体交友的干预措施如何影响高中学生的受欢迎程度？

9. 在日常生活中寻找一个寻常部分来提出“我想知道……”的问题。例如：“我想知道睡前几小时的短信量是否会影响青少年入睡所需的时间。”

10. 假设有相关研究表明年龄与力量之间有关系，即随着儿童年龄的增长，他们的力量也会增长。那么，说力量增长的原因是年龄的增长，或者是你的力量越大你就越老，这两种说法有什么问题？

11. 写下你对科学的定义。你的定义与 25 年前学习这门课的学生的定义有什么不同？你的定义与自然科学家（如物理学家或化学家）对科学的定义又有什么不同？

12. 当你为了研究一个问题而考虑选择哪种研究方法的时候，有什么好的经验可以借鉴？

14 13. 找一些有相关分析的社论或者是研究报告。作者是否通过相关分析来推论因果关系？为什么经验丰富的研究者也很难避免犯此类错误？

14. 研究者经常重复前人已经做过的研究，这样有什么价值？

15. 我们生活在一个充满了经济和社会挑战的复杂世界里。研究过程如何帮助我们解决或更好地理解这些疑难和问题？

16. 找出高质量的研究有哪五个特点。

17. 研究者假设，无工作的母亲的 6 岁孩子比有工作的母亲的 6 岁孩子有更先进的阅读技能。在这个信息和你在此研究领域所学的基础上，回答下列问题：

a. 研究者还能问什么新的研究问题？

b. 在检查结果和提出新研究问题之间，有怎样的一步可以使研究者指向正确的方向？

18. 高质量研究的其中两个特点是具有普适性和促进社会进步的能力。换句话说，高质量的研究，尤其是应用研究的结果，可以为“那又怎样？”的问题提供一个有意义的答案。读一篇研究文章，用一两句话来描述研究如何解决“那又怎样？”问题。

19. 阐述历史研究、相关研究和准实验研究的区别。

20. 有这样一个问题：

出生于皮奥利亚的孩子与出生于克罗地亚的孩子的学习成绩有什么差异？

请你参考图 1-2 来选定你所要用的方法。

第 2 章

研究过程：对专用术语的介绍

章节概览

- 从问题到结论
- 研究用语
- 关于变量
- 其他重要的变量类型
- 假设
- 样本和总体
- 显著性的概念
- 小结
- 在线资源
- 练习

研究实例

研究实例将介绍一项与本章内容有关的研究计划。我们展示的研究仅是许多研究中的一个例子，让你知道研究者们实际是如何接近问题的。

在初次的研究工作中，我们希望你注意一些可能对你来说是全新的术语、短语的介绍。随着你继续阅读本书，你会对它们越来越熟悉。你也能看到研究者们如何聚焦在现实世界的问题和课题之中。

如果不提到阅读的重要性，就无法说清儿童教育。而且，重要的不仅仅是学术书籍，还有休闲读物——这些是你真正享受的书，但总是没时间去读。

澳大利亚埃迪斯科文大学的莫迦（Margaret Kristin Merga）主持了西澳大利亚青少年书籍阅读的研究：520 名青少年讨论了他们过去和现在小学、中学教师对休闲阅读鼓励的质量和数量。她依据的理论框架是：社会影响，例如教师对阅读的态度和实践，对青少年对阅读的态度和评估有显著影响。所以，什么最能促使青少年进行休闲阅读？教师的因素有：展现个人对休闲阅读的享受；支持学生对这些书籍的讨论；对学生在学校、家中阅读提出期待。在这一研究中，一个科学家将她的兴趣放在一个理论框架中并把知识应用到现实世界的问题中，也就是为什么青少年会进行休闲阅读。她用一种系统全面的方式解答了这一问题。

想要了解更多，可以阅读原文：

Merga，M. K.（2015）．“‘She knows what I like?’：Student-generated best-practice statements for encouraging recreational book reading in adolescents.” *Australian Journal of Education*，*59*（1）：35-50.

从问题到结论

你所需要去做的是：提出一个有趣的问题，收集一些数据，然后进行验证！——就这样立即开始研究！然而实际的研究并非完全如此。科学研究模式（第 1 章提及）已经很好地界定了研究过程的步骤，但研究过程除了这些还包括许多其他步骤。

我们以一个实际的研究范例来开始本章的讨论，我们将介绍研究过程是如何进行的、研究者是如何认识问题以至解决问题的。

然而，务请谨记，这里词语“问题”和“解决方法”的意义远远大于解决一个像 2＋2＝4 这样简单的问题的意义，因为研究者提出的问题大多反映了一些更为紧迫的社会问题或经济问题。此外，一项研究的结果通常也为后续研究打下了基础。

达科特和理查兹（Duckett & Richards，1989）所进行一项名为《单亲母亲家庭中母亲的就业与青少年的日常体验》的研究揭示了母亲就业对青少年的影响。尽管这个研究已经有 20 多年的历史了，但它对本章中所涉及的相关概念和命题来说仍然是有效的范例。

这项研究中很有创意的一点是研究者收集数据的方式。他们并不是简单地坐下来询问青少年对具体事物的感受，而是试图在实验室外对青少年的感受进行全面的了解。这是早期使用技术以深入了解人们如何使用新工具（那时没有手机，有传呼机）来回答有趣问题的一个例子。

达科特和理查兹调查了 436 名 5 年级到 9 年级的学生和他们的母亲，以确定备受媒体关注的多种因素共同作用所带来的影响。这个研究的总目标是更好地了解青少年母亲的各种就业情况及其产生的影响。

为了缩小研究的范围，研究人员试图了解母亲就业对青少年日常体验的影响的总体特征以及他们和母亲相处时的质量。考虑到不管是单亲家庭还是双亲家庭中，在外工作的母亲（她们中一半以上的人其孩子还不满 18 周岁）人数相当多，本研究提出的对类似问题的回答对于制定社会和经济政策变得日渐重要。

16

一个问题可以用许多不同的方法去回答，其中最好的方法往往是最简单、设计最巧妙的那个。

为了寻求答案，研究人员将与父母一起居住的青少年（382 名，占 88%）和仅与母亲一起居住的青少年（54 名，占 12%）进行了比较。然而，为了更好地理解单亲母亲工作的影响，研究人员把这些孩子进一步分为母亲做兼职的孩子、母亲做全职的孩子和母亲不工作的孩子。

当所有被试根据这两个因素（家庭结构和母亲就业状态）被分组后，研究人员就可以在六组（单亲、双亲与兼职、全职、不工作的各种组合）组内和组间进行比较，从而得到他们用来回答所提问题需要的信息。

现在进入了研究中真正有创造性的部分。达科特和理查兹使用了一种由契克森特米哈伊和拉森（M. Csikszentmihalyi & R. Larson，1987）首创的称为经验取样法的方法。按照这种方法，参与研究的青少年们要随身携带一个电子呼叫器，他们会不定期地听到电子呼叫器发出的“哔”声，然后他们就要停止当前的活动去完成一份自我报告的表格。这种行为要维持一周。

自我测试

社会和行为科学家利用新技术来帮助收集和分析数据确实是一件有意思的事情。例如，几乎所有青少年都有手机，这些手机的功能远不仅是呼叫，手机是小型的电脑，拥有 GPS 和多媒体功能。我们将在本书讨论科技与研究过程，那么现在，你还能想到什么其他类型的科技可在完成研究中扮演重要角色？未来还会带来什么？还有什么新科技可在研究中扮演重要角色？

在上午 7：30 到晚上 9：30 之间平均每 2 小时发出一次让被试停止活动去完成表格的信号，每名被试在这周平均会收到 49 次信号。在这一周，49 份独立的表格会被完成，这些表格提供了关于被试在任何一个特定时刻的感受的信息。436 名被试每人完成 49 份表格，总共完成了 21 364 份表格，这是一个关于青少年行为的大样本。

在这些自我报告的表格中有哪些内容呢？这些青少年被试需要报告情感状态（快乐-悲伤、愉快-易怒、亲切-愤怒）以及唤醒水平（警觉-呆滞、强-弱、兴奋-厌烦）。这六项每项都用 7 点量表来评估。例如，如果被试选择了 4，这意味着他的感受“在那个时刻介于快乐和悲伤的中间”。这六个项目在很短的时间之内就能完成，然后便能够构建出被试日常生活的精确的图像。被试也需要回答“你在做什么”“你现在和谁在一起”以及一些关于对父母友好程度的知觉和与父母相处时的感受的问题。

达科特和理查兹进行了有趣的比较（在单亲家庭和双亲家庭的母亲之间就兼职、全职和不工作的状态进行比较），并得到相当多的用于分析和讨论的青少年反应的数据。为了更好地理解这些信息，研究人员编制并应用了一些统计检验（你将在后面的章节学到这些）从而得出他们的研究结论，包括以下方面：

- 单亲家庭中，母亲工作的孩子除了受益于有固定的收入，还具有其他方面的好处。
- 母亲工作和积极的亲子互动有一定的关系。
- 单亲家庭中，母亲做全职工作的孩子会认为父亲更友好。

这个研究设计巧妙、易于实行，并且考察了从学校教师到雇主等每个人需要考虑的问题。这个研究拥有足够的被试，使用的方法也直接针对研究者想要获取的信息。虽然他们没有回答关于单亲家庭中母亲的就业与青少年的发展之间关系的所有问题，但是研究者重点回答了母亲就业状态对孩子的成长和家庭结构变化的影响这个难题。

研究者看来有一种逻辑取向，要回答当今社会中对许多群体有影响的问题，并用合理、有效的方式来清晰地表述。

17 父母工作对孩子有怎样的影响？至今这个问题仍然是一个重要的问题。以上总结的研究结论使我们更加接近了要研究的问题。为了成为你理想中的研究者，你需要知道游戏的规则（和术语）并且像达科特和理查兹他们那样遵守它。掌握这些知识要从理解一些基本词汇和概念开始。

自我测试

仔细想想这两个科学家是如何利用技术手段（本案例中的电子呼叫器）来帮助收集数据的。现在考虑一下日常生活中你用来个人通信和接收信息的工具，来看看你是否能想出一种方法从而把它们应用于研究设计中。

研究用语

显著性水平、虚无假设、自变量、因子设计、研究假设、样本、总体——这么多新术语！

但是这些以及其他新的单词和短语构成了研究领域交流的基础。就像不掌握规则就不能玩游戏一样，现在，从理解研究者在研究活动中使用的术语开始。本章对各种研究用语进行了讲解。一旦你对这些术语熟悉了，本书中的内容将会更加易于理解和应用。这里描述和定义的每一个术语，在本书中会多次出现。

关于变量

可变（variable）这个词有很多同义词，例如易变（changeable）、不稳定（unsteady）。但在这里，它是一个名词，不是一个形容词。它被称为**变量**，表示能够呈现不同数值的一组输出结果。

比如，头发的颜色作为变量，可以取红色、棕色、黑色、金黄色以及其他不同颜色的值。变量还可以是身高（高或矮，5英尺3英寸或者6英尺1英寸[①]）、体重（重或轻，128磅或者150磅[②]）、年龄（年轻或者年长，6岁或者18岁）、记忆单词的数量、请假时长、党派等。所有特质、个性、爱好等的一个共同之处是可以被赋予不同的值，例如党派可以赋值为共和党、民主党或独立党。

一个变量被测量得越准确，这个**测量**（measurement）也就越有意义。例如，知道蕾切尔比格雷戈里高是有用的，但是知道蕾切尔有5英尺11英寸和格雷戈里有5英尺7英寸就更为有用。

同样的变量也可以被赋予不同的值（采用不同的指标）。身高可以用英尺测量（60）

① 1英尺约合0.3米，1英寸约合2.54厘米。——译者注

② 1磅约合0.45千克。——译者注

或者按顺序排序（最高），也可以用不同的方式，比如根据研究的目的或者被试的特征来定义。当智力成为变量时，有的研究者可能会用斯坦福-比内智力测验来计分，有的研究者则可能会使用考夫曼成套评估测验来计分。霍华德·加德纳（Howard Gardner，1983）相信多元智力的存在，其定义可能表现在逻辑、音乐以及一些身体运动方面。虽然测量方式不同，但是它们都代表了智力的一般组成。

变量可用于不同的目的。手术后住院的平均天数等变量可能被用于测量术后恢复情况。同一变量也可用于平衡病人的初始差异，当问题变成"病人经受了多少术后疼痛"时，统计性地消除（或控制）他们术后在医院的时间，是一种不错的使住院时间从等式中取得差异的技术。

接下来将会介绍几种不同的变量，表 2－1 对这些变量的类型和定义进行了总结。

表 2－1　变量的类型和定义

变量类型	定义	其他术语
因变量	因变量是研究者测量的变量，用来检验对自变量的处理和控制是否有影响。	结局变量 结果变量 效标变量
自变量	自变量是研究者可以操纵和控制的变量，用来预测自变量对因变量的效果。	处理变量 因素/因子 预测变量
控制变量	控制变量是与因变量相关，在研究过程中需要对其影响加以控制的变量。	限制变量
无关变量	无关变量是与自变量或者因变量相关，但并不是特定研究所要操纵的变量。	潜在变量
调节变量	调节变量是与自变量或因变量有某种关系，并且能对因变量造成影响的变量。	交互变量

因变量

因变量（dependent variable）可以用研究结果的测量值来表示。比如，如果你安排两组成人识记一个包含 10 个单独数字的数列，并在五小时的间隔后对两组记忆水平的差异进行测量，那么回忆出来的数字的个数就是因变量。又比如，如果你想研究父母对教学的参与对孩子成绩的影响，那孩子的成绩可以作为因变量。

18

我们可以把因变量看成会随着实验处理的变化、实验者操纵条件或控制手段的变化而变化的实验结果。

> 因变量就是实验或者研究结果的测量值。

自变量

自变量（independent variable）指研究者通过直接或间接的方式操纵或控制实验处理或条件，从而考察其对特定实验结果产生的影响。自变量又被称为处理变量（treatment variable），在本书中这个词用得最频繁。在实验过程中，通过对自变量的控制来了解该操纵对因变量的影响。

比如，用图 2－1 阐述的设计来测试三个不同的阅读项目对儿童阅读技巧所产生的效果。方法 A 只是指导，方法 B 包括了指导和奖励，方法 C 既没有指导也没有奖励（这些孩子只是和老师在一起待一段时间）。在这个例子里，对阅读的教学方法进行了控制，因而阅读教学方法是自变量。儿童的阅读得分是因变量或结果变量。这个实验包括了一个有三种水平的自变量（教学方法）和一个因变量（阅读得分）。

> 自变量就是通过操纵或者改变从而考察它对因变量的影响的变量。

阅读教学方法（自变量）			
方法A （指导）	方法B （指导并且奖励）	方法C （不指导也不奖励）	←— 有三种水平的自变量
平均 阅读成绩	平均 阅读成绩	平均 阅读成绩	←— 因变量

图 2-1　研究设计可以采用许多不同的结构

这里，研究者根据阅读成绩来检验三种不同阅读教学方法的效果。请注意最后一个方法中没有对条件进行控制，因此称之为控制组。

直接测量变量和间接测量变量的差异在于变量水平（比如方法 A、方法 B、方法 C）是由研究者实际创造出来的，还是已经自然存在并且不能被控制只能被测量，比如性别差异（我们并不能决定人们的性别特征）或者年龄段（我们不能使人们变得更年轻或者年长）。

因此，如果你想要研究男性和女性在一些标准化测验中的数学成绩是否存在差异，那么自变量应该是性别（男性或者女性），结果变量或者说是因变量应为数学成绩。

又如，调查每周看电视的小时数（A 组为少于 25 小时，B 组为大于等于 25 小时）对语言能力的影响。这里，看电视的小时数是自变量，语言能力的水平是因变量。

一般来说，研究者试图控制的变量，或者用来将被试分为不同组的特征变量，如年龄、族群、处理方式等，这些变量被称为自变量。而因变量是研究者用来判断对自变量的处理和控制是否对其产生影响的结果变量。

在一些例子中，研究者不关心一个变量是否会影响另一个变量，而只关心两者之间的相关性，这里就没有自变量。例如，如果你只想研究一个父亲陪伴孩子所花费的时间
19 和他的工作绩效之间的关系，就没有变量被操纵。在某种意义上（并不是所有人都赞同），这里没有一个变量的变化能够引起其他变量的变化，也没有一个变量随着其他变量的变化而变化。

自变量至少要选取两种水平或赋予两个值（因为是变量）。例如，如果一个研究者要研究性别差异（自变量）对言语发展（因变量）的影响，那么自变量就应该有两种水平：男性和女性。类似地，如果研究者要调查 30 到 39 岁、40 到 49 岁、50 到 59 岁三个不同年龄阶段人群的年龄差异所带来的压力，那么自变量为年龄，它包括三种水平。

接下来我们讨论有两个或两个以上自变量的情况。图 2-2 表示一个自变量包括性别、年龄以及社会阶层的因子设计。**因子设计**（factorial designs）是指在实验中控制或操纵两个或两个以上的自变量的实验设计。其中，两种性别（男和女），三个年龄层次（3 岁、5 岁和 7 岁），三种社会阶层（高、中和低）构成了 2×3×3 的因子设计，共包含了 18 种独立的实验处理水平组合。随着实验设计中自变量的增加，实验处理的分组会急剧增加。

		年龄（岁）								
		3			5			7		
社会阶层		高	中	低	高	中	低	高	中	低
性别	男									
	女									

图 2-2　在许多社会和行为科学的实验设计中，通常包含不止一个自变量

在这个示例中，有三个自变量：两种水平的性别、三种水平的年龄以及三种水平的社会阶层。

这里有一个识别变量及其水平的小窍门。

如果你看到

3×4

你可以确认，自变量的数量和被“×”隔开的数字的数量是一致的。先忽略数字的值，这里有 2 个自变量（一个属于 3，一个属于 4）。

对这 2 个自变量来说，数字的值代表有多少水平。这里有 2 个自变量，一个有 3 种水平，另一个有 4 种水平。所以不同实验条件的总数是 3×4=12。

自变量和因变量之间的关系

这非常重要，在你下面的测试之中一定会出现。

最好的自变量是完全独立于同一实验中的任何其他变量的变量。这样，在考察一个自变量的影响时可以最大限度排除其他因素的影响。各个变量都能对结果进行解释的这种情况被称为**混淆**（confounding）。

最好的因变量是对自变量各个不同水平的变化都很敏感的变量；否则，即使是实验处理对结果产生了影响，你也永远都不会知道。

自我测试

回到达科特和理查兹的研究，找出其中的自变量和因变量。根据本节的最后一段，回答为什么选取两个自变量是一个好的选择。

其他重要的变量类型

在本书中，自变量和因变量是出现得最多的两种变量，然而你还应该了解一些其他重要的变量。如果你想在研究的开始阶段打下一个良好的基础，并能灵活地运用知识，那你应该要理解并掌握这些变量是什么以及如何在研究中运用它们。以下这些变量你必须要熟悉（参见表 2-1）。 20

控制变量（control variable）是指能够对因变量产生潜在影响的变量。因此，必须对其影响加以控制甚至消除。例如，你要考察阅读速度和阅读理解程度之间的关系，由于智力水平和这两者都有关系，你就必须对智力水平的差异进行控制。要想研究阅读速度和阅读理解程度之间的真实关系，就必须让智力水平保持恒定。

无关变量（extraneous variable）是指可能对因变量产生不确定影响的变量。例如，如果你要考察看电视对成绩的影响，你也许就会发现电视节目的类型可能会对成绩产生巨大的影响。有些节目如《探索发现》（*Discovery*）、《新星》（*Nova*）、《芝麻街》（*Sesame Street*）可能会对成绩产生积极的影响，而另一些节目则可能产生消极的影响。

调节变量（moderator variable）是指和研究变量（如自变量和因变量）有关系的变量，它掩盖了自变量和因变量之间的真实关系。例如，如果你要考察犯罪率和冰激凌消费之间的关系，你就需要考虑气温的影响，因为气温调节了两者之间的关系。否则，你的结论就是错误的。

假设

在第 1 章中，假设被定义为有根据的猜测。虽然一个研究假设可以反映很多其他信息，但是它最重要的功能应该是以问题陈述的方式阐明进行一项研究的基本目的。这就是在研究问题上花费时间和精力显得如此重要的原因。对研究问题的思考，可以指导建立假设，反过来也可以帮你决定用来检验假设以及回答研究问题的方法。

阶段	例子
“我想知道……”	在我看来，可以采取一些措施来帮助员工降低他们的高缺勤率。通过和他们交谈，我了解到他们是在担心他们的孩子放学后的照看问题。我想知道如果工厂立刻实施一个为员工提供放学后孩子照看的计划会发生什么？
假设	比起没有让孩子加入放学后儿童照看计划的员工，让自己的孩子加入该计划的员工一年之内耽误的工作日更少，并且在工作态度调查的测验中工作态度表现得更积极。

“我想知道……”阶段作为问题表述阶段，进而引出了研究假设。这里有个关于它们的例子。

一个好的假设可以将问题的表述转换为经得起本书中所涉及的研究方法的检验的形式。在本章的余下内容中，我们将讨论虚无假设和研究假设及其使用以及如何建立一个好的假设。

虚无假设

虚无假设（null hypothesis）是个有趣的东西。如果它会说话，它可能会说出类似这样的话：“我代表研究的变量之间的零相关。”换句话说，虚无假设是一个等价命题，例如：

- 9年级学生的ABC记忆测验的平均成绩和12年级学生的平均成绩没有差异。
- 人格类型和工作成就无关。
- 投票模式对政党的影响没有差异。
- 对冰激凌品牌的偏好和购买者的年龄、性别和收入水平无关。

虚无假设是一个等价命题。

虚无假设就像上述描述的那样，可以用下面的等式表示：

$$H_0: \mu_9 = \mu_{12}$$

式中，H_0 表示虚无假设，μ_9 表示9年级学生总体的理论平均值，μ_{12} 表示12年级学生总体的理论平均值。

这四个假设的共同之处在于它们都表明两个或多个事物之间是等价的或无关的。

设置虚无假设的基本目的是什么？虚无假设既是研究的起点也是测量实际研究结果的参照点。让我们来详细讨论每一个目的。

21

第一，虚无假设是研究的起点，这是因为在没有其他信息的情况下虚无假设就被看作是真实的、可被接受的。例如，我们来看上面提到的第一个虚无假设：*9年级学生的ABC记忆测验的平均成绩和12年级学生的平均成绩没有差异*。如果不考虑9年级和12年级学生的记忆技巧方面的因素，你就没有理由相信两者之间存在差异。你可能会猜测一个群体做得比另一个群体好的原因，但是如果你没有先验（在事实之前）的证明，那么除了假定它们是等价的之外你别无选择。除非你能证明相反的结论否则就不存在相关关系，这也是这个方法的特点。也就是说，在你能证明存在差异之前你只能假定没有差异。

进一步讲，如果这两个群体之间存在任何差异，你就必须假定这些差异是基于偶然因素，这是对任何群体间在任何变量上存在差异的最有吸引力的解释。这是正确的，如果没有其他信息，偶然因素总是对群体间差异的最可能的解释。什么是偶然因素呢？这是由被试的参与以及许多不可预料的因素的作用，从而给研究带来的随机变量。

例如，你选取一组橄榄球队员和一组足球队员来比较他们的跑步速度。但是有谁知道是否一些橄榄球队员练习得更多，或者一些足球队员更加强壮，或者两组队员都接受了额外的训练？此外，也许测量他们速度的方式本身就有偶然性；出问题的秒表或者大风天也能导致与真实速度无关的差异。

作为好的研究者，我们的工作是消除偶然因素，并评估其他可能导致群体差异的因素，例如那些被定义为自变量的因素。

设置虚无假设的第二个目的是提供与观测到的结果进行比较的基准，从而判断这些差异是否由偶然性或者其他因素引起。虚无假设有助于辨别观测到的差异是由偶然因素引起（这是偶然性的论点）还是由偶然性之外的因素（可能是对自变量进行操纵、控制的结果）引起。

大部分相关研究、准实验和实验研究都暗含着虚无假设，历史研究和描述研究可能没有。例如，如果你对最近 70 年疫苗的发展（历史研究）或人们对教育券的感受（描述研究）感兴趣，你就不太可能想到提出一个虚无假设。

研究假设

虚无假设是变量间无关的陈述，而**研究假设**（research hypothesis）是两个变量间相互关系的明确陈述。例如，对于之前陈述的每一个虚无假设，都存在一个与之对应的研究假设。注意我们是用“不定冠词”（a）而不是“定冠词”（the）搭配研究假设，因为任何一个虚无假设都肯定存在不止一个研究假设。以下是一些和之前提到的虚无假设相对应的研究假设的例子。

- 9 年级学生的 ABC 记忆测验的平均成绩不同于 12 年级学生的平均成绩。
- 人格类型与工作成就有关。
- 投票模式对政党的影响存在差异。
- 对冰激凌品牌的偏好和购买者的年龄、性别和收入水平有关。

这四个研究假设之间的共同之处在于：它们都是不等价的陈述。它们假定变量间存在一定的关系，而不是虚无假设假定的等价关系。不等价关系可以采取两种形式：定向型研究假设和非定向型研究假设。

研究假设就是不等价命题。

如果研究假设没有指明不等价关系的方向（例如不同于），那么这个研究假设就是非定向型研究假设。

如果研究假设指明了不等价关系的方向（例如多于或少于），那么这个研究假设就是定向型研究假设。

非定向型研究假设　**非定向型研究假设**（nondirectional research hypothesis）表示群体间存在差异，但是差异的方向是不确定的。例如研究假设 9 年级学生的 ABC 记忆测验的平均成绩不同于 12 年级学生的平均成绩是没有方向的，也就是说这两个群体之间差异的方向不确定。假设只是陈述存在差异，但没有提及差异的方向。因为假设指出了差异，所以这是个研究假设，但是不能确定差异的性质。

这里描述的非定向型研究假设可以用下面的式子表示：　22

$$H_1: \overline{X}_9 \neq \overline{X}_{12}$$

式中，H_1 表示研究假设，$\overline{X}_{12}$ 表示 12 年级学生记忆成绩的平均值，$\neq$ 表示不等价、不相等，$\overline{X}_9$ 表示 9 年级学生记忆成绩的平均值。

定向型研究假设 **定向型研究假设**（directional research hypothesis）表示群体之间存在差异，而且差异的方向是确定的。例如研究假设 12 年级学生的 ABC 记忆测验的平均成绩比 9 年级学生的平均成绩高是有方向的，因为这两个群体之间差异的方向是确定的——一组的成绩被假定高于另一组。

定向型研究假设可以采用以下形式：

- A 大于 B（或 A>B）。
- B 大于 A（或 B>A）。

这两个式子都表示不等价的关系。正如上面那个 12 年级学生的成绩被假定好于 9 年级学生的成绩的研究假设，可以用下面的式子表示：

$$H_1: \overline{X}_{12} > \overline{X}_9$$

式中，H_1 表示第一个（可能有几个）研究假设，$\overline{X}_{12}$ 表示 12 年级学生记忆成绩的平均值，>是大于符号，$\overline{X}_9$ 表示 9 年级学生记忆成绩的平均值。

设置研究假设的目的是什么？直接检验研究假设是研究过程中的重要一步。将检验的结果与随机预期的结果（虚无假设）进行比较，可以确定这两个解释中的哪一个能更好地解释所观察到的群体间的差异。

但要注意一点，研究新手通常都想要去证明一个研究假设，而作为一个好的科学家，我们不会受我们自己过于主观的判断或者偏见的影响，我们会去检验假设，而不是去证明假设。

虚无假设和研究假设的区别

除了虚无假设表示等价关系而研究假设表示不等价关系这点之外，这两类假设还有几点重要区别。

第一，虚无假设表示两个变量之间没有关系（等价），而研究假设表示两个变量之间有关系（不等价）。

第二，虚无假设总是针对总体，而研究假设总是针对样本。在本章的后面你将会看到，研究者会从一个较大的总体中选择一个样本，因为通过整个总体去直接检验虚无假设花费太大，而且也不太现实。

第三，因为总体不能直接进行检验（再强调一下，这是不可行、不经济的，而且通常是不可能的），你永远都不能百分之百肯定地说组间在某些因变量上确实不存在差异（即等价，如果你接受虚无假设的话）。相反，你只能依据研究假设的检验结论来进行间接推论。因此，虚无假设只能被间接检验，而研究假设才能被直接检验。

第四，就像前几页阐述的那样，虚无假设总是用希腊字母（用 μ 表示平均数）表示，而研究假设总是用罗马字母（用 $\overline{X}$ 表示平均数）表示。

第五，因为你不能直接检验虚无假设（记住，你几乎不可能接触到整个总体），所以虚无假设是一个暗含的假设。相反，研究假设是明确的假设。因此，你在研究报告中很少看到虚无假设却总是看到研究假设。

> 好的假设是陈述性的，并且假定变量之间存在一个非常清晰明确的关系。

23

什么构成一个好的假设？

假设是学术猜测。一开始其中的一些猜测就比另一些好。我想再三强调这种重要性：提出你想回答的问题，并且记住你提出的任何假设都是对你要研究的原始问题的直接扩展。问题会反映你个人兴趣和你以前的研究。

了解这些之后，你可以使用一些标准来确定你在研究报告中看到的假设或者自己建立的假设可否接受。让我们以一个研究为案例，这个研究考察为工作到很晚的员工提供放学后儿童照看计划对其工作适应性的影响。下面是一个很好的研究假设：

> 比起没有让孩子加入放学后儿童照看计划的员工，让自己孩子加入该计划的员工一年之内耽误的工作日更少，而且在工作态度调查中工作态度更积极。

下面就是一个好的假设的标准：

1. 一个好的假设是*以陈述句的形式出现的*，而不是疑问句的形式。陈述越明确、有力，假设就越有效。
2. 一个好的假设*提出变量间预期的关系*。案例中的假设清楚地描述了放学后儿童照看、父母的工作态度和缺勤率之间的关系。检验这些变量可以考察一个变量（加入放学后儿童照看计划）对其他变量（缺勤率和工作态度）是否有影响。

   注意到上述标准中的*预期*的这个词吗？定义预期的关系是为了避免像钓鱼（或乱放枪）一样漫无目的地建立一些无用的关系。钓鱼的方法就是你把线扔出去然后抓住任何咬线的东西。你收集尽可能多的数据，而不管你的研究兴趣是什么或者这些数据是否是科学调查的一部分。或者你把枪上膛然后向任何移动的物体射击。你肯定能射中些东西。问题是你可能并不想要你射中的东西，更糟糕的是你可能错过了你想要的，最坏的是（如果可能）你可能不知道你射中了什么！

   优秀的研究者不仅仅想要他们抓住或者射中的任何东西，而且想要特定的结果。研究者要想得到需要的数据，就必须提出开放性的问题并使假设明确、有力且易于理解。
3. 假设*反映了它们的理论和文献基础*。就如你在第 1 章看到的，科学家的成就很少归结于他们自己的努力工作。他们的成就通常也归结于走在前面并为后人留下解释框架的许多其他研究者。一个好的假设会反映这一点，它会和已存在的文献和理论有实质的联系。在上述案例中，我们假定有文献表明父母知道孩子在有序的环境中得到照看会有更高的工作效率。了解这些就可以假定放学后儿童照看计划能提供父母所寻求的安心，反过来，父母就会集中精力工作而不是不断地打电话确定他们的孩子马克斯或者索菲是否安全到家。
4. 假设应当*简练扼要*。你的假设应该以陈述句的形式描述变量间的关系，并且尽可能简练（扼要）。陈述越是简练扼要，其他人（如你的硕士论文答辩委员会成员）就越容易阅读你的研究、明确理解你的假设是什么以及重要变量是什么。实际上，当人们阅读和评价研究时（你会在后面的章节学到更多），他们中的大多数做的第一件事就是找到假设，从而就能很好地了解研究的一般目的和研究是如何进行的。一个好的假设应该包括这些方面。
5. 一个好的假设是*可检验的假设*。这意味着你可以实际操纵假设中呈现的问题。你可以从上面的示例假设中看到让孩子加入放学后照看计划的父母和没有让孩子加入计划的父母之间的比较。然后，态度和缺勤天数等都可以得到测量。这些都是合理的目标。态度可以通过工作态度调查（这是虚构的问卷，让你可以了解这个概念），缺勤（缺勤天数）很容易记录并被精确地测量。如果建立的假设是*让孩子加入放学后照看计划的父母对工作的感觉更好*，想想还会有什么比这更难的事呢？虽然你可能获取了同样的信息，但*感觉更好*这个词的模糊性就已经使结果更难以解释了。

总之，完整而规范的假设应该：

- 以陈述句的形式表述。
- 假定变量之间的关系。
- 能反映假设所依据的理论和文献。
- 简练而扼要。
- 可检验。

如果假设满足这五个标准，就是一个好的假设，并且可以继续进行研究，用来准确地检验作为假设来源的一般问题。

24

自我测试

假设对于科学研究过程来说极其重要，为此我们回顾了其具有重要性的原因以及假设和偶然因素的关系。假设和偶然因素之间有什么关系？总的来说，为什么假设对科学研究那么重要？

样本和总体

作为一个出色的科学家，你可能会说如果方法A比方法B好，这对所有人来说永远都总是正确的。事实上，如果你对方法A和方法B相应的特点进行足够的研究，并且检验了足够的总体，你总有一天会这样说。但这不太可能实现，因为做这样的研究要花费太多的经费和太多的时间（有那么多人要测）。

我们的目标是从总体中选出和总体的特征最匹配的样本。

几乎所有的科学家的时间和研究基金都是有限制的，所以最好的策略是从较大的总体中选取一部分，并且在这个较小的群体中进行研究。在这种情况下，较大的群体就是**总体**（population），而从这个总体中选取的较小群体就是**样本**（sample）。

样本应该以这样的方式从总体中选取：样本要尽可能和总体的特征匹配。目的是使样本尽可能和总体类似。保证二者类似的最重要的意义在于：一旦研究完成，基于样本的研究结论就能够概化到总体。当样本确实代表了总体时，就可以说研究结论具有很高的**概化水平**（generalizability）。

我们将在第4章讨论不同类型的取样程序。

自我测试

样本对其来源的总体具有代表性，这一点非常重要。提供一个样本和它所来自的总体的例子。你是如何知道这个样本具有代表性的呢？

显著性的概念

对于初学统计学的学生来说可能没有哪个术语或者概念比**统计显著性**（statistical significance）更让人困惑了。第8章会对这个术语进行详细解释，但是在本书中提前介绍这个术语很重要，因为这是理解研究过程的一个基础而重要的组成部分。

在本章的开始，你看到了一个研究的简单概述，在这个研究中，两个研究人员考察了母亲在职和母亲不在职（也包括家庭状况，但是在这个例子中让我们始终关注工作和不工作这两个因素）的青少年的差异。

显著性是指在得出变量之间关系的结论时，我们所愿意承担的风险水平。

让我们用显著的这个形容词来修饰差异的含义。这里，显著性差异是指观测到的母亲在职和母亲不在职的青少年之间的差异，这种差异是由系统因素的影响而不是偶然因素引起的。在这个案例中，影响因素是母亲是否在职。我们假定控制了可能导致任何差异的所有其他因素。因此，余下的解释青少年差异的唯一因素就是母亲是否在职。这就是正确的解释？是的，但还不完全。

因为这个世界、我和你以及我们的研究过程并不完美，所以我们在解释差异时必须要留有余地。换句话说，你需要表明即使你非常确信两个青少年群体之间的差异是由母亲的就业状况引起的，但是你不能绝对地、百分之百地、完全地、肯定地、不容置疑地确信这一点。

为什么？原因有很多。例如，你的结论可能完全错误（这很恐怖!）。也许在这一次研究中，青少年的差异不是由母亲是否在职引起的，而是由其他没有注意到的因素导致的，如离家出走的经历。如果一个成员几乎都是男性的青少年的群体和另一个成员几乎都是女性的青少年群体反应差异很大，这种情况的结论又该是怎样的？如果你是一个优秀的研究者并且进行过一定的研究，上面那样的群体间的差异是不太可能出现的结果，尽管如此还是有可能出现。这个因素（性别）和其他因素肯定会影响研究结果或者因变量，进一步还会影响最终的结果和你得到的结论。

那么你要怎么做？在大多数涉及提出假设并检验群体间的差异的科学研究中，必然存在一定数量的不能控制的误差。

显著性水平（significance level）是不能 100%确信差异由处理因素引起而可能由一些不可预料的因素导致所要承担的风险。如果你看到的研究结论的显著性是在 0.05 概率水平下（在专业期刊和研究报告中都是 $p<0.05$），这就是 20 次中有 1 次（或 0.05，或 5%）所发现的任何差异不是由假定的原因（母亲是否在职），而是由其他未知原因引起的。这个数字实际上是间接对偶然因素进行测量的结果。你将在第 8 章看到，新的计算机数据分析程序已经非常先进，不仅能定义概率范围（例如小于 0.05 或小于 5%），还能指出具体概率（例如 0.042 或 4.2%）。 *25*

作为一个优秀的科学家，你的工作就是尽可能减少这种可能性，消除所有可能引起被观察到的差异的其他原因。由于这只在理论上可行，你不可能完全消除其他因素影响的可能性，因而你必须分配一定的概率水平，并谨慎地陈述结论。

总之，即使你相当确定你的结论揭示了事实，一个优秀的科学家也绝不会自信到傲慢地认为不存在错误的可能性。错误发生的概率就是我们所说的显著性水平。我们会在第 8 章中对这个进行更详细的讨论。

自我测试

你在本书中会经常看到显著性这个词，也会学到相关的大量知识。一个有显著性的结果和由偶然因素导致的结果之间是什么关系？

▼ 小结

本章介绍了一些专业术语，为你理解在研究过程中使用的重要术语和在本书中出现和使用的术语提供了一些基本的知识。掌握这些术语能为你更好地理解后面的章节打下良好的基础。如果你对某个特定的术语不太确定，回到本章回顾一下，或者查阅本书最后的术语表。

▼ 在线资源

➤如何做好研究

佐治亚理工学院的尼克·费姆斯特（Nick Feamster）和亚历克斯·格雷（Alex Gray）建立了这个网站（http：//greatresearch. org/）。正如其名，该网站不仅能使你学习到如何把研究灵感变成现实，还致力于对研究生给予实践支持。这里有许多很好的建议。

➤研究 101

华盛顿大学图书馆制作了一个教程，以帮助你开始做研究：登录 http：//www. lib. washington. edu/，点击“Research Guides”并选择你的专业例如心理学、教育学或科学。

▼ 练习

1. 在下面的例子中，找出自变量和因变量：

a. 通过安排两组儿童分别参加不同的健身项目来考察健身项目对他们的体格是否产生了影响。

b. 将 100 个烟瘾很大的人分为 5 组，让每组参加不同的戒烟计划，六个月后再统计每个被试每天的吸烟量。

c. A 和 B 品牌在包装方式上有差异，工业设计师感兴趣于这是否会对购买的单位数量产生影响。

d. 向一组十几岁的司机开展了一场关于使用安全带的讲座，对于另一组则展示了没有系安全带的事故受害者的照片，感兴趣的变量是安全驾驶实践。

26 2. 在以下情形中，至少找出一个自变量（及其水平）和一个因变量。

a. 一个主题为成绩的研究报告。

b. 一个主题为总统选举中的投票倾向的研究报告。

c. 一个主题为不同的毒品和酒精康复计划的治愈率的研究报告。

3. “结局变量”（outcome variable）的其他名称是什么？提供五个相关变量。

4. 为什么虚无假设是一个等价命题？为什么其对应的研究假设可以有很多不同的形式？

5. 根据对一个研究的以下描述，建立虚无假设和研究假设：

一组中年男性要完成一个关于他们对工作以及家庭的态度的问卷，这些男性中的每一位都已经结婚并且至少有 2 个孩子。另一组没有孩子的男性也要完成相同的问卷。

6. 根据对一个研究的以下描述，建立虚无假设和定向型研究假设：

一个儿科医生想要研究对儿童前三年进行早期干预，对儿童在小学能力测试中的学习成绩可能产生的影响。

7. 说出假设与现有文献和理论联系在一起的两个好处。

8. 为什么有一个预期结果的假设比“钓鱼”法更有实践性呢？

9. 没有人会质疑清晰明确地定义变量对一个好的研究极其重要。了解这一点后，组成一个小组来定义下列变量。注意人们的不同定义是如何反映他们对变量概念的理解的，并且记录定义每个变量的难易程度。

a. 智力。

b. 身高。

c. 社交技能。

d. 年龄。

e. 攻击性。

f. 保守性。

g. 酒精滥用。

h. 街头智慧。

i. 人格。

注意记录下每一种对变量的不同定义，即使是很容易界定的变量（如身高），也会有许多不同的意义和定义（高，5 英尺 1 英寸，使人畏惧）。

10. 什么是统计显著性以及为什么它很重要？

11. 一个研究人员在一个项目上花费了 5 年时间，但是大部分研究结果在统计上不显著。这种缺乏显著性的研究如何对相关领域做出重大贡献呢？

12 一位对霍华德县家庭能源使用状况感兴趣的研究人员对县电话簿上列出的每 10 户家庭进行了电话调查。在这个例子中，假设每个联系到的家庭都参与了调查。

a. 样本是什么？

b. 总体是什么？

13. 判断下列哪些是变量、哪些是常量：

a. 卢的头发颜色。

b. 年龄。

c. 你住处的窗户数量。

d. 停在建筑前面的二手车的颜色。

e. 现在的时刻。

f. 本周测验中可能答对的题数。

g. 签署《独立宣言》的人数。

h. 坐在第三排第五位的女生的名字。

i. 今天的日期。

j. 在一个记忆测验中记住的单词数。

14. 一所小学的校长想知道她的 600 个学生有多喜欢学校。她聘请了一名研究人员，对三个不同的三年级班级进行了学校满意度调查。

a. 样本的使用会怎样威胁到研究结果的价值？

b. 有缺陷的样本会如何影响结果的有效性？

15. 两个研究者完成了学习时间与科学测验表现之间关系的研究计划。研究者 A 的结果显示“约翰的表现好于丽莎，丽莎的表现好于德鲁”。研究员 B 的结果显示“约翰获得了 97%，莉莎获得了 96%，德鲁获得了 71%”。在研究者 A 和研究者 B 之间，谁测量测验表现这一因变量的方法更好？为什么？

16. 来自路易斯安那州的一名研究人员发现，比起生活在大城市里的人，在乡镇居住者躲避压力的策略更少。为了验证他的假设，他对来自新奥尔良的一组参与者以及来自路易斯安那州彻奇波因特的一组参与者进行了研究，并为他的假设找到了支持。然而，他后来了解到，大部分来自新奥尔良的参与者经
历过卡特里娜飓风。在这个例子中，卡特里娜飓风的经历被认为是什么类型的变量？ 27

17. 去图书馆查你感兴趣的领域的三篇采用实验研究（有对照组）的期刊文章。对于每个研究，做以下工作：

a. 找出自变量和因变量。
b. 详细说明每一个因变量的测量方式及其定义是否清晰明确。
c. 详细说明每一个自变量的测量方式及其定义是否清晰明确。
18. 一个好的假设由什么构成?
19. 为什么显著性的概念很重要?
20. “统计显著性”和“意义”之间的区别是什么?

第 3A 章

问题选择和文献综述

28

章节概览

- 选择研究问题
- 界定你感兴趣的领域
- 想法，想法，想法（以及如何处理它们）
- 从研究设想到研究问题再到研究假设
- 文献综述
- 使用一般资源
- 研究的阅读和评价
- 在研究中使用电子工具
- 利用互联网：超越搜索
- 撰写文献综述
- 小结
- 在线资源
- 练习

在有关研究方法课程的开始部分，你首先得提出自己感兴趣的研究问题。你可能急于学习指导老师在课堂上所讲的内容，在这期间，你几乎没有时间思考别的事情。

如果你能稍微停一下，让你的大脑思索一下在社会和行为科学中能激起你兴趣的问题，你一定能够发现一些你想知道更多的东西。这就是研究的过程——一定程度上是在已知的内容中发现更多未知的东西。

研究实例

将任何话题作为研究焦点，都要从一个好的基础开始：对现有的文献和研究进行综述是关键。例如关于保健的伦理的研究，通过文献综述，可以很容易看到，为什么选择关于伦理的研究，其重要性何在。

比利时鲁汶天主教大学的奥（Younjae Oh）和盖斯特门斯（Chris Gastmans）注意到护士经常在每天的护理工作中面临道德困境，让他们经历所谓“道德感丧失”。文献综述聚焦了从1984年1月至2011年12月发表的19篇文献，揭示出许多护士确实经历了作者所说的“道德感丧失”。我们在本章的目标，是说明如何采取各种不同的研究，并应用量化工具来深入理解一项特定话题，当然，还有运用文献综述来确定将来的追加问题。

想要了解更多，可以阅读原文：

Oh，Y.，& Gastmans，C.（2015）.“Moral Distress Experienced by Nurses：A Quantitative Literature Review.” *Nursing Ethics*，*22*：15-31.

选择感兴趣的研究领域只是开始，接下来是要对感兴趣的问题以研究问题的形式予以陈述，并附上正式的研究假设。然后就是文献综述，这是一个很奇特的过程，听起来你要很忙碌了！文献综述涉及图书馆文献阅读、做笔记、对文献进行组织的能力（当然还有写作能力），虽然要花很多时间，但是只有了解这方面的研究做了哪些工作，还有哪些工作需要做，你才能对该研究有全面的认识。

但是稍等一下，一个人如何能够在文献综述并熟悉某研究领域之前就对该领域有足够的了解，并且能够提出合理的研究假设？正如诗人约翰·西阿迪（John Ciardi）所说：“这就是问题所在。”

传统的科学哲学家、社会学家告诉我们，研究回顾的一般过程（正如文献中看到的）如图3A-1a所示。

研究思路 → 研究问题 → 研究假设 → 文献综述

图3A-1a 从研究思路到文献综述，研究假设贯穿其中

这种顺序理论上来说行得通，但你可能会发现，实际的过程并非完全如图中所示。

研究问题和研究假设更多的是研究者最初的研究思路和深入的文献综述（好的研究者总是在不断阅读）相互作用的结果，如图3A-1b所示。

也就是说，研究假设并非一成不变，而是能够改变的，以适应文献综述中的内容和你一些想法的改变。记住，我们所做的工作是“站在巨人的肩膀上”的。

例如，你可能对“成年人就业后进入研究生课程会如何管理时间”感兴趣，这就是你研究思路的核心。而一个研究问题可能会问及“研究生课程和全职工作在个人关系和
29 个人成长上的影响是什么”。你的假设可能预测：“求学、全职工作、参加时间管理支持

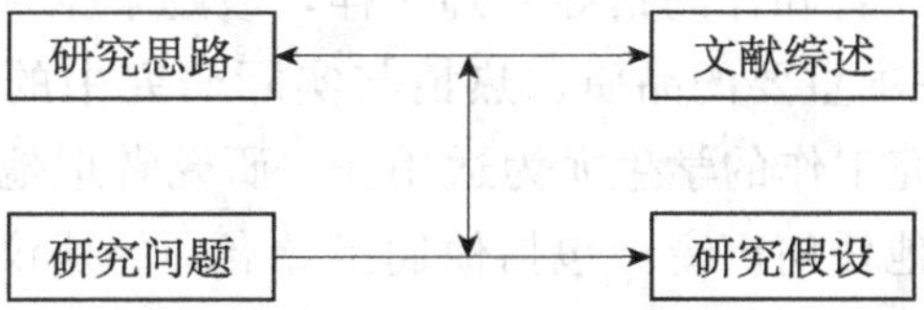

图 3A－1b　从研究思路和文献综述到研究假设

小组的成年人比没有以上经历的成年人有更充实的个人关系。"

你可能认为这个研究假设到此已经确定了，但事实上，文献综述的开展和你对变量间关系想法的改变会影响你研究进展的方向。

运用前人研究的结论来整合你的研究思路与假设。

例如，发现先前类似的研究可能会促使你在研究中增加一个有趣的维度（例如工作单位是否补贴学费），因为新增的部分和你的研究目的是一致的，即使是你在形成了研究假设和完成了文献综述之后，也不应该限制创造性思维帮助形成对扩展的放学后照看计划作用更好的理解。事实上，完成文献综述的目的在于探究你研究的新方向。文献综述以及你对不同研究设想的斟酌能够帮助你形成中肯的、切实可行的和深入的研究问题和研究假设。

总之，文献综述之后，你会发现，最初形成的研究假设往往都是需要修订的。记住，你要研究的是你自己的想法，你完成研究的方式取决于你对研究问题的陈述方式和你对研究假设的验证方式。相关文献的综述能否阐明该问题仍不确定。

本章以如何选择有价值的研究问题开始，然后重点对文献综述的工具和步骤进行阐述。

选择研究问题

选择一个真正让你感兴趣的问题。

人们到大学和研究生院学习的原因各不相同，有的人主要是为将来的事业打下基础，有的人则看中了高学历的潜在经济价值，还有的人甚至是为了扩展自己的眼界，并体验学习带来的纯粹乐趣（多么激进的想法！）。你们中学习这门课程的大部分人也有其中一个或多个原因。

在你们参与课程论文和课程活动时，最大的共同点是你们会面对大量的信息，这一点是你们无法通过其他方式经历的。这是你花时间去选择你感兴趣和有意义的研究问题的主要原因，同时也能为你所学的特定学科做出贡献。有两个原因可说明为什么对研究领域的选择是极其重要的。首先，因为研究需要花费大量时间和精力，你需要确定你所选的是自己感兴趣的领域。你将自始至终在这个方向努力工作，即使是你最感兴趣的课题，有时也会让你感觉烦琐。因此，想想如果你要是选择了一个不感兴趣的研究方向会怎么样！

其次，选择研究领域仅仅是研究过程的第一步。如果这一步进展顺利，那么研究中其余同样重要的工作就有可能顺利开展。

选择研究问题时有很多不同的方法，因此同样会有许多潜在的风险。为了使你更加顺利地开展研究，下面列举一些经常出现的严重错误。

爱上你的研究设想很容易，当然同样也可能是致命的。这通常发生在你对你的研究设想和研究计划非常迷恋，并投入大量精力以至于你无法忍受对它进行任何修改时。可能立刻有人会反驳："热爱自己的研究计划有什么问题?"我的回答非常肯定：

“没有问题。”大部分研究者和你的指导老师一样，鼓励学生发挥研究热情，认为学生（和科学家）的热情是一项重要的品质。热情与实际研究中的客观冷静并不冲突。有时——这对已经开始研究工作的学生尤为适用——研究者把他们的研究问题看得无比重要，以至于听不进其他任何声音，包括他们指导老师的建议。他们的指导老师努力想通过细化的方式帮助他们在研究中提出问题，但终究说起来容易做起来难！致力于你的研究设想，热衷于你的研究主题，但不能过分，否则它会在具体实施时干扰你的判断。

30 其次，*坚持头脑中最初的研究设想*并不总是明智的。每当贝蒂娃娃（Betty Boop，20 世纪 30 年代著名的卡通人物）遇到问题时，她的发明家爷爷总会坐在凳子上，跷起腿（摆出罗丹《思想者》的造型），思考解决问题的方法。突然，爷爷头顶上的灯泡亮了，然后他会大喊：“我想到办法了！”但那些点子从来就没奏效过。过一会儿爷爷的脑子里又闪过另一个想法，但这个还是不怎么样。他继续思考，最终在第三次时敲开了成功的大门！

你喜欢关于研究的最初设想吗？很好，但先别急着登广告招募被试。等几天，好好想想，在这一过程中，你应该和其他同学、老师讨论你的设想。第二个或第三个设想可能更完善、更易于验证且更易于控制。你需要不断修改和重新思考你的设想。

你想要进行一项注定不会成功、没有人会感兴趣（或许除了你自己）的研究吗？在某一领域中，选择一个没有理论基础或并不重要的问题来做一些*琐碎的事情*，会引起受挫体验，这种体验会让你关上研究之门。犯这个错误的学生往往高估了他们研究计划的重要性，不会花时间来问问自己：“这个研究哪些地方与前人所做的研究相符？”任何科学研究的努力都有助于信息的积累，科学研究的最高目标是有助于我们更好地理解一般世界和一些特殊的主题，尤其是正在研究的主题。如果你通过阅读前人研究发现已经做过哪些研究，并以这些研究为基础，那么你一定能够提出有意义、有价值的研究问题。

有些研究者会贪得无厌，*吞下的总比他们能吃的多*。听起来很傻？成千上万的指导老师每天坐在办公室里出于好意试图去说服那些刚开始做研究的学生，他们的研究设想很有创意，但是如果要问全纽约三分之一的成人对提高税收来支持教育的看法就显得有点要求过高了。宏伟的计划很好，但除非你能够将问题缩减到可控制的范围，否则你就可以不用想着如何开展研究了！即使新手们搞定了这些庞大的研究，这种经历的消极影响可能比积极影响更大。有时这些学生是**准毕业生**（ABDs）。虽然你可能不需要马上申请学位，但这门课同样很重要。在研究开始的时候先让自己冷静一下，选择一个切实可行的研究问题。

最后，*重复已完成的研究*就是一种浪费。做过的研究和那些将要以前人研究为基础而开展的研究之间是有很好联结的。你可能还记得在本章开头时所说的，我们一直强调重复是科学过程和好的研究设计必需的重要部分。你的指导老师也会明确地告诉你什么是毫无意义的研究（没有任何理论依据的简单重复）以及什么是有意义的贡献（重复先前研究，但是为了探究前人研究的某一部分或者同样是探究该问题，但把在先前研究中可能存在的混淆变量来源剔除了）。

自我测试

也许，成为一名科学家最有趣的地方就是，那些想探讨的问题是如何在文献综述和获取关于该主题更多信息后被修改的。这就需要信息的不断交换——因此掌握丰富的信息非常重要。问问你的指导老师或其他老师，他们是怎么在各自的研究领域中掌握最新信息的。

界定你感兴趣的领域

对于有经验的研究者来说，提出一个又一个研究设想是非常容易的。但在一定程度上，那些研究设想都是他们努力和实践的结果。另外，有经验的研究者能够将他们所有的经验用于研究中，完成一项研究往往会形成连锁效应，从而能更好地完成下一项研究。

> 别认为个人经验不能成为灵感的重要来源。

但对于那些像你这样刚刚接触研究的学生会怎样呢？你要从哪里获得研究设想？即使你满怀热情地想成为一名实验心理学家、一名教师、一名顾问或一名社会临床工作者，但是你要从哪里开始寻找你想要追求的研究设想？

学生一开始就知道他们想选择什么样的研究领域，以及想提出什么样的研究问题，这只是少数情况。大多数学生开始时总是会感到焦虑、疑惑，而非自信。在你开始文献综述之前，先看看下面一些建议，你可能会发现一些值得作为研究主题的有趣的问题。

首先，个人经历和第一手资料通常会成为研究的催化剂。例如，你可能参加过残疾儿童夏令营，并很想了解更多有效地教育这些孩子的方法。又或者通过个人阅读，
你很想知道老化的过程，以及它对学习过程的影响。又如，我至少有三个同事是特殊 31
教育工作者，由于他们的兄弟姐妹在小时候都没有得到作为儿童应有的照顾来开发他们的潜能，现在他们成了特殊教育工作者。你的经历塑造了独特的你，在考虑研究问题的总体范围和内容时，忽视自己的经历是很让人遗憾的，尽管你可能不会很快看到这些经历和研究活动间的关系。不停地阅读，你会找到建立它们之间联系的方法。

你可能想完全靠自己来提出研究问题。然而，咨询你的指导老师或其他从事于你感兴趣的领域中的研究者同样很有必要，问问他们“接下来该怎么办”。从你的指导老师或别的老师那里得到的意见能使你在你的研究领域中始终处于领先地位。这也有助于你和你的指导老师建立良好的关系，这还是有趣、成功的经历所必不可少的。他们思考研究设想的时间总是比验证这些设想的时间要多。他们会喜欢那些想扩展自己研究活动并且聪明、精力充沛的学生（就像你这样）。

接下来，你需要找到适合研究的问题。也许已经完成 A、B 和 C，下一个就是 D。比如，你对了解生活方式中各种因素对心脏病的影响特别感兴趣，而你已经了解了一些因素的作用，比如已经研究了人格类型（A 型或 B 型）和卫生习惯（诸如社交饮酒），而且它们对心脏病的影响已经得到了很好的证明，那么接下来可能要讨论工作习惯（包括职业和态度）或日常生活（例如人际关系质量）的影响。在几乎所有学科和所有主题的研究活动中，研究总是要按逻辑逐步开展。

最后但并不是最不重要的，由于这门课程的原因你必须提出一个研究问题。如果换个角度看，这也没那么糟——能够独立提出研究问题的人都不需要为此担心。而那些可能有问题的人就需要一个期限，否则他们可能无法完成任何研究。因此提出研究问题有时需要崇高的理由，但有时仅仅是任务。虽然如此，你仍需要努力工作来选择一个能够使你形成研究问题的主题，这样你的研究兴趣才能在活动过程中得以保持。

自我测试

你一定会吃惊，有那么多的科学突破都源于很多有相同或相似研究兴趣的人的非正式交谈。围坐在一起，谈论关于学习和科学发现的想法是最具乐趣的事情之一。列出五个你特别感兴趣的关于任何主题的想法或问题。此时不用担心如何回答这些问题，只需冒点知识的风险，看看你能想到什么，希望有点创造性！

想法，想法，想法（以及如何处理它们）

即使你非常确定自己感兴趣的东西是什么，有时要想出研究方案中一些特别的研究设想也是很困难的。不管结果怎样，这都需要你自己来完成。以下列出了一些可能的研究主题，每个主题都可能会吸引你。对这些研究主题来说，每个都有大量的相关文献。如果哪个主题引起了你的兴趣，就去搜索并阅读与该主题相关的文献（文献搜索将在本章第二部分详细介绍）。

攻击性
艾滋病
自闭症
双语教育
生物反馈
记忆的生物基础
生育控制
躯体意象
中枢神经系统
梦
药物滥用
早期干预
自我中心
老年人护理
内分泌系统
32 癫痫
伦理
锻炼
脂肪
胎儿酒精综合征
流体智力

儿童护理
战争儿童
昼夜节律
经典条件作用
认知发展
色觉
竞争
服从
计算机应用
同一性
表象
智力
语言发展
学习障碍
调解
记忆
月经初潮
心理定势
中年期
动机
发作性睡病

冲突
合作学习
创造性
幻觉
抑郁
既视感
绘画技能发展
节食
离异
肥胖
乐观
疼痛
教养
知觉
偏见
公共政策
种族融合
强化
放松
快速眼动睡眠（REM）
自尊

性别差异	神经发育	校园暴力
启智计划	夜惊	冥想
自主学习	营养学	性别认同

从研究设想到研究问题再到研究假设

一旦你确定了自己感兴趣的研究主题，你就需要尽快行动起来，尽快提出你想研究的研究问题并开始文献综述。

研究设想指向研究问题，研究问题指向研究假设。

对某个问题表现出浓厚的兴趣与陈述一个研究问题是有很大差别的。研究设想中充满了丰富的想法：信念、概念、想象、假设，甚至是猜想等等。研究问题是那些至少能暗示变量之间关系的想法的联结（最好以书面形式写出来）。为什么研究问题最好采用书面形式写出来呢？因为口头语言很容易“溜走”。只有当你将事情记下来，并与它们共存（而口头语言往往会神秘地消失）时，你才会面对自己所说的，做出承诺，努力工作以使该陈述得以实行。

和研究假设不同，研究问题不是声明，而是对兴趣和想法进行的清晰陈述。研究问题越清晰明了、易于理解，研究假设的提出和后续文献综述的开展就越容易。为什么呢？因为从一开始你想要做什么的清晰想法，会令你在搜索参考文献和完成其他文献综述工作时更加有效地利用你的时间。

最后，该形成一套能够反映研究问题的假设了。还记得第 2 章提到的关于优秀研究假设陈述的五条普遍标准吗？现在来重新回顾一下，优秀的假设应该

1. 以一种公告的形式加以陈述。
2. 假定两变量的关系。
3. 建立在理论或文献综述的基础上。
4. 简明扼要。
5. 具有可验证性。

当你从研究问题中提出假设时，你需要对照这五条标准检查所提出的假设是否易于交流和理解。记住，研究设想可以来源于你昨夜所读小说某一章里的任何东西或一些奇想。而一旦到了提出研究问题的阶段，你就需要对你感兴趣的研究领域和你想要讨论的变量做更加科学、清晰的陈述。

表 3A－1 列出了六个研究兴趣和设想，研究问题就是从那些研究设想中产生的，最后是研究假设。最后提出的研究假设或多或少都与前面提到的五条标准相符。随着文献综述的开展及对更多细节的讨论，你可能需要对某些变量做进一步的界定，甚至是增加一些新的变量。好的研究假设能够告诉你下一步将要做什么而不是怎么做。 33

表 3A－1　研究设想和研究问题以及能够反映它们的研究假设

研究兴趣或研究设想	研究问题	研究假设
开放式教学和学业成功	开放式教学环境和传统教学环境对阅读水平的影响如何？	开放式教学环境中儿童的阅读水平高于传统教学环境中儿童的阅读水平。
电视和消费行为	看电视商业广告对青少年的购买行为有什么作用？	电视上的商业广告对青少年男性购买水平的影响强于青少年女性。
使用工作清单对预防医院感染的有效性	准备给病人进行手术时使用工作清单能够帮助减少在医院感染的情况吗？	在准备病人手术时有规律使用工作清单的医院在每 1 000 个患者中比未使用清单的医院有更低的感染水平。

续前表

研究兴趣或研究设想	研究问题	研究假设
食物喜好与有机食物	消费者更喜爱有机食物吗？	采用食物喜好量表能测出获得有机食物的消费者与无机食物的消费者在喜好水平上的差别。
户主使用能源情况	户主能源的使用会在他知晓邻居使用能源情况的前提下改变吗？	那些知晓邻居每月基本能源使用情况的人会用更少的能源。
成人护理	有多少成人已经适应了承担照顾自己年老父母的责任？	在自己家里照顾父母的子女人数最近十年里有所增长。

自我测试

正如巴斯德所说，机会总是留给有准备的人，你永远无法知道最好的信息来自哪里。因此，即使某些课程看起来与你的专业或研究兴趣完全不相关，你也无法知道通过广泛的阅读以及和同学们进行讨论能得到什么。列举出你可能会读的（你尚未读过的）五本跟你兴趣有关的书。

文献综述

现在又说回来了。今天的研究是建立在前人以往的辛勤工作和无私奉献以及他们回报丰厚的努力基础上的。要从哪里去找这些研究成果呢？找一些学术期刊、书籍或其他资源，这些在图书馆或网上都能找到。

文献综述为研究计划提供了框架。

尽管研究过程的所有阶段都很重要，但严密和系统的文献综述是成功完成研究计划和研究项目的基础。还记得在本章开始时说到的选择已研究过的研究问题这一致命的错误吗？或者选择了一个琐碎的研究问题？当你在看哪些研究工作已经完成了，以及它们是怎么完成的时候，你需要搞清楚这些情况。彻底的文献综述有助于形成一个研究框架，这个框架能回答你所提出的重要的研究问题。文献综述带着你思考某些想法是如何按时间顺序发展的，能够让你放弃一些以前的研究设想（因为缺少研究支持），也会让你坚信一些想法。广泛、完整的文献综述能够使你很好地认识到哪些研究已经完成，以及你下一步该往哪里去——对一份书写清晰、资料翔实、规划明确的报告尤为关键。

因此，拿出你的黄色书写纸（或可回收的白色书写纸）、索引卡片、笔、便携式电脑或掌上电脑，让我们开始吧！还有，别忘了你的学生证，这样你就能在学校图书馆查找书籍了。

文献综述的具体过程见图3A-2。开始的时候你需要一个尽可能清晰的研究设想，这种想法可以用有关你想研究变量的清晰、综合的陈述或以研究假设的形式提出。最后你需要一份书写清晰、例证简明的报告，以此详细说明你选择某一主题的原因、它是否符合前人研究、将来的研究该如何进行以及它和相关学科的重要关系。

34

以下介绍在进行文献综述时你需要使用的三类基本资源（见表3A-2）。

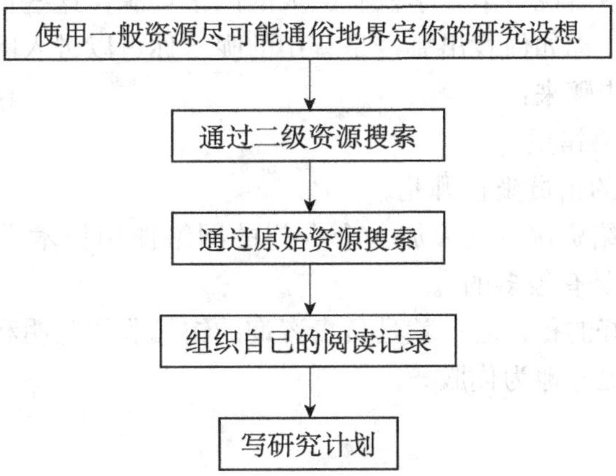

图 3A-2　文献综述的步骤

这是一项艰巨的任务，但当你一步步走过来时，你就一定能完成。

表 3A-2　在你就某一感兴趣的研究问题搜索相关材料时，不同的信息来源能为你做什么

信息来源	它究竟是什么	例子
一般资源	提供某个领域的概观并指导如何搜索更多的信息	日报、信息周刊、流行刊物、商业书刊、《期刊文献读者指南》、《纽约时报索引》
二级资源	提供从原始工作所截取的某一水平的信息	特殊主题书籍和以往研究的综述
原始资源	原始工作和经历的报告	期刊、摘要和学术书籍、教育资源信息中心（ERIC）文档、电影

首先是**一般资源**（general sources），它们可以帮我们找到关于一个主题一般参考文献的线索。这类资源肯定有其自身的缺陷（稍后我们会讲到），但它们也有自身的价值，因为它们能够为你所研究的主题提供一个概观和简介。

一般、二级、原始资源都很重要，是文献综述的不同组成部分。

例如，假设你对运动心理学感兴趣，但完全不知道该去哪寻找更多的有关信息。你可以从《纽约时报》中有关运动心理学的文章开始，找到排名靠前的运动心理学家，然后到二级或原始资源中寻找更多关于这个人的文章。

第二类资源是**二级资源**（secondary sources），它们是现行文献的“表亲”。这类资源主要有综述类文章、阅读选集、该领域其他工作的综述、课本以及百科全书。

最后也是最重要的资源是**原始资源**（primary sources），这类资源由已经完成的研究组成。它们以期刊文章或其他原始的形式（包括摘要）呈现。表 3A-2 总结了这三类资源的功能，并列举了一些例子。这三类不同的资源在第 9 章历史研究方法中也会进行讨论。

在开始文献综述前，让我先来跟你分享一下我的个人偏好。图书馆中提供使用的每一种资源并没有替代物。也就是说，你需要花很多时间来翻看书籍和学术期刊。在很多情况下，你也无法找到电子资源（例如网上电子数据库）的替代品。也就是说你需要掌握如何搜寻印刷的资料，同时也需要掌握如何搜寻网上资源。但你需要记住，网上可能无法找到你所需要的所用资料（而且有很多资料也无法核实），然而网络上的资源却都是最新的资源。有些资源已经放在网上了，但无法在图书馆找到，网上期刊和电子书正在发展中，对大型图书馆来说，处理更加便宜、便捷。但是现在，你需要两方面兼顾。为什么？当你只寻找在线资源时，你无法看到这些文献、报告的旁边有什么，而在真实图书馆里你可以有充分机会徜徉其中，探索周围任何有趣的东西。重大发现常常出现在无关的地方，或者说来自这一学科领域其他值得注意的主题。想博学多才吗？那就博览群书。

在我们开始前，最后说一下，学校有巨大的网络资源，这些资源的丰富程度可能是你无法想象的。那么，你如何找出哪些是有用的呢？你可以进入网上图书馆，然后慢慢找，也可以按下面的步骤来：

1. 先到学校的图书馆里。
2. 问问负责咨询的馆员坐在哪儿。
3. 问问有哪些网络资源（或参加一个专门的网络使用技术讲座，这类讲座在每学期开学时候总是有很多的）。

大学中保守得最好的秘密之一就是负责咨询的馆员非常聪明和有智慧。试着去了解他们——这样将能够更好地为你服务。

使用一般资源

信息的一般资源能够提供两方面的服务：（1）对你可能感兴趣的领域做个总体的介绍；（2）为你到哪里寻找该领域更有价值、更有用（在科学意义上）的信息提供线索。

35 它们同样提供了大量的可供浏览的材料。但请注意，一般资源可以成为你接下来走向的指向标，它们不是决定性、权威的信息参考来源。例如，你阅读了来自一般资源（如《纽约时报》）关于某种新锻炼方法的文章，你将会被引向原著（你会了解到*原始*文献是主要来源）。在你的研究工作中《纽约时报》的文章不能成为可靠的参考文献。

下面讨论的任何参考文献，尤其是全国性报刊的索引等，能够提供某一领域5、10或50篇文章。在这些文章中，你经常会找到关于该领域的详细介绍，找到一些该研究领域中的学者。通过这些信息你可以在其他的参考资料中查到某个人还做过哪些研究，甚至直接联系这个人。

在学校图书馆或当地的图书馆，甚至是网上都有这种大量的一般资源。下面对一些最常用的一般资源做一个简要介绍，此外还列出了其他一些你可能会查阅的资源。记住，一般资源仅仅用来帮助我们在研究中定位，以及熟悉自己的研究主题。

下面讲到的所有资源都能在网上获得，但是通过你的学校进入这些资源的**URL**（或统一资源定位符）或网址可能会不同。

《读者指南》（*The Reader's Guide*）包含自1901年以来的通俗杂志与学术期刊文献，还有《读者指南回顾》（*Readers' Guide Retrospective*），它涵盖100余年来的375种美国流行刊物，包括自1890年以来的主流刊物索引和300 0000多篇引文。如果你不能在这些资源中找到与你感兴趣的内容或相关主题，是时候重新评估你的课题了。

另一个有价值的信息来源是数据库的信息主页。下面的清单展示了各数据库的功能和简短描述。

- 《政府运行在线》（*Your Government : How It Works Online*）对美国政府的结构和功能信息进行了深度呈现。
- 《美国历史在线》（*American History Online*）包含了500年以上的政治、军事、社会、文化历史。
- 《非裔美国人历史在线》（*African American History Online*）包含了可进行交叉对照的非裔美国人历史记录。
- 《课程资源中心》（*Curriculum Resource Center*）包含了可打印的初中、高中、专科教师讲义材料。

- 《科学在线》(*Science Online*) 包含了科学领域的广泛信息。
- 《弗格森职业指导中心》(*Ferguson's Career Guidance Center*) 包含了 3 300 个职位与 94 个产业的档案。
- 《布卢姆文献》(*Bloom's Literature*) 包含了千余名作者和他们的作品信息。
- 《美国生活在线》(*Life in America Online*) 包含了美国的社会历史信息。
- 《纽约时报文章档案》(*New York Times Article Archive*) 按科目列出自 1851 年发表于《纽约时报》上的文章。

任何人都不应该把已发表的东西当作绝对的真理，但是每周发行的杂志，例如《时代》(http://www.time.com)、《新闻周刊》(http://www.newsweek.com) 以及《美国新闻与世界报道》(http://www.usnews.com/)，还有《经济学人》(http://www.economist.com/) 可以提供一些总体的信息，并使你对其他相关事件的信息有一个很好的了解。你可能甚至还不知道你对一些特殊的研究主题感兴趣（例如研究中的伦理问题），但关于该主题的一个故事可能发表在近期的杂志上，吸引了你的眼球，在你了解它之前你可能会使用这个信息到其他信息资源中进行搜索。

还有两个综合的一般资源电子数据库：Lexis/Nexis Academic 和 Expanded Academic ASAP，这两个数据库通过学校图书馆都可以在线使用。

Lexis/Nexis Academic 是原始数据库。它所覆盖和包含的信息量非常大，主要包含最新事件、体育、商业、经济、法律、税收和一些其他领域的信息。它也提供一些精选报纸文章的全文。表 3A-3 显示的就是它所覆盖的一般内容领域。你可以打印这些信息，进行邮发（如果你在图书馆没有其他的方式记录这些信息，当然也可以发给自己），或通过其他的方法进行整理（例如通过日期整理）。

表 3A-3　Lexis/Nexis Academic 目录

新闻	所有新闻
	广播稿件
	外语新闻
法律相关	联邦与各州案件
	标志性案件
	法律回顾
	各州法规与制度
	谢泼德引文
	联邦法规与制度
	法律参考
	专利搜索
国际法律	加拿大案件
	加拿大立法
	欧盟、英联邦和其他国家
公司	卷宗（公司、行政和产业）
	美国证券交易委员会备案文件
	公司档案
人员、地点及事件	传记式信息
	消费者信息
	账目
	国情现况
	税务法律
	智能手机界面

Expanded Academic ASAP 是专为大学生搜索提供的多学科数据库，可以检索人文学科、传播学、社会学、艺术、科学和应用科学等学科发表的研究，涵盖了从1980年至今的研究。在该数据库中不仅能找到一般资源，同样能够找到二级资源和原始资源。

随着网络资源和参考资料的逐渐收费，谷歌（Google）逐步体现了它的价值。

首先是谷歌学术（Google Scholar），它是学术文献的广泛搜索工具。你可以在不同学科和来源中搜索论文和书籍（及其他种类的出版内容，例如摘要），它是找到某个特
36 定学者作品的理想方式。例如，如果你对罗纳德·霍斯金（Ronald Haskins），一位在贫穷和福利的作用方面非常有名的政策专家感兴趣，到谷歌学术上搜索，你会找到霍斯金教授完成的成果，以及引用过他的研究。我们在本章会讨论如何最有效地运用谷歌学术。

当然，还有谷歌图书（Google Books）。谷歌着手将全世界主要图书馆及其他机构中数以万计的图书进行数字化，使你能够通过网络免费获取。在谷歌图书，你可以找到你用来上课的某本书的介绍，或者全文，这些书也许属于公开的领域，也许不是。你也可以通过谷歌图书链接谷歌商店，购买电子书。

谷歌图书绝对是研究者的无价工具，但它的使用也饱含争议。毕竟，作者的成果被无偿在线发布，作者没有任何收入（例如版权费）。随着时间推移，像谷歌图书这样的工具，会变得对作者、研究者都更公平。之后我们会讲到更多关于谷歌图书的运用。

你身边还有很多信息，你可以在每天的资源（例如当地的报纸、网上时事通讯或其他出版物）中进行发掘。你可以通过 www. newspapers. com 获取自1720年至今上千种的报纸资源，并且很多主流报纸，比如《纽约时报》《华盛顿邮报》等常常会刊登美联社的文章。还有，请别忘了美国政府印刷办公室（GPO），它会定期刊登各领域中上千篇的文章，事无巨细，并且其中的大部分文章是免费的（别担心，你父母交的税在起作用）。你想了解更多关于 GPO 的情况吗？访问他们的网站（http：//www. gpo. gov）获取报表。

最后是非常流行且很成功的维基百科（Wikipedia，http：//www. wikipedia. org/），它是一个几乎只靠像你和我这样大众群体的贡献而建立的一部大百科全书。在写此文时，维基百科包含超过4 700 000篇文章，涵盖了几乎你能够想到的所有领域。它可能是你开始研究工作最理想的在线信息渠道。

是否值得信赖？在很大程度上它是可信的。维基百科有专门的内容专家进行监督，最近一项研究表明，以严谨著称的《大英百科全书》中的错误比维基百科上的错误多。对于任何维基产品（它建立在很多人贡献的基础上，并可供任何人进行编辑）来说，最重要的就是事实，如果其中存在错误，那么一定会被替换或修正。

37 维基百科网站中同样包含其他的维基产品，包括维基词典、维基新闻、维基语录等。试着搜寻这些百科以及它们的附属内容，这会非常有趣。

还有一个你不可忽视的非常有用的一般资源是《美国统计摘要》（*The Statistical Abstract of the United States*），它由美国商务部（http：//www. census. gov）每年出版发行。这个美国国家数据库包含许多有用、易得的人口统计资料和其他信息。

现在，我们已经讨论了许多资源（你可以在学校图书馆找到更多可用资源），它们大多数是在线的，也有少数图书馆中的实体资源（尤其是年代久远的资源）。

实际上，不是所有资源都在网络中，因为许多在电子时代之前就创建并使用了，电子化工作是非常繁重并昂贵的。所以，你必须在图书馆中寻找它们。这些内容被记录在微胶片或其他媒介上，在图书馆可以获取。大部分图书馆现在有微胶片阅读机，允许你

直接从微胶片图像上复制内容，把你翻阅的内容打印下来或进行影印。许多报纸的全文现在也可从电子途径获取（在本章还会提及）。

记住，信息通道鱼龙混杂，信息的有效性和准确性常常受到质疑。你看见的内容并不代表是真实的。

最后，电子信息也许是最容易获得的，并且最便宜；但存储方法受到很多制约，例如受到信息本身以及使用条件等的制约。信不信由你，光碟，还有 U 盘，这些实体存储方法，都容易受到损坏的威胁。更别提存储信息的操作系统的通信规则时常变换。所以，什么是最好的存储方法？纸张。档案纸，不太容易损坏，是最佳的、最保险的、最便宜的，可以长期保持信息。然而，所有这些纸张能存放在哪里？那就是后话了。

使用二级资源

二级资源是那些你想获得的关于某个特定领域中已完成研究的学术性概要或参考书目的进一步资源。记住，二级资源是二手的，不是原始的报告。

主要的信息整理（例如综述）会是你进行文献综述极佳的基础。

综述和文献整理 这些是你通常在图书馆的参考书库（不是在书堆里）中找到的那些“大书”。由于有很多人想使用它们，它们就需要处于可借阅状态。越来越多的这类书被当成百科全书出版发行。接下来会对一些最常用的资料做一个概述。

文献综述中最常用的二级资源是《年鉴》（*Annual Reviews*，自 1930 年开始发布以来，涵盖近 30 个学科），内容有 20 章左右，集中在大量不同的主题上，其中包括医学、人类学、神经科学、生物医学工程、政治学、心理学、公共卫生和社会学。想想吧，你可以浏览过去十年的书卷，也可以接触到最新的心理学领域大量不同的主题。如果你刚好找到了你想研究领域的一章内容，那么你就会在研究中遥遥领先。你可以找出更多关于这些章节的内容，并通过网络（http：//www. annualreviews. org）查看有关内容的样表。

另一个值得讨论的是全美教育研究会（NSSE）的年鉴（http：//nsse-chicago. org）。自 1900 年开始，该协会每年都会发行一份双卷的年鉴，该年鉴往往聚焦于特殊的主题，例如青春期、微机在课堂中的应用、超常儿童和课堂管理。它所关注的领域往往是一些当前的焦点话题，如果你对这些感兴趣，那么这些信息对你来说就异常珍贵。2014 年年鉴的主题之一是《激励在校青年：基于证据的未来创新指导模型》。

简明教育状况（The Condition of Education in Brief，http：//nces. ed. gov）总结教育的重要发展和趋势，并提出每个年份教育条件和状况的指标。这里有大量教育信息可以获取，包括：公立和私立小学、中学教育入学情况；公立学校学生的族群分布情况；学生经过三年阅读和数学成绩的提高；美国国家教育进展评估（National Assessment of Education Progress）中学生的阅读、数学成绩趋势；数学素养的跨国比较；不同教育程度和族群的青年每年的收入；退学率的情况；高中到大学的即时过渡；高中可供选择的高级课程；常规课堂中所包含的残疾学生的情况；学校暴力和安全问题；教职工的薪金情况；儿童的早期发展；义务教育阶段每个学生的花费情况；公众对高等教育基金的支持情况。这些文档都可供下载。 38

如果你对儿童发展感兴趣，你可以搜索第 7 版的《儿童心理学手册》（Wiley，2015），该手册常常被儿童发展心理学专业学生、儿童早期教育专业学生、医疗护理专业学生以及其他人用来当作研究的起点。四个单独的分卷分别是：

- 卷 1：《发展心理学的理论模型》。
- 卷 2：《认知、知觉和语言》。

- 卷3：《社会性、情绪和人格发展》。
- 卷4：《儿童心理学实践》。

最后要介绍的是由牛津大学出版社发行的八卷装《心理学百科全书》(2000)，它包含心理学各领域的1 500多篇文章，非常有价值。

使用原始资源

原始资源是文献综述最基本的部分。尽管你需要通过阅读二级资源来获得一些好的研究点子和大量的信息，但你必须找到"原装货"以获取一些特别的信息来支持你的观点。

了解图书馆，以及你能够找到与你的研究领域相关的杂志的地方。大多数图书馆提供了规范的导览。

事实上，在你进行文献综述时最好的策略是在二级资源的基础上尽可能多地占有原始资源，甚至都不用去想那些一般资源。这不是说《红皮书》(*Redbook*)或《新泽西明星纪事报》(*New Jersey Star Ledger*)中的信息没有价值。但那些信息都是二手的，你也不希望自己的论点建立在别人对某个概念理解的基础上。

《读者指南全文》(*Readers' Guide Full Text Mega*)是目前对文献最全面的指南。它按主题分类，每月出版，涵盖了数百份学术期刊（例如《新英格兰医学杂志》），以及通俗杂志（例如《科学美国人》）。由于主题按照字母顺序排列，你可以轻易快速地找到某个主题的阅读来源。

学术期刊 学术期刊？你想要学术期刊？表3A-4按类别列出了一些学术期刊。这些足够你回答你的问题——"谁能告诉我在你的研究领域有哪些重要的刊物？"但这份清单仅列举了一部分可用的期刊。《乌利希期刊指南》(*Ulrich's Periodicals Directory*)印刷版（初版于1932年）中列出了上千种刊物，包括学术期刊、消费者杂志和商业出版物（http://www.ulrichsweb.com/，需要你以单位名义登录，或直接从图书馆登录）。

表3A-4　已出版的不同领域上千种学术期刊的范例

心理学	
Adolescence	*Journal of Educational Psychology*
American Journal of Family Therapy	*Journal of Experimental Child Psychology*
American Journal of Orthopsychiatry	*Journal of Experimental Psychology, Human Perception and Performance*
American Psychologist	*Journal of Experimental Psychology, Learning, Memory, and Cognition*
Behavioral Disorders	*Journal of Genetic Psychology*
Behavioral Neuroscience	*Journal of Humanistic Psychology*
Child Development	*Journal of Neuroscience, Psychology, and Economics*
Child Study Journal	*Journal of Personality and Social Psychology*
Decision	*Journal of Psychology*
Developmental Psychology	*Journal of Research in Personality*
Contemporary Educational Psychology	*Journal of School Psychology*
Dreaming	*Law and Human Behavior*
Educational and Psychological Measurement	*Perceptual and Motor Skills*
Emotion	*Psychological Bulletin*
Evolutionary Behavioral Sciences	*Psychological Review*
Journal of Abnormal Child Psychology	*Psychology in the Schools*
Journal of Applied Behavioral Analysis	*Psychology of Women Quarterly*
Journal of Autism and Development Disorders	*Small Group Behavior*
Journal of Child Psychology and Psychiatry and Allied Disciplines	*Transactional Analysis Journal*
Journal of Consulting and Clinical Psychology	
Journal of Counseling Psychology	

特殊教育和特殊儿童 39

Academic Therapy	*Journal of Research in Special Education Needs*
American Annals of the Deaf	*Journal of Special Education*
American Journal of Mental Deficiency	*Journal of Special Education Technology*
Behavioral Disorders	*Journal of Speech and Hearing Disorders*
Education and Training of the Mentally Retarded	*Journal of Speech and Hearing Research*
Education of the Visually Handicapped	*Journal of Visual Impairment and Blindness*
Exceptional Children	*Learning Disability Quarterly*
Exceptional Education Quarterly	*Mental Retardation*
Exceptional Parent	*Research Based Journal in Special Education*
Gifted Child Quarterly	*Sightsaving Review*
Hearing and Speech Action	*Special Education for Students with Disabilities*
International Journal for the Education of the Blind	*Teaching Exceptional Children*
International Journal of Special Education	*Teacher Education and Special Education*
Journal for the Education of the Gifted	*Teacher of the Blind*
Journal of the Association for the Severely Handicapped	*Topics in Early Childhood Special Education*
Journal of Learning Disabilities	*Volta Review*
Journal of Mental Deficiency Research	

健康与体育

International Journals of Sport and Exercise Journal of Health Education	*Journal of School Health*
	Journal of Sport Health
Journal of Alcohol and Drug Education	*Medicine and Science in Sports & Exercise*
Journal of Exercise Science and Fitness	*Physical Educator*
Journal of Human Sport and Exercise	*Psychology of Sport and Exercise*
Journal of Leisure Research	*Research Quarterly of the American Alliance for Health, Physical Education, Recreation and Dance*
Journal of Motor Learning	
Journal of Nutrition Education	
Journal of Outdoor Education	*School Health Review*
Journal of Physical Education, Recreation and Dance	

儿童发展与毕生发展

Adolescence	*Journal of Experimental Psychology, Human Perception and Performance*
Adolescents and Violence	
Aging and Its Comorbidities	*American Psychologist Behavioral Disorders*
Adolescence American Journal of Family Therapy	*Journal of Experimental Psychology, Learning, Memory, and Cognition*
American Journal of Orthopsychiatry	
Child Study Journal	*Journal of Humanistic Psychology*
Contemporary Educational Psychology	*Journal of Genetic Psychology*
Developmental Psychology	*Journal of Personality and Social Psychology*
Emerging Issues In Geriatric Rehabilitation Psychology	*Journal of Psychology*
Educational and Psychological Measurement	*Journal of Research in Personality*
Journal of Abnormal Child Psychology	*Journal of School Psychology*
Journal of Applied Behavioral Analysis	*Perceptual and Motor Skills*
Journal of Autism and Development Disorders	*Psychological Bulletin*
Journal of Child Psychology and Psychiatry and Allied Disciplines	*Psychological Review*
	Psychology in the Schools
Journal of Consulting and Clinical Psychology	*Psychology of Women Quarterly*
Journal of Counseling Psychology	*Selective Social Learning*
Journal of Educational Psychology	*Small Group Behavior*
Journal of Experimental Child Psychology	*Transactional Analysis Journal*

39

社会学和人类学	
American Anthropologist	*Social Psychology Quarterly*
American Behavioral Scientist	*Sociological Methodology*
American Journal of Sociology	*Sociological Theory*
American Sociological Review	*Sociology of Education*
Anthropology and Education Quarterly	*Teaching Sociology*
Child Welfare	*Journal of Marriage and the Family*
Family Relations	*Rural Sociology*
Group and Organization Studies	*Sex Roles: A Journal of Research*
Human Organization	*Social Work*
Human Services in the Rural Environment	*Sociology and Social Research*
Journal of Correctional Education	*Sociology of Education*
American Sociological Review	*Urban Anthropology*
Contemporary Sociology	*Urban Education*
Contexts	*Urban Review*
Journal of Health and Social Behavior	*Youth and Society*

40

分析研究	
Administration and Society	*Daedalus*
American Historical Review	*Economics of Education Review*
American Political Science Review	*Education and Urban Society*
Annals of the American Academy of Political and Social Science	*Education Forum*
	Educational Studies
Civil Liberties Law	*Educational Theory*
Comparative Education Review	*Harvard Civil Rights*

护理	
AACN Advanced Critical Care	*Journal of Clinical Nursing*
Advanced Emergency Nursing Journal	*Journal of Infusion Nursing*
Advances in Neonatal Care	*Journal of Neuroscience Nursing*
Advances in Nursing Science—Featured Journal	*Journal of Nursing Care Quality*
Advances in Skin & Wound Care: The Journal for Prevention and Healing	*The Journal of Nursing Research*
	Journal of Pediatric Nursing
AJN, American Journal of Nursing	*Journal of Perinatal and Neonatal Nursing*
Alzheimer's Care Today	*Journal of Professional Nursing*
American Journal of Nursing	*Journal of Public Health Management & Practice*
Cancer Nursing	*Journal of the Dermatology Nurses' Association*
CIN: Computers, Informatics, Nursing	*Journal of Trauma Nursing*
Critical Care Nursing Quarterly	*MCN, The American Journal of Maternal/Child Nursing*
Dimensions of Critical Care Nursing	
Family & Community Health	*Men in Nursing*
Gastroenterology Nursing	*Nurse Educator*
Health Care Food & Nutrition Focus	*Nurse Researcher*
Health Care Management Review	*Nursing 2010*
The Health Care Manager	*Nursing 2010 Critical Care*
Holistic Nursing Practice	*Nursing Administration Quarterly*
Home Healthcare Nurse	*Nursing Made Incredibly Easy!*
Infants & Young Children	*Nursing Management*

Journal for Nurses in Staff Development	*Oncology Times*
Journal of Cardiovascular Nursing	*OR Nurse 2010*
Journal of Ambulatory Care Management	*Orthopaedic Nursing*
Journal of Christian Nursing	*Outcomes Management*
Journal of Head Trauma Rehabilitation	*Plastic Surgical Nursing*
Journal of Hospice and Palliative Nursing	*Professional Case Management*
Nursing Research	*Quality Management in Health Care*
Nutrition Today	

就目前来说学术期刊是关于某一主题最重要、最有价值的原始信息资源，因为它们反映了研究者、研究成果和你的兴趣之间最直接的联系。

到底什么是学术期刊，以及文章和稿件是如何刊印的？学术期刊通常是刊印某一特定学科研究论文的集合。例如，美国教育研究协会（AERA）刊发超过五种学术期刊，所有的学术期刊都涉及教育研究的一般领域。美国心理学会（APA）刊发很多种学术期刊，其中包括《实验心理学杂志》（*Journal of Experimental Psychology*）和《咨询心理学杂志》（*Journal of Counseling Psychology*）。儿童发展研究协会（SRCD）所刊发的学术期刊包括《儿童发展》（*Child Development*）和《儿童发展专论》（*Child Development Monographs*）。你可以打包订阅某个专业组织发行的期刊，或者也可以分开单独订阅。

通常来说，这些专业组织并不真正自己发行刊物，他们只做编辑工作，进行稿件审阅，考虑能否发行。例如，儿童发展研究协会主办的《儿童发展》就是由威利-布莱克韦尔（Wiley-Blackwell）公司出版的。

> 审查期刊投稿的同行评议过程即同行专家在论文发表之前对研究手稿进行审查和评论。

那些最受人尊敬的学术期刊是怎么工作的呢？首先，研究者在特定期刊的征稿范围中写文章，并投往该期刊。文稿先按特定的要求排版（例如第 14 章中所举的例子），然后通常需要提交给期刊编辑。现在审稿通常在电脑上完成，那些仍然在部分编辑过程中使用纸质的期刊正在努力跟进。通常大部分社会和行为科学杂志在前后封面上都会提供其投稿指南。通常期刊会要求作者按照《美国心理学会出版手册》第六版（2009）中的要求进行编辑。

其次，期刊编辑（通常是由某特定研究领域著名专家担任）一旦收到文章就会将其（电子文档）寄给至少三名该领域专家进行审阅。这些审稿人在进行**同行评议**（peer review）时都不知道文章作者的身份。作者的名字只在封页中出现，而且会被编辑拿掉。只有一个号码或其他别的代码来标识这些稿件。这会让评议过程非常公正（被称为**盲审**[blind]）——审稿人知道稿件作者身份的机会大大减少。个人因素妨碍“在顶级的期刊上发表”这一高度竞争目标的可能性减到最小了。每一位审稿人都会对稿件是否适合发表做出评议。审稿人可以从以下项目中选择： 41

- 直接接受，即文章很出众，可以按照原稿直接发表。
- 建议修改，即文章在接收前要做一定的修改（当然也要重新评议）。
- 拒绝并给出修改意见，即按现在的样子文章不会被录用，但欢迎作者经过修改后尝试重新投稿。
- 直接拒绝，即文章直接被拒绝，也不欢迎其重新投稿。

最后，当审稿人得出一致意见时，编辑会把结果传达给文章的作者。如果审稿人无法达成一致意见，那么编辑会权衡观点做出决定或将文章送给另一个审稿人做进一步审核。编辑工作非常努力以确保评审过程和期刊发表过程的公平性。

顺便说一下，你可能对顶级期刊的投稿拒绝率感兴趣，它们差不多达到 80%。是的，80%的稿件被直接拒绝，但这些被拒绝的稿件通常都能在其他期刊重新投稿发表。被顶级期刊拒绝并不能说明这些研究在该领域无法做出重要的贡献。事实上一些研究表明，审稿人之间的评价一致性往往很低，一个人评价很高的文章，往往另一个人评价很低。但总体上可以毫不夸张地说，越好的科研报告总能发表在越顶级的期刊中。

关于一般原始资源的另一个值得注意的地方是，如果有一份期刊或一本书你可能需要使用，但你们图书馆中又没有（网上也找不到），不要失望，到附近的图书馆找找，或问问你们系的一些教授，他们可能能借到。如果这些方法都行不通，那就试试馆际借阅系统，你们的图书馆资料员一定乐意帮忙。这项服务可以帮助你轻松简便地定位到你需要的参考资料而无须奔波于图书馆之间，并且该系统一般都非常快速有效。

以下是其他可供考虑的原始资源（虽然对其原始或二级的认定是有难度的）：

- 个人写作。
- 信件（个人与商业）。
- 日记与日志（个人与商业）。
- 新闻。
- 照片、绘画、素描、原始测绘地图等。
- 广告、海报、横幅。
- 家谱，来自个人、家庭、公开的记录。
- 在事件发生时撰写的报纸文章。
- 口述历史。
- 回忆。
- 与事件相关的会议纪要。
- 出生与死亡记录。
- 演讲。
- 手工品（与事件相关的实体物件或证据，例如节目单、宣传册、小册子）。
- 最近的电脑软件、电子邮件档案、网页文档等。

摘要 如果把学术期刊比作文献综述中的主力，那么考虑到方便性和有效性，摘要集也不会差多少。**摘要**（abstract）是对学术期刊文章的一段（最多两段）概述，其中包含了读者决定是否需要全文阅读所需的所有信息。

摘要帮你省下查找潜在重要信息来源的时间。

相对于翻阅全文期刊来说，通过查找摘要集研究者可以节约大量时间。大部分综述也都包含研究主题和作者信息以方便读者查找，也就是摘要中所包含的信息远不止文章的综述。

以下对你可能有用的一些摘要集做一个简要的介绍。

一个很有名的摘要集是 PsycINFO（登录 http：//www. apa. org，依次点击“Publication & Databases”→“Databases”→“psychInfo”）。PsycINFO（APA 成员）和 PsycINFO Direct（非 APA 成员，但要付费）提供了一个电子数据库，其中包含从19世纪至今的心理学文章的摘要和概述。以下是关于 PsycINFO 的一些情况：超过2 500种期刊；每周更新；提供来源于学术性书籍中的章节；包含来源于49个不同国家的资料；覆盖学位论文；等等——共有近4 000 000条记录。毫无疑问，在你的研究过程中，它是一个非常巨大的资源。

42 PsycINFO 中包含了无限量的信息，同时可以进行在线搜索。

另一种使用 PsyINFO 的方法是搜索关键词 bibliography（参考文献）。在这一标题下，你会找到一系列的已出版的参考文献。幸运的话，你会找到聚焦于你感兴趣领域的一篇。并且，在 Psych Info 的网页上，你可以链接进入其他的美国心理学会数据库和电子资源库，例如：

- PsycINFO
- PsycARTICLES
- PsycBOOKS
- PsycEXTRA
- PsycCRITIQUES
- PsycTESTS
- PsycTHERAPY
- APA Books E-Collection

教育资源信息中心（ERIC）是另一个非常有用的索引。ERIC（http：//www.eric.ed.gov）是全国性的信息网络系统，其中区分、概述和提供了各种教育信息资源，涵盖以下领域：

- 成人、职业、专业教育。
- 咨询。
- 小学与幼儿教育。
- 教育管理。
- 高等教育。
- 初级学院。
- 第二语言学习。
- 特殊教育。
- 教师教育。
- 测验、测量和评估。

截至 2014 年（建立第 50 周年），ERIC 涵盖了 130 万篇与教育相关的文献，并以每年 30 000 篇的数量递增。该数据库和 ERIC 文档在全球约 3 000 个地方可以使用，其中包括大部分公共图书馆系统和大学图书馆系统。

ERIC 提供大量出版物并通过不同的搜索途径为大量用户提供帮助。和 PsycINFO 一样，ERIC 系统同样在词库提供了大量的描述性语词条目，ERIC 语词库（见图 3A－3）将成为你的第一站。现在我们感兴趣的是“Daily Living Skills”（日常生活技能）。一旦你找到了检索词或词条，你就可以使用主题索引（月刊），指导你找到自己想要找的参考文献的序号。最后你需要去参考文献实际描述的搜索库，如图 3A－4 所示，你可以选择使用不同的标准，如文献的格式（书籍、刊物等）、出版日期等。ERIC 所提供的文档绝大多数是 PDF 格式，并提供可用全文。其他极少时候你才需要从 ERIC 交流中心直接订购所需 43
的文献。如果你们图书馆有官方的文献部门，那么可能已经有现成的文献。同样，你也可以联系摘要中所列的作者。

图 3A－3　用 ERIC 语词库进行搜索

图 3A－4　一旦通过 ERIC 明确了研究领域，那就像该图中所示进行关键词搜索了

你认为这些已经足够开始研究了吗？PsycINFO 和 ERIC 是最主要的两个文献摘要数据库，但除此之外还有其他更专业一些并且很有用的文献摘要数据库。

其他摘要，例如《社会科学摘要》《应用社会科学索引与摘要》《心理学摘要》《社会工作摘要》，提供了各类可获取的参考资料。

最后是 ProQuest 学位论文（http：//www. proquest. com），它代替了许多图书馆的学位论文文摘，包含了自 1743 年以来超过 300 万可搜索的学位论文引文，每年增加超过 80 000 个新条目。

索引　学术期刊和摘要提供了论文、会议资料或研究报告的基本内容。如果你想要一个关于那些研究会出现在哪里的简要介绍，那么可以求助于索引。索引是按主题、作者进行检索的字母序列表。

索引有助于对一些重要信息进行定位。

被广泛应用的《社会科学引文索引》（SSCI）和《科学引文索引》（SCI）以一种有趣的并且有创造性的方式进行工作。SSCI（http：//thomsonreuters. com）提供 50 多种学科超过 3 000 种期刊中的期刊条目信息、作者简介和参考文献。你可以在图 3A－5 中看到搜索期刊文章和其他文献的初步结果。

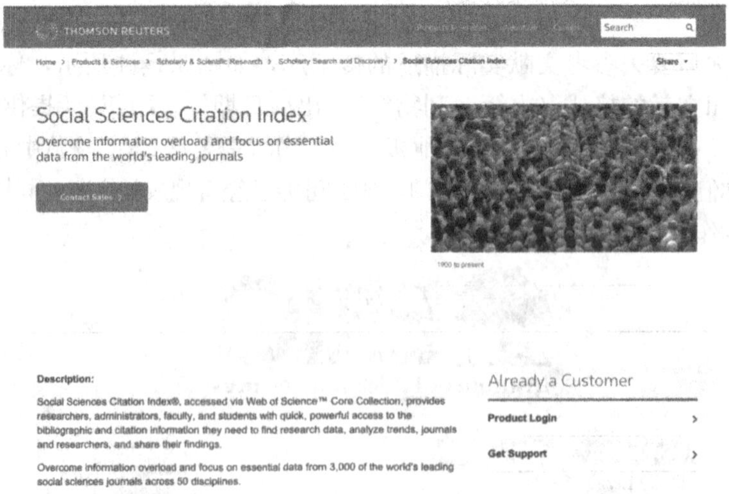

图 3A－5　使用《社会科学引文索引》进行一次搜索的结果

你可以根据文档类型、主题继续提炼搜索的结果，按你所需调整搜索。

SCI（http：//ip-science. thomsonreuters. com）提供超过 100 多种学科 3 700 多种科学和技术方面期刊中的作者信息和期刊目录信息。

假设你看到一篇文章并发现它和你的研究计划关系密切，进而你想知道有关这篇文章作者所做的其他研究。这时你可能会想到我们前面介绍的，通过研究主题从摘要集中进行搜索，但你可能还想搜索该作者或相同主题的其他文章。那么像 SSCI 和 SCI 这样的工具就可以让你集中于某一特定研究主题进行搜索，并提供尽可能多的有用信息。例如，你是否想知道谁提到过那篇由刘易斯·推孟（Louis Terman）于 1925 年所写的经典文章《一千名超常儿童的心理与生理特质研究》（“Mental and Physical Traits of a Thousand Gifted Children”）？你可以在 SSCI 中逐年搜索“Terman，L.”，将会找到许多的参考目录。 44

自我测试

选出你感兴趣的主题，找到这一主题的一般、二级和原始资源。

研究的阅读和评价

> 研究文献和报告都要仔细评估，决不能按表面价值判断结果。

阅读发表在期刊或课本上的文章几乎是你参加所有研究活动中必不可少的环节。事实上，对于研究新手来说，最常见的不足就是他们对所感兴趣的研究领域中的研究报告不够熟悉。想要找到一个完全空白（或缺乏相关研究）的研究领域几乎是不可能的。

你可能只是找不到那些精确定位于你想研究的主题中的东西，例如生活在澳大利亚内地的青少年的行为改变，但的确有大量关于青少年行为和澳大利亚青少年的研究。作为一个优秀的科研工作者，你工作的一部分就是提出关于为什么这些因素很重要和为什么这值得探索的论点。

你可以通过对关于该主题不同领域的研究论文进行阅读和评估来提出这样的论点。

研究论文是什么样的?

想要获得如何理解研究结果的专业知识，唯一的途径就是阅读并对所理解的东西进行实践。从你研究领域中的一份期刊开始，如果你对什么都不了解，那就从以下两条建议中任选一条开始：

- 拜访你的指导老师或你感兴趣的研究领域中的专家学者：“咱们研究领域中最好的期刊有哪些?”
- 去图书馆查期刊目录索引或在线搜索资源。你一定会找到很多期刊，就算没有上百种也有几十种。你当然也可以上网在线搜索。

例如，对那些你感兴趣的教育学与心理学以及其他相关研究领域，你可以参考以下所列举的 10 份期刊，或许它们会成为你研究工作的起点。

- 《美国教育研究杂志》（*American Educational Research Journal*）。
- 《美国心理学家》（*American Psychologist*）。
- 《教育研究者》（*Educational Researcher*）。
- 《教育与心理测量》（*Educational and Psychological Measurement*）。
- 《哈佛教育评论》（*Harvard Educational Review*）。 45

- 《教育研究杂志》(*Journal of Educational Research*)。
- 《教育心理学杂志》(*Journal of Educational Psychology*)。
- 《教育测量杂志》(*Journal of Educational Measurement*)。
- 《斐·德尔塔·卡帕》(*Phi Delta Kappan*)。
- 《教育研究评论》(*Review of Educational Research*)。

以下是10份主要集中于心理学研究领域的期刊。

- 《儿童发展》(*Child Development*)。
- 《认知》(*Cognition*)。
- 《人类发展》(*Human Development*)。
- 《应用发展心理学杂志》(*Journal of Applied Developmental Psychology*)。
- 《实验心理学杂志》(*Journal of Experimental Psychology*)。
- 《人格与社会心理学杂志》(*Journal of Personality and Social Psychology*)。
- 《学校心理学杂志》(*Journal of School Psychology*)。
- 《知觉与运动技能》(*Perceptual and Motor Skills*)。
- 《心理学公报》(*Psychological Bulletin*)。
- 《性别角色》(*Sex Roles*)。

此外，别忘了我们前面讨论过的《乌利希期刊指南》(包含超过300 000个期刊条目)。

评价研究论文的标准

评价别人的工作永远都不是一项简单的任务。你可以考虑从下面的表单开始，它有助于你准确找到期刊文章中最重要的特征。你可以从以下八个方面更好地理解研究报告的格式和作者想传达的信息——研究做了什么、为什么要研究这些、研究是如何开展的以及研究的结果和意义。

> 研究论文可以采取多种形式，但它们的最高目标就是传达给读者信息。

1. 文献综述。

- 研究中的参考文献和以往研究关系的密切程度如何？
- 文献综述的内容是否为近期的研究？
- 有没有一些重要的、很有意义的文献你知道但在这里被忽略了？你能看出有任何引用文献太概括化、不够合适吗？为什么？

2. 研究问题和研究目的。

- 你能否理解研究中对研究问题的陈述？
- 关于研究目的的陈述是否清晰？
- 研究目的是否建立在前人研究的基础上？
- 关于研究目标的陈述是否清晰？
- 研究假设是否建立在一定的理论基础上？
- 是否有依据说明该研究的重要性？

3. 研究假设。

- 对研究假设是否进行了清晰明确的说明？
- 研究假设中关于变量间关系的陈述是否清晰？
- 研究假设的提出是否建立在原有理论或相关文献综述的基础上？
- 研究假设是否具有可验证性？

4. 研究方法。

- 自变量和因变量的界定是否明确？

- 对变量的界定和描述是否完备？
- 是否清晰地说明研究是如何进行的？

5. 样本。

- 你认为所选取的样本是否具有代表性？如果样本代表性不适当，样本是在适合我们探索的问题的前提下被选取的吗？
- 样本来源以及取样过程是否清晰？
- 该研究中的被试和以往类似研究中被试的相似程度如何？

6. 结果和讨论。

- 作者是否联系文献综述对研究结果进行讨论？
- 研究结果和研究假设是否相关？对研究结果的讨论与实际结果是否一致？
- 作者在讨论中对最初提出的研究假设有没有做出结论？

7. 参考文献。

- 所引用的文献是不是最新的研究？
- 引用的格式是否符合要求？文献是否全面？
- 所引文献能否反映该研究领域中最重要的文献资源？

8. 研究报告的总评。

- 研究报告是否条理清晰、易于理解？
- 报告的用语是否存在偏见？
- 报告有哪些长处和不足？
- 研究的主要意义是什么？
- 如果换成你，你会如何改进该研究？
- 所提交的稿件是否符合编辑或出版者的规范？

在研究中使用电子工具

46

试想，如果你在宿舍里，并且已经很晚了，但你发现你想要完成文献综述……只要你在网上，那就是在研究的路上。你可以登录你们的图书馆，在它所提供的众多数据库中选择一个来搜索你需要的信息。在线工具和数据库成了编纂、管理和传播研究的主导力量。

> 无论是作为工具的计算机还是作为储存室的图书馆，尽管它们呈现信息的方式不同，但它们在研究过程中同等重要并相互补充。

在家、办公室或是在图书馆——现在甚至可以在商业街道上或学生宿舍里使用无线网络技术——使用计算机完成文献搜索和综述正成为一种趋势，并且用于搜索的数据库每天都会更新。

马上我们将要对此进行说明，但在此之前先说说那些就发生在你们身边不容否认的事实。你们中正在使用这本书的许多人可能从来都没有好好利用图书馆所提供的服务。我们都知道在线浏览图书馆的目录很简单——快速、轻松，通常很可靠。然而，去访问实体图书馆有更大的益处。事实上，你在图书馆除了寻找你所需要的之外，还能够发现额外的内容，这些网络上也许永远找不到。例如，你在书库中探索运动科学的文章并阅读成册的期刊文章，当你发现你查找的文章的前一篇似乎包含了一些与你提出的问题高度相关的信息时，你难道不惊喜吗？你取出另一些书册，找到一张舒服的座椅，关掉你的手机，并找到更多宝藏——出乎意料，却非常有价值。去访问一下图书馆，你会很惊喜的。

在线搜索

在堪萨斯大学，学生们可以进入沃森图书馆（主要的学术图书馆之一），使用计算机，进入 ERIC 文档，通过它们在短时间内搜索感兴趣的参考文献——不错吧！学生可以进入网络链接，通过该链接，他们可以在学校购买的上百种数据库中（以及从其他图书馆中）搜索到数以百万计的文献摘要和全文。当然，现在学生可以在舒适的公寓、寝室、家里或数千公里之外远程进行这些操作。实际上，如果他们在线上活动中有任何难处，他们甚至可以询问图书馆员——对，在**浏览器**（browser）打开一个新窗口，键入问题，例如："《纽约时报》现在仍有索引吗？""商业教育的顶级期刊是什么？"这些图书馆员可被称为最原始的搜索引擎了。他们知道很多，而且最重要的是，他们知道去哪寻找答案——这是打好研究基础的关键。

> 在当地的公共图书馆和大学图书馆系统，你可以进入网络，也可以被引导获得有效的电子信息。

你甚至不需要去大学或专门的图书馆。当地社区基础图书馆规模足矣，而你所需的只是一张借书卡。你不需要是大学或专科的学生才能阅览他们的藏书。只要是城市或本地的居民就可以了。去吧。

学校、企业或政府研究人员正越来越多地开始转向在线信息数据库来查找他们需要的信息，无论是特定的参考资料还是某些事实（例如日本生产的自行车数量或住在城市的青年人数）。

在线搜索的价值 由于能节省时间和便利，有的时候在线搜索更加彻底。你可以通过在线服务进行搜索，它所消耗的时间差不多只是手工操作的四分之一。

在线搜索的另一个优点是，如果你的搜索技巧差不多能够胜任，你就不会错过太多的信息。信息提供者要么通过他们自己的数据库，要么通过其他数据库，从而提供成千上万的文献资料。专用数据库中包含上百万条的信息（例如 APA 的 PsycINFO），以及不断增长的完整文献记录（PDF 格式），让你可以随时获取，不仅仅是摘要。

如果说真的存在消极面，那么这个缺陷可能表现在，当你利用这些网络资源时，你可能无法像在图书馆时那样随意翻阅成千上万的图书资源。由于这些书都是专业领域的书籍，你很有可能会找到一本你并不了解的书，并从中找到一些很有价值的资源。

强大的搜索引擎

虽然这里没有所有网址的列表，但是**搜索引擎**（search engines）可以帮你找到你所
47 感兴趣的资源。例如谷歌（www.google.com），它是迄今为止被运用最普遍的搜索引擎。输入你要搜索的主题，点击 Google Search，就一定会找到你能够利用的资源。更好的是，通过将 resume（*简历*）和 nursing（*护理*）这两个词结合，你就能搜索到那些曾经在网上投过简历并且其中含有*护理*字样的人。输入网址"www.yahoo.com"，你就可以打开一个拥有上百个主题链接的网页。

> 搜索引擎是一种工具，能帮助你筛选网络上可获取的成千上万页的信息，并识别出你需要的信息。

例如，我们假设你对 homelessness（无家可归）感兴趣，并且使用谷歌。如图 3A-6 所示，约 14 300 000 条结果在 0.63 秒内显示出来，令人惊叹。图 3A-6 显示的是主题输入谷歌搜索栏后得到的结果。稍后我们会来详细讲解谷歌搜索界面。

搜索过程结束后，页面会显示一些可供参考的链接，点击它们你就可以看到主页中包含的信息。

所有搜索引擎的设计原理都是一样的吗？显然不是。有的可以提供精确的结果，而有的只能提供一些大致的范畴，只能作为搜索的开始部分。可以尝试多种不同的搜索引擎，以找到最适合你的那一个。见表 3A-5。

表中列举了各种搜索引擎及其功能。网址前缀没有随处可见的 http：//www，火狐（Firefox）、IE、Chrome、必应（Bing）可以搜索并定位额外信息（和你键入的内容），不需要前缀。

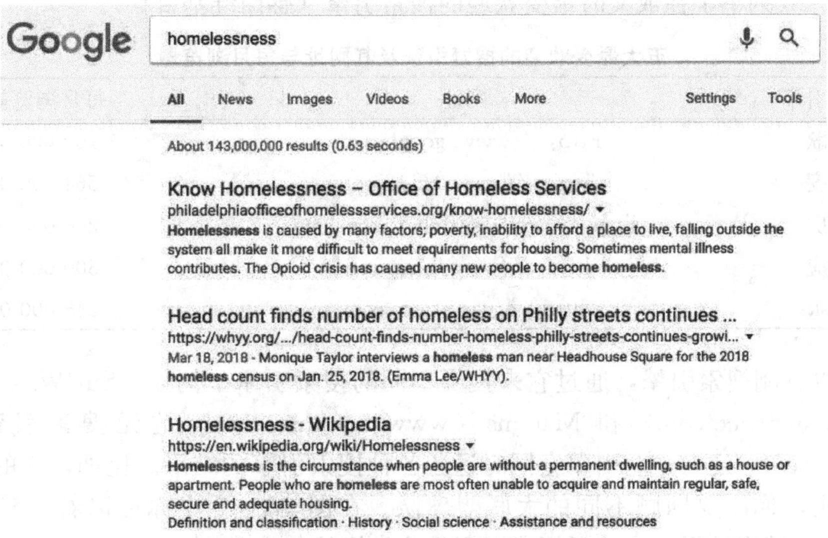

图 3A－6　用谷歌搜索 homelessness 示例

表 3A－5　不同的搜索引擎及其功能

如果想进行一般广泛搜索	
alltheweb	Search. yahoo. com/web
美国在线	aol. com
Ask	ask. com
必应	bing. com
duskduskgo	duskduskgo. com
Gigablast	gigablast. com
谷歌	google. com
Lycos	lycos. com
MSN	msn. com
雅虎	yahoo. com
如果想搜索特定主题的博客	
blogsearchengine	www. blogsearchengine. org
LJSEEK	ljseek. com
Technorati	technorati. com
如果想搜索在线书籍	
你的当地图书馆	容易找到
bookbinder	bookbinder. com
谷歌学术	scholar. google. com
谷歌图书	books. google. com
如果想搜索图片	
Picsearch	picsearch. com
Photobucket	photobucket. com
纽约公共图书馆电子画廊	digitalgallery. nypl. org/nypldigital/index. cfm
classroomclipart	classroomclipart. com
gettyimages	www. gettyimages. com

表 3A－6 列举了在成文时最受欢迎的搜索引擎（感谢维基百科）。

表 3A－6　　五大最受欢迎的搜索引擎及其网址与每月浏览量

搜索引擎	网址	每月浏览量
谷歌	http：//www. google. com	1 100 000 000
百度	http：//www. baidu. com	564 000 000
雅虎	http：//www. search. yahoo. com	350 000 000
必应	http：//www. bing. com	300 000 000
Ask	http：//www. ask. com	245 000 000

你可以查阅搜索引擎，通过它来搜寻不同的搜索引擎。例如，SurfWax（http：//lookahead. surfwax. com）和 Mamma（www. mamma. com）是**元搜索引擎**（meta-search engines），还有一些引擎会同时返还各种搜索引擎的结果。比如，你的研究涉及棒球的历史，你需要回顾不同的大联盟球队。在图 3A－7 中你可以看到相应信息在 Mamma 上的搜索结果。这些元搜索工具是非常棒的起始点。

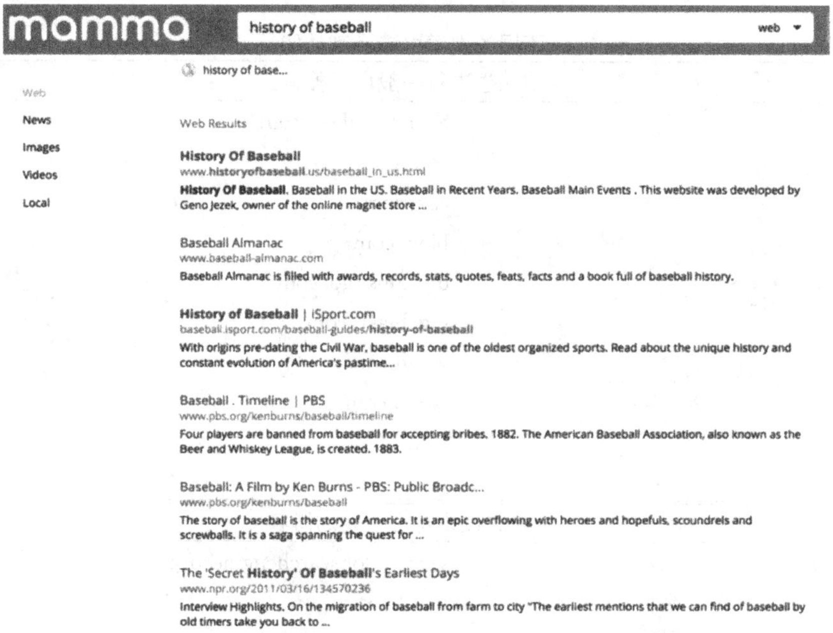

图 3A－7　使用无搜索引擎进行一次搜索的结果

以下是如何使用搜索引擎的一些建议：

48 传统的，通常也是最好的搜索引擎就像图书馆员一样，它不会突然崩塌，它长期有效、总是很有帮助而且智慧无限。

- 经常使用多个搜索引擎。搜索引擎是基于不同的演算法则，以不同方式运作的，你肯定会得到不同的结果。
- 尽可能精简搜索主题，利用搜索引擎来扩充它。输入 intelligence（智力）一词会得到很多资源，但大部分可能是无关的。但是，如果你同时输入 intelligence、children（儿童）和 school（学校），那么显示的结果可能更易于使用，更接近于你的预期。记住，你输入的搜索词越少，你所得到的结果就会越笼统。
- 当你想搜索多个词条时，先输入最重要的关键词。
- 确认你输入的关键词拼写正确。你没有找到想要的吗？最简单的解决方法是检查你的搜索词。也许就存在拼写错误。

- 如果引擎中有帮助功能，那么打开并阅读它。这些极其有价值的信息会让你的搜索工作更加省时省力。
- 尝试一下你所搜索词条的同义词。你可以通过各种各样的途径找到你想要资料的精华部分。

在搜索中使用布尔运算符

- 在浏览器输入词条开始搜索是够简单的。那么更精细的搜索如何？使用布尔运算符（AND、OR 以及其他逻辑符号）可以成为极大的助力。使用这些运算符能节省你的时间，并获得更丰富的结果。
- 记住对搜索词条使用引号，这些词条就会被划成词组，并会按照你输入的顺序呈现到搜索结果。输入 gender identity（性别认同）会得到搜索整个词组的结果。输入 genderAND identity 会得到搜索两词任一的结果。

使用 AND　当你想要搜索多个词条的结果时，使用 AND，例如 muscle AND exercise，会得到搜索两词任一的结果。虽然你输入两个关键词（例如 exercise muscles）时大部分搜索引擎会认定你倾向于搜索 exercise（锻炼）和 muscles（肌肉），但不如加入 AND 的运行方式更为彻底。为了确定，用大写的 AND（和任何布尔运算符一样）。有些搜索引擎用加号（+）代替 AND。

使用 NOT　通常你想要搜索一个词条，它包含了一些其他内容，例如搜索 achievement（成就）却不想和 reading（阅读）有关。NOT 运算符就是适用的工具，你的搜索就变为 achievement NOT reading。一些搜索引擎要求用减号（－）来代替 NOT。

使用 OR　OR 可用于搜索词条或词组的全部结果。例如，grade school OR elementary school math 意味着将这两个词条加起来进行搜索，并排除所有与数学相关的结果。

注意：比起用许多词条加上几个布尔运算符来搜索，简单地进行多次搜索可能更有 49
效率。如果你不能完全习惯运用的话，这些运算符很容易混淆并产生不准确的结果。

使用 *　此通配符可用于搜索其他术语或短语之前或之后的任何内容。例如，输入 street * 可以搜索到 street crime（街头犯罪）或 street gangs（街头帮派）或 street repair（街头修理）。

关于谷歌的更多内容

虽然谷歌是应用最为广泛的搜索引擎，它的搜索份额还在持续发展，你也许经常使用它，但它的功能与使用方法仍然值得探索。它定期收录数以百万计的网页，而且搜索结果反馈非常快。它如此受欢迎，这里有一些具体使用的小窍门你可能不知道，我们之前关于搜索的讨论也适用于此。

> 不只是谷歌，其他搜索引擎都有自己的技巧和窍门，你可以通过它们各自的网站学习以提高自己的搜索技能和搜索成功率。

谷歌搜索结果　图 3A－8 呈现的是对 grade retention（留级）一次搜索的结果。这里你不仅能够看到有很多的搜索结果，而且我们还会具体阐述这个窗口的构成以及它能怎样帮助你。

1. 在搜索页面的顶端有几个标签，当你点击这些标签时，你会得到该主题的其他一些信息（新闻、图片、视频、图书等）。例如，如果你想要搜索有关主题的新闻，你就可以点击 News（新闻）这个标签。这样，你就会得到一些相关信息，帮助你进一步理解主题。
2. 在谷歌搜索框的右边是搜索设置（settings）按钮。它可以精炼你的搜索过程，确认搜索结果的定位。
3. 在这个示例中，没有显示出赞助商的链接（谷歌通过广告植入赚了很多钱）。赞

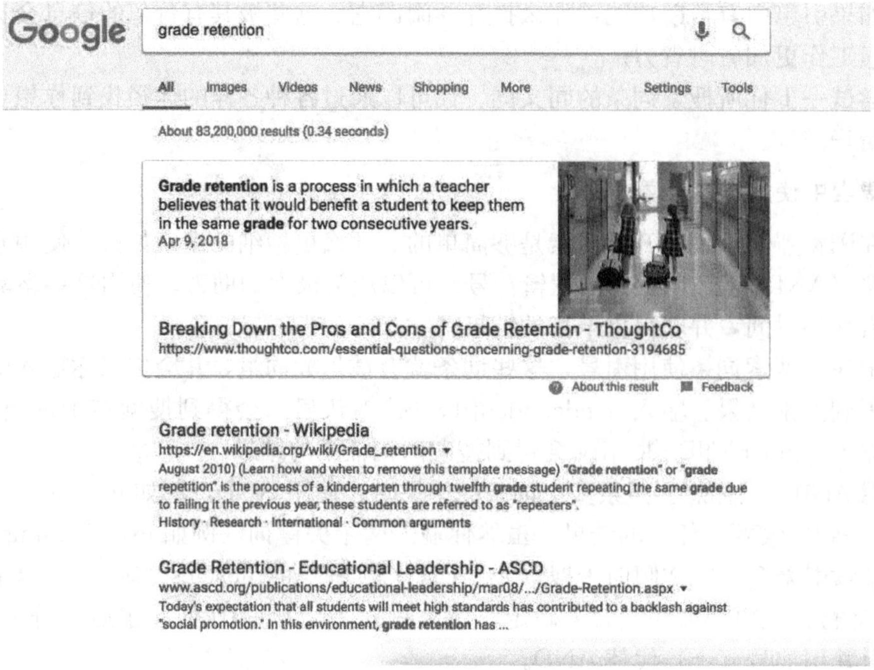

图 3A－8　用谷歌搜索 grade retention 的结果

助商的链接一般远离搜索结果，让你很清楚地明白它们是被区别对待的。你要知道，不是每个人都看到同样的广告，谷歌和其他搜索引擎熟知你，它知道你在线时预定什么内容，并微调符合你年龄、种族、性别、偏好的广告和推送。

50 4. 在谷歌搜索词（这里是 grade retention）的正下方，显示的是搜索的结果总数和所用时间。示例中，所得结果数是 83 200 000，用时 0. 34 秒。注意如果你重复同样的搜索，你获得的结果会不同（可能差别很小），因为瞬息万变。注意这不是指各自搜索 grade 或 retention 的结果，而是搜索这一词组的结果。

5. 结果栏的正下方是所有搜索结果的列表，包括以下信息：

   a. 页面的名称。

   b. 下面一行会提供该网页的网址，你可以点击链接进入。

   c. 下面是页面内容的摘要，可以帮助你决定它是否值得点击打开。

> 搜索时，在浏览器中使用多个选项卡。点击就能打开另一个。这样，结果会出现在不同窗口中，一项搜索的结果不会覆盖另一项。

词语的排序和重复　你已经知道了搜索词排序的重要性（前面已经阐述），同时搜索词的重复对搜索结果也会有较大影响。

例如，图 3A－8 显示的是 grade retention 的搜索结果。那么，如果我们输入的搜索词是 grade retention retention，那么搜索的重心就会转移到 retention 上；相反，如果是 grade grade retention，就会重点搜索 grade，而不是 retention。词语复制并不是一个专门的技巧，但是它却能促使谷歌对同一主题输出不同的结果。

电话簿的使用　这个或许是谷歌搜索引擎最好的功能，但是却很少有人知道。

作为研究者的我们，做得最多的或许是搜索信息和相关作者。如果你对一篇研究报告非常感兴趣，并且急切地想要了解更多主题的内容，其中一个解决方案是搜索更多作者的信息，试图联系到他。

例如，你想联系到作者。你第一个尝试的地方可能是工作地点（堪萨斯大学，可以
51 通过网站 www. ku. edu 找到相关信息）。通过这个途径，你可能会得到你想要的信息。但是，我们不得不说，你可能并没有那么幸运。

使用谷歌电话簿这个功能，在搜索框中输入姓名和邮编，如Salkind 66044。以前使用的phonebook、rphonebook、bphonebook这类词被取消了，因为很多人要求从推销名单上移除自己的姓名。

从网上搜索文章 研究者们都在忙着收集和应用那些能够为他们研究做铺垫的信息。有些人可能会搜索一些特定的数据库，比如《华盛顿邮报》、《美国新闻与世界报道》、美国心理学会等，也有人会根据某一特定研究主题搜索资料。但无论怎样谷歌都是一个非常有用的工具，它不仅可以通过链接搜索某一特定主题的资料，也能够在自己网站上搜索一些二级资源。例如，在《纽约时报》网站上搜索day care（日托服务）就能够得到很多的结果。那么那些既发表在《纽约时报》又发表在其他地方的文章怎么办？当然报纸、通俗杂志、学术期刊等资料可能出现的任何地方都可能出现这样的情况。该怎么办？

现在我们就来搜索具有《纽约时报》版权的有关day care（www.nytimes.com）的文章。

将day care以引号引起来，那么谷歌就会将其视为一个词组，而不会当成day和care两个词。这次搜索共命中28 100个结果。

现在我们如果搜索那神奇的copyright * New York Times Company day care，搜索结果则有851条，其中包含了《纽约时报》以及其他刊物从《纽约时报》里引用的所有关于day care的文章。

在搜索词条中 * 是通配符，因此任何时候引用的文章都可以搜索到。我们也可以通过搜索command since the New York Times Company来达到同样的目的。很酷吧！

搜索文献条目 研究者的主要任务是搜索信息，并同时收集信息。进行条目搜索会很有帮助。我们可以使用命令“intitle:”。

例如，搜索intitle：directory day care，搜索结果是包含day care内容的文献条目。如果我们在搜索词中加入一个 *，例如intitle：dictionary * day care，就可以扩大搜索范围，搜索结果包含elderly day care、adult day care、Miami day care等，比刚才提到的单独搜索得到的结果更多。

关于谷歌的更多信息 如果你需要关于谷歌产品的帮助，例如Gmail、Google Docs，或搜索过程中有疑问，可进入谷歌帮助中心（http：//www.google.com/support/）。

谷歌高级搜索工具 要找到住在怀俄明的研究者的电话号码很容易，但phonebook只是谷歌众多能够帮助你提取你所需的搜索运算符之一。你可以在http：//www.googleguide.com/advanced_operators_reference.html找到各种搜索运算符。

例如，你可以用搜索运算符“define:”搜寻一个词的定义。输入define：mysticism可以让你找到各种网址中本词定义的巨量清单。如果你输入definition of mysticism，你会得到定义mysticism的网页，并非定义的词库。另一个真正有用的运算符是“source:”，它能使你的搜索主题限制在你所认定的来源上。例如，你想搜索iPad的信息，但仅限于发布在《纽约时报》的内容，输入iPad source：New York Times可以让你得到相关发表文章的汇编。你甚至可以搜索最新的天气预报（weather：losangeles），还有电影上映的时间（movie：title，如movie：Greenberg Lawrence，KS）。

使用参考文献数据库管理软件

做过研究的人都知道，研究稿件中最单调的部分就是参考文献——找到它们、插入文中、进行编排，真的很单调。

> 尽管在创建搜索文档时最枯燥耗时的工作就是追踪处理参考文献，但有一些软件能帮你大大减少那些不必要的时间。

现在有一种很受欢迎的工具来帮助你完成这些，甚至更多的事。参考文献数据库软件就是能够帮助我们处理那些参考文献的工具，它们的功能有：

- 使用参考文献标准格式插入数据。
- 改变参考文献格式以符合某些特殊要求，比如 APA（美国心理学会）、MLA（现代语言协会）等。
- 使用关键词搜索参考文献数据库。
- 对能够搜索到的参考文献添加注释。
- 使在文中用到的参考文献形成一个列表。

52 当然你也可以通过索引卡完成以上内容，但只能一次插入参考文献并且不能重新整理、进行追踪和组织——我们可以一直列下去，但我想你已经了解这有多难了。

有很多参考文献数据库管理软件，有些是免费的，有些需要收费。这些软件的功能相似——你输入文献信息，软件会根据你指定的格式进行编排。它们通过不同的方式达到这一效果，并且提供不同的附加功能，你可以利用免费下载来试一试。

也许最常见的参考文献管理工具是微软的 Word。Word 的文献工具能让你按照所选格式（例如 APA、MLA）创建文献。你使用的格式要取决于你的学科，你的学科主要期刊的出版手册会告诉你该遵循怎样的格式。当文献被创建后，你可以在你选择文档的任何地方插入。

例如图 3A－9，在 Word 功能区的“引用”选项卡下选取，我们输入所需某个特定文献的信息，有多少文献或引文你想包含在参考文献中，再点击插入引文，可以插入你所选格式的引文（此处是 APA 格式）。

参考文献

Salkind，N.（2018）. *心理学研究方法*. 北京：中国人民大学出版社 .

可见，要更改、创建你的引文清单是很简单的。

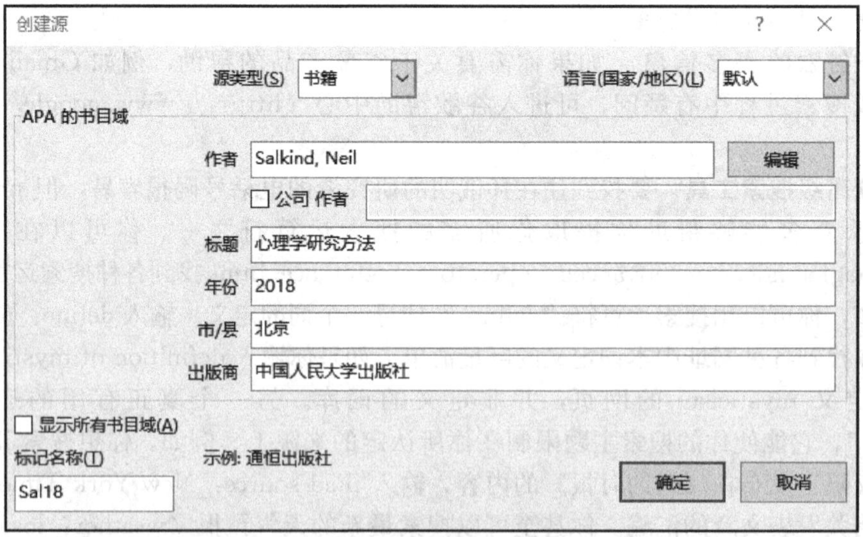

图 3A－9　使用 Word 内置的参考文献管理工具

EndNote（http：//www.endnote.com/），是相当受欢迎的收费文献管理软件。其他一些好用的收费文献管理软件有 Biblioscape（http：//www.biblioscape.com）和 Bookends

（登录 http：//www. sonnysoftware. com/并搜索“bookends”）。免费的有 Bibus（http：//www. bibus. com/）和 Pybliogapher（http：//www. pybliogapher. org），后者是一款开源程序。

注意一下这些程序是否符合你的操作系统，有些只在 Windows 系统可用，有一些在 Mac 系统可用。

EndNote 有我们所提及的功能，并筛选你所选择的文献的类型（书籍、期刊、网页），接下来输入相关信息。信息接下来会出现在你的库中。创建文献库之后，EndNote 只要少数点击就可生成参考文献，格式如你所选，甚至可以自定格式。EndNote 提供一些比 Word 更详尽的描述，例如出版地、短标题、译者。这些信息可能在文献引文清单中并不立刻有用，但在接下来的研究和写作过程中会很有用。EndNote 基础版是免费的，EndNote X& 有更多功能，需要 250 美元，不过总是对学生及教师打折。 53

我们可以看到，参考文献的每个基本信息（作者，日期等）都在系统中的空白处逐一填上。你可以针对每条参考文献重新逐一填写表格（这些参考文献可以是期刊文章、书的某一章或会议论文），并可以选择插入的格式。

自我测试

通过在线搜索来积累自己的学术资源而不依赖于学校里的图书馆，这对你来说很容易，或许太容易了。你认为通过在线搜索能够完成你的文献综述吗？在线搜索策略有哪些优点和不足？

利用互联网：超越搜索

当这一部分谈到利用互联网时，大部分人都明白，但仍有些人不知道。下面的内容对那些已经学习过的人算是一种复习，对那些没学过的人则是一种介绍。

通俗地说，互联网就是一种**网络**（network）。一个网络就是能够相互交流的计算机集合。试想，所有这些网络都互相连接，这其中有上百种网络、上千台计算机，并有数以百万的人在使用。例如，在 2015 年，互联网上有超过 450 亿的网页。

现在你大概了解到互联网有多大。事实上，它还在不断扩大，并有数以百万的人通过互联网工作、娱乐，当然还有研究。

研究活动和互联网

谈到各种类型的信息，几乎所有的内容都可以从互联网中找到。下面就如何将互联网运用于研究中做一个简单的概述。

- 互联网最常用来收发**电子邮件**（electronic mail 或 e-mail）。你可以和一个身在美国或其他地方的同事互相写信并且不用纸笔。你可以写一封邮件，然后通过对方的网址寄过去。这非常快捷、易学且有趣。例如，如果你想要某篇你感兴趣的文章，那就可以给作者发邮件请他把文章复制发给你。几乎所有教育机构的所有教职工和学生都可以使用邮件。同样，如果你想要某个作者更多的信息，你可以到网上搜索他的简历。 54
- 互联网上有上千种**电子新闻组**（electronic news groups）。这是一种互联网使用者可以发布并分享信息的地方，这些信息的主题范围从空间探索到内战时期土地契约的真实性等。你可以“顺便访问”这些**新闻组**（news groups），也可以为其贡献一些信息。例如，如果你对12年级的数学课感兴趣，那可以去12年级数学教育新闻组看看。那么病理行为呢？试试心理治疗新闻组。

- 最后是社交媒体，包括Facebook、Youtube、Google Groups、Twitter，以及那些引领潮流成为全新研究方式的网站。这些在本章后面会更多提及。

关于电子邮件的更多内容

假如现在是1925年，你坐在大学的课桌前给你英国的一个朋友写信，贴好邮票，把信寄出去，三周后你收到了回信，你还会觉得回信的速度很快，赶紧坐下来给你朋友回信说着你多么喜欢大学生活以及毕业后准备做什么。

现在是2015年，你同样给远在英国的朋友写信，只不过这次你用的是电子邮件。在你家你写好信，按发送键，几乎同时你的朋友就能收到信。不止你朋友，你还可以将这封信同时发给其他研究小组成员，包括你的指导老师。20分钟后就能收到回信，并且你可以在世界的任何地方进入你的邮箱。

电子邮件和传统邮件的工作方式很相似，你需要写好信把它寄到某个地址去。但其中最大的不同在于电子邮件不用纸，并且信件可以在几分钟内从一台计算机寄到另一台计算机，就像你打电话一样，而不是需要几天或几周。

这里最大的问题是你该如何使用电子邮件。如果只是因为社会和家庭的原因使用电子邮件会非常有趣，但这却是研究过程中不可或缺的一部分。如果你在调查研究中要使用的测验有问题，可以通过电子邮件联系测验的作者。如果你无法找到一篇你需要的评论文章，可以通过电子邮件联系该文章的作者（当然你需要知道如何通过本章前面讲到的技巧找到这个作者）。如果你不理解老师在课堂上讲的某种特殊统计方法，同样可以通过电子邮件联系你的老师。这的确很有效。

关于电子邮件需要注意的一点是，电子邮件工作是因为有服务器，通过服务器邮件可以寄出并分发给收件人。服务器有时发生故障，信件可能会被耽搁几个小时，有些情况下，如果服务器感染病毒，邮件可能会被耽搁数天。我们的建议是拥有两个邮箱，一个可以通过学校注册，另一个可以通过很多途径免费注册，比如从雅虎（www.yahoo.com）、Hotmail（www.hotmail.com）或Gmail（谷歌提供）上注册。你可以把从这些地方注册的邮箱作为后备并通过它们收发邮件。很多时候，你甚至可以通过附属邮箱来观察其他邮箱（比如学校注册的邮箱）的收件情况。

像Gmail这样的网络邮箱的一个巨大优势是你的邮件是**云**（the cloud）存储的，也就是说你可以通过任何一台计算机进入邮箱，只要你连接到互联网就随时可以使用。此外，基于网络的邮件系统例如Gmail变得越来越复杂精致。它们具备的某些特征甚至连精心设计的商业邮箱（例如Outlook）都不具有，例如，当你无法及时打开邮箱并且希望能够自动通知发件人时，可以设置（并且很容易）休假邮件。或者你可以使用Gmail发送邮件并让它看起来好像是通过其他账户发送的一样。非常好用！很多研究者会为每个研究或写作计划创建一个邮箱，以便更有效地分开和追踪邮件。

55 还有一点需要注意——全世界每天数以百万计的邮件中也会产生大量的障碍，比如存在垃圾邮件、广告邮件，或者一些肆无忌惮的违法机构进入你的私人邮箱。为此，可以利用一些相关并且不贵的商业产品，把它们安装在你的私人电脑上。绝大数的时候，你学校里网络的中央区都会注意这些问题。但对你来说，如果不采用一些有效、即时（这真的很重要）的方法使你的电脑远离病毒或其他垃圾，那么这将非常危险（有时甚至会造成无法弥补的损失）。

如何做一个良好的电子邮件公民　电子邮件对于任何研究人员来说都是很棒的工具，但是关于电子邮件如何被误用的问题，似乎已经引起了广泛的讨论。换句话说，使用电子邮件是有礼仪的，下面是一些邮件使用礼仪，它们不一定很重要但是你应该记住。

1. 如果你写好寄出，它就永远收不回来。如果你想要起草电子邮件并将其发送出去，但是你不想手动管理，或许一些应用程序，如 Boomerang（http：//boomeranggmail. com/）可以帮助做到。
2. 要小心，确保只有你想要的收件人才能收到你发送的邮件。因为我们太容易点击“回复所有”键。
3. 电子邮件非常类似于其他邮件。确保你的电子邮件有开头、中间和结尾。
4. 不要有虚假信息。把邮件的内容放在主题栏里，确保这些主题句简洁并且只需告诉读者信息的内容。
5. 不要在没有充分阅读的情况下转发别人的信息。
6. 确保你的主题清晰、完整、专业。下面的这个是反例：

   是谁马上要出书了！

   但如下是可以的：

   祝贺稿件的出版！

   主题栏是否清晰且信息丰富可以决定你的邮件是被阅读还是被当垃圾处理。
7. 如果你写的是正式信件，要注意用词。例如，“嘿，肯特”的问候与“亲爱的麦克唐纳博士”截然不同。
8. 邮件的签名要包含许多有关你的信息，但也不能太多。那些在每封邮件末尾自动执行的行应该有你的姓名、职位、地址、电子邮件和电话号码，这些信息不能包含有可爱的表情符号或舞蹈熊的图案。最好把这些信息存到你的个人账户里，以便下次使用。
9. 校对邮件的每一条信息。自动更正功能可以做一些令人惊讶的和有趣的事情（互联网上这样的例子非常多），但通常会让你在收信人那里看起来很傻。
10. 最后，如果你需要将一个大文件添加到电子邮件附件，那么可以使用类似 WeTransfer 的传输服务（http：//wetransfer. zendesk. com/hc/en-us/aticles/202702233-How-do-send-transfers）。这是免费的，允许你上传 2G 的文件（你可以付费上传更大的文件），只需要提供你的邮箱，同意协议，就可以添加文件了。

新闻组和 RSS 订阅的简介

想象一下，如果能够从超过 100 000 种主题中查找信息，范围从立体音响系统到各种笑话（内容经过审查），到法律伦理，到大学橄榄球，再到天文学，那么什么地方才能找到这么多不同种类的信息集合？你猜对了——互联网、各种新闻组站点和 **RSS** 订阅，它们每天在世界各地发布新闻。同一个类别的新闻，如大学橄榄球或法律伦理，形成一个新闻组（也称为群组）。简单来说，一个新闻组就是关于某一个主题的信息集合，而 RSS 订阅是信息共享的机制。换句话说，一旦你注册了，你就不用检查网站的每日更新了，因为它们会自动推送到你的面前，出现在你的手机、电脑或任何其他设备上。

新闻站点由系统管理者组织、编辑、管理、审查，就是为了帮助管理这些文章的流转。这些系统管理者都是为某些机构工作，比如学校或公司。你可以选择的新闻组是由系统管理员提供的，而且通常，系统管理员必须在允许你加入和提供信息之前给予批准。RSS订阅和它们的内容也被组织为**线程**（threads），以避免使用者获得那些不相关
56 且不合适的序列条目。

新闻里有什么？ 新闻组的命名和管理都是基于一系列规则的，其中最基本的规则就与新闻组的自身名称有关。新闻组的名称有层级结构，最高水平的层级呈现在最左边的位置。例如，名为k12. ed. tech的新闻组意味着从幼儿园到12年级（k12），并包含一个子集ed（教育）和另一个子集tech（技术）。

新闻组可以很大也可以很小，所讨论的内容几乎涉及所有话题。

表3A-7是一些新闻组的例子：群组的名称、其内容覆盖的领域以及每个群组中包含的内容示例。最初，所有的新闻组都是从net. 前缀开始的。然后，在1986年重新命名了新闻组，有7个主要的群组：news.、sci.、soc.、talk. 和misc.。人文学科（hum.）也被加入，这样一来，主要新闻组的数量就被确定为8个。虽然数量有多少是有限制的，但现在还是达到了9个。alt. 代表所有其他的新闻组，它们在任何其他组织中都没有明确的位置（有时甚至开玩笑说代表无政府主义者［*A*narchists］、疯子［*L*unatics］和恐怖分子［*T*errorists］这些颠覆性的和任何符合新闻组性质的东西）。

表3A-7　　新闻组的主要前缀

新闻组	主要的领域	例子
Alt（杂谈）	不属于其他任何领域的事物，通常是不同寻常的一些事物	• alt. actors. dustin-hffman（欢迎重回毕业） • alt. amazon. women（战斗公主西娜） • alt. anything（猜测）
Comp（计算机）	有关计算机、计算机科学、计算机软件和有趣的计算机课题的一般信息	• comp. ai（危险！万能的罗宾逊！——全部是关于人工智能的） • comp. compression（关于压缩或减少文件的方法的讨论） • comp. software engineering（你想设计一个新的软件吗？）
Hum（人文学科）	对人文学科中有关议题的讨论	• humanities. classics（关于古典名著的更多内容） • humanities. language（关于语言及其如何应用于人文学科研究中的讨论） • humanities. philosophy（都是关于的大师及其思想的）
Misc（杂项）	各种主题和想法	• misc. forsale（一种网上的店铺） • misc. books（有关书和作者的讨论） • misc. invest（将手中的钱怎样投资和投资到哪里）
News（新闻）	有关新闻、新闻组和新闻组网络的信息	• news. admin. censorships（都是关于在网络上什么该做以及什么不该做的） • news. admin. net-abuse. email（不喜欢垃圾邮件的请到这里来寻求建议）
Rec（娱乐）	有关再创作、爱好、表演艺术和其他有趣的事情的信息	• rec. sport. swimming（溅出水花） • rec. bicycles. racing（给你的自行车买一些部件使它跑得更快是多么酷的事情） • rec. skydiving（带上备用的降落伞）
Sci（科学）	有关科学、科学研究和发现、机械工程和一些社会科学的信息	• sci. astro（天文学） • sci. cognitive（就是你正在思考的东西！） • sci. skeptic（UFO是存在的！）

续前表

新闻组	主要的领域	例子
Soc（社会）	有关社会科学的信息	• soc. couples（彼此相伴的人） • soc. penpals（为什么你要写信给另外一个人） • soc. misc（不能归于某一类的信息）
Talk（谈话）	对当前事务的讨论	• talk. atheism（关于无神论） • talk. rumor（谣言中心） • talk. radio（找出有关美国航空、肖恩·汉内提[Sean Hannity]等等的信息）

让我们通过一个人对教育技术感兴趣的例子，来看看新闻组是如何运行的。几乎每种浏览器，例如火狐或 IE 浏览器都装有自己的阅读器并随时可供使用，绝大多数浏览器同样自带一系列功能，它们甚至更好用，如图 3A－10 所示。

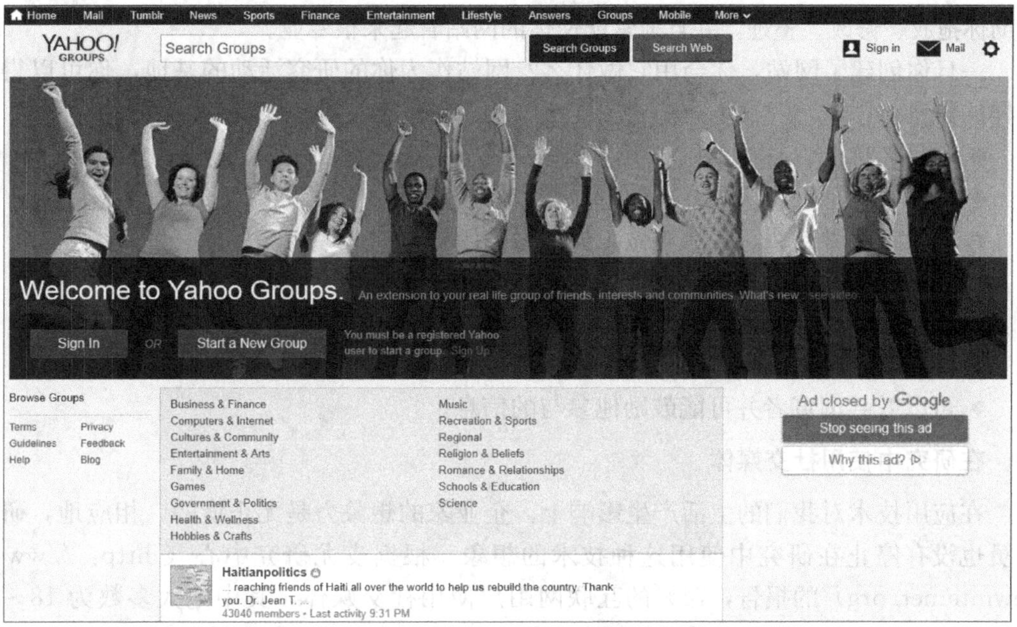

图 3A－10　雅虎新闻组的打开界面

这些工具可以让你阅读现有新闻或上传信息。

你可以管理你订阅的群组。

当你准备进入一个新闻组时，你需要做的第一件事就是订阅它。你的邮箱系统或浏览器（例如 IE 浏览器）需要有一个**新闻阅读器**（news reader）。从新闻组中你可以选择一个你想订阅的内容。每次你进入新闻组，你都将看到最新的各种新闻组，包括自你上次打开它后最新添加的各种新闻信息。正如我们前面提到的，最近，大多数浏览器会自动地在你和你的信息来源之间插入一个新闻阅读器或 RSS 客户端。或者，57
你可以通过使用诸如 http：//www. newsreaders. info 提供的总结摘要来选择一种新闻阅读器。

一旦收到消息，你就可以像处理其他电子邮件传输一样管理它。

关于网页的简介

在本书的上一版中，本节充满了关于主页或网页的信息，以及可能使用的内容。有一个屏幕截图显示了国会网站的开放页面（这是一个门户网站，http://www.loc.gov)，但是时代变了，我们这里所包含的信息也变了。

网站当然是通往更多信息的门户，但研究者应该使用它们吗？最明显的方法是找出包含在不同站点的信息，可能包括指向其他站点的链接等等。但是，作为一个活跃的研究人员，网站可以执行另一个完全不同的功能。

你可以很容易，并且花费很少的钱就可以为你自己的研究项目创建一个你自己的网站。与早期的Web开发和设计不同，今天，你可以轻松、快速、相对便宜地为你的内容创建一个主页。不需要从街边或某个花哨的公司雇佣10岁的孩子，每小时收费25美元。而且，不需要知道编程语言，比如HTML（超文本标记语言）。

今天，在像GoDaddy（www.godaddy com）和Homestead（www.homestead.com）这样的公司创建网站不免费，但通常是非常便宜的（比如每月4.99美元的Homestead，还有很多免费的，比如谷歌（https：//sites.google.com/?pli＝1）或者Wix（http：//www.wix.com/），并且最重要的是，这些公司和其他许多公司一样都会提供各种各样的工具来帮助你拖放、修改、整理，并且通常能使你的网站看起来很专业。

一旦你创建了网站，你会用它做什么？网站作为你的研究活动的基地，你可以得出这样的信息：

- 项目名称。
- 如何联系项目协调员（可能就是你！）。
- 一段正在做什么、在哪里做、如何做的历史。
- 可能需要完成的表单。
- 能被收集、可以共享的数据。
- 相似研究的链接。
- 可以教导浏览者并可能鼓励他参与的信息。

58

在研究中使用社交媒体

在应用技术对我们的生活产生影响上，企业家的想象力是无止境的，相应地，研究人员也没有停止在研究中使用这种技术的想象。根据皮尤研究中心（http：//www.pewinternet.org）的报告，74%的互联网用户使用社交媒体，其中绝大多数为18～29岁的用户（占全部用户的89%）。很多人最少每隔一个小时都会查看一下手机。

我们不可能涵盖你可能想要使用的所有社交媒体工具，但我们可以专注于两个在研究领域非常流行的工具，那就是Facebook和Twitter。

事实上，社交媒体有一些重要的社会效益和研究效用，这可能与人们普遍认为的相反。在上面提到的皮尤报告中，一些有趣的发现如下：

- 社交媒体越来越多地被人们用来与朋友和同事保持联系。
- 社交媒体的一般用户比起其他人，更不容易被孤立。
- Facebook的用户比其他人更值得信任，并且有着更密切的关系。
- Facebook的用户更有参与性。

使用Facebook作为研究工具 Facebook是一个社交网络工具，它允许用户组成群组，互相交流，甚至可以共同玩游戏。截至2014年，有超过13.5亿Facebook用户，使用这个工具无疑很方便，它可以帮助有共同兴趣的人聚在一起讨论和研究，你可以根据自己的研究兴趣创建一个Facebook群组，并同与你有共同兴趣的人相联系。

当然，Facebook的参与者也可以很好地成为一项研究的参与者。Facebook是一个很好的自然产生的实验室，在这里可以研究大部分年轻人的想法和行动，因为它们普遍存在于虚拟和现实的群体中。

而研究 Facebook 如何在研究中应用的最好方法是引用一些实例。

在黛娜·斯坦利（Dana Stanley）关于 Facebook 如何被用于市场研究的报道文章中（登录 http：//researchaccess. com 并搜索"How to Use Facebook for Market Research-Surveys"），她指出了使用 Facebook 的以下策略。虽然这些策略都是在市场研究策略中论述的，但它们适用于任何研究项目。

- 提出一个开放式的问题，要求对一个特定的问题或一系列问题进行直接的回答。
- 使用 Facebook 的选项功能来进行调查或投票。
- 在 Facebook 上，提供一个你创建的调查链接，也许你使用的工具是"调查猴子"（Survey Monkey，https：// www. surveymonkey. com/）。
- 使用 Facebook 的广告功能来实现你想完成的调查。

来自明尼苏达大学的大卫·塞缪尔斯（David Samuels）和罗格斯大学的西撒·祖可（Cesar Zucco）探究了 Facebook 如何在调查研究中招募参与者时被用作一种工具（登录 http：//papers. ssrn. com 并搜索"Zucco"）。他们论述了 Facebook 的使用，通过为民意在线研究招募参与者，发现 Facebook 可以成为在世界上任何地方招募大量参与者的具有成本效益的工具。你可以想象，这个工具有多么强大，即使不能招到成千上万起码也能找到数百个参与者，它也可以减少在时间和金钱上的投入（而这些投入通常是做任何一个研究都会面临的巨大障碍）。

最后，在《民族志与教育》（*Ethnography and Education*）杂志上，来自纽卡斯尔大学的萨利·贝克（Sally Baker）写道，在任何研究领域，Facebook 都可以以不同的方式使用。她提出了一个三部分概念模型，用以说明 Facebook 如何在研究实践中使用。她用她对年轻人的纵向研究的结果说明，尽管有人担心隐私问题，Facebook 仍然可以有效地用来维持研究人员之间的交流，并允许收集数据。

想看更多吗？这里有 10 篇研究文章，在这些文章中，Facebook 与一个研究框架一起被讨论，并谈及它如何在各种环境中使用。基于在线文献数据的简单搜索不止一次发现，在学术（而不是通俗）文献中有超过 58 000 篇提到 Facebook 的文章。

通过图书馆数据库来浏览这 10 篇文献，我们会发现 Facebook 这个工具被越来越多地使用，它优于传统方法，它的优势也大于其局限性。

Wilson，R.，Gosling，S.，& Graham，L.（2012）."A Review of Facebook Research in the Social Sciences." *Perspectives in Psychological Science*，*7*，no. 3：203-220. 59

Pennington，N.，& Hall，J. A.（2014）."An Analysis of Humor Orientation on Facebook：A Lens Model Approach." *Humor*，*27*：1-21.

Fox，J.，Warber，K.，& Makstaller，D.（2013）."The Role of Facebook in Romantic Relationship Development：An Exploration of Knapp's Relational Stage Model." *Journal of Social and Personal Relationships*，*6*：771-794.

Kumar，N.（2014）."Facebook for Self-empowerment? A Study of Facebook Adoption in Urban India." *New Media & Society*，*16*：1122-1137.

Lee，E. B.（2011）."Young，Black，and Connected：Facebook Usage among African American College Students." *Journal of Black Studies*，*43*：336-354.

Prescott，J.（2014）."Teaching Style and Attitudes towards Facebook as an Educational Tool." *Active Learning in Higher Education*，*15*：117-128.

Lee，E. B.（2014）."Facebook Use and Texting among African American and Hispanic Teenagers：An Implication for Academic Performance." *Journal of Black Studies*，*45*：83-101.

Caers，R.，De Feyter，T.，De Couck，M.，Stough，T.，Vigna，C.，& Du Bois，C.（2013）."Facebook：A Literature Review." *New Media & Society*，*15*，982-1002.

Irwin，M.（2105）."Mourning 2.0：Continuing Bonds between the Living and the Dead on Facebook." Available at http：//kuscholarworks. ku. edu/handle/1808/10450.

Ong，E.，Ang，R.，Ho，J.，Lim，J.，Goh，D.，Lee，C.，Chua，A.，& Alton Y.（2011）."Narcissism，Extraversion and Adolescents' Self-presentation on Facebook." *Personality and Individual Differences*，*50*：180-185.

使用 Twitter 作为研究工具 Twitter 是另一种社交网络工具，它允许用户创建 140 个字符的消息（称为“推文”），然后允许将这些消息发送给任何关注作者的人。在这个拥有 1 亿用户的社区里，每天发送超过 4 亿的推文。当你读到这儿的时候，这个数量还在急剧增加，因为大多数社交网络工具和技术的用户数量都在增加。

那么，你如何在研究中尽可能地使用 Twitter 呢?

当然，最明显的是跟踪你所在地区的其他研究人员的记录，他们可以告诉你他们的进展。虽然 140 个字符可能看起来不是那么多，但它们肯定可以用来通知你新的开发项目（也许不是开发本身），然后引导你进入一个新的网页，或者提供一个 URL，让你能够跟上最新的变化。

使用 Twitter 的另一种方式是，通过搜索庞大而可利用的电子档案库来找出人们正在关注的是什么。例如，如果你想知道人们在讨论（或推送）关于 nursing education（护理教育）的哪些内容，你可以在主页上使用 Twitter 的简单搜索框，输入关键词“nursing education”（使用引号，因为你希望能同时搜索到包含这两个词的内容，而不是将它们分隔开来分别搜索）。或者，如果你想要更深入地挖掘，进入高级搜索表单（在 Help［帮助］菜单下查找它），正如你在图 3A－11 中所看到的。

并且，找人也是很简单的，只需要点击主页上的 Find People（找人）按钮。

最后，谁在使用 Twitter，并且怎样使用? 这里有五个社区研究的例子，你可能会想要了解各种各样的主题和技术。

Gayo-Avello，D.（2013）."A Meta-Analysis of State-of-the-Art Electoral Prediction from Twitter Data." *Social Science Computer Review*，*31*：649-679.

Finfgeld-Connett，D.（2014）."Twitter and Health Science Research." *Western Journal of Nursing Research*，0193945914565056.

Prestridge，S.（2014）."A Focus on Students' Use of Twitter—Their Interactions with Each Other，Content and Interface." *Active Learning in Higher Education*，*15*：101-115.

Noor，E.（2012）."Twitter as a Teaching Practice to Enhance Active and Infor-

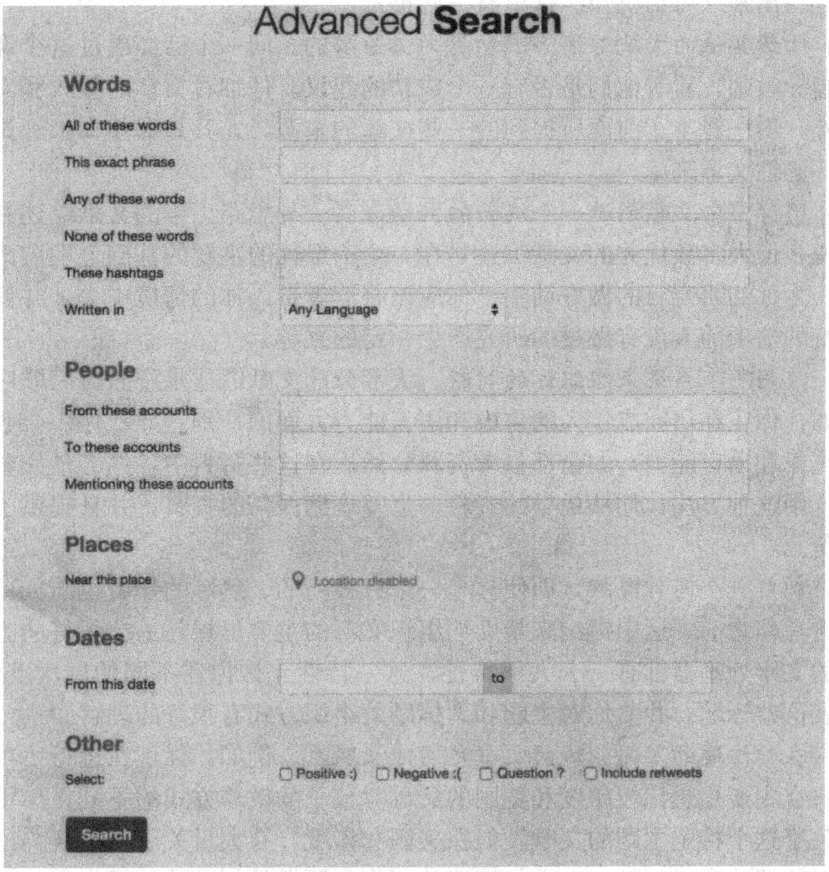

图 3A－11　Twitter 高级搜索

mal Learning in Higher Education: The Case of Sustainable Tweets." *Active Learning in Higher Education*, *13*: 9-21.

Blessing, S. B., Blessing, J. S., & Fleck, B. K. B. (2012). "Using Twitter to Reinforce Classroom Concepts." *Teaching of Psychology*, *39*, no. 4: 268-271.

虽小但很重要的一项内容　在你使用和利用媒体工具社交的时候，你需要阅读和记住以下内容。

Facebook 和 Twitter 为研究开辟了全新的道路。在研究人员和其团队中，对适当行为的考虑和之前收集数据的模型一样重要，甚至更重要。

例如，社交媒体网站关于如何使用其网站上的信息可能有非常明确的指导方针，以及通常遵循同样的规则，以便在"实验室"的实验中也遵循同样的规则。而且，正如你在接下来的章节中所读到的，关于利用社交媒体网站收集和传播数据的研究项目的机构审查，存在着重大的关注点（非公开、隐私等）。在很多情况下，一个过程越简单，就会产生更多的副作用。

撰写文献综述 60

现在是时候利用你在本章所学到的所有工具，来获得你所收集到的所有信息，并以某种方式将这些信息组织起来，使它们具有意义。这是你对文献的评述，并且现在你真的需要将它写出来（可怕吗?）。这里有一些提示。

第一，*阅读其他的文献综述*。成功是无可争辩的。问一个已经通过这个课程的学生或者你的指导教师，看看他们是否有一个成功的建议。仔细看文章的版式和文献综述的内容。另外，看一看本章前面所提到的一些文章的来源，尤其是那些文献评论、期刊文章和其他评论性文章来源。

第二，*贯穿整个文献创造一个统一的主题或者一种思路*。你的文献综述并不是要写成一部小说，但大多数优秀的文献综述是在一个一般性的主题的基础上发展成一个更具体的主题，为你的研究目的做好铺垫。你应该将读者带入你的情境中去，并使读者对于你将要进行的这项前人没有做过的研究产生一定的兴趣。

第三，*使用一个系统来组织你的材料*。大部分的文献综述是按照时间顺序来组织主题的。例如，你正在研究成年人的焦虑和语言能力方面的性别差异，你将会收集有关这个主题（焦虑和语言能力）的全部参考资料，然后在这些资料中，你会最先整理最早的参考资料。用这种方法，你从最早的资料一直整理到最新的资料，并且提供了一个历史发展的视角。

第四，*制订一个写作提纲*，即使你是一个有技巧的、熟练的作者也需如此。在你开始真正进行写作之前，运用提纲来帮助你组织文章的主要思想是一个很好的方法。几乎
61 所有可用的文字处理器都有一个大纲特性，这一特性允许你在不同的层次上创建标题，折叠和扩展这些标题，并使你对主题和副标题的组织方式有很好的理解。

第五，*在你综述的不同领域的文章之间建立联系*。例如，你正在进行一项跨文化的研究，此研究主要是想比较印度和美国的父母对孩子的教养方式的不同，你可能很难找到大量的关于这个特定主题的文献。但在美国和印度，有大量关于儿童抚养的文献，以及大量关于惩罚的参考文献。在文献综述的写作中所做的创造性的努力之一就是能够以一个有趣的且富有成效的方式找到两个不同话题之间的结合点。

第六，*练习不一定总是能带来好的结果，但是对你绝对没什么坏处*。出于某种原因，大多数人相信有的人天生就具有写作的天赋而有的人则没有。任何一位成功的作者都会承认，要想成为一名职业篮球运动员或一位有造诣的小提琴手，就必须要有练习。难道对于一个作者会有什么不同吗？问问一个严谨的作者他一周或者一天花费多少时间在写作的训练上，你对于这个问题就不会再有什么疑问了。通常情况下，你会发现作者的练习时间和篮球运动员或者音乐家的练习时间是大致相同的。事实上，我的一位作者朋友给那些想要写作却不知道写作所要求的参与程度的人的建议是："只要坐在你的打字机或者文字处理器旁，展开你的思路就可以了。"写作就是这么简单。

第七，*为你的写作制订一个时间表*。每天都试着在同一时间（甚至是同一地点）写作。这一例行公事可以让你定期把精力放在写作上，而不是因为你要做的其他事情而分心。例如，你知道从周一、周三、周五的上午十点半到正午，这就是写作的时间（没有其他的事）。这样做太容易了。

所以最后一个（实际上是最重要的）提示是练习你的写作。当你在写作中发现你需要改进的地方时（从其他同学和指导老师那里获得反馈），你确实会看到一个更好的变化。大多数学校有写作中心，这些地方也有一部分工作人员的工作是为学生提供写作方面的反馈。许多写作中心只面向那些将英语作为第二语言的学生，但也有许多向那些需要它的人提供帮助。

▼ 小结

关于选择一个主题和做必要的背景研究有很多需要了解的地方。当你对你的研究领域有一定的了解并且拥有一些使用线上和线下资源的经验时，研究才刚刚开始。找到一个适合你的主题和话题（从任何意义上来说）是一个真正的挑战，对于新生和新的研究者来说也常常是个挑战。不要着急，和你的同学、同事、老师们谈谈，努力寻找一个有价值的主题，这将使你的能力达到一个新的水平。

▼ 在线资源

➢Data. Gov（美国政府数据）

这是一个庞大的数据宝库，经最终计算，在此处有超过 135 000 份数据，从龙卷风追踪到航空公司的准时绩效，再到与儿童相关的产品召回。你可以以多种格式下载实际的数据，然后进行分析。

➢国家医学图书馆数据库

国家医学图书馆在 http：//www. nlm. nih. gov/＃这个网址上提供了各种各样有关生物医学和健康科学的过去与现在的资源。数据库的格式各不相同，包括只能搜索参考文献的格式。在这个数据库中，你会为社会和行为科学研究人员以及有抱负的核科学家找到大量的研究材料。

➢基于你的信息需要选择最佳的搜索引擎

开始了解搜索引擎和它们不断变化的功能的最好的地方是 http：//searchenginewatch. com。这是搜索引擎的中心，你可以在这里阅读关于新引擎的开发、现有引擎的改变以及如何优化你自己的搜索等等。

▼ 练习 62

1. 列出 10 个你感兴趣的研究主题。这些可以是任何与教育学或者心理学有关的主题，你可以从报纸、广播和电视新闻节目、通俗杂志、学术期刊，甚至是无意中听到的谈话中来收集它们。按照你的兴趣等级将这些主题排列，分别用一句话来解释前五种主题吸引你的原因。并且，最终得出你最感兴趣的那个。

2. 以你在练习 1 中最感兴趣的主题为例，按下面的顺序来做：

a. 写一段话来描述包含这个主题的研究。

b. 列出有关该主题的特定文献综述的步骤。

c. 从这个主题出发，从最初的问题或想法中衍生出三个相关的问题。

3. 以你在练习 2 中第二感兴趣的主题为例，按下面的顺序来做：

a. 从期刊中找到相关的参考资料，并且写出完整的引文。

b. 找出与该主题相关的研究的摘要。

4. 找出你在练习 1 中列出的主题的 10 个其他信息来源，为每一个信息写出完整的引文，并且尽可能多地写出不同的信息来源。

5. 到你的图书馆（网络的或实体的）找出 5 个有关你的研究领域的期刊。在你浏览完这些期刊后，对它们做出判断：

a. 出版的文章属于哪一类型（文献综述、实证研究等）?

b. 期刊是由专业机构（如美国心理学会）还是私人团体（如 Sage 出版社）出版的?

c. 每本期刊中出版文章的数量以及各期刊文章中是否覆盖了相同的主题和领域?

d. 期刊的出版周期及有关杂志编辑政策的其他信息（如指南、特色等）。

6. 选择任何你感兴趣的课题，用三种不同的搜索引擎去获得网上信息。不同的引擎搜索的结果有什么不同？哪一个能给你提供更多的有趣和有用的信息？如果想从其他的搜索引擎中获得同等程度的有用信息，你应该如何修改你的检索词？

7. 在 http：//groups. google. com 上访问 Google Groups（谷歌群组），在“Search for a group of messagers”（搜索群组或消息）链接的旁边，输入你感兴趣的主题，然后点击链接。写下群组或群组电子邮件地址的标题。

8. 从最近的研究期刊中搜索 3 篇文章摘要，从每篇摘要中找出下列内容：

a. 研究目的。

b. 研究假设。

c. 研究类型（比如相关研究、实验研究）。

d. 研究结论。

9. 在一项研究中，你被分配了青少年发展中性别差异的主题。请用 5 个研究问题来阐述该主题。

10. 你能做些什么有益的事情来帮助你弄清楚你的一项研究的初始设想是不是最好的呢？

11. 利用互联网找到任何你感兴趣的话题的 5 个参考资料（正如你在前面的问题中定义的那样）。

12. 下列搜索命令的目的是什么？

a. phonebook：

b. *

c. “blended families”（输入一个词两次）

13. 阅读采取同行评议的期刊论文，而不是依赖于从维基百科等其他在线资源获得的信息，有哪些潜在优势？使用维基百科有什么潜在的优势？

14. 指出下列哪些是一般资源，哪些是原始资源，哪些是二级资源：

a. 《心理学百科全书》

b. 《时代》杂志

c. 《爱上统计学》（课本）

d. 《体育健康杂志》

e. 档案资料

f. 对弗洛伊德的《释梦》的评论

g. 学位论文摘要在线

15. 最近的一项研究发现，参加职业接触干预的大学新生通过电子邮件向教授们发送电子邮件，学习方法来增加他们的职业信息，并写下了他们在职业决策效率方面的学习经历，他们的得分显著高于控制组学生。你如何在不冗余的情况下工作或重复这项研究呢？

63 16. 在谷歌学术中查找关键词 test anxiety（测验焦虑）。出现的前三个标题是什么？

17. 研究发现，离婚适应与收入水平、年龄、再婚状况以及先前对婚姻解体的态度有显著的关系。关于离婚适应，你还可以研究哪三个变量呢？

18. 为什么在确定你的假设之前撰写文献综述是有帮助的？

第 3*B* 章

研究中伦理的重要性 64

章节概览

这一篇幅不大的章节将探讨一个非常重要的问题。本章中将用不多的文字呈现研究中的重要伦理准则，而这些伦理准则是所有利用被试（人或者动物）做研究的科学家们所必须要遵守的。

为什么说伦理准则重要呢？毫不夸张地说，不遵循这些伦理准则将会导致一系列严重的后果，包括失去国家或其他机构所提供的研究经费，受到专业组织的谴责，甚至失去工作。对于一个学生而言，现在正是学习这些研究伦理准则的好时候，即使你不做研究，也能受益匪浅，能判断一个研究是否合适。

研究实例

当参与研究过程时，重要的是，必须在研究计划实施前由人类被试委员会审核批准。审核批准必须达到部门级别、学院或学校级别，甚至州或联邦政府级别——根据监督机构而定。你可以预料，这是研究过程中非常重要的一方面。

墨尔本大学的马瑞利斯·吉利明（Marilys Guillemin）和她的同事检验了研究伦理委员会的成员是否理解他们自身职责的质性数据。在对伦理委员会的成员和健康研究者成员的访谈中，能够达到的共识是伦理委员会的主要职能为保护被试，但对于委员会能够提供的其他职能存在争议。有趣的是，一些委员会成员认为他们的职能是保护研究机构的利益，同时也是保护被试。这一章的结果更加展示出规范伦理行为是多么复杂。

想要了解更多，可以阅读原文：

Marilys Guillemin，M.，Gillam L.，Rosenthal，D.，& Bolitho，A.（2012）．"Human Research Ethics Committees：Examining Their Roles and Practices." *Journal of Empirical Research on Human Research Ethics*，*7*：38-49.

一些历史资料

美国国家环境健康科学研究所（NIEHS）的大卫·雷斯尼克（David Resnick）收集了信息丰富的时间表，包含从 1930 年以来伦理研究的历史和难题。下面是一个缩略版本，我们可以在 http：//www.niehs.nih.gov/research/resources/bioethics/timeline/看到完整版。

> 了解伦理缺失的历史也许是理解伦理实践的最好方式。

关于这些日期和事项，有趣的是：历史有时候在重复。当时防止违规行为的措施很少，直到 1960 年这些违规行为才引起注意。

1932—1972 年　塔斯克吉梅毒研究，由美国卫生部资助，研究 400 个非裔美国人未经治疗的梅毒的后果。即使青霉素已经得到广泛使用，研究者们也没有对被试进行治疗，并且没有告知他们处于实验之中。

1939—1945 年　德国科学家在集中营囚犯身上实施实验。

1944 年—1980 年代　美国政府秘密研究辐射在人类身上的效果。被试没有被告知身在实验中，研究在癌症病人、孕妇、军人身上实施。

1947 年　《纽伦堡守则》获得通过。同盟国在纽伦堡审判使用此文件给纳粹科学家的战争罪名定罪。

1953 年　詹姆斯·沃森（James Watson）和弗朗西斯·克里克（Francis Crick）发现了 DNA 结构，为此他们在 1962 年获得诺贝尔奖。然而他们秘密地获得了罗莎琳德·富兰克林（Rosalind Franklin）的数据，并没有取得她的许可。她没有获得诺贝尔奖，因为她在 1953 年死于卵巢癌（年仅 37 岁），死后也没有得到追授。

65

1956—1980 年　萨尔·克鲁格曼（Saul Krugman）、琼·吉列思（Joan Giles），还有其他研究者在威罗布鲁克州立学校智障儿童身上实施了肝炎实验，他们故意让儿童染病，观察肝病的自然发展。

1950 年代—1963 年　中央情报局在不知情被试身上使用致幻剂 LSD。

1961—1962 年　米尔格拉姆（Stanley Milgram）证实许多人会去做他们认为道德上错误的事情。

1964 年　针对人类被试研究的伦理准则通过世界医学会的《赫尔辛基宣言》被宣布。

1966 年　亨利·比彻（Henry Beecher）在《新英格兰医学杂志》上发表文章，揭露了 22 例违反伦理的生物医学研究，包括塔斯克吉梅毒研究和威罗布鲁克肝炎研究。

1960 年代/1970 年代　随着《动物福利法》颁布，动物权利运动开始了。

1972 年　美国媒体和国会关注以人类为对象的违反伦理的研究，包括塔斯克吉梅毒研究。

1974 年　国会通过了《国家研究法案》，授权联邦机构制订人类研究法规。

1979 年　美国发布《贝尔蒙报告》，提出研究的人类伦理的原则方法。该报告成为美国人类研究伦理规范的关键文件。

1981 年　美国卫生部、教育部和福利部对联邦人类研究的研究规范进行了重大修订。

1989 年　公共卫生服务领域建立了两个部门，即科学诚信办公室和科学诚信审查办公室，调查科学不端行为，并为大学提供信息和支持。

1989 年　美国国立卫生研究院（NIH）要求所有接受培训补助的研究生接受负责人的研究行为教育。

1989 年　美国国家科学院出版《怎样当一名科学家》（*On Being a Scientist*，1995 年修订），这是给科学家培训提供的免费的、简短的研究伦理书籍。

1992 年　美国国家科学院出版《负责任的科学：确保研究过程的诚实性》（*Responsible Science：Ensuring the Integrity of the Research Process*）。

1994—1995 年　瑞安委员会召开会议讨论科学不端行为。

1994 年　克林顿政府将 1940 年代到 1980 年代秘密人体辐射实验的信息公开，并致歉。

1995—2003 年　数十个发表在生物医学期刊上的研究数据揭示了科研经费来源和研究收入以及生物医学研究者的经济利益之间的关系，还有学术研究人员、制药和生物技术行业之间的密切关系。

1997 年　拥有 400 种以上生物医学期刊的国际医学杂志编辑委员会修订了作者指南。

1999 年　美国国立卫生研究院（NIH）和人类研究保护办公室（OHRP）要求所有人在实施或监督人类研究时，要进行一定的研究伦理培训。

2001 年　《自然》和《美国医学会杂志》等期刊尝试要求作者描述他们发表研究时的责任。

2002 年，美国国家科学院出版了《科学研究中的诚信》（*Integrity in Scientific Research*），建议大学制订负责实施研究的教育计划，以及处理研究伦理的政策和程序。

有数以百计类似的著名事件，你可以在科学史与科学哲学课程中找到更多，但现在，这个清单对我们已经足够，让我们密切关注我们的道德行为如何符合科学家的身份。

研究的基本伦理准则

尽管研究者对他们的研究（以及发表他们的研究成果）显得兴奋和狂热，但是他们需要记住最重要的是研究中所用到的被试是人。不管是在什么样的研究或成果中，这些被试的人格尊严必须得到充分的尊重。是否说起来容易，做起来难？你说的没错。

66

> 虽然不同学科对伦理准则的应用不同，但所有学科都有共同的伦理准则。

道德行为的挑战已经形成了一个新的研究领域——伦理学。只要研究者继续利用人或者动物作为被试，那么以下的一些关键问题就应该是我们首先要考虑到的：这些人或者动物是被如何对待的？其在实验中可否获益，哪怕是间接地获益？等等。

在本章的后半部分，一些专业组织对他们的会员的具体伦理要求将会被列出来。但是首先，我们要阐释一下在所有研究中所通用的道德操守。

避免伤害

首先，必须确保参与者（也称被试）不受到任何身体上或心理上的伤害。在实验开始之前，只要有任何重大的危险存在（即使这种伤害不是立刻呈现的），那么这个实验就不能进行。我们关注的焦点是风险和利益。举个例子，这里有一个患了绝症的儿童，医学上出现了一种新的但却未得到最后认可的技术，这项技术或许能够治愈这个孩子的病（也可能加速孩子的死亡），但有极高的风险。在这种情况下，我们不仅要认识到孩子所要承受的风险，同时还要考虑到这项技术所能够带给这个孩子的潜在的益处。

> 最重要的研究伦理准则是保障被试的安全并避免伤害。

社会和行为科学的期刊里充斥着关于不道德行为的惊人报告，关于这个重要的话题，你将学到更多。这里是一些例子：

- 塔斯基吉梅毒研究总是作为一个可怕的例子被引用，即当缺乏道德方面的考虑时，事态会如何糟糕。在1930年代晚期，一项研究在南部乡村开展，以检测梅毒的后果。然而一些被试从来没有被告知病情，也没有被治疗。这个活动持续了数十年的时间才在1970年代初停止。
- 1960年代早期，斯坦利·米尔格拉姆在哈佛大学进行了一项聚焦于纳粹合作者和支持者声称的“只是在服从命令”的实验，他们以此为第二次世界大战期间的行为辩护。米尔格拉姆观察一个人愿意对另一个人施加多少痛苦（受害者是研究设计的一部分，疼痛反应是假的）。这里主要关注的伦理问题之一是研究中的欺骗，还有被试（给予电击者）在服从中如何听取或了解他们的角色。研究中的欺骗可以是实验的组成部分，但必须非常非常小心地使用。
- 威罗布鲁克州立学校（纽约州斯塔滕岛）是伦理缺失行为中最极端的例子之一。在这里，故意使孩子们感染肝炎。虽然同时提供了医疗手段试图预防感染，但是，从一开始父母不得不签署一份知情同意书将孩子送到医院，却未被告知孩子们在参与中没有发言权，这种缺乏伦理的研究引起了巨大的社会反响。虽然这项研究的结果为证实肝炎的疾病特性提供了大量证据，但是这些知识的形成方式继续引发着关于道德行为的质疑。

> 保持匿名是维护隐私的最重要的基本伦理准则。隐私保护存在几个问题，最直接的问题是匿名性。在研究背景下的匿名，意味着除了主要研究人员（通常是指导者）以外的任何人没有办法将实验的结果与这些结果相关的参与者相匹配。

保护隐私

匿名性常常通过印有被试姓名和被试号的表格来体现。只有被试号会在计分表、编码表或其他的测验材料中出现，而被试号所对应的被试姓名的清单将会被妥善保管在一个安全的地方，不会外泄。

保护隐私的第二种常见做法是不允许研究者进入其他人的私人空间进行行为观察和数据收集。举例来说，尽管秘密地记录下治疗师和他的来访者之间的谈话会获得丰富的信息，但这是不道德的。除非你获得了治疗师以及他的来访者的同意，否则偷偷地记录对话是不合法的。

强制

无论出于什么理由，都不可以强制人们作为被试参与研究。大学生，尤其是在上心理学入门课的学生，通常是各种研究最主要的研究对象。让这些学生参与实验是合乎伦理的吗？当然不是。但是很多学生都以课程要求的理由被要求参与实验，类似地，工作场所的人们也被要求完成测验、回答问卷或者提供其他种类的信息作为他们工作职责的一部分。

这里的关键点是不能强制人们参与实验。如果他们不愿意，必须提供完成课程或工作的其他途径以供他们选择。

一项研究的潜在被试绝不能被强制要求参与。

67

知情同意

这是最重要的要求。知情同意表或知情同意书是确保道德操守的一个重要工具。毫无疑问，每一个用人作为被试的研究都必须要有一张由被试或被试的监护人（如果是小孩，则需要父母的签名）阅读过并签字确认的知情同意书。

研究的所有参与方都应有机会对研究的本质完全知情。

知情同意书的格式是什么样子的？可以参照图3B-1。知情同意书不仅仅是邀请被试参与研究（虽然它们通常被这样认为），还应当描述研究过程中会发生什么。

社会科学大学

心理与教育研究系
JRP楼610室
社会科学大学
劳伦斯市，堪萨斯州 66045

2017-7-12

尊敬的谢飞（Shafer）先生和夫人：

心理与教育研究系向被试告知相关信息，征求被试同意，并允诺为保护被试采取措施。下面的信息将帮助你们决定是否同意诺亚（Noah）参与当下的一个研究，你们有权利在任何时间让他退出这个实验。

诺亚会和一个身体残疾的孩子在一间有书和玩具的房子里玩游戏，孩子们的行为将会用录像记录下，这一部分大概会持续25分钟。我们致力于研究残疾儿童和正常儿童之间的人际交往，获得这些信息很重要，因为它们可以帮助我们开发一些有效的措施，以帮助残疾儿童更好地适应普通学校的课堂。

恳请你们的孩子参与，但这完全出于自愿。我确保你们和你们孩子的名字不会出现在任何与实验结果有关的地方，所有的信息将会通过编码的数字进行确认。

在实验开始前或结束后，如果你们想了解更多的关于这个研究的信息，可以通过电话或电子邮件联系我。非常感谢你们抽空阅读此信，并感谢你们的参与和支持。

此致

助理教授 布鲁斯·萨克森（Bruce Saxon）
Bsaxon23@uotss.edu
(785) 555-3931

我们同意诺亚参加上述研究。
签名______________ 日期______________
签名______________ 日期______________

图3B-1 被试知情同意书样式

向被试呈现的知情同意书必须至少包括以下信息：

- 研究的目的。
- 你的角色。
- 你要做的是什么。
- 你参与研究需要花费的时间。
- 允许你任何时间以任何理由退出研究。
- 参与研究，对你和社会有哪些潜在益处。
- 参与研究的潜在风险，或可能会对你造成的伤害。
- 研究结果将被妥善保存。
- 你如何获得研究结果。
- 如果有问题，你如何联系研究者。

68

知情同意书上须留空让可能参与研究的被试或他们的父母签名，同时要注明他们同意参加实验并理解研究的目的。

图3B-1中的知情同意书由专用信纸打印，并列出了所有的要点。知情同意书不需要写得很有学术性和很严谨，越直截了当越好，它的目的是传达信息，而不是强迫或诱骗人们参加实验。

儿童的知情权 显而易见，在任何一个需要儿童参与的研究中，当儿童年龄太小不能对研究做出判断时，必须由父母或监护人决定是否允许他们的孩子参与研究。

儿童是一类特殊的研究对象，需要被特殊对待。

当伦理问题涉及儿童的时候，相关的争论就更多了，就远远不止只要确保儿童在研究中不会受到身体上或心理上的伤害那么简单。举例来说，虽然知情同意书上清晰地写着“可以自由退出”的选项，但一个6岁的儿童是不是已经可以自主决定是否退出实验？他们能明白他们参与的研究的长期影响或对他们存在的潜在的危险吗？

这都需要研究者做出良好的判断，并遵循伦理准则。如果一个儿童不想参加研究，研究者会失去这个被试和相关数据，但就像成人一样，儿童的意愿也必须得到尊重。此外，强制儿童参加研究会使他生气或者发怒，所获得的研究数据也是不可靠的。

随着儿童慢慢长大，问题会变得更复杂。比如说，一个12岁的孩子已经成熟到可以明白研究的目的吗？这个孩子应该像他的父母一样完成知情同意书的填写吗？研究者还是会事先征求孩子父母的同意。另外，越来越多的学校在让学生参与研究前都会让知名的委员会核实下研究目的，越来越多的研究者也开始购买责任险，以便恼怒的父母控告时或研究中发生意外伤害时进行赔偿。

这里，最好的建议是给儿童做一些尽可能愉悦的实验准备，鼓励他们，让儿童参与的活动更有意思，当他们完成的时候要给予奖励（尽管奖励与研究没有任何的关系）。重要的是，记住儿童在身体上、情感上、社会交往上不同于成年人，在他们担任被试的时候必须要考虑到这些不同点。最后，获得相关机构的许可，并确保你的导师或教授知道你在做什么。

保密

前面提到的匿名是指实验记录不与被试姓名连在一起，而保密指的是从被试身上获取的任何信息都得到最严格的保护。这就意味着，在需要的时候被试的信息是被修饰过的（这一点也适用于匿名制），但是更重要是的，所有的数据都处在被控制的状态下。

实践保密最好的方式就是让尽可能少的人看到或者处理实验数据。最好的例子就是近期人们对于艾滋病及其筛选检验的担忧。人们不愿意进行 HIV（与艾滋病相关的病毒）测试，因为他们担心将来他们找工作或申请健康、人寿保险的时候，他们的雇主和保险公司会有渠道得知他们的检测结果。即使健康和人寿保险的实践和政策可能改变，这种担忧依然存在。

在研究中，和被试匿名制一样，结果必须保密，并只在极度需要的情况下进行分享。

合理欺骗

在分享实验结果时，还有一个重要的组成部分就是对于某些被试的合理欺骗。举个例子来说，在你设计的一个实验中，你可能需要告诉被试一个假的实验目的。你可能会告诉一些儿童不要玩某个很好玩的玩具，然后在他们不知情的情况下记录下他们的行动。当这个实验结束后，你有义务告诉他们，为了达到实验目的，他们在某种程度上被欺骗了。许多人都能够接受这样的事实（就像偷拍节目中的那样），但是还有一些被试会很生气，因为他们觉得自己被利用了。如果他们一直很生气的话，你就只能跟他们道歉，并且删除实验记录。合理欺骗被试最好的方式就是在该实验阶段结束后立即告诉他们或者给他们发一封邮件告诉他们实验的目的和结果，但是不能把诸如姓名一类的具体信息透露给他们。

在实验结尾，分享成果的机会必须对被试开放。 69

利益共享

最后的这一伦理准则可能是最少被遵守的。我们试着想象一个典型的实验场景：在一个实验中，我们检测一种疗法是否能够提高早期阿尔茨海默病（一种致命的疾病）患者的记忆力。我们假设实验者将被试分成了两个组，一个组接受这种治疗（我们称之为实验组），另一组不接受这种治疗（我们称之为控制组）。令实验者欣喜的是，实验组比控制组学习得更快，并且记忆的更多更长。实验成功！

所有研究被试都应享受治疗手段的益处，如果这种治疗手段是有益的。

想一想这一实验有什么问题吗？那就是控制组也应该接受这种治疗。这样做才是正确的。如果实验中的一组被试能够从实验中获益的话，那么其他所有参与实验的被试都应该从中获益。但是这并不意味着所有患有这一疾病的人都会得到帮助，因为这样是不现实的。所有直接参与实验的被试都应该能同样从实验中获益。

所有这些伦理准则都适用于第 9 至 12 章中的各种研究方法，但其重要程度是不同的。比如说，在个案研究中我们不必过多考虑“合理欺骗”这一准则，因为研究不会涉及治疗和欺骗，同样在个案研究中我们也不用考虑“利益共享”这一伦理准则。

自我测试

选择任何一个准则并设置一个这一准则被违背的典型场景。这些违背准则的行为对于研究中的被试意味着什么？对研究本身有什么样的意义？

确保遵循伦理准则的有效措施

对于刚开始进行研究的研究者而言，可按照一些步骤来确保伦理准则得到实践。以下是最重要的几点：

1. 构建一个计算机模拟系统，在这个系统中数据可以被创建并提供用来进行不同种类的处理。比方说，心理学家和统计学家经常利用蒙特卡罗（Monte Carlo）

方法来检验一个变量（如说样本量）的变化对另一个变量（如测量的精确性）的影响。精确的人类行为模型是可以被建构的，各种假设是可以被验证的，人类行为的结论是可以被推论出的。尽管这看起来似乎是一个高级的工作，但是这可以使我们用计算机生成的值作为被试进行一种全新的实验研究方法。

> 不同学科的伦理准则都是一样重要的。

2. 当一种处理被认定为有危险的时候，不要放弃。取而代之的是，我们尝试着去寻找一些已经在自然情况下被某些变量伤害了的人群作为被试。比方说，因二战而营养不良的儿童和孕妇不仅可以为我们研究营养不良对胎儿和新生儿发育的影响提供宝贵的样本，还可以帮助我们研究营养不良对幼儿的长期影响。尽管这样的事实让人沮丧，但这可能是做此类研究唯一的方式了。这种研究叫准准实验或事后（事实发生之后）研究，我们将在第 12 章进行深入的探讨。
3. 时刻保证知情同意。如果实验处理存在风险，必须确保被试以及其他相关人员（如被试的父母、其他家庭成员）清楚地知道这些风险。
4. 发表研究报告时尽可能采用群体数据而不是个人数据，这种方法可以保密。
5. 如果怀疑实验处理可能存在负面效应，先使用一个对实验熟悉的小样本，直到你可以扩大样本容量并能确保研究计划的收益。不要忘了和你所属的审查委员会（下文会谈到更多）商量。
6. 在实验开始之前，请你的同事复查一遍你的计划，尤其实验程序，问他们“你会不会毫无安全之忧地参与进来”。如果他们回答“不会”，那么回到计划制订阶段！
7. 几乎所有公立机构（如公立大学）以及所有的私营机构（如一些医院和私立大学）都会成立**机构审查委员会**（institutional review board）。这个机构的成员是
70 来自不同学科的专家（包括社区代表），他们对被试参加实验是否存在危险做出判断。此外，另有一个独立的委员会为实验中使用动物而设立。这些机构中的成员经常碰面并讨论是否同意研究的开展（但是不需要探讨研究的内容）和讨论上述的伦理问题。他们经常每个月碰一次面，如果他们审查的一个建议没有被研究者采纳，那么他们会让研究者对他们的建议做出反馈。

专业组织的职能

毫无疑问地说，研究者的责任在于确保在任何研究中，都遵循伦理准则。专业组织发布了成文的伦理准则，像美国心理学会（APA，登录 http：//www.apa.org 并搜索“code of ethics”）、儿童发展研究协会（SRCD，http：//www.srcd.org/about-us/ethical-standards-research）、美国社会学协会（ASA，登录 http：//www.asanet.org 并搜索“ethics”）、美国教育研究协会（AERA，登录 http：//www.aera.net 并搜索“AERA Rules & Policies”，接着点击“Professional Ethics”），或其他任何社会或行为研究组织。如何查阅这些专业组织的伦理准则呢，下文是不同准则的小结。你能在列出的网址中找到相应的伦理规定，如果你通读它们，你会发现它们在内容和目的上都很相似。

> 所有的专业组织都有一套伦理准则，随时可供查阅。

伦理准则小结

为了避免让你把所有组织的伦理准则阅读一遍，以下是对各个组织伦理准则的小结，可以大致告诉你什么样的研究主题和原则是重要的。如果你着手开始研究，你需要咨询与你的研究内容最相关的专业组织，以便详细地了解它们的伦理准则。

1. 研究的实施者对自己研究的伦理负最重要的责任。
2. 要尽量减少被试承担的风险。
3. 研究者对道德操守负全责，包括了研究助手、学生、员工、合作者以及所有参

与过程中的人的行为。

4. 研究者和被试之间的合理协定应当在研究开始之前就达成。
5. 如果欺骗是必需的话，研究者必须确保这种欺骗是正当的，需要有机制确保被试（如果是儿童或者是自己不能够抉择的人的话，则是他们的监护人）在研究结束后得知真相。
6. 研究者必须尊重被试退出实验的选择，不能强迫他们回到研究中。
7. 在任何可能的情况下，被试都应当受到保护，不受到身体或心理上的任何伤害。
8. 实验结束之后，必须保证被试能够有渠道或机会接触到实验结果，并且在他们有困惑的情况下得到明确的解释。
9. 如果在实验当中被试受到任何的伤害，那么研究者将负全责来弥补。
10. 对任何在研究中或结果中涉及被试信息的内容都要做好保密工作。

伦理与儿童

儿童是一个需要额外关注的特殊群体，国际最权威的儿童研究组织——儿童发展研究协会制定了一系列特殊的准则，以下是一个简单的总结，要记住我们上边所谈到的所有准则在这里都适用，而前边涉及和以下所提到的准则的结合将为你做研究提供所需的指导。

> 儿童构成一类特殊研究对象，必须被特殊对待。

1. 无论儿童的年龄有多大，他们的权利都永远高于研究者的权利。
2. 如果已经通过的实验过程的改变会影响研究的伦理行为，那么研究者一定要与同事或专家进行充分探讨。
3. 儿童必须被告知研究的全过程，无论他们遇到什么问题，研究者都要以他们可以理解的方式进行解答。如果儿童太小，那么儿童的代表（家长或监护人）需介入到讨论过程中。
4. 家长、老师或其他任何在法律上对儿童负有责任的人都必须在知情同意书上签字。 71
5. 如果说，有除儿童以外的个体（比方说他们的家长）参与到了实验中，那么研究者也要征求他们的签字。
6. 儿童和研究者的职责必须分清。
7. 当欺骗是必需的时候，应该由一个与研究者能力相匹配的委员会来批准计划的实验方法。
8. 将应该以一种便于理解的方式任何研究的发现告知被试。
9. 研究者应特别小心地将结果报告给儿童并且不应该将其以建议的形式呈现。
10. 如果实验处理是有效的，我们应该对控制组提供相似的机会进行实验处理。
11. 伦理准则应该在练习过程中告诉学生。
12. 发表有关儿童研究报告的期刊编辑应该给予研究者报告伦理准则实施情况的篇幅。如果这些准则研究者没有阐述清楚，编辑可以要求增加相关信息。

美国心理学会和儿童发展研究协会的伦理准则有效吗？一般说，答案是肯定的，但如若它们起作用的话，那是归功于组成研究团体的个体遵守了这些规定。

在线调查的伦理准则

> 如果网络工具用于研究目的，围绕这些工具和其使用中的伦理实践就必须得到重视。

研究者越来越频繁地使用网络和相关电子工具进行研究。比如说，你对青春期女性的交往感兴趣，你选择了一间网上聊天室来记录她们的言语，并希望能将言语行为进行分类。

佐治亚理工学院的艾米·布洛克曼（Amy Bruckman）教授已经发展出一套广泛而实用的研究指南（你可以参考 http：//www. cc. gatech. edu/～asb/ethics/），该指南是在线研究的唯一准则。记住本章之前讨论到的伦理准则在在线研究中也是适用的——这里还列出一些在线研究的专用准则。

1. 只要信息是公开发布的，你就可以在任何情况下引用并分析网络信息，无需密码，也从没有规定禁止使用这些信息。
2. 征求同意的过程本身不能影响到施测的过程。征求同意的过程绝对不能影响到正常在线团体活动。比如，如果你正在观察聊天室中的谈话内容，你只有获得允许才能使用那些信息，但是你必须通过一种不改变当前交流的途径提出该要求。
3. 如果被试年满 18 周岁或者年龄更大，你可以通过电子方式征求其同意，相关风险也被认为是较低的。如果你不能获得电子版的知情同意书，你需要通过邮件、传真或电子邮件寄出相关的表格，并请被试（或者他的监护人）填写并回信，这些必须都是正本。
4. 尽可能确保被试和他们身份的保密性。这在例如聊天团体的公共场所是困难的，但是在报告结论时我们需要尽全力去确保。

自我测试

儿童和成人在本章提到的每条准则上有哪些差异？

▼ 小结

在任何情况下都不应该对本章的内容掉以轻心或不遵循你所在的专业组织的伦理准则。如果你遵循这些伦理准则，哪怕只是给予一些小的关注，那么之后，无论你在研究中是被试还是研究者，也都会为你带来有益的回报。这没有比用“防患于未然”来形容更恰当的了。

72 ## ▼ 在线资源

➢研究方法知识库

你可以在 http：//www. socialresearchmethods. net/kb/ethics. php 发现有趣且有用的研究伦理总述，完整的参考书以及更多的有关研究过程的内容可见威廉 · M. 特罗基姆（William M. Trochim）所著的《研究方法知识库》（*The Research Methods Knowledge Base*）第 2 版。网址为 http：//www. socialresearchmethods. net/kb/。无论你是在校还是在职，伦理行为是无法忽视的主题。

➢伦理为何如此重要？

你可以在 https：//www. niehs. nih. gov/research/resources/bioethics/whatis. cfm 找到更多关于伦理重要性的内容，你可以阅读美国国家环境科学研究所大卫 · 雷斯尼克的博士学位论文《什么是研究伦理及其为什么如此重要?》(What is Ethics in Research & Why Is It Important?)，它总结了联邦、业界、其他团体中实施的通用规范和实践行为。

▼ 练习

1. 在考虑完成一个涉及欺骗的研究时，你应该采取什么预防措施?
2. 获得学校的研究审查委员会的批准是完成你的研究的关键一步。在线访问你的学校主页，要么通过搜索框，要么通过 A 到 Z 字母索引，寻找关于你的学校的机构审查委员会的信息。你可能需要搜索研究中心（Center for Research）或人类被试委员会（Human Subjects Committee）。找到电子邮件地址或电话号码，联系审查委员会并在这里报告。

3. 请访问艾米・布洛克曼教授个人网页上的研究指南，网址为 http：//www. cc. gatech. edu/～asb/ethics/。阅读它，回答如下问题：在哪三个条件下，可以通过电子方式获得知情同意而不是纸质方式?

4. 你认为应该怎样惩罚那些违反了在本章中提到的一条或多条伦理准则的研究者呢?

5. 一些组织提出的伦理准则和其他组织之间有什么相似之处呢? 选取任意两个进行比较（如果你愿意的话可以在本章列出的组织范围之外比较）。

73

第 4 章

取样和概化

章节概览

- 总体和样本
- 概率取样策略
- 非概率取样策略
- 样本、样本量和样本误差
- 小结
- 在线资源
- 练习

想象一下，你被安排这样一个任务：衡量高中学生对不被保密且不被限制地搜索他们的存物柜以寻找毒品这一事件的总体态度。你已经是个足够出色的研究专家，所以你知道你需要编制某种问卷并且确保它涵盖了某些重要领域的内容，而且它是易于计分和管理的。在所有的初步工作完成之后你将会面临一个最重要的问题：你将让谁来完成你的问卷，整个地区所有高中全部 4 500 名学生？你不能那样做，因为这样做花费太高了。你将仅仅会让那些被报道有吸毒问题的学校的学生做吗？你也不能那样做。那些没有被报道有吸毒问题的学校同样也有可能存在吸毒现象。那么是否仅仅让毕业班学生来做问卷呢，因为他们被认为知道城市里究竟发生了什么？你也不能那样做，因为新生、中学二年级学生以及青少年也会使用毒品。你该怎么做呢？

这些都是重要的决策。每一个项目的成功取决于你用来选择参与你研究的人群的方法——不论你要为一个问卷分配被试还是你要实施一个会提高老人记忆力的治疗处理。这章讨论的就是选择将要参与你研究项目的被试的各种方法，以及选择过程对研究结果的重要性。它涉及总体、样本和取样。

研究实例

取样，或选择被试，是非常重要的。在设计和实施分组的任何一项研究中，一个重要因素是被试样本选择的准确性。

在一项关于进食障碍的研究中，内西姆·库古（Nesim Kugu）及其在土耳其共和大学医学院的同事调查了土耳其的一个农村地区大学生的进食障碍，并在社会经济状况和儿童时期虐待等因素上将进食障碍患者与“正常”群体比较。与本章我们的讨论相关的是，最基本和最有效的取样策略是采用简单随机取样来选出共 1 003 名学生中同意参加的大学生。对这些被试进行了社会人口学信息问卷调查、进食态度测试以及家庭功能和自尊的测量。结果显示，除了家庭动态差异外，自尊和虐待方面也有差异。我们要记住的重点是，简单的随机取样技术确保两组在所有相关因素上是等价的，当然，除了那些正在评估的因素。

想要了解更多，可以阅读原文：

Kugu，N.，Akyuz，G，Dogan，O.，Ersan，E.，& Izgic，F.（2006）. “The Prevalence of Eating Disorders among University Students and the Relationship with Some Individual Characteristics.” *Australian and New Zealand Journal of Psychiatry*，*40*：129-135.

总体和样本

在本书的前几章，你曾读到将实验结果从样本推论到总体的重要性。这是推论方法的基础。如果总体中的每个人不能被测量，那么其他唯一的选择就是选择总体中的一个样本或是一部分。好的取样技术应该是能使所抽取的样本最大程度上代表总体。

总体（population）是一组潜在参与者，你想要通过他们来概括研究结果。**样本**（sample）是总体的一部分或称一个子集。概化是这样一种游戏：只有当结果能从样本概化到总体时，研究结果的意义才会不受他们最初的研究背景限制。当结果能被概化时，结果就适用于不同背景下的拥有相同人格特征的不同的群体。当结果不能被概化时（选择的样本不是恰好能够代表总体），结果就只适用于参与原始研究的同样的样本中的被试，而不适用于其他。

举例来说，你想调查高中生对搜查毒品的态度，并且一个获有化学荣誉的毕业班的学生接受了问卷调查。但是，他们多大程度上像这个地区所有高中生的一般人群？也许不是太像。或者是选取这个地区所有上中学的10%的女新生和初二的女孩接受同样的问卷调查。这个选择比只选择30个学生或者化学班的学生包含了更大的容量，但是她们的代表性如何？也不是很好。

74

我们的任务就是设计一个计划以保证被选择的学生样本对整个地区所有学生有良好的代表性。如果这个目标达到了，那么结果就可以很好地被概化到整个人群，即使只是用一个4 500名中学生中的小比例。也就是说，如果你正确选择你的样本，那么结果就可以被概化。那么，怎样才能知道你正在进行的工作是正确的呢？

本章中将讨论一些准则和方法，但是做自我检查时使用的一个方法是问你自己这个问题：我从总体中选择的样本是不是在相同的比例下有总体的全部特征？这个样本实质上是总体的缩影吗？

为了理解取样，你首先需要区别两种一般的取样策略：概率取样和非概率取样。对于**概率取样**（probability sampling）来说，总体中每一个对象被选择的可能性是已知的。如果所有高中共有4 500个学生，并且有1 000个毕业生，那么选择一个毕业生作为样本的概率是1 000/4 500，或者是0.22。

在**非概率取样**（nonprobability sampling）中，从总体中选择任何一个对象的可能性是不知道的。举例来说，如果你不知道这个地区高中学生有多少，那么任何一个人被选择出来的可能性就不能被计算。

自我测试

在社会和行为科学中，为什么取样对一个成功的研究是重要的？

概率取样策略

概率取样策略是最普遍被使用的一种取样策略，参与者的选择是由偶然因素决定的。谁最终将进入样本是由随机规则决定的，这样样本真正代表总体的可能性就会很大。

样本是总体的一个子集。

简单随机取样

概率取样程序中最通常使用的种类是**简单随机取样**（simple random sampling）。总体中每个对象都有同等的被抽取作为样本中一部分的可能性，并且相互之间是独立的。同等性和独立性是这里的关键词语：同等性是指当一个人被选择而不是另一个人时，没有偏差；而独立性是指选择一个人时不是由研究者的偏差决定的，也不是因为反对选择另一个而决定的。抽样是随机的，样本的特征应该最接近总体的特征。

概化是成功研究的关键。

如果你选择电话本中每第五个名字，那么这是简单随机取样吗？不是，因为违背了同等性和独立性这两个最关键的规则。如果你从电话本中第234页的名字5开始，那么名字1、21、37和133就不会有一个同等的机会被选择，因此这个例子也不能体现独立性。又如，你选择列表中的名字5，然后每五个名字选择一次，那么只有名字10、15、20等等有可能被选择。它还是不能体现独立性，不是真正的随机化过程。

简单随机取样这个过程包括以下几个步骤：

1. 界定你想从中选择样本的总体。
2. 列出总体中的所有对象。
3. 为总体中的每一个对象排列序号。
4. 使用标准和准则来选择你想要的样本。

表 4－1 呈现了已经排好序号的 50 个名字的列表（上面的步骤 1、2 和 3）。它不是一个非常大的总体，但是它可以很好地阐明这里想要说明的目的。从这个总体中，我们将会利用**随机数字表**（table of random numbers）选择一个 10 人样本。 75

随机数字表是最没有偏差的工具，你可以使用它从总体中选择被试。

表 4－1　　由 50 个名字构成的一个总体

1. 简	11. 苏茜	21. 艾德	31. 丹娜	41. 南森
2. 比尔	12. 诺娜	22. 杰瑞	32. 布鲁斯	42. 佩吉
3. 哈瑞特	13. 道格	23. 希特拉	33. 达芙妮	43. 希瑟
4. 莱尼	14. 约翰・S	24. 格伦娜	34. 菲尔	44. 黛比
5. 迈卡	15. 布鲁斯	25. 米斯蒂	35. 弗雷德	45. 谢丽尔
6. 莎拉	16. 拉里	26. 辛迪	36. 迈克	46. 韦斯
7. 特里	17. 鲍勃	27. 希娅	37. 道格	47. 詹娜
8. 琼	18. 史蒂夫	28. 菲利斯	38. 艾德・M	48. 埃莉
9. 金	19. 山姆	29. 杰瑞	39. 汤姆	49. 亚历克斯
10. 特里尔	20. 马文	30. 哈里	40. 迈克・G	50. 约翰・D

每个对象都被编号，并且准备好被抽取（同时，请意识到总体容量一般都会比这大）。

随机数字表的使用　随机数字表是一个极好的工具，因为表中生成的数字是完全没有偏差的。例如，在表 4－2 中有同等数量的数字 1、2、3、4、5 等等。因此，选择一个数字以 1、2、3、4 或 5 结尾的可能性是均等的。这就意味着当名字与数字相联系时，选择任何一个被试的可能性也是均等的。

表 4－2　　随机数字表的局部

23157	48559	01837	25993
05545	50430	10537	43508
14871	03650	32404	36223
38976	49751	94051	75853
97312	17618	99755	30870
11742	69183	44339	47512
43361	82859	11016	45623
93806	04338	38268	04491
49540	31181	08429	84187
36768	76233	37948	21569

在这个表格中，每一个数字出现的概率是相同的，因为它们是随机分布的。

记住，我们会使用表 4－2 中的随机数字选择一个 10 人样本。依据以下这些步骤：

1. 闭上眼睛用手指（或者是用铅笔尖）点中表格中的任意位置，从而在表格中选择某处作为一个开始的点。用这个方法选择你的起点以确保没有特定的起点

（或名字）被选择。在这个例子中，起始点指向的数字是第一列最后一行数字中（36768）的第四个数字，也就是数字 6。

2. 那么，第一个两位数编号是 68（表 4－3 中用黑体标示的那个）。因为总体数最大为 50，且没有编号 68，这个编号就被跳过，考虑接下来的双位数编号。因为你不能在表格中继续向下了，回到表格下一列的顶端，向下读，再次选择第一个两位数。

表 4－3　使用随机数字表选择 10 个个案的起始点

23157	48559	01837	25993
05545	50430	10537	43508
14871	03650	32404	36223
38976	49751	94051	75853
97312	17618	99755	30870
11742	69183	44339	47512
43361	82859	11016	45623
93806	04338	38268	04491
49540	31181	08429	84187
367**68** ← 随机确定起始点	76233	37948	21569

你可以开始于任何地方，只要这个你开始的地方是随机的，不是故意选择的。

3. 下一个可得的数字是 48。成功！列表上编号 48 的被试是埃莉，并且她成为 10 人样本中的第一个人。

4. 如果你接着选择双位数编号直到 01 到 50 中的 10 个数值被找到，那么表 4－1 中与表 4－4 中黑体数字相对应的名字就会被选择。下面是对哪些符合被抽取条件和哪些不符合被抽取条件的分类陈述。

表 4－4　从总体中选出的 10 个两位数（每一个以黑体呈现）

23157	**48**559	01837	25993
05545	**5043**0	10537	43508
14871	**03**650	32404	36223
38976	**49**751	94051	75853
97312	**17**618	99755	30870
11742	69**18**3	44339	47512
43361	82859	11016	45623
93806	**0433**8	38268	04 491
49540	**31**181	08429	84187
36768	76233	37948	21569

往下读双位数字编号，可发现 48、50、03、49 和 17 是符合条件的，因为它们都在小于 50 的范围之内（总体的大小），并且它们以前没有被选择过：

- 04 和 31 没问题。
- 76 在范围外。

读者在该列中无法再读取数字后，这时就要在该列的开头部分读取下一集合的两个数字，可发现以 55 开头。 76

- 55 不在范围内。
- 43 在范围内。
- 65、75、61 不能被接受。
- 18 在范围内。
- 85 不在范围内。
- 33 在范围内。

于是就产生了包含 10 个名字的列表：

编号	名字
48	埃莉
50	约翰·D
03	哈瑞特
49	亚历克斯
17	鲍勃
04	莱尼
31	黛娜
48	希瑟
18	史蒂夫
33	达芙妮

现在你就拥有了从容量为 50 的总体中完全随机选择的容量为 10 的样本。记住，选择任何一个在总体中已被选择到的名字的概率与总体中其他名字被选择到的概率是相同的。

数字在表 4-2 的分布是随机生成的，因此所获取的样本是随机选择得到的。该随机数字表（局部）中产生的前五个号码（48、50、03、49 和 17）中的三个竟然刚好组合在一起，难道仅仅是个巧合？这确实是一个巧合而已。基于总体中的每一个成员被选择到的概率相等和独立这一假定（1/50 或 0.02 或 2%），已产生的这一五号码组就是对总体中的其他号码组的最佳估计。

更进一步的假定是，总体中的名字（表 4-1）是以一种随机的方式列出的。换言之，编号为 01 到 20 的名字并不依次排序为 50 个名字中的前 20 个，因为这些人来自不同的地区，经济条件不同，或者没有兄弟姐妹，又或者拥有一些其他的特征，这些因素可能会导致研究者取样产生偏差。

总的规则（这是本章最关键的要点）是所使用的判断依据要与所研究的内容不相关。举例来说，如果你要做关于志愿活动的研究，那么你是不会想去请教志愿者如何取样的！

计算机可用于快速生成用于确定从总体中随机选择被试的值。

使用计算机生成随机样本 你在接触新事物时，应该至少亲自动手操作一次，以便理解该过程是如何进行的，比如说，在以上呈现的总体中选择一个随机样本进行操作。熟练掌握该技术后，此时就要转向计算机操作。

系统取样

另一种取样类型称作**系统取样**（systematic sampling），即在列表中每隔 k 倍个名字选择样本。k 代表一个从0到研究者计划抽取的样本大小的数值。例如，在表4-1中呈现的是使用系统取样这一方法从数量为50的列表中选择10个名字的过程（这些步骤适用于任何大小的总体和样本）。根据以下步骤进行：

1. 用总体数量除以要获取的样本数量。在该例中，50除以10是5。因此就可以从列表中每隔5个数选择一个样本。另外的表达方式是：
   50（总体数）/10（样本数）=5（步骤数）
2. 从列表中随机地选择一个名字作为起始点。使用"闭眼瞎点"的方法进行，如果这些名字已被编上号码，则用在美元纸币上的序列数字中的任何一个或两个数字作为开始。在该列中使用的数字为43，这将作为起始点。
3. 确定起始点后，每隔五个名字选择一个。在该列中，使用在表4-1中的名字，以希瑟（#43）开始，该样本包括埃莉（#48）、哈瑞特（#3）、琼（#8）、道格（#13）、史蒂夫（#18）、希特拉（#23）、菲利斯（#28）、达芙妮（#33）和艾德·M（#38）。

系统取样减少了特定被试被选中的概率，所以，消除偏差效果弱于简单随机取样。

因为系统取样比随机取样更容易方便，因此它是研究者所偏好的技术。但是，它的精确性也会低一些。显而易见，它违背了总体中的每一成员被选择到的机会相等这一假定。比如说，假设希瑟（#43）是起始点，那么就不太可能会选择到黛比（#44）。

77

分层取样

如果研究者并不关心特定的人口特征（如年龄、性别、族群），以上讨论的两种类型的随机取样会发挥良好的作用。换句话说，因为两组是被随机选择的，如果有10个名字的其中一组被选择到了，就可以假设，实际上选择两组中的任何一组都是同等的。但是，如果在总体中的个体在开始时并不"同等"，会出现什么情况？在该条件下，研究者需要确保样本的大概特征和总体的大概特征相匹配，所谓的**分层取样**（stratified sampling）技术就可以做到这一点。

分层取样考虑到了总体的不同层次（水平）特征，并允许你复制样本中的层次。

取样（以及整个推论过程）的理论如下：如果能够抽取到一个总体中最具代表性的样本，那么关于该样本所做出的任何评论都同样适用于该总体。推广度越远越好。有些时候，尤其是在无法确定样本中包含的总体成员是否具有相同分布的时候，还有最重要的是，如果每个总体成员之间不同的特性（如种族、性别、社会阶层、智力程度）与所要研究的内容相关，那么随机取样就会导致很大的偶然性。这是一个关键要点。在这种情况下，分层取样就能确保在总体中的分层（或各水平）在样本中有良好的代表性。

例如，总体中有82%的基督教徒，14%的天主教徒，还有4%的犹太教徒，如果宗教这一变量首先是一个重要的变量，那么样本应该具有与总体同样的特征。理解这一点很重要。如果总体中特定的特征与所要研究的内容无关，那么就没有理由去关注是否要创造一个以所提及的变量分层总体的样本模式。

假设表4-1中的名字列表代表了一个已分层人口（女性和男性），同时该研究的内容是人们关于人工流产的态度。性别差异在此是重要的部分，因此研究者想要得到的样本要能够反映人口中的性别差异。包含50个名字的列表由20位女性和30位男性组成，即其中40%是女性，60%是男性。每10人样本中应要显示出包含4名女性和6名男性的分布。以下是研究者如何使用**分层随机取样**（stratified random sampling）选择诸如此类样本的步骤。同样，例子中总体是作者编造出来的，但这些步骤可应用于所有情形。

1. 将所有男性和女性分开列表。
2. 将每组中的每一成员编上号码。在这个例子中，男性编码为 01 到 30，女性为 01 到 20。 78
3. 在随机数字表中，使用以上提及的程序从包含 20 个数字的列表中随机选择 4 名女性。
4. 在随机数字表中，同样使用以上提及的程序从包含 30 个数字的列表中随机选择 6 名男性。

尽管像此类的简单例子（仅有一个层次或水平）经常出现，但你可能也要用一个以上的变量来分层。例如，在图 4－1 中，由 10 000 名儿童构成的总体在不同的年级（40％的一年级，40％的三年级，20％的五年级）和居住地（30％居住在乡村和 70％居住在城市）上被分层。使用相同的方法：在每一分层的水平中选择 10％的量（10 000 的 10％是 1 000）构成图 4－2 中的样本规模。例如，在一年级中的 1 200 名乡村儿童中随机选择 10％（120），用同样的方法随机选择了 140 名五年级的城市儿童。

居住地	年级			总计
	1	3	5	
乡村	1 200 [120]	1 200 [120]	600 [60]	3 000 [300]
城市	2 800 [280]	2 800 [280]	1 400 [140]	7 000 [700]
总计	4 000 [400]	4 000 [400]	2 000 [200]	10 000 [1 000]

图 4－1　从两因素或两水平分层（年级和居住地）的总体中抽取样本

在总体数量下方框内的是样本量。

	id_stud	id_prof	sex_stud	teacher1	teacher2	teacher3	teacher4	teacher5	filter_$
1	80761	1	Male	4.00	4.00	2.00	1.00	3.00	0
2	22920	1	Male	5.00	4.00	2.00	1.00	3.00	0
3	84768	2	Male	4.00	3.00	3.00	2.00	3.00	1
4	89225	2	Male	3.00	3.00	3.00	1.00	4.00	0
5	94354	3	Male	3.00	5.00	1.00	2.00	3.00	0
6	40351	4	Male	2.00	4.00	2.00	2.00	2.00	1
7	62034	4	Male	2.00	4.00	2.00	2.00	4.00	0
8	26841	5	Male	2.00	4.00	2.00	1.00	3.00	0
9	13691	5	Male	2.00	3.00	1.00	3.00	2.00	0
10	70386	6	Male	3.00	4.00	2.00	3.00	5.00	1
11	45176	6	Male	5.00	4.00	1.00	1.00	4.00	1
12	29627	6	Male	2.00	4.00	2.00	1.00	4.00	0
13	24824	6	Male	1.00	5.00	2.00	2.00	4.00	0
14	39986	7	Male	5.00	5.00	2.00	1.00	5.00	0
15	77974	7	Male	5.00	4.00	2.00	1.00	4.00	1
16	38396	7	Male	5.00	5.00	2.00	1.00	5.00	1
17	78665	7	Male	4.00	3.00	2.00	1.00	3.00	0
18	20227	7	Male	4.00	5.00	1.00	1.00	5.00	0
19	66298	8	Male	5.00	5.00	1.00	1.00	3.00	0
20	27423	8	Male	5.00	5.00	1.00	1.00	4.00	1
21	79359	8	Male	5.00	5.00	1.00	1.00	5.00	0
22	66513	8	Male	5.00	5.00	1.00	1.00	5.00	1
23	28796	9	Male	2.00	4.00	4.00	3.00	1.00	1
24	67564	9	Male	3.00	3.00	4.00	4.00	1.00	0
25	35598	9	Male	3.00	3.00	2.00	1.00	2.00	0
26	77823	10	Male	5.00	5.00	2.00	1.00	5.00	0
27	34850	10	Male	5.00	5.00	1.00	2.00	5.00	0
28	54217	10	Male	3.00	5.00	1.00	1.00	4.00	0

图 4－2　选取一个样本

整群取样

随机取样的最后一种类型是**整群取样**（cluster sampling），它是指选取由个体组成的单元，而非个体本身。例如，研究者正在研究父母对注射疫苗的态度。研究者可以指定城市中30个区域行政办公室，然后使用随机数字表，为第一组选择15个，第二组也选择15个，而不是随机地分配每一个单个家长到两个不同的组（例如收到宣传材料组和没有收到宣传材料组）。

> 整群指的是一起发生的一组事件。

整群取样十分节约时间，但要确保所有单元（在该例中是指拜访每个行政区的人们）要足够同质，任何单元本身的差异不会造成偏差。比如说，如果其中一个行政区拒绝为特定年龄以下的儿童注射疫苗，则将会造成要避免的误差。

> **自我测试**
>
> 为什么说分组时的依据与研究内容或感兴趣的主题不相关很重要？

非概率取样策略

第二种取样策略是非概率随机取样，也就是抽取单个个体的概率是多少并不知道。在这种情况下，要假设样本的潜在成员不具有被同等和独立选择的机会。以下讨论的是一些非概率随机取样的方法。

方便取样

方便取样（convenience sampling）正如其所要告诉我们的。一位足球教练给每一位团队成员一份问卷。这些成员（该团队）是最容易调查的，并且这也是非常方便的一个获取样本的方法。容易吗？是的。随机吗？不。有代表性吗？可能有，但是有一个限定的程度。

你可能会意识到这种取样的方法可以解释为什么那么多心理学的实验基于使用大学二年级被试的结果，这些学生是忠实的拥护者而且为了学分必须参加。

定额取样

你可能会遇到这样的情况：你需要形成一个在特定变量上分层的样本，但是因为某
79 些原因，比例分层取样法不适用。在这种情况下，定额取样法也许正是你所想要的。

定额取样（quota sampling）选择具有你想要的特性的人（比如一年级的农村孩子），但是不是随机地从所有这样的孩子的总体中选择一个子集，在**比例分层取样**（proportional stratified sampling）中也是这样。而研究者会继续招募被试直到达到120的定额。第176号一年级农村小孩不会有这样的机会，这正解释了为什么这是一种非概率取样的技术。

这里有一个定额取样的另一个例子。你需要采访20个大一男女新生。首先，你可能会采访10名男生，并且知道男女生的分配情况确定是五五均分，你接着采访后面的10名女生。这就叫作抵消。尽管定额取样比分层取样简单得多，它却没那么精确。想象一下随便找到10名男生是多么容易，而用分层取样的话，你不得不找到10名特定的男生。

表4-5提供了概率取样和非概率取样方法的小结。

表 4-5 概率取样和非概率取样方法的不同类型

取样的类型	什么情况下使用	优点	缺点
概率取样			
简单随机取样	在重要变量上各总体的成员相似	确保高代表性	费时，枯燥
系统取样	在重要变量上各总体的成员相似	确保高代表性，无须使用一组随机数字表	比简单随机取样的随机性小
分层随机取样	总体异质，并包含许多不同的组，其中一些与研究主题相关	确保总体的各层具有高代表性	费时，枯燥
整群取样	当总体是由许多团体而不是由许多独立个体组成时	简易方便	样本分布不均匀，技术效用降低
非概率取样			
方便取样	当总体成员取样方便时	方便，节省经费	概化水平令人质疑
定额取样	当出现分层而且分层随机取样不适用时	确保总体的各层具有一定代表性	概化水平令人质疑

样本、样本量和样本误差

样本容量要足够大才能准确回答所要研究的问题，但是过大的样本容量使取样过程变得不经济和低效率。不管研究者多么努力地去尝试，选择一个能完全地代表总体的样本是不可能的。当然，研究者可以选择全部总体作为样本，但是这就失去了取样的目的——基于最少的样本来推论总体。

减少取样误差是任何取样方法的目标。

用来表示样本和总体间的差异的指标之一是取样误差（sampling error），这是样本特征和抽取出该样本的总体特征之间的差异。举个例子，10 000 名五年级学生的平均身高是 40 英寸。如果你从 10 000 名五年级学生中取 25 个样本量为 100 的样本，并且计算出每一个样本的平均身高，你将得到一个相同的平均身高值，或者 25 个不同的平均身高值。如果所有这些平均数都恰恰是 40 英寸，这将根本没有取样误差。尽管如此，这个结果并不像是真实情况。

生活没那么简单，选择的样本也没那么完美。相反，你将发现平均数可能会是 40.3 英寸、41.2 英寸、39.7 英寸、38.9 英寸等等。这些变异量或值的分布能够给你一点取样误差的启示。样本值的差异越大，取样误差越大，你的样本的代表性就更不精确。设想一下如果全部 10 000 名五年级学生的总体作为样本会是什么样子？你将会发现平均身高正是 40 英寸！太完美了！没有误差！启示呢？样本越大，取样误差越小，因为越大的样本越接近于总体容量，其对于总体来说越具有代表性。但是，正如你已经知道的一样，太大的样本花费太多，没有效率，而且经常是没有必要的。

以数值来表示，计算取样误差的精确程度，已经超出了本书的范畴，但是你应当意 80
识到你选择一个好的样本的目的是减少这个数值。这个数值越小，样本和总体之间的差异越小。

但是远不止这些。你已经知道样本越大，样本代表总体的程度越高。总之，各个样本越能很好地代表各自的总体，任何对差异的测量就将更准确。也就是说，取样取得越好能带来关于总体差异的更准确、更有效度的测量。

怎样减少取样误差呢？使用这一章前面提到的好的选择程序，并且在合理的范围内尽量增加样本量。你准备要提出的下一个问题（我希望是这样）是："样本量需要多大呢？"很高兴你能这么问。让我们来看看这一章的最后一部分，来更多了解如何回答这个问题。

一个足够大的样本刚好能够回答提出的问题。

样本容量多大才算足够？

既然你已经对取样有了一定了解，那么相对于4 500名高中生的总体而言，所需要的样本是多少呢？抽取500名学生是不是比抽取50名学生更好呢？如果时间和资源充足，为什么不抽取1 500名学生？

你知道的，样本容量过小，就可能失去代表性，而样本容量过大又没有必要。抽取过大的样本无异于自找麻烦，因为这样做，你就没有很好地利用推论的优势。一些人认为样本容量越大越好，但是这种策略是不经济也不科学的。过大的样本除了增加取样的成本和困难之外，并没有增加检验问题的准确性。

记住，样本的代表性越差，取样误差越大，从而使结果的概化程度降低，检验虚无假设的准确性也就随之降低。

通过对效应量的考虑，可以有效地处理样本容量的问题。雅各布·科恩（Jacob Cohen，1988）在团体作业中广泛地应用了效应量这个概念。有这样一种说法，实验处理的效应越大（样本之间预期的差异越大），研究所需的样本容量越小。虽然效应量是一种高级的指标，但是你可以利用一组表格来理解。通过考虑实验处理的效应（不同组之间所预期的差异大小），你可以清晰地估计每个实验组所需要的被试数。

估计样本容量 各个研究情形都是不同的。假设你在检验两个群体之间的差异，你是怎么样着手确定样本容量的呢？有许多公式可用来计算样本容量，但是，你至少应该明白影响样本容量最重要的因素是什么。记住，在涉及每个实验组所需的被试数时，30是一个基本的数字。

一般而言，你需要一个较大的样本来代表总体，尤其是当

- 被试之间的变异性较大时。
- 组间的差异较小时。

为什么是这样呢？首先，随着被试间变异性的增加，这就意味着被试之间存在更多的差异，你需要更多的数据才能代表总体。例如，你想检验两组大二学生的平均成绩之间是否存在差异，如果被试之间的离散程度较大，你就需要较多的数据才能比较公正地代表总体和解释两组之间的差异。

其次，随着组间差异的变小，你需要较多的被试才能揭示两组之间的差异。例如，如果你想比较一年级学生和六年级学生身高之间的差异，每一组只需一名被试，你就可以很自信地说两组被试在身高上存在差异。事实上，几乎最矮的六年级学生都比最高的一年级学生高。但是，如果你想比较一年级学生和三年级学生身高的差异，这种差异就不那么明显了，你需要较多的被试才能解释两组之间的差异（如果它确实存在的话）。

如果你想真正理解样本容量的意义，请记住以下内容：

- 一般来说，样本容量越大（在合理的范围内），取样误差越小，而你所做的研究的质量就会越高。
- 如果你的研究需要多个分组（比如10岁的男孩和女孩、健康的和不健康的城市

居民)，那么你要保证抽取足够多的被试以至于可以将其最终分配到各个分组中去。

- 当你采用邮寄调查或是问卷的方式收集数据时（如果你知道信件和问卷被对待的大致情况)，要考虑增加 40%到 50%的样本容量，因为有一些调查或问卷会被遗失或是没有被填写。 81
- 最后，记住样本容量大固然好，但是选择一个精确而恰当的样本更重要，不要浪费金钱和时间去抽取超过你所需的样本。

自我测试

尽可能地得到“正确”或是有用的样本容量为什么如此重要?

小结

尽管有些人可能不同意你所选择的研究主题，但是只要你可以提供一个合理的理论支撑，你就可以坚持自己的选择。但是取样却不同，它有正确的方法和错误的方法之分，如果你选择了错误的方法（随意的而没有一定计划的取样）就可能降低研究的效度，因为你的结果不可以推论到一般总体，所以对研究领域也没有什么用处。

在线资源

➤研究随机数发生器

研究随机数发生器（Research Randomizer，http：//www. randomizer. org/）是一个非常便利的工具，它可以帮助你进行简单的随机抽样，并能帮助你为不同的实验情境安排不同的被试。

➤简单随机取样程序

如果你觉得以上内容很无趣，可以试试简单随机取样程序（Simple Random Sampling Applet)，你只要输入总体和样本的容量，该程序就会输出你需要的被试量。

➤如何计算样本量

在网站 http：//www. ehow. com（点击“Hobbies，Games & Toys”，然后导向“Science & Nature”>“Science”>“How to Calculate Sample Size Formula”)，eHow 提供了一个公式来计算适合你的研究的样本量。您需要一个计算器和一个 z 分数转换表（该网站提供一个相应链接)。

➤统计迷航

统计迷航（Stat Trek，登录 http：//stattrek. com 并搜索“how to choose the best sampling method”）提供了一个很棒的关于如何选择最佳取样方法的概述。网站上也有非常好的关于基本统计的信息。

练习

1. 假如你要研究从高中生到成年人这一群体的旅游偏好，请列出此研究中的取样步骤。
2. 一位研究者决定在她所在大学的新生入学课程中，给每个学生做一个关于观看电视行为的问卷。她采用的是什么取样方法?
3. 在分配被试时，随机数字表为什么如此有用? 为什么按你所预想的来选择参与者不太管用?
4. 请考虑以下方案存在什么问题? 研究者想要了解为什么有的人喜欢快餐有的人不喜欢快餐，他站在快餐店门口，询问购买者的观点。

5. 概率取样和非概率取样的区别是什么？请各举一例，并说明这两种取样方法的优缺点。

82 6. 减小取样误差的最简单的方法是什么？取样误差和研究结果有什么关系？最后，随着样本容量的增加，取样误差将会怎样变化？为什么？

7. 总体为10 000名儿童（男女各半，70%的白人，30%的非白人，57%来自单亲家庭，43%来自双亲家庭），请思考如何抽取150名有代表性的样本？

8. 你已经定下你的研究需要100人的样本。如果你决定邮寄你的调查问卷，而不是面对面管理，你理想的样本容量是多少？

9. 组内更大的变异和组间更小的差别如何影响样本容量？

10. 利用随机数字表，从以下10个名字中选择6个：

迈克尔
苏珊
萨拉
肯特
赛尔玛
哈里特
安妮特
戴维
莎伦
爱德华

你将分别选择几位男子和几位女子？为什么？

11. 选取的样本量过大或者过小会有什么影响？

12. 样本量要多大才算足够大？

13. 把样本量扩充得过大会有哪些负面影响？

14. 整群取样和简单随机取样的适用条件有哪些？

15. 什么情况下在58%的民主党人、38%的共和党人和4%的独立选民中，使用分层抽样方法是很重要的？

16. 使用系统抽样的优缺点是什么？

17. 一家超市的一名员工正在分发蛋糕，他的老板要求他从20名男性和20名女性那里得到关于蛋糕质量的意见。这名员工不想打扰顾客，所以他只提供蛋糕样本，并要求前20名男性和20名女性与他进行眼神交流。这名员工使用的是哪种抽样方法？

18. 什么是随机误差？哪些因素决定着样本容量？

第 5 章

测量、信度和效度

章节概览

研究实例

正如你将在本章中了解到的，测量过程对任何正在进行的研究工作都是至关重要的。

全北国立大学的金智英（Ji Young Kim）和他的同事们对青少年吸烟感兴趣。但是他们首先想测试并建立用于他们研究的量表的信度和效度。除非测量是可靠和有效的，不然研究永远不会产生有用的结果。除非清楚所测量的是你想要测量的（效度），它可以重复使用（信度的一种形式），不然其结果（以及从这些结果得出的结论）可能是混杂的，容易被误解。他们评估了韩国版烟草依赖量表的信度和效度，通过对 360 名韩国青少年使用这种量表和其他方法（已被证明是可靠和有效的，如尿液分析），他们测试了结构效度、效标效度、重测信度和内部一致性信度（你将在这一章学到），并发现韩国版量表是对韩国青少年烟草依赖的可靠和有效的衡量标准。

想要了解更多，可以阅读原文：

Kim，J. Y.，Ko，S. H.，Kim，H. K.，Kim，S. R.，& Kim，H. V.（2015）.“Reliability and Validity of the Korean Version of the Dimensions of Tobacco Dependence Scale for Adolescents.” *Asia-Pacific Journal of Public Health*，*27*：1-9.

测量过程

就算不知道测量过程，你也可能花很多时间来对你周围发生的事情进行判断。很多时候，这些判断是不正式的（如“我很喜欢他表达事情的方式”），但有些时候它们也可能是正式的（“他回答的 85%是正确的”）。

从这两个例子中可以看出，判断就是得出一个特定的结果。这就是所谓的测量过程，它的重要性在研究过程中是不容低估的。如果你所感兴趣的东西是不能被评估、测量、估量、评价、估价、分类、分等级、推测、检查或度量的，那么你所有试图解答这些有趣的问题的工作和努力都是徒劳的。

测量的经典定义是 45 年前由一位叫史蒂文斯（S. S. Stevens，1951）的实验心理学家提出的。他认为测量就是“根据规则给物体或事物指派数字”。恕我直言，这一定义可以被认为测量就是给结果赋值。数字（例如 34.89 和＄54 980）是值，而像头发颜色（红或黑）和社会地位（高或低）这样的结果也是值。事实上，根据定义，任何变量都具有可以测量的多种值。这些值就是你测量过程中需要测查的一部分。

这一章将向你介绍一些测量过程中的重要概念，其中包括测量的水平，它是一种帮助你评估所测量事物的分类方法。还有任何一种测量工具都必须拥有的两种属性：信度和效度。

测量水平

> 所运用的测量的水平反映了测量结果是如何得到的。

史蒂文斯（1951）应该值得称颂，不仅因为他给出了作为本章所有内容基础的“测量”的定义，还因为他提出了将不同的结果进行分类的“测量水平”的概念，**测量水平**（level of measurement）可代表所测量变量的精确层次，可以通过它对变量加以评估。例如，变量身高可以通过几种方式来阐述，每种阐述方式都对应测量的一种水平，如表 5－1 所示。

表 5－1　测量同一变量时所运用的不同测量水平

测量水平	例子	属性
比率	蕾切尔 5 英尺 10 英寸高，而格雷戈里 5 英尺 5 英寸高	绝对零点
等距	蕾切尔比格雷戈里高 5 英寸	1 英寸就是 1 英寸
顺序	蕾切尔比格雷戈里高	高于
称名	蕾切尔高，而格雷戈里矮	不同

测量水平级别越高，优势就越大（测量越精确）。

测量身高的一种方法就是简单地把人分到 A 和 B 两类中去，而这两类中没有英寸、米或英尺等任何单位来描述他们的真实身高。在这里，这种测量水平称为称名测量，因为根据他们所属的类别把他们分到不同的组中。

第二种方法就是把人分到标有一定维度的不同组中去，例如高矮组。这种方法中，人们还是被分配到各个组中，但是这些组是有差别的而不是一个简单的种类标签。也就是说，高和矮在他们所处的背景中是有含义的，而种类 A 和 B 只能表明人们处于不同的组，至于哪里不同就不知道了。在第二种方法中，这一测量水平就是顺序测量。 84

阿莉森比斯坦高 5 英寸就涉及第三种方法。这样我们不仅知道这两者之间有差别，而且能准确地知道这一差别的程度。这一测量水平称为等距测量。

最后，物体和人的高度还可以用一个有绝对零点的量尺来测量。虽然在社会和行为科学中用这一测量水平会有一些问题，但它有它的优势，这在本章的后面会介绍到。这一测量水平称为比率测量。

在关于测量水平所有的观念中需要记住三点：

1. 在任何研究设计中，变量的结果适用于这四种测量水平的任何一种，当然关键是变量是怎样被测量的。
2. 某个测量水平（例如称名测量）所具有的属性也是更高的测量水平所具有的属性。也就是说，顺序变量包含称名变量的属性。同样，等距变量也包含称名和顺序变量的属性。比如卢 60 英寸高而琳达 54 英寸高（等距或比率测量），卢比琳达高（顺序测量），而卢和琳达不一样高（称名测量）。
3. 测量水平越精确（或越高）测量过程就会越准确，你就越能测出你所感兴趣的东西的真实结果。

称名水平的变量本质上是类别的。

接下来是对各个测量水平更详尽的讨论，包括其例子和应用。表 5－2 总结了这四个水平以及对和不对的说法。

表 5－2　不同的测量水平以及它们的一些属性

水平	属性	例子	对的说法	不对的说法
称名（类别）	指定标签	• 性别（男和女） • 偏好（喜欢和不喜欢） • 投票（支持和反对）	每一个观察结果都有它自己的类别	某一观察结果好过或逊于另一结果
顺序（类别和排序）	根据某些潜在的维度来指定值	• 大学的排名 • 短跑比赛的名次	一个观察结果大于或小于另一个结果	一个变量的值大于或小于另一变量的值
等距（类别、排序和相等的间距）	点和点之间有相等的间距	• 正确拼写单词的数量 • 智力测验的成绩 • 温度	在一个有相同间距的测量中的分数的差异	数量的差异反映所研究的变量之间的绝对的差异

续前表

水平	属性	例子	对的说法	不对的说法
比率（类别、排序，以及相等的间距和一个绝对零点）	有意义的绝对零点	• 年龄 • 重量 • 时间	一个值是另一个值的两倍或某一变量的量可以是零	无

称名测量

85

Nominal level of measurement（**称名测量**）中的 nominal 来自拉丁语 nomin（名字），用来描述那些属于自然范畴，在质上而不是在量上有差别的变量。也就是，你所测量的变量要能描绘你的观察结果的特性，以便于你能将其归于某一类而且是仅仅这一类。这些类别可以根据你的需要来标记。所有称名测量都是定性的。

例如，头发的颜色（金色、红色、黑色）和党派（共和党、民主党、独立党）等都是称名变量的例子，甚至数字也可用来衡量称名变量，尽管这些数字本身没有意义。指定男为组 1 而女为组 2 以及给所有橄榄球赛的前锋运动员的球衣上分别写上 40 到 50 中的一个数字，这些都是称名或类别测量的例子。这个数字没有内在的意义，但它是用来区分测量项目的一个标记。

有一个用称名变量来做研究的例子是这样的：检验两个基于学校的研究项目哪一个更有效，这两个项目都试图促进患有严重精神疾病的儿童与正常儿童之间的交流与融合（Cole et al.，1987）。这里的称名变量就是参加研究的儿童所归入的项目的类型：特殊朋友项目还是同辈指导者项目。他们只能参加这两个项目中的一个，而不能两个都参加。研究者检验在所参加的不同的项目中，正常儿童和不正常儿童的交流有怎样的不同。从其自由活动和训练环节中可以检验儿童的社会交往在两个研究项目中的差异。

关于称名测量有几条需要记住：第一，各个类别是彼此独立的。一个观察结果不能同时属于两个类别。你不能同时属于犹太教徒和天主教徒（就算你庆祝光明节也过圣诞节）。第二，如果数字被用来赋值，它们除了用于类别之外没有别的意义。你不能简单地说在蓝组的个体比在红组的个体智商高或低。

顺序测量

顺序测量（ordinal level of measurement）用来描述那些可以根据某一连续体来排序的变量，这些值不仅可以归入某一类而且可以对它们进行排序。正因为如此，顺序测量中的变量常常是指各种结果的排序，即使只有两个类别，比如大和小。

举例来说，当测量身高时，高和矮是两个可能的结果。这一测量是顺序的，因为它反映了身高这一连续体的等级。你在你高中毕业班的名次可能是根据年级平均绩点（GPA）得到的。你可能是 300 人中的第 1 名也可能是第 150 名。你会发现除了你与其他人的相对位置外你根本不知道有关 GPA 的任何信息。你可能在 300 人中排第 1 名，你的 GPA 是 3.75；你也可能在 300 人中排第 150 名，而你的 GPA 却是 3.90。

> 顺序变量反映等级。

从高和矮或第 1 名和第 150 名中，你不能得到任何关于某一个体有多高、多矮或有多聪明的信息，因为顺序量表不包含这些信息。但如果唐娜比琼矮，而琼又比莱尼矮，那么你就可以知道唐娜也肯定比莱尼矮。因此虽然无法得出绝对的判断（莱尼比唐娜高多少），相对的判断还是可以得出的。你可以指定值优异的毕业成绩或非常优异的成绩和最优异的成绩来进一步对以优异的成绩毕业的学生进行区分。这一量表本质上就是顺序的。

等距测量

等距变量各点之间有相同的间距。

Interval level of measurement（**等距测量**）中的interval来自拉丁语intervalum（意思是墙与墙之间的距离），它是用来描述在变量之间有相等的距离（就像罗马士兵建的墙一样）。等距变量允许我们根据在顺序测量中提到的同一个连续体来判定点与点之间的不同。

例如，30℃和40℃之间的差距和70℃和80℃之间的差距是相同的，都是有10℃的温差。同样，如果在单词拼写测验中，你拼对了20个单词而另一个人拼对了10个，那么你就可以精确地说你比别人多拼对10个单词。也就是说，一级就是一级，一个正确的拼写就是一个正确的拼写。

由韦格菲尔德和艾克尔斯（A. Wigfield & J. Eccles，1989）做的一个关于用来测量小学和中学学生焦虑的量表的回顾阐明了像焦虑这样的概念如何用等距变量来测量。例如，儿童焦虑量表（Sarasm，1959）是一个由30道题目组成的量表，该量表对焦虑的各方面进行整体的测量。例如这个题目：

> 如果你没去学校并落下了一些功课，你会担心当你回到学校时你落在其他同学后面吗？

在这一被广泛用于测量焦虑概念的量表中，像这样的题目就能对儿童的焦虑程度做出一个准确的测量。

为了比较等距和顺序量表，我们来看一下年龄变量，其年龄等级排列如下：

最年老————|————|————|————|————|————最年轻

比尔　哈里特　约书亚　蕾切尔　杰西卡

86

我们知道比尔比哈里特大，但不知道大多少。他可以比哈里特大2岁，哈里特可以比约书亚大20岁。等距量表能告诉我们这一差距而顺序量表却不能。简而言之，用等距量表我们可以知道某一连续体上的点与点之间的差距（比尔、哈里特、约书亚、蕾切尔、杰西卡之间准确的年龄差距），但用顺序量表却不能。

尽管等距量表比称名和顺序量表更为精确而且能传递更多的信息，但在怎样解释量表所测得的值的时候需要谨慎。80℃比70℃高10℃，40℃比30℃也高10℃，但是这两个10℃是大不相同的，80℃和70℃之间相差的这10℃可能会使水凉一点，但40℃和30℃之间相差的这10℃可能会使水结冰。相似地，仅仅因为你比别的同学多拼对10个单词并不能代表你可以拼对别人的两倍（2×10），因为我们并不知道这20个单词的难度或者是否这20个单词是所有拼写的单词的一个代表性样本。最重要的是，如果你一个单词都没有拼对，难道那就代表你没有拼写能力吗？显然不是，它仅仅说明在这一测验中你做得不是很好而已。

比率测量

Ratio level of measurement（**比率测量**）中的ratio在拉丁语中意思是计算，用来描述在其值之间有相等的间距并且有一个绝对零点的变量。用最简单的术语来说，这表示某一变量的值可以为0，或者这一变量或特性可以真的不存在。

比率变量有一个绝对零点。

例如，一个提高学生教室内的亲社会行为的方法的研究（Solomon et al.，1988）采用行为标签来测量学生的亲社会行为。这一长达五年的研究主要测量了五个方面的行为：合作、纪律、理解社会、亲社会价值观和助人。研究者花费了很多时间来开发一种与所测量的行为类型相一致（或可靠，我们将在后面说到）的系统。他们编制的这一量表是比率量表因为它有一个绝对零点。我们可以很容易地想到一个儿童可能没有任何的亲社会行为（如前面研究中所定义的）。

这确实是一个有意思的测量水平，到目前为止它是最精确的。斯科特（8 岁）的年龄是艾琳（4 岁）年龄的两倍，即便不是最精确的，但也可以说是反映变量差异的非常准确的方式了。我们可以说运用 A 方法的反应时是运用 B 方法的反应时的 1.5 倍，而不仅仅只是说 B 方法的反应时更快（顺序），或 B 方法的反应时比 A 方法的反应时快 10 秒（等距）。

说这一测量是这四个水平的测量中最有趣的一个还有别的原因。首先，零值并不是人为设定的。例如，你可能认为温度（摄氏温度）有一个零点它就是比率变量。但实际上，虽然它确实有一个零点，但这一个零点是人为设定的。0℃并不能代表分子之间没有碰撞而产生热量（温度的定义）。但实际上开氏温度表确实有一个理论上的绝对零点（大约−275℃），这一温度下没有分子活动，这是一个绝对零点或者什么都测不到（分子活动）。

连续变量和离散变量

在我们学习研究过程中的研究假设及其重要性的内容之前，我们还要进行另外一个辨别。

你已经知道，变量可以有很多不同的形式而且变量之间可以有不同类型的差异。这其中的一种差异就是看该变量是连续的还是类别的（或离散的）。

连续变量（continuous variable）是在某一连续体上，可以是任何一个值的变量。例如，高度就是一个连续变量，因为所测量的高度可以是 64.3 英尺、64.31 英尺或 67.000 324 英尺。

离散变量（discrete or categorical variable）就是那些只能被归入某一有明确界限的类别中的变量。例如：性别就是一个离散变量，它包括男和女两个类别；车的品牌也是离散变量，可能包含沃尔沃、雪佛兰和土星等品牌。你可能也注意到，离散变量的值只能是相互独立的。例如，你的研究中的被试不是男就是女。而且，离散变量本质上是称名变量。

关于连续-离散变量有很重要的一点需要记住：变量的类型是由变量本身的真实特性决定的，而不是我们人为设定的。我们可以说人有高个儿和矮个儿，但从 0 到无穷大是高度这一变量本身的真实特性。

87 **麻烦的是什么呢？**

让我们实际一点。在一个调查研究中，人们都想尽可能精确地测量他们所感兴趣的变量。你不能单单因为 A 组的仰卧起坐的平均个数是 75 而 B 组是 100，就说 A 组比 B 组弱。信息越多就越能增加你的结论的有力程度和它的普遍用处。

有时候你可能会被那些可用的信息的数量限制住。例如，你想研究成年人的年龄和力量之间的关系，但你只知道某一被试是属于哪一组（强壮的或不强壮的），而不知道他力量的分数，你怎么办呢？这样的限制是你实际当中做研究的约束之一，你也只能凑合着去使用你所据有的信息，这些限制也使得研究具有创造性的一面：最大化地利用已有的信息来定义你的变量。

我们看到的行为和社会科学中的大部分变量是哪一水平的呢？可能是称名和顺序，但大部分的测验得分（如成就测验得分）都是等距水平的数据。有一个很大的问题需要注意：是否像智力和人格这样的测验就能提供任何顺序测量所不能提供的信息呢？

一个智商为110的儿童不是比一个智商100的儿童聪明10分，而是可能仅仅是多10分而已。相似地，克里斯喜欢A包装的巧克力条的程度是B包装的两倍，但是他不一定就喜欢两倍那么多。

在这里面有一点很重要：你选择怎样来测量决定了结果的测量水平。"两倍"用于一个比率水平的变量，而克里斯喜欢A包装巧克力条的程度其本质上是有关态度和顺序的。

大部分研究者会贸然地将顺序变量（比如人格测验上的分数）看作等距变量，但只要记住其间距可能是不相等的也没问题。当他们对数据进行解释时必须考虑到这种不相等。

还需要记住的是斯蒂文斯的测量水平的类型论并非无可争论。在这50年里，围绕着这一方法论，各种关于这一理论的实用性以及它能否真实反映研究者所要测量的真实世界的程度的问题此起彼伏（Vellman & Wilkinson，1993）。

这些批评主要集中在某一变量可能不一定属于这四种类别中的任何一种，但仍然很有价值。例如，智力在本质上不是比率水平的（没有人没有智力），但在现实生活的应用上它确实超越了等距水平。也就是说，这种分类法可能太苛刻了以至于不能适用于真实世界的数据。这个世界上有那么多的东西需要研究，这四种水平只是最初的分类，并不是一定要严格遵循的准绳。

自我测试

用某些测验分数或其他结果来衡量的信息精确性和测量水平之间是什么关系？

信度和效度：为什么它们非常重要

你在路上驾驶着一辆看上去很有吸引力的车，但是如果车的轮胎失去了平衡，你可能会无法正常操纵和驾驶。因此，轮胎是至关重要的。

高水平的信效度是一个好的测验的重要属性。

相似地，你可能有一个定义得非常好的而且极具想象力的研究问题，并且有清晰明了的研究假设，但是如果你用来测量你想要研究的行为的工具是有问题的，你的研究计划就不会成功。测量工具的信度（一致性）和效度（测得事物本身特性的程度）是非常重要的，因为没有这些属性，你就不能正确地接受或拒绝你的研究假设。

例如，你要研究特殊的训练计划对轻度智力落后的儿童的口头表达技巧的影响，而你所运用的测验的信效度是有问题的。那么就算这一训练确实很有效，并且使接受了这一训练和没有接受训练的两组在口头表达技巧上有很大的差异，但由于你用来评估口头表达技巧的工具不可靠也不够精密，儿童口语行为的变化依然没有被测出来。因此，不管这一训练多有效（或你的假设有多可靠），你在研究结果里会看不到任何的变化。

知道了以上这些之后请记住：测量工具必须是可靠而且有效的，否则你可能永远都不知道你所拒绝的研究假设可能是正确的。

信度和效度是摒除错误结论的第一道防线。如果测验工具是有问题的，那么用这一工具所获得的信息也都是不正确的。下面我们将详细讨论一下信度和效度，它们是什么以及它们有什么作用。

88

信度的定义

我们首先来看一下可靠（reliable）的一些同义词，例如可依赖（dependable）、一致（consistent）、稳定（stable）、值得信赖（trustworthy）、可预知（predictable）、可信（faithful）等。如果某一事物是可靠的，那么它在过去和将来的表现应该是一致的。**信度**（reliability）就是对某一事物进行多次测验，其测验结果的稳定程度。

> 信度是由一个观测值和一个真分数组成的。

你可以用上面所列出的任何一个同义词作为信度的起始定义，但首先必须要理解信度背后的理论。下面让我们从头说起。

说到信度就会说到分数。对于任何一个人所得到的关于任何一个变量的成绩中都包含一个由三个明确定义的部分组成的分数，如图 5－1 所示。

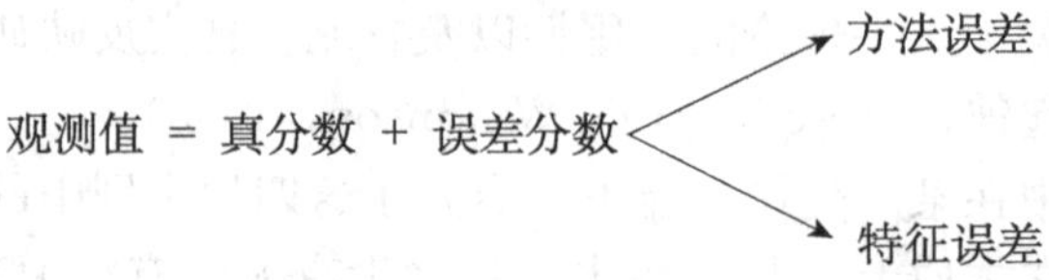

图 5－1　信度的组成部分

观测值（observed score）是真实记录或观测到的分数。它是某一测验中答对单词的数量、记住音节的数量、阅读四段短文所花费的时间或者是做出某一反应的时间。它可能是研究中的因变量或者是其他需要测量的变量。每一个观测值都包含两个部分：真分数和误差分数（见图 5－1）。

> 哪怕尽我们所能，对于任何变量或属性，我们也不可能设计出一个能得到真分数的测验。

真分数（true score）是在没有其他无关变量影响的情况下对某一变量真实值的反映。也就是说，对每一个人来说，他在某一变量上的真分数只有一个。经过重复测量后，某一变量可能有多个值（测量中的误差我们稍后讲到），但只有一个是真实的。实际上真分数是无法得到的。为什么呢？第一，因为大部分的变量，如记忆、智力和攻击性都不能被直接测量。第二，因为测量过程是不完美的。

然而，测量过程中总是假定有一个真分数存在。例如，像智力这样的变量，每个人都有一个可以准确（理论上）地反映其真实智力水平的真分数。如果通过某种神奇的方式得出你的智力的真分数为 110，而你做一次智力测验得到的观测值是 113，那么这个测验就高估了你的智商。真分数只是理论上的一个概念，在实际测量中是无法得到的。

但是一个人身高的真分数如何？随着时间改变不多，是吗？有很小的误差，所以多数测量高度的方式都是长期可信的。

误差分数（error score）是造成真分数和观测值产生差异的各种因素的综合。例如，迈克在 100 个单词拼写测验中答对了 85 个。难道这就意味着迈克在任何时候做任何拼写测验时都能答对 85%吗？当然不是，这只说明了在这一天做的这一测验中迈克答对 85%，也许明天做另一个包含 100 个单词的拼写测验时，他可能答对 87 个、90 个甚至 100 个。但如果他真实的拼写能力能够被测量，那么也许是 88 个。为什么他的真分数（88）和观测值（87）会有不同呢？两个字，误差。什么样的误差呢？接下来讨论。

可能是迈克没有好好学习，可能是他感觉不是很好，可能是他没有听清老师说的每一个词，也可能是告诉他把单词写在测验的什么地方的指导语不够清楚，还有可能是他的铅笔断掉了……所有这些都是造成误差的原因。

对于任何一个变量重复测量所得的分数几乎都是各不相同的。因为所测量的变量的特性时时刻刻都在变，而且测量的方式也在变（即使变化很小），还不够完美（任何一种测量工具都达不到这点）。

误差分数是由什么组成的？　从图 5－1 可以看出误差分数是由两部分组成的。这可以帮助我们了解为什么真分数和观测值不同。

误差分数的第一个组成部分是**方法误差**（method error）。使真分数和观测值之间产生差异的是测验情景。例如你要参加一次心理学导论的考试。你学得很好，也认真复习了，而且也对考试材料很清楚。但当你开始考试时，发现有匹配题（A 栏中的哪一个与 B 栏中的相匹配）和填空题，可你所期望的题型是选择题。除此之外，说明如何完成匹配题的指导语也不清楚。本应该在这一测验中发挥得很好（或得分尽可能接近你的真分数），但实际上你的得分却很低，导致这种结果的误差就是方法误差——指导语不清楚等等。

特征误差和方法误差都会使测验的信度降低。 89

第二种误差是**特征误差**（trait error）。这里造成真分数和观测值不同的是参加测验的被试的特征。例如，忘戴带眼镜而看不清问题，没有好好学习或者你根本就不明白材料说的是什么。这种使真分数（没有别的干扰时你真正所了解的）和在测验中得到的分数（观测值）不同的原因就是特征误差。

表 5－3 列出了测验情景等这些影响测验分数的误差的主要来源。影响因素的种类越多，测验的结果就越不准确。也就是，影响的因素越多，观测值就越不可能接近终极目标——真分数。

表 5－3　信度测量中误差的来源

误差来源	例子
个体的一般特性	• 能力水平 • 应试技巧 • 理解指导语的能力
个体的持久特性	• 与所测内容相关的能力水平 • 应对某一类型题目的技巧
个体临时的状况	• 健康状况 • 疲劳 • 动机 • 情绪紧张 • 测验环境
影响测验实施的因素	• 测验实施的情境 • 主试和被试之间的交互作用 • 评分偏差
其他因素	• 运气（没开玩笑！） • 迷信

误差可能来源于测量方法也可能来源于个人的特性。

误差是怎样影响信度的呢？很简单，一个测验工具得到的分数与真分数越接近，这一工具的信度就越高。怎样才能接近真分数呢？可以通过减少在图 5－1 阐述的等式中的误差分数部分来达到。信度就如图 5－2 所表示的那个比例一样。

$$信度=\frac{真分数}{真分数+误差分数}$$

图 5－2　信度的概念基础：真分数除以真分数与误差分数之和

从等式的结果中可以看出，误差分数越小，信度就越大，而且越来越接近 1。在一个完美的情境中，如果没有误差，信度就是 1，因为真分数和观测值将是一样的。同样，如果误差分数变大，信度将会减小，因为你观测的分数中就会有越多的是由不可准确预测的因素造成的：变相地增大了特征或方法误差。

观测值的组成部分有什么及其中哪一个可以改变这一问题使我们来到了下一个话题，即如何提高信度。

如何提高信度

根据到目前为止我们所知道的，可以看出信度是与真分数和测验误差紧密联系的。如果真分数固定（大部分是如此），误差分数越高，信度就越低。因此，如果想要有一个可信的测量工具就必须降低其误差。因为真分数是不能改变的，所以只有通过尽可能地减少可以控制的外在因素造成的误差来提高信度（如确保指导语是清晰的，多带一支铅笔以防万一，确保做测验的房间是舒服的）。另外也需要努力减少特征误差（让被试有一个好的睡眠，被试感觉不好时可先停止测验，等等）。

下面将介绍一些提高信度的重要方法：

1. 增加题目或观测值的数量。所要测量的行为样本越大，这一样本就越有代表性而且越可靠。
2. 剔除表达不清的题目。一个题目如果表达不清楚（不管是什么原因），那么不管其他条件有多好结果都是不可靠的，被试可能每次做出的反应都会不同。
3. 实施测验的环境要标准化。如果一个小学四年级的学生皮克尼在做某个成就测验，而窗外的扫雪机却在嗡嗡响或者教室的温度很高，那么在这种情境下肯定会影响其测验成绩（与在环境优美静谧的小学做的测验相比），从而也会影响其信度。
4. 90 测验的难度要适中。太难或太简单的测验都不能准确反映一个人的真实成绩。
5. 减少外部事件的影响。如果一个特殊的事件（如春假、和平条约的签订、专业课教授的退休等）与测验的时间很接近，就需要推迟测验，这些特殊事件很可能会影响到测验的成绩。
6. 测验工具要标准化。一个教室中的比尔和另一个教室中的凯利应该阅读相同的指导语，而且需要在完全相同的条件下参加测验。
7. 评分方法要一致。批阅过包含大量问答题的试卷的人应该知道，批阅第一份试卷和批阅最后一份试卷是非常不同的。因此在评分过程中要尽量地保持一致，即使意味着在一栏中使用分数，在另一栏中使用评级。

怎样测量信度

科学家都喜欢数字，这并不奇怪。有一个非常有用而且容易理解的统计概念叫相关（和相关的测量，即**相关系数**［correlation coefficient］），可被用于信度的测量。相关系数将在第9章进一步介绍。相关用一个数值来表达，用小写字母 r 来表示。例如，测验1和测验2之间的相关可以表示为

$$r_{\text{测验1}\cdot\text{测验2}}$$

就是对测验1和测验2上得到的分数彼此求相关。

现在需要知道的是，多次测验（不同测验）的分数越相近相关越高，信度就越大。记住，信度是某一测验工具的信度而不是指某一个体的信度。

> 信度通常通过值之间的相关系数反映出来。

例如，有一种检验某一测验信度的方式就是，先给一组被试做一个测验，四个月后再给该组被试做同样的测验，然后就可收集到该组被试的两组数据。

得到这两组数据之后，有可能每个人第一次测验成绩都大于第二次测验的成绩，或第一次都小于第二次测验的成绩。也就是说，当分数都朝着一个方向变化而且变化非常相似时，那么相关就越高，信度就越大。

但是如果被试的第一次测验成绩很高而第二次测验成绩很低或者相反，那是怎么回事呢？这就说明该测验的信度可能不高，甚至信度会很低。因为其前后测验结果没有一致性。一般说来，如果第一次测验与第二次测验有相对一致的方向（如第一次测验分数高，第二次也高），那么该测验的信度就应该比较高。

信度系数（reliability coefficient，与相关系数大致相同）在－1.00 和＋1.00 之间变化。如果为 1.00 则说明信度很高，也就是在测验过程中没有任何误差。如果为 0.00 或小于 0 则说明信度很低。在后面第 6 章将讲到的大部分研究中所应用的测验其信度一般在 0.80 到 0.90 之间，这样才能说明一个测验是可靠的。

信度的类型

信度是一个概念，但也是一个用来说明某一测量工具或测试有多稳定和可靠的标准。信度有多种类型但每种都有不同的用处。下面将讨论一下不同类型的信度以及它们的应用，表 5－4 是所有信息的总结概括和比较。

表 5－4　用于不同目的的信度的不同类型

信度类型	是什么	怎样做	信度系数
重测信度	测验的稳定性	在前后两个时间对同一组被试实施相同的测验	$r_{测验1\cdot测验2}$
复本信度	测验的等价性	给同一组被试施测两个同一测验不同形式的复本	$r_{复本1\cdot复本2}$
评分者信度	测验评分者之间的一致性	让两个评分者评分，看他们之间评价的一致性	一致的百分比
内部一致性信度	测量同一概念的各个题目之间的一致性	求每个题目的得分与总分之间的相关	克伦巴赫 α 系数 库德-理查德逊系数

注意，不管用哪种类型的信度，它都是在你检验研究假设之前必须确认的一种属性。

不同类型的信度用于不同目的。然而，不论你使用何种类型的评估工具，在你检验假设前，信度都是必须得到确定的基本属性。

> **自我测试**
>
> 简单地说明什么是信度及为什么它非常重要？

重测信度　在本节开始时提到的信度的同义词有一致性和稳定性。**重测信度**（test-retest reliability）就是用来说明一个测验随着时间的变化有多稳定。也就是说，如果你在某一时间做了一个测验，过一段时间之后再做该测验，这两次测验的分数会一致吗？杰克第一次测验所得的分数和第二次测验所得的分数相对于其他被试来说是相同的还是不同的呢？

> 重测信度反映随时间的变化测验的稳定性。

重测信度的一个很重要的影响因素就是两次测验间所间隔的时间长短。例如，如果要测量青少年在他们进入大学第一年的社会交往的变化，要测量他们九月份和五月份的社会交往情况，就需要知道所采用的测验的重测信度如何。为了确定这一点，就要测量同一组被试在第一次测验（九月份）和第二次测验（五月份）所得分数的相关。因为你对两个周内的社会交往的变化并不感兴趣，所以确定短时间内的重测信度对于本研究来说是没有意义的。

复本信度　第二种信度是**复本信度**（parallel-forms reliability）或等价信度。这种信度是让同一组被试做同一测验的不同形式的复本，然后求这两组数据的相关。如果这一相关非常显著就说明这一相关在很大程度上是由两个复本造成的，而不是由某些偶然因素造成的。

> 复本信度反映复本之间的一致性。

当你想要知道你所拥有的关于同一测验的两个复本是不是等价时，就需要确定该测验的复本信度。最普遍的例子就是，当你需要在较短时间内施测同一内容的两个测验而又不想受到练习效应的影响时，就需要运用复本信度。

例如，研究短时记忆，首先给被试读一连串的单词，然后让被试在两分钟后复述。需要连续七天重复着同一测验，但每次所用的单词表（含10个单词）都应该是不同的。否则，到最后一天被试肯定会因为前些天的重复而记住了大部分的单词。那么该测验就很难测出其短时记忆了。因此，需要编制几组彼此等价的单词表，如果确定了这几组单词是彼此平行的复本，那么测试时每天用一组不同的词就可以使第一天的测验结果与第二天的是等价的。

评分者信度　重测信度是用来测量某一测验随时间的变化是否一致，复本信度是用来测量复本间是否一致，还有一种类型的信度是**评分者信度**（inter-rater reliability）。

> 评分者信度是通过比率来反映评分者之间的一致性。

评分者信度就是测量不同的评分者之间评分的一致性，而不是时间与时间、复本与复本之间的一致性。例如，要设计一个研究来测量学前儿童的攻击性。那么作为该研究的一部分就需要首先训练同事能够准确地收集数据。还要开发一个包含不同行为的学前儿童行为评定表。1到5分别代表五种不同的行为，如表5-5所示。

表5-5　行为分类

行为	代码	定义
说话	1	和别的儿童的言语交流
自己玩	2	自己一个人玩，与别人没有交流
和别人玩	3	在各种活动中与别的儿童一起玩
打架1	4	先动手打别人
打架2	5	被别人激怒后打别人

虽然类别能够用来客观地记录频次，但这里信度对于任何一种测量而言都是同样重要的。

92 如表所示，代码1的行为标记为说话，它被定义为与别的儿童的言语交流。代码4的行为标记为打架1，定义为没有任何预兆的首先动手打人。这很容易理解，看起来也非常清楚而且容易操作。但是谁又能保证就算定义得很好，史蒂文和安德里亚（两个评分者）就能对他们所观测的被试的行为进行一致的分类呢？

如果史蒂文看到吉尔打伊丽莎白而将其归到行为4，而安德里亚因为看到是伊丽莎白先打的吉尔，然后吉尔才还的手，所以将其归入行为5，这样就有麻烦了。评分者要能够对行为进行评定，并且能够将同样的行为归入相同的类别。

为了保证评分者能够保持一致，就需要确定评分者信度。可以先让评分者对各种行为的频次进行记录然后计算相一致的百分比来确定其评分者信度。例如，通过让史蒂文和安德里亚记录儿童每10秒做出各种行为的次数，来训练他们对行为评定表的使用。他们的记录结果如表5-6所示。

表 5－6　　训练前和训练后的评分者信度

训练前																				
时段	1	2	3	4	5	6	7	8	9	10	11	12	13	14	15	16	17	18	19	20
安德里亚	5	5	4	5	5	3	4	2	3	2	2	3	3	3	5	3	3	4	3	4
史蒂文	4	5	4	4	5	3	5	2	3	2	2	3	3	3	4	3	3	5	3	4
训练后																				
时段	1	2	3	4	5	6	7	8	9	10	11	12	13	14	15	16	17	18	19	20
安德里亚	5	5	4	5	5	3	5	2	3	2	2	3	3	3	5	3	3	5	3	4
史蒂文	4	5	4	4	5	3	5	2	3	2	2	3	3	3	5	3	3	5	3	4

为了计算评分者信度，用他们评价一致的次数除以这一时间内所记录的总次数（20 次）。训练前，评分者信度为 15（相一致的次数）除以 20（可能相一致的次数），结果为 0.75，而训练后的信度则提高为 0.9。

训练的要素都有哪些呢？首先要检验一下是否在分类上存在问题，确定一下行为的定义，和评分者讨论各种行为归类的例子。在表 5－6 中可以看出，行为 4 和行为 5 的记录上有很多分歧。这两个都是记录打架行为的，评分者所做的任何评定的差异在这里都应当要弄清楚。

评分者信度如果很低是很严重的问题，如果评分者有 20%的发生事件记错了，那么就意味着你的数据中有 20%是错的，这样可能会使你的研究出现问题。

内部一致性信度　虽然**内部一致性信度**（internal consistency）是信度中较少需要确立的，但作为初学者需要了解。内部一致性信度是用来检测一个测验中的项目之间的一致程度。

> 内部一致性信度检验用来反应同一特质的一系列题目之间的单维性。

例如，如果施测一个由 100 道题目组成的人格测验，那么我们当然希望测验中的每一道题目都是彼此相关的，因为该测验所依据的模型和理论决定了这 100 道题目中的任何一道都反映了相同的基本人格概念。

另外，如果所给出的由 100 道题目组成的测验包含 5 个不同的分量表，每个量表有 20 道题目，就需要确定每个分量表中的这 20 道题目之间是否有较好的一致性，而不是与其他四个分量表比较。若如此，就具有内部一致性。

内部一致性信度是通过对测验中的每道题目的得分与该测验的总分求相关来评估的，得出的相关系数就是信度系数。最常用的统计指标有克伦巴赫 α 系数和库德-理查德逊系数。

一个确定信度的例子

布罗斯研究所的《布罗斯心理测量年鉴》（*Buros Mental Measurements Yearbook*）是一个查找信度研究的最好的来源之一（可以在图书馆或登录 http：//www.unl.edu/ 93
并搜索“Buros”找到这本书的相关信息），它对当前可用的测验进行了纲要性总结和评述。确定信度的方法作为这些评述中的一部分经常被研究和讨论。

例如，多维能力倾向成套测验第二版就是由 5 个言语量表和 5 个操作量表组成的一个客观地测量成年人一般能力倾向的测验。这一测验的编制者计算了该测验的多种信度，其中包括重测信度，5 个言语量表的信度分别是从 0.83 到 0.97，操作量表的信度是从 0.87 到 0.94。他们还计算了该测验的其他信度以说明不同分量表的内在一致性和单维性（像内部一致性信度），以此来评估对一种能力的测量一致性。尽管信度研究的结果对我们来说不是特别重要（但对测验开发者很重要），但它们为测验的使用者提供了他们需要知道的关键的信息以及该测验可用性的信息。

自我测试

信度是一个好测验的标志。为什么它如此重要？请描述一个确定信度的方法。

效度

在本章开始我们就提到了一个好的测验的两个重要的属性。第一个是可靠，前面已经讨论过，第二个就是有效——测验能测出它们所要测量的东西。

效度的定义

还记得一致性、稳定性和可预知性是信度的同义词吗？**效度**（validity）也有同义词，如如实性、精确性和真实性等都是效度的同义词。这些词说明了效度是什么，就是你所用的某一测量工具真正测出你所要测量的东西的程度。

当看到效度时，我们要想到效度的定义及三个重要的方面，记住测验工具的效度通常是在该测验使用的背景下定义，下面是有关效度的三个重要方面：

1. 效度是说明一个测验结果的效度而不是某个测验的效度。例如一个测量社会技能的 ABC 测验，如果该测验结果对于测青少年的社会交往是有效的，那么我们所说的效度就只是相对于该测验结果来说的。
2. 就像信度一样（尽管效度不易量化），效度也并不是全或无的问题。不能说一个测验结果是有效度或没有效度，而是效度有多高或多低。
3. 一个测验结果的效度必须在该测验实施的环境下解释。否则，所有的测验结果只要改一下测验的名字就可以从低效度变为高效度。例如，一个由 100 道题目组成的测验中的一道题目是：

   2＋2＝？

我们大多数人应该知道，这道题目用来测量加法技巧是有效的，但我们如果将这道题目用于测量一个人的乘法技巧，那么此道题目就失去了效度。

我们应该对测验的效度进行检查，看该测验是否侧重于研究结果以及测验的结果是否能够在测验目的这一背景下被理解。

就像信度一样，在研究活动中效度也有多种类型。当需要选择测量工具来测量你所感兴趣的因变量时，我们就需要对效度进行考虑。表 5－7 总结了各种类型的效度以及怎样对其进行确定。

表 5－7　效度的类型

效度类型	是什么	怎样确定
内容效度	测验中的题目对所测总体的代表性	请专家鉴定你的题目是否真正测量了你所要测量的东西
效标效度		
同时效度	一个测验对效标的估计程度	选择一个效标，求测验分数与当前的所选的校标的相关
预测效度	一个测验对校标的预测程度	求测验分数与将来收集到的效标之间的相关

续前表

效度类型	是什么	怎样确定
结构效度	说明一个测验对某一潜在的概念的结构的评价程度	评估测验所依据的理论结构并对所研究的测验结果与其他测验分数求相关

效度的类型

有三种类型的效度，每种都是用来确定某一测验结果或测验工具的可靠性。

内容效度 最简单明了的效度就是**内容效度**（content validity）。内容效度说明一个测验在何种程度上代表了测试项目的总体，在对成就测验的有用性和对有关某一特定领域的题目样本进行评估时内容效度是很有用的。 94

一个测验的内容效度通常通过专家评定来确定。

为什么只是一部分样本呢？因为要写出所有的相关题目是不可能的，那是一项非常庞大的任务！想象一下要编制出所有与心理学导论的内容相关的所有可能的多项选择题，那么只一章例如人格、知觉就可能有一百万个题目需要编写，光想象一下这一巨大的工程就觉得要累死了！所以我们要从所有可能的题目中选出一部分的样本。

回到现实生活，如果你正在研究八年级的历史，某一单元讲的是几个著名的欧洲探险者的旅行并发现了北美洲。如果想要编制一个有关这一时期的测验，并且确定这一测验中各个问题的效度，就需要将这些测验题目给一个精通美国早期历史的专家看并问他："这些题目是否能基本上代表美国早期历史的有关内容？"这里你所要知道的就是你所编制的测验是否涵盖了所要涵盖的内容。

如果你的问题是有效的，那么用包含这些问题的这一测验来测量八年级的学生对美国早期历史的掌握情况就是有效的。这就是内容效度。

效标效度 **效标效度**（criterion validity）包含两种：第一种用以说明一个测验对当前绩效估计的有效程度，这叫**同时效度**（concurrent validity）；第二种用以说明一个测验对将来绩效的预测程度，这叫**预测效度**（predictive validity）。效标效度就是检验某一测验的测验结果与效标的相关程度。关于这种效度的一种假定就是与测验相比较的这一效标有一些能够测量某些特性的内在标准。效标效度经常用来评价能力测验（当前能力）的效度和能力倾向测验（潜在能力）的效度。如果这样说还是不是很明白的话，那么有关效标效度的一个重要的东西就是效标的应用。

在这两种效标效度中，效标就是一种验证标准。例如，我们想要调查研究生毕业成绩在预测哪个学生能在临床心理学项目中成为一名优秀的研究者方面的有效性。为此，就需要收集一些优秀研究者作为样本（根据他们在过去的 20 年内发表的期刊论文的数量）。然后，我们来看一下这些研究者的毕业成绩是否能预测他们能否成为一名优秀研究者。我们也收集一个不优秀研究者的样本（没有发表过任何论文）来看看他们的毕业成绩是否能很好地预测他们是优秀的还是不优秀的。这样，如果毕业成绩能够预测研究者将来的表现（效标），毕业成绩（测验）就有较高的预测效度（研究者是否能够成功）。

这看起来很简单明了，但是谁来判断效标的价值和本质呢？发表的论文数量就能说明做研究做得好吗？如果一个研究者的 90%的论文都发表在对论文的拒绝率只有 50%的杂志上，而另一个人只在一份论文拒绝率为 90%的杂志上发表过一篇文章，这该怎么选择呢？再者，如果这一篇论文对该学科的研究方向有重要而深远的影响呢？由于在研究过程中有许多其他的障碍，所以用来确定效标效度的效标必须是合理的。这样，就必须提出有力的证据来证明发表的论文的数量而不是论文质量更为重要（如果你是这么认为的）。

对于同时效度和预测效度，需要同时注意的另一个问题是测验真正要测的是什么。一种假设认为，如果对测验结果与效标求相关，相关系数是显著的，那么这一测验就有良好的效标效度。那么如果智力测验成绩与眼睛颜色、鼻子大小和头上的突起的形状有关系（这一观点称为颅相说），难道这也说明这一测验有良好的效标效度吗？如果你认为智力测验的成绩与眼睛颜色、鼻子大小和头上的突起的形状有关系，那么答案就是“是的”。别觉得好笑——科学的历史就是由这些有意义的（或没有意义的）也有可能是错误的假设和结论组成的。

结构效度　结构效度（construct validity）非常重要，是一个需要花费时间而且通常难以确定的效度类型，但这也是最需要进行确定的。为什么呢？首先，结构效度的定义是一个测验的结果对某一潜在的心理结构的说明程度。它将测验结果的实际组成部分与某些潜在的理论和行为类型建立起了联系。

95

结构效度用来检验一个测验能否反映某一潜在的理论结构。

例如，如果一个智力测验被认为有良好的结构效度，那么它就真的能测智力。那这一效度是怎样确立的呢？以智力测验为例，根据一个智力理论（它经受了审查测试和时间的考验），智力包含记忆力、理解力、逻辑思维能力、空间思维能力和推理能力等。也就是说，智力是一个由多个相关变量所组成的概念。如果根据这一理论结构来设计一系列测验题目而且要使这些题目反映这一结构的内容，那么这一测验基本上就是有良好的结构效度的。

因此，编制一个有良好结构效度的测验的第一步就是确定该测验所依据的潜在的理论结构。完成这一步可能需要多年的研究和学习，只有证明某一理论结构有良好的效度，才能根据这一理论结构来设计测验。

确定结构效度的方法有多种：

第一，像效标效度一样，可以探寻所编制的测验和某些已经被确定有很好的结构效度的测验之间的相关。其实这是一个“鸡和蛋”的问题，因为即使这样仍然需要解决结构效度最初应该怎样确定的问题。

第二，可以通过证明拥有某一特性和没有某一特性的被试在新编制的测验的得分上是有差异的来确定其具有良好的结构效度。例如，如果要编制一个测量攻击性的测验，就要比较那些被认为有攻击性的和没有攻击性的人在该测验上的差异。你会期待在其他测量中表现出更多攻击性的人会得到更高的分数（代表更高攻击性）。

第三，可以分析一下测验题目有哪些任务要求，然后看一下这些任务要求与用来编制某一测验所依据的理论是否一致。如果智力理论认为记忆力很重要，那么就要设计能够测量记忆力这一能力的题目。

一个确定效度的例子

说到智力，有一个关于三个研究者（Krohn，Lamp，& Phelps，1988）探索考夫曼儿童评估成套测验（K-ABC）的结构效度的例子。

研究者所关注的是一个非常熟悉的问题：是否一个测验对于一个群体（白人儿童）和另一群体（黑人儿童）都是有效的呢？为了回答这一问题，研究者用了最普遍的一种方法来确定其结构效度：对本测验与其他已经被确定为有效的智力测验求相关，比较的对象是斯坦福-比内量表这一测量儿童智力最常用的量表。

有这样一个问题：“既然已经有了一个广泛应用的而且人们都认为很有效的智力测验，为什么还要费力去编制另一个呢？”答案是因为K-ABC的编制者认为智力应该比以前所编制的那些智力测验所认为的包含更多的认知能力。K-ABC是用来同时测量智力和成就的测验，与斯坦福-比内量表及韦氏儿童智力量表（WISC）相比，K-ABC较少涉及文化方面。

克罗恩、兰普和菲尔普斯（Krohn，Lamp，& Phelps，1988）在一个研究中同时用K-ABC和斯坦福-比内量表来对同一组儿童进行测试，结果发现，K-ABC足以能够测量黑人学前儿童的智力。

确立结构效度的另一种方法是运用**多质多法矩阵**（multitrait-multimethod matrix），这是一种对技术要求非常高的方法。

这种技术使用多种方法测量多种特性，所预期的结果就是无论用哪种方法测试这些特性，它们彼此之间都是相关的。所以，如果用不同的测量工具测同一种特性，那么得分应该是相关的；而用相同的测量工具测量不同的特性，得分应该是不相关的。

例如，如果我们想要确定纸笔形式的测验测量儿童的冲动性的结构效度，就需要用两种方式来测量：纸笔形式的测验（我们正试图开发）和在儿童的手腕上系一个活动计。与此同时我们还要测量另一个变量，即活动水平。这样每一种特性——冲动性和活动水平都用了纸笔测验和活动计两种方式来测量，得出的矩阵图见图5-3。

		特性1 冲动性		特性2 活动水平	
		方法1 纸笔测验	方法2 活动计	方法1 纸笔测验	方法2 活动计
特性1 冲动性	方法1 纸笔测验	高	适中	低	低
	方法2 活动计	适中	高	低	低
特性2 活动水平	方法1 纸笔测验	低	低	高	适中
	方法2 活动计	低	低	适中	高

聚合效度的证据 区分效度的证据

图5-3 多质多法矩阵通过采用多种方法来测量多种特质以检验测验的结构效度

如果所编制的纸笔测验对测量冲动性是有效的，那么各种方法和特性之间的相关（高、适中和低）就应该如图5-3所示。

例如，用纸笔测验和用活动计测量的冲动性之间的相关是适中的。由于这两种测量方法是如此不同，所以我们可以认为所看到的相关都是由它们测量的是同一个概念（即冲动性）造成的。这种效度称为**聚合效度**（convergent validity），因为方法和方法之间是相容的。

同样，你会预期用于测量不同特性的方法之间是没有关系的。也就是图5-3中所 96
说的“低”。例如，用纸笔测验测得的冲动性和用活动计测得的活动水平之间的相关就会很低，因为它们之间没有什么是共同的（不管是方法还是特性）。这叫作**区分效度**（discriminant validity），因为不同的方法和特性之间是不同的。

多质多法矩阵的优点是什么呢？在确定一个测验的效度时它是很有用的，因为它是直接将已经存在的测量方法和研究过程中应用的测试进行了比较。

缺点是它需要花费大量的时间、物力、财力。但是如果必须要获得这一证据，那么既然学校已经花费了那么多又何须在乎这几千美元呢？

自我测试

至少列出多质多法矩阵在确定结构效度时的一个优点和一个缺点。然后说出另一种方法来确定结构效度。

信度和效度之间的关系

信度和效度之间的关系很简单而且很容易理解：一个测验可以是稳定但无效的，但不可以是有效而不稳定的。换句话说就是信度是效度的必要非充分条件。

一个测验可以有良好的信度但没有良好的效度，你知道为什么吗？

例如，我们回到那个包含100道题目的测验中，用先前用过的那个题目：

2+2=？

现在我们基本上可以断定这一题目是稳定的，因为在测量一个人是否会简单的加法运算时所得到的结果是一致的。但如果把这道题目作为拼写测验的一道题目呢？这个题目显然不能测试一个人的拼写能力。所以它不可能是有效的，但是没有良好的效度不代表也没有良好的信度。

这可能是一个很极端的例子，但是它真的能够说明信度和效度之间的关系。一个测验能够很可信很一致地测出某一结果，但除非这一结果能够说明所研究的问题，否则它就是无效的。

最后的思考

测量过程就像是引导研究者工作的其他内容一样都是非常重要而且相当复杂的，它是一个充满争论和新想法的领域。下面举一个例子来说明一下测量人类行为的研究是怎样产生和充满潜力的。

在一本很有威望的杂志《科学》（*Science*）上发表的一篇文章中，兰普尔、威德赫斯和约翰逊（M. Lampl，M. L. Veldhuis，& M. L. Johnson，1992）根据他们朋友报告
97 他的小宝宝的成长速度（在一夜之间长了很多）做了一个研究。医生通常一开始每个月都测量婴儿的身高和体重，而当他们长大一点后就每隔几个月测一次。这些研究就是想要知道婴儿是否真的以一个非常快的速度成长，所以他们在一个相当长的时间内对婴儿的成长进行测量，那么他们发现了什么呢？

结果非常令人震惊，有些婴儿甚至在短短的24小时内身高就增长了1英寸，那个阶段婴儿的平均身高是20英寸，这就说明婴儿有5%的增长。如果你是一个身高为平均身高（5英尺10英寸）的成年男性，而你一天增长5%大约是6英尺2英寸。而如果你是一个身高为平均身高的成年女性（5英尺4英寸），如果增长5%那你的身高就成为5英尺7英寸。

从上面的例子我们可以看出在社会和行为科学中无疑有很多我们没有注意到的现象，或者是因为我们没有能够对它们进行恰当的测量（不是有意这样做的，而是因为以前都用多种方式对它们进行测量过了），或者是因为我们做出了错误的假设（例如婴儿

的成长速度很平缓，没有明显的变化），最重要的是，研究者所知道的关于人类行为的知识最终都取决于他们怎样测量他们在研究中所感兴趣的东西。也就是说，在研究中所应用的测量技巧和所提出的问题在内容和方法上是有关系的。

你想要在你的研究过程中走捷径吗？不要这样，如果非要这样的话，别忽略测量过程中的任何东西。

最后一点思考。

有许多学生在他们还没有定义出一个可信而有效的因变量之前就着手对某些有趣的问题进行研究。也就是说，如果某一测验是不可靠的或无效的而虚无假设又被否定了，那么我们怎么知道到底是各组之间有差异还是这一测验根本就是无效的呢？如果在测验过程中用了一个不可靠的或无效的测量工具，那么几个月来的工作和努力就都白费了（即你没有学习考试所要考的内容）。

这一段话的寓意就是：研究过程中要选择一个有很好的信度和效度的测验。如果找不到这样的测验，就需要根据你的论点编制一个或者改变你所要测量的内容以便于能够确保你所要研究的问题能够以一种公平、公正的方式得以解决。

自我测试

研究者用一个不可靠的测量工具发现，对营养不良的老人进行有针对性的干预是有效的。哪里错了呢？

▼ 小结

测量过程是实现研究计划的一个至关重要的部分，研究计划的这一部分非常重要是因为没有很好的信度和效度的测验对任何人、任何研究都是没有用的。采用一种质量很差的测量工具会误导你，使你永远都测不出你所要测量的东西。要努力寻找那些已经被证实有很好的信度和效度的工具，这样会使你节约很多时间，避免很多麻烦。

▼ 在线资源

➢布罗斯研究所

布罗斯测验中心（The Buros Center for Testing，登录 http：//www. unl. edu 并搜索“Buros”）通过向使用者提供商业版测验的相关专业帮助、知识和信息来推动测量领域的发展。这一机构通过出版像《心理测量年鉴》《测验》这样有价值的书或通过举行会议或其他的专业活动来完成这一任务。你可以通过图书馆或直接登录布鲁斯研究所看到 4 000 多篇关于测验的回顾。

➢ERIC 测验探测器 98

ERIC 测验探测器（登录 http：//ericae. net 并点击“Test Locator”）是 ERIC 交流中心、教育考试服务社（ETS）图书馆和查阅服务部、内布拉斯加大学林肯分校布罗斯心理测量研究所、乔治·华盛顿大学的综合中心Ⅲ区和 Pro-Ed 测验出版公司的一个联合计划。你可以检索教育考试服务社的测验集数据库，那里面包含了关于 10 000 个测验和检索工具的描述。

➢ETS 测验集

ETS 测验集（登录 http：www. est. org 并搜索“test collection”）包含了从 1990 年代至今的 20 000 个测验和其他的测量工具。它是世界上最大的测验集，包含大量的资源。

➢测验和测验评估

南缅因大学（http：//usm. maine. libguides. com）提供了一些最全面的对测验评估资源的描述，包括《心理测量年鉴》《测验》以及其他综合性的测试手册和资源。

➢检测工具和评定量表

这个网站（登录 http：// www2. massgeneral. org 并搜索“screening tools”）从麻省总医院精神病学项目中，列出不同的用于评估青少年心理健康问题的工具。

▼练习

1. 确定下面所列出的各个变量的测量水平。

a. 拼写测验中答对单词的数量。

b. 所住居民区的名字。

c. 年龄。

d. 不同颜色的波长。

e. 平均成绩以 0. 1 的间隔从 1 到 4 递增。

f. 以颜色命名的刺激对象。

g. 100 米短跑比赛第二名所用的时间。

h. 课余俱乐部的选择。

i. IQ 得分。

j. 年级水平。

2. 指出下面的信度误差来源是被试特征（t）还是方法（m）。

a. 测试前一天晚上没有睡好。

b. 指导语不正规。

c. 测验的主试总是来来回回地走动。

d. 指导语不清楚而且很难懂。

e. 被试的年龄。

3. 举两个确定测验的信度的方法并说明一下它们的目的。

4. 考虑下面的例子：你的汽车引擎每次在你开车时熄火三次，不管你怎么驾驶都一样。根据本章对信度的描述，你的车可靠吗？为什么？

5. 评估下面两组测试项目。哪组更有内部一致性？你是怎么知道的？

A 组：

1. 死刑是不道德的。
2. 在某些情况下，死刑是必要的。
3. 死刑的存在有助于保持社会的安全。
4. 任何国家都不应执行死刑。

B 组：

1. 死刑是不道德的。
2. 大城市的犯罪是无法控制的。
3. 人们不应该偷窃。
4. 法律的存在是有原因的。

6. 如果你要编制一个 ABC 历史测验，该测验包含 100 道题目，用来测量学生的历史知识。这样一个测验需要确定它的哪种效度以及怎样确定呢?

7. 你所做过的被认为有高预测效度的测验有哪些?

8. 你已经决定在两名高中理科老师的帮助下，为你的研究进行测试。在进行测试时，巴恩斯先生指示学生们“选择正确的答案”，而弗莱彻夫人则指导她的学生“选择最好的答案”。他们在管理上的不同可能会对你的研究构成威胁吗?

9. 为了评估短期干预以发展微积分技能，兰道教授对参与者进行了微积分测试，两周后，采用不同但比较相似的题目对相同参与者进行了另一个版本的测试。兰道教授将为他的测试结果展现什么类型的 99
信度? 如果兰道教授在两个间隔较长的时间点对参与者进行了相同版本的微积分测试，那么他将为测试结果展现什么类型的信度?

10. 测量水平的定义是什么?

11. 列出测量的四个水平并举例说明。

12. 信度和效度的关系是怎样的?

13. 你有兴趣发展一个注意缺陷多动障碍量表，你问一位注意缺陷多动障碍症专家，你所创建的项目是否准确地评估了多动。在询问专家过程中，你建立了什么样的效度?

14. 你已经发展出了一种利他主义量表，你想要展示你的题目真实地反映了利他主义，而不是另一个概念，比如社会赞许性。你将测验结果与社会期望测验结果进行比较，并发现两个测验结果之间的显著差异。你为你的量表建立了什么类型的效度?

第 6 章

行为测量法

在第 5 章，你已经充分掌握了作为测量学基础的相关理论及观点，包括测量对于研究过程为什么非常重要，以及信度和效度是如何被定义和构建的。

在这一章，你将要学习不同的行为测量方法的应用原则，包括测验法、问卷法、访谈法及其他技术。

学习此章时，你需要考虑几个问题，首先最重要的是你选择的测量工具是否可信和有效，无论是设计良好的测验，还是我们最常见的非正式的访谈都需要考虑这个问题，如果所选用的测量工具存在问题的话，那么最终结果也同样会出现问题。

其次，你提出问题的方式将会决定你研究的方式，如果你想知道人们对于某一具体问题的态度和观点，可以借助于态度量表，如果你想知道某人了解某一问题的程度，你可以借助于成就测验或其他知识性测验。科学研究所关注的内容也是一样（比如失业对自尊的影响），无论是态度测量还是成就测量，你对结果变量的评估，一定程度上依赖于你所提出的问题。你需要确定能反映你未来研究假设和研究问题的研究目的。

再次，真正高效的研究人员随时准备使用任何能帮助他们回答问题的方法。这可能包含混合方法模型，其中研究程序的一面可能包括质性方法，另一面包含量化方法（见第 10 章）。

最后，你还要记住的一点就是，学习不同的测量方法所要用的时间、测量的过程以及数据的处理方式都是不一样的。比如，想要了解教师对学校管理层发生变化的感受，访谈法则是比较适合的一种方法，但是当你想去评估一个人力量的大小时，访谈可能就不适用了。

以上是对各种测量工具的概述，如其他一些用具一样，选择好的测量工具将会给你后面的工作带来帮助，若测量工具选择不恰当，任务将无法完成，即使完成了，所完成的报告的质量和价值也会大大低于你的预期。

还有什么比从我们了解各种测量方法开始本章学习更好呢？

研究实例

现在你已经知道了测量在研究过程中的重要性，让我们将注意力转向一个例子，即在研究环境中使用特定的方法来测量结果。在大多数研究环境中，评估工具必须适应目标受众的能力和技能。请记住，定义变量的方式通常决定如何测量变量。

在威廉·雷诺兹（William Reynolds）的这项研究中，要确定一套多项选择测验是否适合。问题口头进行，中学生被试都有轻度精神发育迟滞，可以口头回应两三道多项选择题。对其反应的分析表明，信度评估是可以接受的，然而效度系数低，虽然有统计学意义。这是一个非常好的例子，说明如何对特殊人群使用不同的测试方法来满足他们的需求。

想要了解更多，可以阅读原文：

Reynolds，W. R.（1979）.“The Utility of Multiple-Choice Test Formats with Mildly Retarded Adolescents.” *Educational and Psychological Measurement*，*39*：325-331.

测验及其发展

101

一般而言，运用测验的目的是测量个体差异的本质和程度，比如，你可能想评估年轻人关于艾滋病是如何传播的知识，或者你可能对不同的人格测验感兴趣比如迈尔斯-布里格斯类型指标（MBTI），或者是对智力测验感兴趣，比如韦氏智力量表。测验同样还可以测量人的反应时、力量、敏捷度以及选择和处理问题的策略等指标。并不是所有的测验都是纸笔形式的。如我们所提到的，研究者所使用的测量行为的技术可以反映该研究者的创新性、研究所提出问题的本质。

一个好的测验应该能够根据真分数可靠地区分个体之间的差异，有几个术语在这里需要大家辨别清楚。本章所使用的测验（test）一词，指的是一种用来测量行为的工具或技术，尽管你可能是用测验去评估结果，你也可能通过测验进行分组或归类，但不可以用因变量（dependent variable）这个词来替代测验。比如，你想了解两个处理组（行为治疗组和药物治疗组）治疗强迫症的效果，你首先需要根据测验分数将被试分为病情轻微组和病情严重组，然后再使用测验去评估每个处理的效果。

为什么要使用测验

测验通常用来测量社会和行为结果。因为，它们服务于一个具体明确的目的，可以满足各类研究者的需要，对一些变量（比如智力、情感、情绪卷入、活动水平）提供分数及解释（见表6-1的总结）。

表6-1　　测验的用途和功能

测验的功能	测验的用途	例子
帮助研究者获得实验的结果	测验作为因变量使用	研究者想知道两个培训项目哪个更有效
提供诊断的信息	测验用来实施前测，以了解被试的水平	老师需要知道某个孩子适合哪种类型的阅读
协助配置	测验依据某种特征，对人员进行合理配置	心理健康工作人员需要将来访者配置到哪种治疗项目中
协助选拔	测验用来对人员的准入资格进行审查	学位委员会依据测验的分数决定学生是否可以毕业
协助评估	测验用来评估项目的目标是否实现	学校管理者通过调查来评估服务项目是否能够影响教师的态度

第一，也是最重要的是，*测验可以帮助研究者获得实验的结果*。测验可以判别实验的有效性，或者评估如高度、投票意向等变量的水平。因为测验结果可以帮助我们发现实验的价值所在，也能帮助我们建立和检验假设。

第二，*测验可以作为诊断工具，帮助研究者了解个体的优势和劣势*。比如，丹佛发育筛查测验（DDST）能评估幼儿的语言、社会性、生理和人格发展。尽管DDST是一般性的诊断工具，但是确实能提供幼儿在成长水平方面需要引起关注的重要信息。

第三，*测验可以作为配置的依据*。比如，幼儿错过了该学区的入学时间，可以通过一组测验来确定幼儿是否拥有进入公立学校学习的技能和成熟度。高中生常常需要选择进一步学习的课程，测验可以测出进入大学需要先修哪些基础课程。以上两个例子中，测验可以为个体的合理配置提供建议。

第四，*测验可以协助选拔*。想进入研究生院学习，一定程度上取决于申请者的研究生入学考试（GRE）和米勒类推测验（MAT）的分数，企业通常在员工被雇用前使用测验来筛选员工，以保证他们能够完成培训，具备胜任工作的必要技能。

第五，测验可以用来对程序的结果进行评估。除非你搜集到问题的相关信息，并对信息进行分析，否则你永远不会知道你所评估的程序是否有效。比如，假设你对治疗抑郁症的程序感兴趣，如果你不进行某种正式的评估，你很难判断这个程序的功效。 102

可是，无论你是用测验进行选拔还是评估，对测验分数的解释都比测验分数本身更为重要。考试题目都很简单的10分与其他人成绩都在3～5分之间的10分是不一样的。

学习测验的设计、编制、施测和评分是非常重要的，但是能够去解释测验的分数显得更为重要。

测验是什么样的

你可能对成就测验非常了解，它们通常包含选择题。比如：

8的立方根等于：
A. 2
B. 4
C. 6
D. 8

选择题是读大学时常见的测验题型。当你要去满足人们测试的需要或你对感兴趣的行为进行取样调查时，测验可以有各种形式。

比如，你不会让一个视力有问题的人接受需要涂黑那些靠在一起的小圆圈这样的纸笔测试，同样如果你想知道儿童与同伴的社会交往，你最好是观察他们怎么玩而不是去问他们怎么玩。

记住这一点，你需要决定测验所采用的形式。至于如何选择和实施测验，有以下几个问题。

- 测验的实施是纸笔形式还是其他形式？
- 被评估的行为的本质是什么（认知、社会性、生理）？
- 是让被试自我报告行为还是你去观察被试的行为？
- 测验是否有时间限制？
- 回答的内容是主观的（评分靠主观臆断）还是客观的（有清楚的评分标准）？
- 是个体测验还是团体测验？
- 是否要求让被试选择一个正确的答案（选择题），还是让被试自己提供一个答案（比如填空题或者开放式问题）？

自我测试

为什么要使用测验？请说出至少两个原因并举例。

测验的类型

测验的设计具有一定目的，即评估个体间差异的结果。因为所要测量的结果有不同的类型，所以相应的有不同类型的测验。比如，你可以使用成就测验来测量高中生物理课的学习情况。

与此同时你想了解个体的人格结构，那么可以通过明尼苏达多相人格调查表

（MMPI）或主题统觉测验（TAT）这两种常用的测验类型来完成。

下面将对你会在研究中使用的一些测验进行讨论，包括它之间有什么不同及如何使用。

成就测验

成就测验（achievement tests）用来评估某一具体领域的知识，它是最常用的测验类型。当对学习的结果进行测量时，伴随学生学习过程的教师的指导行为的有效性也常被测量。比如学校用学生的考试成绩来评估教师指导行为的有效性。

成就测验用来评估个体在某
103 个内容领域的专业水平。

在你四年级时，每周五所进行的拼写测验、英语期末考试、化学课的期中考试，这些都是成就测验。这些考试都有一个目的，就是用来考察你对某一知识掌握的程度。成就测验有很多题型比如选择题、判断题，还有作文，这些题型各有利弊。

成就测验有两种基本类型：**标准化测验**（standardized tests）和**研究者自编测验**（researcher-made tests）。标准化测验通常由商业开发者设计，它在各种不同的情境下有着广泛应用。标准化测验与其他测验不同的地方在于，标准化测验有标准的指导语和评分程序。

比如，堪萨斯基本能力测验（KMCT）就是一个标准化的测验，该测验已经对堪萨斯州农村和城镇超过100万来自不同阶层、不同学校和不同背景的儿童进行了施测。另一个例子就是加利福尼亚成就测验（CAT），它是用来测量语言、阅读和算术的全国性的标准化测验。

研究者/教师自编测验的设计具有特定的目标，只限于测量一小部分人群。比如，针对本课程内容的考试试卷，可能由某一个研究者或者教师设计。另外一个例子就是，研究者可能设计测验来比较学习机和传统授课在英语教学中是否存在差异。

成就测验还可以分为另外两种类别：**常模参照测验**（norm-referenced tests）和**标准参照测验**（criterion-referenced tests）。

常模参照测验可以将个人的成绩与其他人的成绩进行比较，比如一个8岁男孩在一项数学测验中得到了56分，你可以使用测验的常模来确定这个男孩在8岁学生组中的相对位置。标准化测验一般都有常模，但教师自编测验通常没有常模。但是否有常模也不是标准化测验的必要条件。只要有标准化的施测和评分程序就是标准化测验。

标准参照测验（由心理学家罗伯特·格拉瑟［Robert Glaser］于1963年提出的概念）界定了一个具体的成绩水平或者标准。最关键的只是个人成绩，而不是与其他人相比成绩的相对位置。成绩在这里被定义为内容的掌握程度。比如，你确定了12年级历史课的学习目标，要求学生必须掌握这些目标的90%，那么你所指定的90%就是标准。这类测验由于主要侧重内容的掌握水平，也被称为内容参照测验。

什么时候使用哪种测验？首先，你必须在设计和选择测验前做出这个决定。你要思考的一个问题是，你对什么感兴趣，是个体相对于他人的表现（常模用来比较），还是个体掌握某个领域知识的程度（标准反映掌握的程度）。

其次，除了内容，任何成就测验都可以归入表6－2中的一类，其中有两个维度：一个维度是测验结果与谁进行比较，是其他个体还是一些标准；另一个维度是测验是由谁设计的。

表 6－2　**成就测验的分类**

		计分时用于比较的内容	
		常模参照测验	标准参照测验
测验类型	标准化测验		
	研究者/教师自编测验		

成就测验的选择题

还记得曾经不停地涂写答题卡或者在 A、B、C、D 上画圈，然后猜哪个答案才是正确答案，还会被告知，不知道答案时不可以乱猜吗？这些都是做选择题时难忘的经历，到目前为止，选择题是应用最广泛的成就测验的题型。这是值得关注的一种题型。

选择题选项的结构　选择题有其自身的结构（见图 6－1）。

选择题的题干要尽可能地写清楚，以降低方法误差。

12. 针对于学前儿童的智力测验　←**题干**

选项
A. 也适用于中等水平儿童
B. 存在结构效度问题
C. 是基于动作技能的
D. 非常无趣
（B、C、D：**干扰项**）

图 6－1　选择题的结构

首先是**题干**（stem），题干主要用于设置问题，其次是一组**选项**（alternatives），选择题必须有一个正确的选项（比如此例中的 A 选项），其余三个选项起到干扰的作用。

一个好的**干扰项**（distracters）有一定的迷惑性，让不知道正确答案的被试以为它 104
是正确的。干扰项若太不切实际则很容易被被试排除掉（比如此例中的 D 选项）。这样就会降低测验的信度和效度，为什么呢？因为不好的干扰项会使得测验很难去准确地评估被试的真实水平。

那么，好的选择题是什么样的？那些有高区分度的将是有潜力的好题目（高分组比低分组有更多的人答对此题），我们希望题目的难度适中，保持在 50%水准。总体而言，要想题目有较高的区分度，题目的难度水平应该在 50%左右。

用还是不用？　选择题是测量个体在某个领域所具有的知识水平的理想工具，比如家庭理财、儿童培养、地质学、化学、拉丁语、纤维光学、缝纫、排球等方面。但不管测试的内容如何，题目的设计都必须能够反映被试所学习的课程、章节、论文、引言等识记目标。

根据测量的目的，测验可以有很多不同的形式。

如果地质学教授没有将不同的地形特征设为学习目标，那么有关地形辨别的题目就不应该出现在试卷中。换而言之，选择题的内容必须反映学习的内容和目标。选择题的题量应当能够反映出某一课程的学时。

实际上，许多测验编制者便用所谓的规范表，它能反映与某一主题相对应的教学时间量。因此，例如，如果 20%的教学时间被花在物理化学的基础知识上，那么这一点也应该用大约 70%的基础知识题反映出来。

在成就测验中，使用选择题有一些优点和不足。如果你要使用成就测验来测量知识掌握情况，它的优缺点你都必须考虑。下面是使用选择题的好处：

- 可以评估所有的知识领域。
- 容易评分，也可以进行机器评分。
- 被试不需要写很多答案，只要从选项中选择一个即可。
- 选择题关注的是知识水平而不是写作水平，所以比较适用于那些不太善于用写作表达他们知识水平的被试。

- 好的题目可以为你节省时间，因为你可以重复使用而不用重新设计题目。
- 那些一眼就能看出答案的选择题，应当剔除，因为它们会影响测验的信度（可靠性）。
- 好的干扰项可以帮助老师判断学生选择了错误的答案的原因。
- 猜对正确选项的概率比较低（四选一的选择题的猜对的概率为 0.25）。

选择题也有一些不足的地方：

- 由于限制了选项，可能会抑制学生创造性的答案。
- 不能评估写作技能（这可能不是测验的目的）。
- 有些人不喜欢选择题，就是做不好。
- 限制了对内容进行测量的种类。
- 题目必须进行很好的设计，因为聪明的学生能够发现并排除干扰项。

项目分析的结果是用来说明一道题的难度和区分度，而不是说明整个测验的难度和区分度。

105 **项目分析：如何判断你的题目是否有效？** 有没有评判一道选择题好坏的指标呢？有！**项目分析**（item analysis）就有两个指标：**难度指标**（difficulty index）和**区分度指标**（discrimination index）。它们是评判选择题有效性的两个独立的、互补的指标。有了这两个重要的工具，你可以轻松地评价一个题目的价值，从而可以决定该题是可以保留在题集里，还是需要修改甚至删除。

一道优质的选择题有个好处：可以区分知道答案和不知道答案的人。比如，如果有一道题所有的人都答对了，那么这道题就没有了价值，因为考官不清楚到底哪些人知道答案哪些人不知道。同样的道理，如果有道题所有的人都答错了，那么也不能掌握被试了解材料的情况。换而言之，以上两个例子中的题目都没有良好的区分度。

在对两个指标进行计算之前，你需要把测验的分数分为高分组和低分组。分组的步骤如下：

1. 将测验分数从高分到低分进行排序，这样高分就会在列表的最顶层。
2. 将测验分数的前 27%定为高分组。
3. 将测验分数的后 27%定为低分组。例如，如果你样本里有 150 个人，那么排在最前面的 41 个人（150 的 27%）就是高分组，排在最后面的 41 个人就是低分组。为什么使用 27%这个数字？因为这是能最大化区分两组的数量。你要通过计算难度和区分度指标对成绩优秀和成绩不好的两组进行比对。
4. 针对每一道题目，检查该题每个选项被选择的人数。见表 6-3。

表 6-3　计算选择题难度和区分度指标的数据

12. 针对学前儿童的智力测验
   A. 也适用于智力水平中等的儿童
   B. 存在结构效度问题
   C. 是基于动作技能的
   D. 非常无趣

选项	A	B	C	D	总和
高分组（n=41）	23	12	4	2	41
低分组（n=41）	11	9	15	6	41
总和	34	21	19	8	82

比如，高分组的 23 个人选择了选项 A（正确答案），低分组的 6 个人选择了选项 D。

难度简单地说就是答对人数所占的比例，计算公式是：

$$D=\frac{NC_h+NC_l}{T}$$

式中，D 为难度水平，NC_h 为高分组答对的人数，NC_l 为低分组答对的人数，T 为高分组和低分组的总人数。

在此例中，难度水平是：

$$D=\frac{23+11}{82}=0.41$$

即这道题的难度水平为0.41或41%，是一道中等难度的题目（如果所有的人都答错了那么难度水平为0%，如果所有的人都答对了那么难度水平就是100%）。

区分度稍微有点复杂，它是高分组里答对的人数减去低分组里答对的人数所占的比例。区分度的取值在+1.00和−1.00之间。区分度水平为−1.00表示，题目有很好的区分度，这意味着高分组的所有人都答对了该题，而低分组的所有人都答错了该题。区分度为+1.00则表示低分组所有的人都答对了，而高分组却没有一人答对（实际上，不应该是这个样子）。 106

计算区分度使用这个公式：

$$d=\frac{NC_h-NC_l}{(0.5)\ T}$$

式中，d为区分度水平，NC_h为高分组答对的人数，NC_l为低分组答对的人数，T为高分组和低分组的总人数。

在此例中，区分度水平是：

$$d=\frac{23-11}{(0.5)\ 82}=0.29$$

即这道题的区分度水平为0.29或29%。要想题目具有良好的区分度，题目就不能太难或者太容易。

图6-2表明了难度和区分度的关系。只有当难度水平在50%的时候，区分度才能达到最大（1.00或100%）。为什么？因为区分度要达到最大，必须要满足两个条件：首先，只有一半的人能够答对，一半的人答错；其次，答对的那一半都是在高分组。如果难度增加或者减少，区分度就相应受到影响。

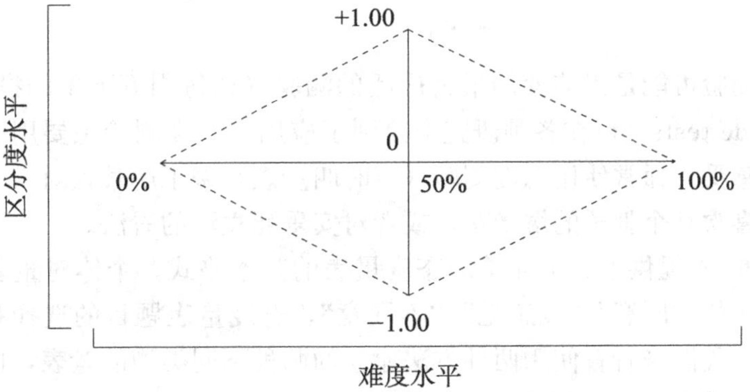

图6-2 难度和区分度的关系

注意只有当难度为50%时，区分度才最大。

你可以通过计算难度和区分度来优化你的题目。

可以通过增加和降低选项的吸引力来改变难度水平，如果你改变了选项的吸引力水平，那么你会发现区分度水平也会随之改变。比如一个错误选项很具有迷惑性，那么这道题会具有较好的区分度，因为这个选项能够迷惑那些不知道正确答案的人。

手算这些指标是非常痛苦的事情，但这也是区分一个题目好坏的唯一方式。经常使用选择题的人建议你使用以下方式来考察题目。

每次在你设计出一道题的时候，把题目记在一张3英寸×5英寸的卡片上。在卡片的背后写上题目施测的时间（以及其他你认为重要的信息），在日期下面写上你对该题目可能有的评价，并同时记上该题的难度和区分度水平。这样以后你就能建立一个包含不同难度和区分度水平的题库文件，然后根据需要，就可以对这些题目进行重复使用或者适当的变换。

为了能获得最大的区分度，尝试去调整题目的难度水平（这绝大部分是掌控在研究者手里），使得难度尽可能在50%水平上。

107 除了使用题卡外，你还可以建立每次考试的Excel表格。这样你就可以通过Excel中的计算公式非常容易地计算出每道题的区分度和难度水平，具体的计算公式见图6-3中的例子。

项目#12		A*	B	C	D	Total		D=	0.41
	高分组	23	12	4	2	41		d=	0.29
	低分组	11	9	15	6	41			
		34	21	19	8	82			
项目#12		A*	B	C	D	Total		D=	=(C9+C10)/G11
	高分组	23	12	4	2	=SUM(C9：F9)		D=	=(C9−C10)/G10
	低分组	11	9	15	6	=SUM(C10：F10)			
		=SUM(C9：C10)	=SUM(D9：D10)	=SUM(E9：E10)	=SUM(F9：F10)	=SUM(G9：G10)			

图6-3　计算选择题难度和区分度的数据

如果你选择采用Excel表格及计算公式，那么你要根据自己的实际情况对表格里的内容进行调整即可，比如选项的数量和正确答案。

自我测试

成就测验在当前很流行，你认为这是为什么？

态度测验

尽管成就测验可能是当前使用最为广泛的测验（如每周五下午的拼写测验），但**态度测验**（attitude tests）也在各种研究中得到了应用。态度测验主要用于评估个体对于人、事、物的感受。通常使用态度测验（有时叫量表）来了解某人对某一具体事物的感受，比如是否喜欢某个牌子的爆米花，或者对安乐死立法的看法。

例如，图6-4提供了一个简单的态度量表的基本格式，个体对量表中的陈述表达自己的态度，比如“同意”“没感觉”“不同意”。态度量表题目的选择和设计是一项比较棘手的工作。我们来看看使用两种方法建立的两种不同类型的量表，即瑟斯顿量表和李克特量表，看看它们是如何被设计出来的。

题目	同意	没感觉	不同意
感恩节前一天应该放假。	—	—	—
应当有选择期中考试的权利。	—	—	—
学校餐厅应该提供美食。	—	—	—
我父母不在乎我有多聪明。	—	—	—
我的导师不在乎我有多聪明。	—	—	—

图6-4　一个简单的态度量表

瑟斯顿量表　**瑟斯顿量表**（Thurstone scale）是由著名心理测量学家瑟斯顿（L. L. Thurstone）开发出来的一种测量态度的方法。瑟斯顿指出，如果你能够知道专家对一组陈述所做的价值评判，那么这些陈述便具有了标度。人们对这些陈述的反应就能反映他们对某一问题的态度。瑟斯顿量表的开发步骤如下。

1. 陈述越多越好，比如，一个人想了解父母对于孩子所在的学校的态度，其中一些题目就应该如下：

   a. 我喜欢孩子的老师在清晨迎接孩子的方式。
   b. 校长与教师之间缺乏有效的沟通。
   c. 我孩子的教育和未来的前景不容乐观。
   d. 学校的伙食健康且富有营养。

2. 对某个领域有一定了解的专家会按照最不支持到最支持的顺序将这些陈述分为 11 个等级（是有实质区别的），第 6 个等级则是中立的陈述（在正中间），比如上面的题目 c 可定为 1、2、3、4 或者 5，因为持有不支持的态度。
3. 评判者将具有一致性的（没有太大争议的）陈述按照其所处的等级来计算平均分值。比如，假如题目 a 属于等级 9 或 10（表示支持），那么在量表中的分值将是 9.5。
4. 一组陈述在你的态度量表中将按照最不支持到最支持的顺序进行排列。

108

瑟斯顿量表的测量水平接近等距测量。

瑟斯顿量表最大的一个优点就是，它非常接近等距量表（详见第 5 章），因为评判者对题目是按照相等的距离来进行评分的，这能反映出心理上的差距。因为这个原因，瑟斯顿量表法也被称为**等高间距法**（method of equal-appearing intervals）。

被试被要求选出他们表示赞同的题目。由于每道题目的分值已经知道，所以态度的分值就能很容易被计算出来。如果个体选择了很多分值相差甚远的题目，那么表明个体的态度是不一致的，或者说明个体的态度还没有完全确立，但也可能是量表设计上有问题。

比如，下面是一些关于教堂的陈述语句，这来自瑟斯顿和蔡夫（Chave）关于态度测量的一本经典著作：《态度的测量》（*The Measurement of Attitudes*，1929）。在语句的后面附有相应的分值。

我相信教堂是美国最好的机构。(11)
我有宗教信仰，但是我很少去教堂。(9.6)
我相信不附加任何教堂仪式的真善美。(6.7)
我觉得教堂束缚了信仰，因为教堂依靠的仍然是巫术、迷信和神话。(5.4)
我觉得教堂就是社会的寄生虫。(0.2)

很显然与其他题目相比，5.4 分值的这道题目在内容上是相对中立的（在这里是非常重要的）。

李克特量表　**李克特量表**（Likert scale）是广泛使用的比较容易设计的量表（Likert，1932）。虽然与瑟斯顿量表在结构上有一点相似，但是李克特量表的设计比较节省时间。

李克特量表是最流行的评估态度的量表。

李克特量表的开发和设计步骤如下：

1. 陈述表达了个体对人、事、物的观点和感受。比如，如果想调查关于联邦政府支持儿童保育的态度，那么这些陈述应该像这样：

a. 联邦政府没有资助儿童保育的义务。

b. 儿童保育应当得到联邦政府的全力支持。

2. 所列出的陈述应当能够反映支持和不支持的态度（在开发者看来）。
3. 在陈述列表的右边，有表示同意或不同意程度的选项供被试选择。以五点式计分为例：

SA　非常同意

A　同意

U　不确定

D　不同意

SD　非常不同意

被试被要求圈出或者画出对每条陈述不同意的程度，见图 6－5。

指导语：请圈出或者画出你对下列每句陈述同意或者不同意的程度					
SA 表明你非常同意。(5 分) A 表明你同意。(4 分) U 表明你不确定。(3 分) D 表明你不同意。(2 分) SD 表明你非常不同意。(1 分)					
题目	选项				
1. 政府没有资助儿童保育项目的义务。	SD	D	U	Ⓐ	SA
2. 儿童保育应当受到联邦、州政府及当地税收的支持。	(SD)	D	U	A	SA

图 6－5　李克特量表的题目

李克特量表是通过量表上每个选项的分值进行计分的，个体的分数是所有题目得分的平均值。但也不是那么简单，因为题目可能是反向的（比如有些题目是反向陈述的，例如："政府没有资助儿童保育项目的义务。"），你在对这些反向题进行计分时必须进行转换，以保证一致性。基本方法就是正向题（比如："儿童保育应当受到联邦、州政府及当地税收的支持。"）是 1～5 计分的，5 分表示非常同意，而反向题在计分时要进行转换，那么 1 分则表示非常同意。

在图 6－5 中，第一个题目是反向表达的，而第二个题目是正向表达的。图 6－5 中的选项应该这么计分：

题目	选项	分值
1	A	2（以前是 4，进行了转换）
2	SD	1

最后的分数就是（1＋2）/2 或 1.5，表明不太同意。记住题目 1 是反向表达的，另外该
109 例只使用了 2 个题目是为了方便。由于要计算总分，所以李克特量表法又被称为**累加评定法**（method of summated ratings）。

人格测验

人格测验（personality tests）用来评估个体稳定的行为模式，是《布罗斯心理测量年鉴》列出的最常用的测验类型（内布拉斯加大学布罗斯测验中心，登录 http：//

www. unl. edu 并搜索“Buros”)。尽管人格测验是非常有价值的测量工具，但是开发人格测验很费时，而且需要对测验的施测、评分和分数解释进行培训才行。

人格测验有两个基本的类型：**投射测验**（projective tests）和**结构化测验**（structured tests）。投射测验给被试呈现一些模棱两可的模糊的刺激，然后要求被试对这些刺激进行反应。投射测验假设被测试的个体会对刺激物投射（施加）自己的内心世界的看法。受过培训的施测者可以对这些反应进行评价。投射测验属于非结构化的测验类型。

对投射测验进行评分并获得人格和行为特征类型的结论并不是不可能的事情。心理学家认为，不同的人格类型有其特定的性格特征。然而，要识别这些人格类型需要大量的时间去培训和练习。投射测验主要有主题统觉测验和罗夏测验。

你可能对结构化测验所采用的格式比较熟悉，如是非题、选择题等。结构化测验一般要求被试对那些描述他们自身感受的项目（比如：“我喜欢我自己。”）表示赞同或者反对。这一类型的测验主要有卡特尔十六种人格因素问卷（16PF）、明尼苏达多相人格调查表（MMPI）。相对于投射测验而言，结构化测验的项目设计比较客观，而且易于评分。实际上，许多结构化测验的开发者都提供评分的服务。评分容易，可是分数解释就不那么容易了。毫无疑问，这就需要受过专业技能训练的专家对测验分数进行解释。通常，绝大部分测验的开发者不会把相关资料卖给你，除非你能出示你受过专业的培训的证据（比如博士学位）或者有专业人员（比如指导老师）做推荐。

测验类型非常多，使用哪一类型测验主要取决于你想要测量什么。

观察法

你可能对儿童和成人的测验类型比较熟悉。在那些测验里，作答者是测量过程中的主动因素。在所有的行为评估方法中，研究者（比如你自己）在观察法或观察技术的使用中变成了主动因素。研究者站在被观察的行为之外，通过日志、笔记或者音像对行为进行记录。

许多术语对观察活动进行了阐述（人类学家和民族学家已经在工作中采用了这些方法），如现场观察法和自然观察法。要记住观察法最重要的一点就是，为什么观察法对于其他学科的科学家来说非常有用。因为，他们的主要目的就是在无干扰的情况下观察和记录行为。作为一名观察者，在观察行为时，你应该尽全力地远离所观察的行为，不要去影响和干扰行为。 110

> 大部分时候，观测者想要远离所观测的行为以便他们的出现不会影响到他们所观测的现象。

例如，如果你对残疾儿童和正常儿童在一起玩耍的行为进行观察，你就应该和他们保持一定的距离，而不要参与他们的活动。你的出现无疑将会对他们的行为产生影响。

你可以在第10章找到很多观察法的相关内容，具体涉及质性分析以及民族志研究和个案研究的技术。

行为记录法

用于观察和记录行为的方法有很多，这些方法一般可以分为四种类型：持续时间记录、频次记录、时距记录和连续记录。

在第一种方法即**持续时间记录**（duration recording）中，研究者使用记录时间的仪器来测量行为发生的时间有多长。例如，研究者想知道，幼儿园的早间休息有哪些体育活动，研究者可以使用秒表来记录一个孩子的体育活动的时间，然后再记录另一个孩子的活动时间，如此等等。那么，研究者就记录了某一具体活动的持续时间。

第二种方法是**频次记录**（frequency recording），主要用于记录某一行为的发生数或频次。例如，研究者想要记录客户挑选和触摸服装面料的次数或者对某一牌子的肥皂的评价的次数。

第三种方法是**时距记录**（interval recording），或者叫时间取样，主要用于在某个特定的时间段对被试进行观察。例如研究者可能在操场上对每个儿童观察 15 秒钟，并记录目标行为，然后再观察下一个儿童 15 秒钟。时距主要指研究者观察被试的时间，与被观察者可能在做什么无关。

在第四种方法即**连续记录**（continuous recording）中，研究者记录被试的所有行为，不太关注某一具体的行为。通常，对儿童进行个案研究时，观察和记录一段时间内自然事件中发生的行为，而不是之前指定的一组行为。这是搜集信息的一种丰富的，并富有成效的方法。但是这种方法有一个主要的缺点：由于没有详细的观察计划，在对记录进行分析时需要对其仔细筛选。

表 6－4 对这四种不同的方法进行了总结，并提供了具体的例子。

表 6－4　观察和记录行为的四种方式

方法	如何使用	例子
持续时间记录	研究者记录行为发生的时间长度	两个孩子的言语交流有多长时间？
频次记录	研究者记录行为发生的次数	提问的频次
时距记录	研究者观察被试在固定时间内的行为	在 60 秒内，小组成员和其他人交谈了多少次？
连续记录	研究者记录一段时间内发生的任何行为	在 1 个小时的时间里，对 6 岁男孩的所有行为进行记录

这些方法有一些不太好的地方。首先（你可能已经了解了，但是还是需要重申），进行观察会干扰研究者想要观察的实际行为。比如，你走进小学教室时，有没有发现孩子们都在看着你？有些孩子甚至朝你做鬼脸，虽然这些行为最后会消失，但是你肯定无法获得教室里发生的未受影响的行为。

另一个关键词是不引人注目，即观察时不要影响正在观察的自然行为。

对易用（easy-to-use）技术的介绍和使用可以让这四种方法变得更加简单，你不需要坐着持续地观察一组成人做决策的过程，只要对这个过程进行录像，然后再对他们的
111 行为进行深入分析即可。同样，不需要使用纸笔每 10 秒钟对行为进行记录，你可以使用有相应程序的智能手机，使其每 10 秒钟响铃，然后按键进行记录，或者让被试输入某些数据。

记住任何收集数据的方法都需要注意保密以及要尊重被观察者（参见第 3B 章）。比如，你要选择在什么地方，怎样进行观察。尽管在卧室里听青年人之间的私人聊天很有意思，但是这也可能会侵犯他人的隐私权。记录电话的通话内容可能是保证匿名性的比较好的方法，因为你不知道通话者的姓名（除非你去问通话者）。但是你对通话进行记录时，应当要告知对方（记得水门事件、克林顿丑闻和类似著名事件吗?）。

观察法？需要当心！　没有任何一种评估行为的方法是完美无瑕的，它们都有潜在的一些问题，这些问题可能让你的所有努力付之东流。如果你要使用观察技术，那么你应当考虑以下一些问题。

- 你的观察可能会影响你要观察的行为。
- 你自己的偏见或者个人观点可能会影响你对所观察行为的选择以及记录行为的方式。

- 你可能会变得劳累或者厌烦而漏记了一些行为或者行为的重要方面。
- 你可能会改变所要观察的行为的定义，例如第一阶段你把未经允许的身体触碰定义为攻击，在第二阶段你可能会改变这个定义，因为你认识到所有的未经允许的身体触碰不一定就是攻击。

在使用观察法的时候之所以需要特别注意是因为观察者大多会污染观察的过程。

自我测试

请提供一个个体在考试时可能会干扰本身的例子？

问卷法

问卷（questionnaires）通常是一组纸笔形式的、结构化和集中化的问题。问卷法比较节省时间，因为个体在完成问卷时不需要专家的解释和协助（很多是自测的）。实际上，如果你不能参与施测时，可以通过邮寄问卷来获得你想要的数据。

除了能自测外，问卷法还有一些其他的优点：

- 通过邮局邮寄问卷或者发电子邮件，你可以进行大范围区域的调查。
- 比一对一的访谈要便宜（尽管邮资涨价）。
- 人们更愿意说实话，因为问卷法可以保证匿名性。

数据的客观性可以使得与其他研究者分享数据以及进一步的数据分析变得更加容易。尽管收集的数据可能已经过时，但是那些后来提出来的新问题也同样需要答案。

比如，在一项研究中，汉森和金斯伯格（S. L. Hanson & A. L. Ginsburg，1988）使用了1980年春天对30 000多名高中学生所做调查的数据。这些学者喜欢检验高中学生的价值观、测验分数、年级、纪律问题及辍学情况之间的关系。因为有84%的作答率，这些调查提供了综合全面的数据信息。作答率之所以高，可能是因为学生不得不去完成。换而言之，做问卷可能是他们日常的学校生活的一部分。

记住，知道问卷法的这些优点并不是建议你马上就使用问卷去采集数据。问卷法的最大缺点之一在于，与你亲自询问对方问题的访谈法相比，问卷的完成率和回收率都相对较低。如果你要亲自登门拜访去询问问题，你可能期望有一个比较高的参与率（达到100%），然而邮寄的问卷你只能期望约35%的回收率。

问卷法是如何起作用的　一份好的问卷是什么样子？一份成功的问卷要求有较高的完成率和回收率（越高越好）。在你曾经做过的一些问卷中，是否问你对2004年绿党选票的态度，或者你想要收音机播放什么节目？问卷有效与否取决于你所掌控的各种要素。让我们看看对这些要素的简短讨论，表6-5对其进行了总结，并将其分成了三个部分：问卷的基本假设、问题本身和项目的格式。 112

> 问卷法是非常有用的，但是需要花费很多时间和精力来设计一份问卷。

问卷的基本假设　在设计问卷时，关于“基本假设”有五个重要的内容。虽然将来的答题者很愿意帮助你完成问卷，但是你必须让他们成为你所希望的类型。

1. 你不可能要求答题者完成40页的问卷，或者在周日让他们花上3个小时去完成问卷。你所设计的问卷在时间、费用和精力方面必须要合理，你同样要回避一些不恰当的（过于涉及隐私）的问题或者错误的措辞，冒犯性的问题可能也会让答题者变得不愉快。
2. 你所设计的问卷必须能达到你的目的，不要去设计那些不相关的、含混不清的

表 6-5　设计和使用问卷时需要记住的内容

基本假设
• 问卷不能向答题者提出不合理的要求。
• 问卷不可以有另外的隐藏的目的。
• 问卷所收集的信息必须是答题者所具有的。
问题
• 问题应该能够被回答。
• 问题应当直接明了。
格式
• 项目和问题应当以有趣的、专业的、易于理解的方式呈现。
• 所有的问题和项目应当有编号。
• 问卷应当包括清楚明确的指导语，让答题者明白怎样完成问卷和回交问卷。
• 问题要客观。
• 问题应当从易到难排列。
• 从一个主题转向另一个主题时需要使用转折。
• 有必要的话提供示例。

问题。如果你想知道关于种族的态度，你可以直接问一些关于种族态度的问题，而不是问一些内容不相关的、偏离主题的问题。

3. 如果你要调查答题者对某个领域方面的认识，那答题者应当具有这个领域方面的知识。你在第一学期的第一节课，询问大一新生上大学有什么好处，可能根本得不到什么有意义信息，但是如果是在毕业那天问这个问题，你可能会获得很多有价值的信息。
4. 在问卷里设计一些比较有意思的问题可以让答题者做完你的问卷。并可以促使他们将问卷回交给你，如果你所设计的问卷很枯燥，有可能是你对这个主题不太了解或者没有兴趣，那你应该换个主题。
5. 除了问卷，如果你还能通过其他资源获得相同的信息，比如使用访谈可以获得更多更准确的信息，那么你就采用访谈。如果你能通过其他资源找到某人的 GPA，那就不需要再花额外的时间去调查这个问题了。

什么样的问题？　问题有不同的类型和形式，而有些问题是非常糟糕的。比如：*考试和没考好是不是经常会让你感觉到焦虑？*

你知道这个问题为什么不好吗？这是两个问题，而不是一个问题，这很难知道答题者是对哪个问题进行的回答。设计一个好的问题需要时间和练习。

首先，要保证你提出的问题必须能够被回答，不要问一些国家的人对于政治的态度，如果他们根本不了解国家的时事政治。

113 同样，所提问的问题应当简洁明了。比如："你在考试中没有过不作弊吗?"这个问题让人费解，使用了双重否定，可以简单地表达为："你考试曾经做过弊吗?"这样问题就更加清楚，也更容易回答。

最后，要考虑问题的社会赞许性。对于"你虐待过你的孩子吗?"这一问题，谁会正面地回答？当然不会，这样的问题可能没有什么价值。

问卷的格式　如表 6-5 所示，问卷格式有一些标准，每一个标准都很重要，忽视其中一个可能会让你的整个工作前功尽弃。

假设你设计了一份非常不错的问卷，问卷的题目都很好，而且你对问卷的完成时间进行了限定，你甚至询问所有的答题者对这份问卷有没有不理解的地方。不幸的是，你忘记了告诉他们问卷回收的方法，或者你介绍了问卷回收的方法，但却忘记了告诉他们如何回答问卷上的问题。

> 不要低估你所使用工具的外观。干净整洁能够提升信度。

- 如果你问卷上的题目或者问题不太容易阅读，那么答卷速度将无法快起来。题目必须要整洁排列，整个问卷要复印得清楚。影印的复本比较清楚，但是你也可以使用激光打印（如果你有的话）。如果可以，你可以请专业的朋友帮你调整问卷的行间距、比例等等。
- 所有的题目和页码必须要清楚地编号（比如：1，2，3，4 …），不要使用容易混淆的符号组合，比如Ⅰ-1.2 或者Ⅱ.4。
- 好的问卷都有完整明确的指导语，告诉答题者要做什么（“完成这部分”），以及怎么做（“在答案上画圈”“选所有有效答案”）。这些指导语也清楚地说明了怎么回交问卷，并附上已经写好地址并贴有邮票的信封，以及可以进行咨询的电话号码。
- 答题者完成问卷是帮了你一个大忙，你的目标是得到尽量多的问卷。鼓励答题者完成问卷的一种方法就是告诉他们你的这项工作得到了学院老师或者教授的支持，你可以在问卷的附函里对这点进行说明，就像图 3B－1 里的一样。
- 你要答题者尽量诚实地回答问题，那么你必须要注意的是你的题目不能有引导性。问题必须要直接和客观。另外，还要注意社会赞许性的问题。
- 开头的问题应当能够让被试慢慢地去适应，所以刚开始的问题（“您今年多大了?”）要相对简单、温和，容易回答，让被试感觉到轻松自在。到了后面，问题慢慢变难（并涉及个人隐私）。比如，许多问卷都是以不会对答题者心理造成压力的人口学变量开始的，如年龄、性别、种族等等。后面的问题可能会涉及比如对于偏见、宗教问题的感受。
- 如果你转换了问卷的内容（或主题），你必须要让答题者知道。如果有一组关于种族关系的人口学变量问题，那么之后你需要向其他内容进行转换，比如：“谢谢你回答了这些关于你自己的问题。现在我们想问问，你与同族群的人以及与其他族群的人相处的经验。”
- 最后，问卷的设计要尽量易于计分。如果可能的话，提供的答案选项要尽可能客观和全面。比如：

  你的年收入是多少?

  a. 低于 20 000 美元

  b. 20 000 到 24 999 美元

  c. 25 000 到 29 999 美元

  27. 您的年收入是________美元。

上面例子中，第一部分，你可以对字母进行编码，然后用于后面的分析，第二部分，你首先必须记下答题者填入的数字，然后对其进行归类，这就增加了额外的一步。

附函 附函是任何问卷都必不可少的部分。这部分信息非常重要，能让答题者对问

114 卷有一定的了解。所以对于寄给（邮寄或者电子邮件）答题者的问卷来说，附函显得格外重要。附函可以表达此项调查的重要性和权威性。

附函的好坏能够成就或破坏你的研究计划。

附函一般应当包含以下一些内容：

- 附函应当写在正式的印有抬头的信笺上，这样可以给答题者一个好的印象，提高答题者愿意去完成这份问卷的可能性。
- 在附函上署上最近的日期，以表明问卷要求尽快完成。
- 附函开头应当以个人姓名出现，比如“尊敬的玛戈利斯先生/夫人”，而不要用“尊敬的答题者”。
- 附函要表达问卷调查的目的和研究的重要性。
- 附函要说明时间期限，让答题者知道什么时候要回交问卷。
- 附函中必须要承诺对问卷结果的保密性，以及说明如何保证保密性。
- 附函的内容要让答题者知道他们是研究的重要组成部分，当研究结束后会将结果反馈给他们。
- 附函里要对答题者的合作表示真诚的感谢。
- 附函最好要有大人物和你自己的签名。尽管你可能只想签自己的名字，但是在你职业生涯的早期，有大人物的签名可以帮助你产生更好的效果。

▼小结

在当前社会，用于选拔和筛选的各类测验比比皆是。测验的使用已经成为社会和行为科学家们争论的话题之一。当然，测验有它自己的地位。这一章我们讨论了各种类型的测量工具，以及如何使用这些工具对行为进行可靠和有效的评估。要想使用这些测量方法得到准确的结果，你需要谨记它们的基本假设和使用的注意点。

▼在线资源

➢教育测验服务

教育测验服务（Educational Testing Service，http：//www. ets. org/）是很多商业测验服务者的主页，涉及学术能力评估测验（SAT）、研究生入学考试（GRE）、大学预修课程（AP）考试等。他们对测验进行评分，然后把结果寄给你，甚至还会告诉你在数学部分你为什么没能拿到满分800分。这是提供有关测验、助学金和其他大学相关话题的一个不错的网站。

➢公正考试：国家公正公开考试中心

公正考试（FairTest，http：//www. fairtest. org/）是防止测验误用，降低标准化测验的不足以保证测验的公正性的倡导型机构。而测验及其公正性是存在争议的，是值得去学习的。

➢“半空的杯或半杯水”

在这里（登录 http：//www. apa. org 并搜索“intelligence controversy”），美国心理学会对围绕成就和智力测试的各种争议进行讨论，中心主题是这些评估工具可以用来进一步学习。

➢人格测验

在这个网站上（http：//similarminds. com/），通过 SimilarMinds 来学习不同的人格类型和人格研究。该网站也有可供选择的人格测验，但请记住，人格测验最好由专业人士来实施。

▼ 练习

1. 在开始测验之前，参加韦氏智力量表的人会被告知有些问题很简单，有些问题会很困难，不指望被试回答每个问题。为什么这个信息是一个好的测验的标志？

2. 什么是标准化测验？它与研究者/教师自编测验有何不同？ 115

3. 一项心理学执照考试要求个人回答70%的问题以获得及格分数。(a) 这个测验是常模参照的还是标准参照的？(b) 如果测验要求个人完成超过70%的测试才能获得及格分数呢？

4. 你如何改变你的多项选择测验题目的难度水平？

5. 下面有两组成就测验的分数，计算难度和区分度，标有星号的是正确答案。

题目1

选项	A*	B	C	D
高分组（前27%）	28	6	7	20
低分组（后27%）	6	12	21	22

题目2

选项	A*	B	C	D
高分组（前27%）	10	7	28	15
低分组（后27%）	15	0	15	30

6. 编一份有10道题的问卷（使用李克特式）来测量对于盗窃的态度。确保正向和反向的陈述都有。陈述要简单易懂便于回答，问卷要包含指导语。

7. 查阅最新版的《布罗斯心理测量年鉴》（网上或图书馆），然后对其中任意一个测验的评论进行总结。该测验的目的是什么？评论是肯定的还是否定的？该测验应当如何改进？

8. 解释下面难度和区分度的分数。

a. $D=0.50$；$d=-0.90$

b. $D=0.90$；$d=0.25$

9. 请描述问卷的三个基本特征。

10. 使用问卷有哪三个优点？

11. 请考虑以下李克特量表的回答设置，其中1表示强烈不同意，5代表强烈同意。你给这个回答者的总分是多少（用黑体标记的是回答）？

1. 这部电影的演员演得很好。1 2 3 **4** 5
2. 情节很有趣。1 2 3 **4** 5
3. 这部电影的大部分场景很无聊。1 **2** 3 4 5
4. 总的来说，这部电影很有趣。1 2 3 **4** 5

第 7 章

数据收集和描述统计

章节概览

在每一种类型的研究中，无论是历史上对药物治疗在精神疾病康复中所起的作用的检验，还是利用计算机系统来检测儿童的手眼协调能力，我们都需要对数据进行收集，并通过分析数据来检验假设是否正确。你可以从特定变量间的关系或者从一个变量对另一个变量产生影响的原因以及方式的角度进行推论，但是除非你有客观证据来证实你的观点，否则你的研究将缺乏准确性，就像从十个可能的答案中随机地选择一个。

在这一章的前半部分，你将系统地学习数据收集，从学习如何设计数据收集表开始，到学会一个真实的操作过程。一旦你熟练掌握了这些初始的重要步骤，你将开始学习对数据进行描述统计，对收集到的数据进行处理，以便进行推论统计。（关于数据的处理分析，在第 8 章也会详细介绍。）然后你还会学到如何使用个人电脑和一些统计软件例如 Excel 进行数据处理。

我们使用 Excel 是因为它在大部分机构容易获取，易于学会。如果个人要购买，是比 SPSS 或 Minitab 便宜得多的。这里还有免费的软件，即 Apache Open Office，它是一个开源软件，可以到 https：//www. openoffice. org 下载，拥有大部分 Excel 的功能。

让我们开始学习数据收集和描述统计。

研究实例

描述我们的观察并记录这些观察，通常是我们开始量化研究的第一步。

在这项关于经济状况和预期寿命的研究中，金镇万（Jib Man Kim）和他的同事们研究了 625 265 名韩国男性与女性经济状况与死亡率之间的关系，他们比较了平均值——描述样本的最常见的统计量之一。他们发现，在死亡年龄小于平均预期寿命的个人中，最低经济地位的男性死亡率是最高经济地位的 2.48 倍，而女性是 2.02 倍。高于平均预期寿命的女性经济状况与死亡率之间没有显著的相关关系。

想要了解更多，可以阅读原文：

Kim，J. M.，Jo，Y.，Park，E.，Cho，W.，Choi，J.，& Chang，H.（2012）. “The Relationship between Economic Status and Mortality of South Koreans，as It Relates to Average Life Expectancy.” *Asia-Pacific Journal of Public Health*，*27*：2443-2457.

数据收集的准备工作

当你经过苦思冥想，去图书馆查阅资料，列出了一系列你和你的指导老师觉得重要并且感兴趣的问题时，你就该着手收集数据了。

数据收集过程包括四个步骤：

1. 建构一个数据收集表来组织你收集的数据。
2. 运用编码策略为数据收集表中的数据命名或赋值。
3. 把收集到的数据集中起来。
4. 把数据输入数据收集表中。

> 你所收集的数据分类越系统，随后的步骤就会越简单。

当完成以上四个步骤之后，你就可以开始分析处理你的数据了。在这一章，我们将从堪萨斯基本能力测验项目中选取 200 个样本分数作为示例，这些分数是从小学生和中学生的测验成绩中收集而来的。

整个堪萨斯州所有 2、4、6、8、10 年级的学生都参加了阅读和数学的基本能力测验。每年有 20 万左右的学生会参加这个测验。这个特定的样本由 200 个学生组成，其中男生 95 名，女生 105 名。数据详见附录 B。你和你的指导老师可以直接从一个个人
117 网站上下载数据（文件名为“Appendix B. xls”），网址为 www. personhighered. com/irc，或者发邮件至邮箱 njs@ku. edu 索要数据。当我们使用一些具体的、简单的统计软件处理这些数据时，请跟随我们的步骤一起试试看，你会喜欢上它的。

样本数据中记录了每一个学生的以下信息：

- 序号。
- 性别。
- 年龄。
- 班级。
- 阅读成绩。
- 数学成绩。

每个学生记录了六类**数据点**（data points）。图 7－1 呈现了一种使用基本的人口学信息组织数据（年级和性别）的方法，它是用 Excel 生成的。

	Data	Gender				
	Count of Gender		Count of Grade		Total Count of Gender	Total Count of Grade
Grade	1	2	1	2		
2	20	19	20	19	39	39
4	16	21	16	21	37	37
6	17	31	17	31	48	48
8	23	18	23	18	41	41
10	19	16	19	16	35	35
Grand Total	95	105	95	105	200	200

图 7－1 附录 B 中数据集的年级（grade）和性别（gender）频次

数据收集过程

既然你已经知道如何去做你的研究，并且你的指导老师和答辩委员会成员都同意你的想法，那么从现在开始就要着手考虑收集数据的过程了。这涉及从联系数据的可能来源和安排数据收集的行程到实际记录某一类型的数据，合适的数据类型有利于组织信息和促进数据分析过程。

> 请你的同事检验你的数据收集表，以确保它易于理解和使用。

建构数据收集表

当你已经知道了要收集哪些信息和从哪里可以收集到这些信息（这是研究的关键部分），下一步你就该考虑制定一个记录信息的结构模式，以使你更加方便地对数据进行统计分析，从而证明你的假设。

想象一下你所收集到的**原始数据**（raw data）是拼图中的一片片小碎片，你的数据处理需要用到把碎片拼成一个完整拼图的策略。当你第一次打开拼图盒子时，里面杂乱地放着一些不同形状和颜色的碎片，就像你刚刚收集来的原始数据一样，混乱而没有统一的标准。而你用来把碎片拼成一个完整拼图的策略正像你最终用来处理数据的统计工具。

研究者收集到原始数据后，第一步要做的就是构建一个**数据收集表**（data collection form）。表 7－1 就是一个可以用来记录成绩以及其他有关测验信息的数据收集表。注意为数据收集表中的一些变量赋予特定的值（如果知道），以使数据输入更加简单容易。

例如，可以把性别变量中“男”赋值为“1”，“女”赋值为“2”。稍后，我们将详细阐述如何为变量赋值。

表7-1　200个样本案例中的前五个样本案例（每一行代表一个案例，每一列代表一个变量）

序号	性别	年级	班级	阅读分数	数学分数
1	2	8	1	55	60
2	2	2	6	41	44
3	1	8	6	46	37
4	2	4	6	56	59
5	2	10	6	45	32

判断一个数据收集表是否清晰简洁的一个标准是把它呈现给一个并不了解你的研究的人看（如你的同班同学）。然后请这个人从原始数据库中选择一个数据输入数据收集表中。他是否知道要做什么，以及怎么做？他是否清楚地知道每一个数据应该输入哪些相应的单元格中？他是否理解每一个变量的含义？对于这些问题，他必须能做出肯定的回答。

设计一个有效的数据收集表的关键是数据收集过程中计划的制订情况。如果测验形式本身包含了你想要记录的变量信息，并且记录的方式适合进一步的统计分析，那么我们就可以选择它作为数据收集表。在试卷或者问卷的上方，你往往有足够大的空间记录所有的相关信息而不仅仅是测验结果，这样你就可以很容易地在首页的上方看到所有的数据而不必费心寻找。这样的计划就可以减少将原始数据转化为适合统计软件分析处理的数据时可能存在的误差。 118

表7-1呈现的是数据收集表中的前五个样本案例。每一列代表一种变量，每一行则涵盖了每一个学生的具体信息。我们将在后面的章节使用200个案例中的五个案例（附录B）来示范如何使用不同的数据处理软件。

记住，你所构建的数据表必须易于理解且方便使用，因为它是原始数据和初步数据分析的重要桥梁。很多研究者都会有两位助手专门负责将原始数据转录到数据表中，以保证数据转录中误差最小。这就是图表有助于记录数据的原因，就像表7-1。使用像Excel一样的电子表格软件，把数据收集表创建为一个电子表格文件，然后打印出来，这或许是最好的方法。这个表格与电脑上显示的表格相符合，这样数据的收集和录入工作将会更加轻松，并且在你最终的研究报告中你将会有一个清晰简洁的数据表征（原始数据）。这个数据已经可以用于分析了。

> 对数据进行备份（甚至备两份），并将其放在安全的地方。

以下是构建一个像表7-1一样的数据收集表的一般建议：

- 一个被试分配一行。如果你的数据需要很多空间，每个被试可能用到一页。
- 一个变量分配一列。
- 使用有列或者格子的纸。
- 被试的序号记录成行，分数或者其他变量记录成列。
- 为你想要收集或者在未来的研究中预期要记录的数据留足够的空间。例如，如果你正在进行的研究以后还会有后续研究，那么你就应该为后续研究的数据预留足够多的空间。
- 当数据收集表完成后，请将其备份并保存在其他地方，以防原始数据或其他收集到的数据毁坏或遗失。如果你使用的是电子表格，那就应该把它至少备份在两个不同的地方。在这章的后面，我还会提醒你备份，因为总是有两种人存在：已经遗失数据的人和将要遗失数据的人。因此请格外小心。

- 每完成一个表格，都要为它标注日期，并以首字母命名。

使用光学扫描仪收集数据 如果你要收集的数据是被试在多个选项（例如多选题）中的回答，那么你或许会考虑使用**光学评分表**（optical scoring sheet）进行计分，因为光学评分表是利用**光学扫描仪**（optical scanner）进行评分的。这样的评分方式你可能也接触过，例如大学入学考试和 SAT 都是运用光学扫描仪来评分的。

通过光学评分表，被试的回答会被光学扫描仪识别出来，并与常模进行比较。光学扫描仪会分别记录正确的和错误的回答，并会在问卷的最上方给出总分。使用光学扫描仪有哪些好处呢？

- 加快评分进程。想象一下如果是手工输入 50 个被试的测验数据，而每个测验又有 100 个项目，将会占用多少时间。
- 光学扫描仪比人工计分更准确，通常不会出现错误。有趣的是，近几年来，大型测量公司报告了越来越多由光学扫描仪的失误导致的不准确的结果，比如当评分表受潮时，评分的结果就会不准确。
- 光学扫描仪还可以帮助分析每一个项目的属性，比如在第 6 章提到的测验项目的难度和区分度分析。即使是遇到不用项目分析的问卷，你也一样可以使用一些软件来帮你表征一个结果的特定输出形态。

这些仪器贵吗？答案是肯定的。它们会占用掉研究预算的较大部分，但是它们在其他方面节省的时间和金钱远远超过了它们本身的价值。只要想象当你完成数据收集工作的同时也完成了数据分析的工作，你就会觉得这个花费是值得的。

所以如果你可以使用光学评分表，请将你的原始数据输入光学评分表中进行评分，这样不但可以减轻你的工作量，还会增加评分的准确性。光学评分表通常在所有的大学都能得到使用。一些公司甚至设计了一些只能使用光学评分表评分的测验，以使本公司获得测验的评分工作。

但是，我们需要注意到，虽然光学评分表是个很有吸引力的评分工具，并且会节省很多的时间，但千万不能进入这样的误区：光学评分表是唯一能进行数据收集和评分的工具。如果你有这样的想法，那么你最终得到的结果就会被模式化，并且不符合你最初的假设。

119 **使用新技术** 毫无疑问，像光学扫描仪这样的工具是可靠和高效的，但是也有许多新技术让数据收集（和分析）更加便利。

众所周知，手机在日常生活中无处不在，智能手机的设计和使用正是我们关注的焦点。这些微型计算机，使用苹果操作系统或安卓操作系统，正变得越来越容易编程和定制，这正可以达到我们讨论的数据收集、分析的目的。事实上，这些工具在研究中如何运用，在于研究者的创造力和智慧：在开始数据收集阶段时，看看这些工具是否有所助益。

数据编码

当原始数据（例如测验小册）转换成适合于数据分析的格式时，需要对数据进行编码。无论你使用传统的纸笔或先进的智能手机（能自动输入数据并分析），这种编码行为都很重要。要记住的一件重要事情是，你应该能够查看数据编码表并准确地知道输入内容的性质。

比如，学生的性别可能是男或女。在实际的数据收集表中，代表性别的值标签中不能直接输入“男”或“女”。相反，学生的性别这一变量需要编码，将“男”定义为“1”，“女”定义为“2”（见表7-1）。在这个例子中，性别被赋值为“1”或“2”。类似地，在录入族群或者任何其他类别变量时，可以用0到9（变量的类别少于10）为它们赋值。在表7-2中，你可以看到一些不同类型的数据，以及这些不同的数据类型是如何被编码的。

进行数据编码时，编码系统越简单越好。

表7-2 数据编码和使用编码以提供尽可能多的信息

变量	数据取值区间	举例
序号	001到200	138
性别	1或2	2
年级	1、2、4、6、8或10	4
班级	1到6	1
阅读成绩	1到100	78
数学成绩	1到100	69

使用数字（而不是单词）不仅可以节省空间和时间，而且在分析数据时也可以更准确。记住，越是高级的测量手段，它所传递的信息将会越丰富。

进行数据**编码**（coding）时要遵循一条准则，即选择的代码既要能最大限度地降低数据的凌乱度，又要能清楚准确地代表变量的含义，不能使数据失去其本身的含义。例如，在给一个四年级的男生编码时，最好是用“4”来代表年级，“1”代表性别。你最好不要用一些字母（如“Fs”或“Ms”），因为它们难以进行数据分析。除此之外，在编码时也不要把不同种类的变量结合在一起，比如说用“41”（代表4和1）来表示四年级（4）和男（1）。这样做的问题在于，在稍后的数据分析中，你会很难把它们作为年级和性别两个因素分开，使得数据失去原本的价值。

原则是，在进行数据编码时要尽可能使变量既清晰明确又相互独立。在数据处理时可以将一些变量联合起来。从一开始就这么做。但是，也要意识到所有的数据都不是像简单的“1”或“2”那样“干净的”。这些数字可以定义性别，但如果结果属于不清晰的类别，或者完全不属于任何类别（如访谈资料的转录和编码）呢？在这些情况下必须艰难地决定如何将数据编码，通常最好是随着输入进行，征求顾问或同事的建议。

数据收集的十条建议

不要听别人说数据收集是一个漫长并且严密的过程，即使只是让一群家长完成一份简单的、一页纸的问卷。数据收集过程或许会占掉你研究的大部分时间。

这十条建议可以保证你能准确收集你想要的数据，但并不像那种“刻在石头上的”十条建议。不过如果你按照这十条建议进行数据收集，你就可以避免一些潜在的不可挽回的错误。

第一，经过烦琐的过程得到机构审查委员会的允许，并授权给你收集数据的权限。这一点在稍后的篇幅中还会继续阐述。机构审查委员会成员可以保证你的数据收集模式以及许可文件是合适而有效的，并且也可以为你的努力提供保障。这一步非常重要，不容小觑。

第二，当你开始思考如何设计你的研究过程时，也开始思考你将收集何种类型的数据来验证假设。 120

第三，当你思考你将要收集的数据类型时，请同时考虑你将通过哪些途径获得数据。如果你是通过在图书馆查阅资料获得史料型数据，或者你要使用前人研究中已经收集好的数据（这是一个很好的途径），那么你就会较少遇到逻辑方面的问题。但是如果你想要研究新生儿和父母之间的互动，或者研究教师对工会所持的态度，再或者研究50岁以上的人认为自己多少岁才算老，那又该怎样做呢？以上列举的问题都需要被试提供答案，但是找这样的被试也是一件很困难的事。从现在开始就着手去找。

第四，确保你要使用的数据收集模式是简洁易用的。用一些模拟的或者自编的数据来尝试将原始数据输入数据收集表来看看其是否简单方便。

第五，当你将数据输入数据收集表中后，请将其备份并保存在不同的地方。这并不是表示你要将每一个被试的原始数据保存一遍，就以问卷或图表的形式呈现它。相反，一旦你完成了数据评分，并且成功地将其输入数据收集表中，请为它在不同的地方保存一个备份。如果你是在电脑上输入数据的，请为它保存备份。请再次记住，因为总是有两种人存在：已经遗失数据的人和将要遗失数据的人。

第六，在收集和转录数据时，不要依赖任何人，除非你已经系统地培训过他们，并且你确信他们像你一样理解你的数据收集过程。有人帮你收集数据是一件很好的事情，这会使你们在数据收集过程中总是斗志昂扬。但是除非你的助手能够胜任你的研究中的一切问题，否则你的辛苦工作和计划就不得不放弃。

> 如果是其他人帮你进行数据收集和数据编码，请你务必监督这个过程，并且确保他们受到过足够的训练。

第七，制定一个详细的日程表来分配你将收集数据的时间和地点。如果你要去三所学校，给每所学校里的50名学生做一个历时10分钟的测验，一共需要25小时。这并不意味着你只要在你的日程表中为这个项目留出25小时的时间即可。你是否考虑了从一所学校到另外一所学校需要花费的时间？如果轮到某一学生进行测验，而这一学生却在洗手间，你就得花10分钟去等他回来。再比如，你计划好做测验的那一天却有不速之客到来。要准备充足，在你的日程表上为一些不可预料的事情预留25%～50%的时间。不要过分自信地认为自己已经准备充足，不需要另外预留时间。事前做好准备总比事后后悔好。

第八，尽可能拓宽你可能的数据来源。由于你已经对你所要研究的主题了解于心，你或许也知道了你想要找的被试类型或者在你寻找被试时哪些人会帮助到你。如果你是在高等教育区，那么或许会有很多人与你竞争相同的被试群。那么，你为什么不尝试走出校园，尝试在社会团体、民间组织或者医院调查？在这些地方，你不需要太多竞争就能够得到被试。

第九，试图去联系那些错过了测验或者是访谈的被试，安排他们重新参加测验。一旦你习惯于忽略潜在的被试，那么你的样本量就会不断减少。有趣的是，许多研究者发现，从那些退出测验的被试得到的数据是不同于那些坚持完成测验的被试的，因此中途退出者并不是随机出现的，而坚持完成测验的被试的数据会有偏差成分。

第十，永远不要丢弃原始数据，如测验小册、访谈记录等等原始资料。其他的研究者可能会用到你的数据，或者你可能会重新使用你的原始数据以做进一步的研究。

自我测试

在数据收集的过程中，以上十条建议哪些是至关重要的？选择三条你觉得重要的，详细阐述其含义并说明不遵循它们的后果。

数据分析的准备工作

你已经花了很多时间制订一个很有价值的研究计划和一个有用的数据收集模式，并且又用六个月的时间去收集数据并将其转录为可以分析处理的格式。那么，下一步该做什么呢？

首先，通过**描述统计**（descriptive statistics），你可以对你所收集到的数据分布的一些特征进行描述，比如某一变量的平均数或者是一组数据与另一组数据之间的差异程度。最终，通过描述统计对数据的检验，你就可以通过**推论统计**（inferential statistics）来帮助你下结论，即你所收集到的数据是否可以证实你的原始假设，如何将你的研究结果推广到更多的人中间，而不仅仅是参与测验的被试。

本章的余下内容将探讨描述统计的相关问题。第 8 章将探讨推论统计。 121

你是否曾想象过你不得不参加一门课程，在这门课程中统计这个令人生畏的词总是一遍又一遍地出现。好吧，马上你就要开始学习研究过程中这个有趣的环节了。通过学习，你可能会喜欢上一组强大的统计工具。由于在这个研究过程中会出现许多令人焦虑和不安的情况，这里会给你一些指示，以确保你不会成为甚至没有尝试就说“我做不了”的人。

- 通读本章余下的部分，无须较多地注意列举的例子。对本章余下内容的框架结构和知识涵盖面有一个概括性的了解。
- 从本节的开头部分开始，认真地、一步一步地效仿文中呈现的例子。如果遇到疑问，就回到第一步，重新开始。
- 如果某一部分对你来说非常难懂，那么不妨先休息一下，然后再回到你能很清楚地理解的那一部分内容或习题。从这部分开始继续向下学习。
- 记住，统计最重要的是理解和运用一些简单和基本的假设。统计并不是高等数学。学习它其实是一个循序渐进的过程，它能帮助你思考如何采取特殊手段解决特殊问题。它是很酷的解决问题的方式，能带给你从未有过的洞察。

在做练习题时，请结合使用手算和计算器演算，以确保你理解上述基本操作。在使用电脑时用 Excel 的分析工具包。这些工具你练习使用得越多，你就越能更好地利用这些工具来了解你的数据。

描述统计

分析数据的第一步就是描述数据。描述数据通常意味着计算一组描述统计量，之所以这样命名，是因为它们描述的是**分数分布**（distribution of scores）的一些总体特征。事实上，它们为研究者（或者是阅读研究报告的读者）提供了关于“数据呈什么样子”的准确的第一印象。

在探讨各种不同类型的描述统计量之前，我们应该先弄清楚什么是分数分布，以及它是如何帮助你更好地理解数据的。

分数分布

如果你询问你好朋友的年龄，你就会得到这个个体的一个方面的信息，或称为一个数据点。如果你要收集多个个体某一方面的信息，比如你要收集全班同学的年龄，你就会得到一系列数据和一些数据点。两个或两个以上的数据点就可以组成一种类型的分数分布。例如，图7-2介绍了描述分数分布的一种方法，它运用直方图来呈现200个学生的数学成绩的分布（你仍然可以在附录B中找到这些分数），你也可以登录 http://www.personhighered.com/salkind/，并在页面右下方点击链接“exploring research (9th Edition) Data Sets”下载数据。顺便说一下，这幅直方图也是通过Excel生成的。

122

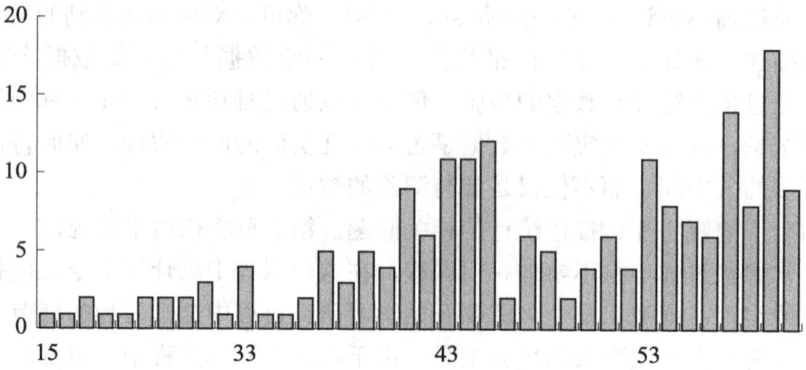

图7-2　2～10年级学生数学成绩的分布

分数分布中的每一个分数代表一个数据点。

在图7-2中，纵轴（*Y*轴）表示特定分数出现的频数。横轴（*X*轴）表示该分数的值。在这幅图中，频数分布间距为5。例如，从图中可以看出，大约刚好有20个学生的成绩是在15～33之间。你可以通过视觉上对直方图形状的感观，做出一些关于这200个学生成绩分布的判断。

- 大部分学生的成绩分布在分值较高的部分。
- 大多数学生的成绩在59分左右。

分数分布的比较

比较不同的分数分布之间的差异是研究者经常要做的一项工作，在这一章中我们会详细介绍几种比较分数分布差异的方法，包括集中量数、离中量数以及标准分数的比较。每一种方法都会帮助我们更好地理解不同的分数分布之间的差异。

集中量数

集中量数（measures of central tendency）是一组分数集中程度的代表，并且是最能代表一组分数或其分布的值。这里介绍三种类型的集中量数：平均数、中数和众数。

> 平均数、中数和众数都是集中量数。

平均数　**平均数**（mean）是将所有的分数累加，再用这个分数的个数去除分数总和。在以前的学习中，你可能已经学习过如何求平均数，但是你把它当成了一般意义上的平均数。例如，你的汽车的平均油费或者是过去三个学期的平均绩点。

平均数分为许多不同的类型，这里所探讨的是算术平均数，是最常用的一种集中量数。计算算术平均数的公式为：

$$\overline{X}=\frac{\sum X}{n}$$

式中，$\overline{X}$（读作*X*拔）表示一组分数的算术平均数，$\sum$（连加的符号）表示将其后的所有分数都加起来，*X*表示一组分数中的每一个单独的分数，*n*表示一组分数的个数，即用来计算平均数的样本量。

以下是计算平均数的步骤：

1. 将所有的分数相加得到总和。

2. 用分数个数去除分数总和。

例如，前10个学生阅读成绩的平均数为47.3。前10个分数分别是55、41、46、56、45、46、58、41、50和35。它们相加的总和是473，除以10（分数个数）就是47.3。

在这个例子中，47.3是最能代表这组分数集中趋势的数值。附录B中，这200个学生阅读成绩的平均数为48.6，数学成绩的算术平均数为47.4。这些数字是通过以上所讲述的方法获得的，即将200个分数相加求总和，再除以分数的个数（200）。

其他变量的平均数可以通过相同的方法求得。但是，就像你在第5章所学的，将称名变量加起来求和是没有意义的（如将被试的序号或性别代码相加），因为所得的结果不代表任何含义（想象一下：你将男生和女生加起来除以2会得到什么呢?）。

中数　**中数**（median）是按顺序排在一起的分数中居于中间位置的数。例如，一组简单的分数1、3、5，中数就是3。如果在这组分数中再加入7，那么它的中数就是位于3和5之间的那个数，即4。在这组分数中，有一半的分数比4大，一半的分数比4小。

> 当一组分数中存在极端数值时，中数是最佳选择。

分数个数为奇数时，计算中数的步骤如下：

1. 将分数按照从小到大的顺序排列。

2. 计算出分数的个数。

3. 找出位于中间的那个数即为中数。

例如，以下是一组二年级学生阅读成绩的数列，它由15个分数按照从小到大的顺序排列而成。数列中第八个数（即排在第八个位置上的数）即为中数。在这个数列中，中数是43。

31　33　35　38　40　41　42　43　44　46　47　48　49　50　51

分数个数为偶数时，计算中数的步骤如下： 123

1. 将分数按照从小到大的顺序排列。

2. 计算出分数的个数。

3. 算出位于中间的两个数的平均数即为中数。

例如，以下是一组由14个分数按照从小到大的顺序排列而成的数列。将第七个数和第八个数（即位于数列第七个位置上的42和第八个位置上的43）加起来除以2即为它的中数42.5。

31　33　35　38　40　41　42　43　44　46　47　48　49　50

众数　**众数**（mode）是指在频数分布中出现次数最多的那个数。需要注意的是，众数不是分数出现的次数，而是出现次数最多的那个分数本身。例如有一组分数为：

58　27　24　41　27　26　41　53　14　29　41　53　47　28　56

众数是41。对于初学者来说，最容易犯的错误是把这个分数出现的次数（3，即在这个例子中数字41出现的次数）当成众数而不是这个分数本身。

当一组分数是称名数据时，最适合用众数衡量集中趋势，如性别。本章所引用的数据集中，性别的众数是女，因为这200个被试由105个女被试和95个男被试组成。再一次强调，众数并不是“女”出现的次数105。当你想快速而粗略地了解哪个班级或哪种类别出现的次数最多时，众数是最好的选择。

三者的适用范围　平均数、中数、众数三者代表了不同的含义，其适用范围也不尽相同。表7-3总结了三者的适用范围。就像你在表中所看到的，三者的使用取决于你所收集到的数据的类型。就像你所记得的，越是高级的测量手段，它所传递的信息将会越丰富，也将会更加有力地论证你的观点。

表7-3　集中量数及其相应的测量水平

集中量数	测量水平	举例
众数	称名	眼睛颜色、党派
中数	顺序	班级的排名、出生的顺序
平均数	等距或比率	反应时、年龄

例如，当所描述的数据类型是等距或比率数据时（如反应时），就应该选择平均数描述其集中趋势，它会比中数和众数提供更多的相关信息。总而言之，只要数据符合条件就应该选择采用平均数。

当所要描述的数据类型是顺序数据时，最好选择中数描述其集中趋势。例如，数列7，22，24，50，66，76，100，与数列49，50，51，有相同的中数50，但是二者在分布上却千差万别。

当一组分数中存在极端分数时，中数是最佳选择。例如，以下是五个人的薪资：＄21 500，＄27 600，＄32 000，＄18 750，＄82 000。中数是最中间的（第三位）＄27 600。然而，平均数是＄36 370。这两个值之间存在很大的差异。那么你认为哪一个更能代表这五个人的薪资状况呢？为什么？如果你认为是中数，恭喜你，回答正确。事实上，平均数（＄36 370）比数列中第二大的值（＄32 000）还要大很多。此时，平均数并不能很好地作为集中趋势的代表值。从这个例子中，你或许可以总结出，当一组分数分布得不均匀或不平衡时，最好选择中数来描述其集中趋势。＄82 000这个极端数据点使得该数列必须用中数来描述其分布情况。

当所要描述的数据类型是称名数据时，就应该选择众数描述其集中趋势，如性别、头发颜色、族群、学校、所属组织等。在一般的研究报告中很少会提到众数（因为描述称名变量的集中趋势意义不大），但是众数却是唯一能够很好地代表称名变量集中趋势的值。

124 显然，平均数能够反映总体的综合特征，因此它是应用最普遍的一种集中量数。因此，研究者一般会选择研究那些可以计算平均数的变量。

自我测试

正如以上你所学到的，至少存在三种不同的集中量数。理解它们的含义，并分别举例说明你会使用何种类型的集中量数来处理不同类型的数据（提示：你可以将"类型"理解为测量的不同水平）。

你与Excel——集中量数的运算方法

Excel提供了它最宝贵的模块之一，即数据分析工具包，它允许你在Excel电子表格或工作簿执行从简单到复杂的数据分析。

无论你使用的Excel是哪个版本，我们通过本章和第8章来说明如何使用Excel执行一个特定类型的分析，无论是基于Windows还是Mac系统，你都应该能执行这些操作。

遵循这些步骤，使用 Excel 来计算描述统计量。这些操作所执行的 200 个案例的样本数据见附录 B。

1. 确保样本文件是打开的。
2. 单击 Excel 功能区的“数据”选项卡。
3. 在“数据”选项卡的右边，点击“数据分析”。如果你看不到它，你需要在你的 Excel 上安装插件（在文件菜单）。你会看到如图 7-3 所示的“数据分析”对话框。

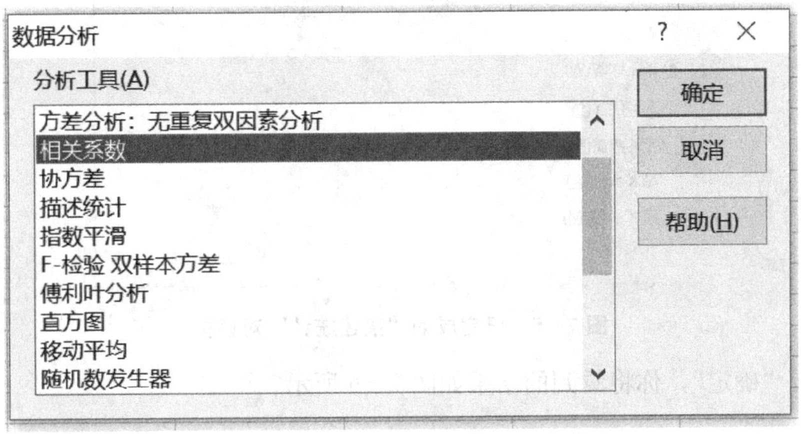

图 7-3　“数据分析”对话框

4. 双击“描述统计”选项，你将看到“描述统计”对话框，如图 7-4 所示。

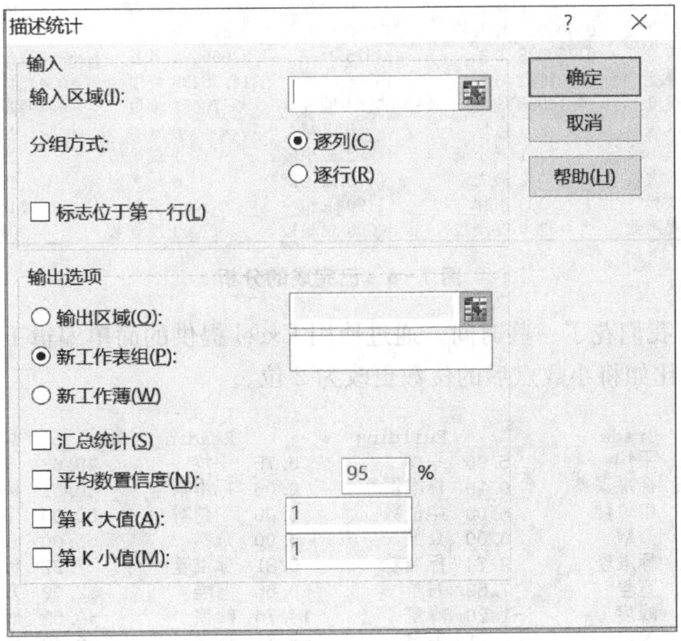

图 7-4　“描述统计”对话框

5. 在“输入区域”框中，输入值 A1：F201。这是要分析的数据的范围。
6. 点击选中“标志位于第一行”。
7. 点击“输出区域”按钮并输入值 H1。
8. 点击选中“汇总统计”。对话框应该如图 7-5 所示。

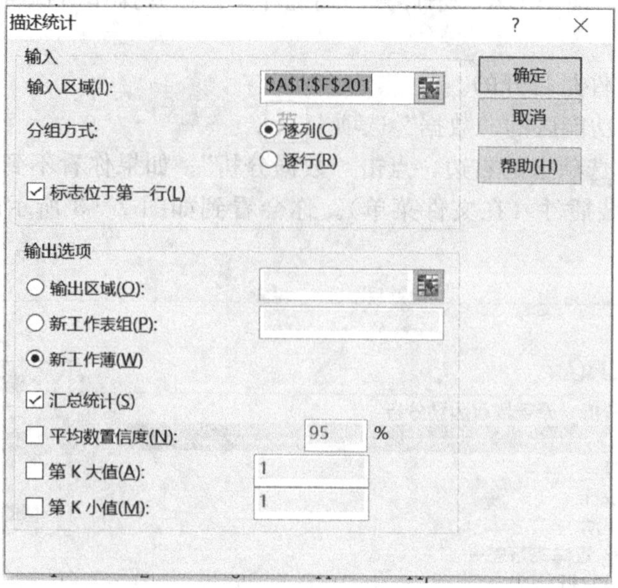

图 7-5　已完成的“描述统计”对话框

9. 点击“确定”，你将看到的结果如图 7-6 所示。

ID		Gender		Grade		Building		Reading score		Mathematics score	
平均	100.5	平均	1.525	平均	5.95	平均	5.75	平均	48.705	平均	47.37
标准误差	4.092676	标准误差	0.0354	标准误差	0.193584	标准误差	0.057481	标准误差	0.519025	标准误差	0.708821
中位数	100.5	中位数	2	中位数	6	中位数	6	中位数	50	中位数	48
众数	#N/A	众数	2	众数	6	众数	6	众数	55	众数	59
标准差	57.87918	标准差	0.500628	标准差	2.737695	标准差	0.812899	标准差	7.34012	标准差	10.02425
方差	3350	方差	0.250628	方差	7.494975	方差	0.660804	方差	53.87736	方差	100.4855
峰度	-1.2	峰度	-2.01002	峰度	-1.18788	峰度	14.76435	峰度	-0.41345	峰度	0.428336
偏度	-7.2E-17	偏度	-0.10088	偏度	-0.00204	偏度	-3.70651	偏度	-0.40928	偏度	-0.83602
区域	199	区域	1	区域	8	区域	5	区域	41	区域	45
最小值	1	最小值	1	最小值	2	最小值	1	最小值	27	最小值	15
最大值	200	最大值	2	最大值	10	最大值	6	最大值	68	最大值	60
求和	20100	求和	305	求和	1190	求和	1150	求和	9741	求和	9474
观测数	200	观测数	200	观测数	200	观测数	200	观测数	200	观测数	200

图 7-6　已完成的分析

在图 7-7，我们花了一些时间，通过使用 Excel 提供的简单编辑工具，使输出看起来更有吸引力，比如将小数点后的位数更改为 2 位。

Gender		Grade		Building		Reading score		Mathematics score	
平均	1.53	平均	5.96	平均	5.75	平均	48.63	平均	47.37
标准误差	0.04	标准误差	0.19	标准误差	0.06	标准误差	0.51	标准误差	0.71
中位数	2.00	中位数	6.00	中位数	6.00	中位数	50.00	中位数	48.00
众数	2.00	众数	6.00	众数	6.00	众数	55.00	众数	59.00
标准差	0.50	标准差	2.74	标准差	0.81	标准差	7.22	标准差	10.02
方差	0.25	方差	7.52	方差	0.66	方差	52.09	方差	100.38
峰度	-2.01	峰度	-1.20	峰度	14.76	峰度	-0.52	峰度	0.43
偏度	-0.10	偏度	-0.01	偏度	-3.71	偏度	-0.49	偏度	-0.84
区域	1.00	区域	8.00	区域	5.00	区域	33.00	区域	45.00
最小值	1.00	最小值	2.00	最小值	1.00	最小值	27.00	最小值	15.00
最大值	2.00	最大值	10.00	最大值	6.00	最大值	60.00	最大值	60.00
求和	305.00	求和	1192.00	求和	1150.00	求和	9726.00	求和	9473.00
观测数	200.00	观测数	200.00	观测数	200.00	观测数	200.00	观测数	200.00

图 7-7　描述统计结果输出

差异量数

你刚刚已经学习了不同类型的集中量数是如何描述一组分数的特征的。但是集中量数并不能完整地描述一组分数的全部特征。一组分数还有一种非常重要的属性，即变异性。

变异性（variability）是指分数分布中分数彼此离散的程度。它也可以用来衡量两组拥有相同平均数的分数的差异程度。例如，数列 1，3，5，7，9 的离散程度远远高于数列 3，4，5，6，7 的离散程度，即使它们拥有相同的平均数 5。即使平均数相同，不同的数列也会有不同的分数分布情况。例子中前一个数列的离散程度就高于后一个数列。

差异量数有很多种类型，下面将分别介绍它们。

全距

全距（range）是把一组分数按从小到大的顺序排列，用最大值减去最小值所得的数。它是说明分数离散程度的最简单、最直接的统计量。

全距的特点：快速、相对缺乏准确性，但是简单方便。

例如，以下一组分数：

31 33 35 38 40 40 41 41 41 42 43 44 46 47 48 48 49 49 50 51

全距就是 20（51－31）。在本章所引用的数据集中（因为太大，这里就不再一一罗列出来），数学成绩的全距是 45（60－15）。全距是最粗糙的量数，它只是利用数据中的极端值对数据集的离散程度做了一个大致的描述。

标准差

标准差（standard deviation）是最常用的描述分数分布离散程度的差异变量，也是统计软件中最常出现的表示分数离中趋势的统计量。标准差（用 s 表示）是分数分布中所有原始分数与平均数离差绝对值的平均值。标准差越大，一组分数的离散程度就越高，如果数列中每一个单一的分数都是相同的，例如数列 10，10，10，10，那么这组分数就没有差异性，标准差为 0。

标准差的计算公式为：

$$s=\sqrt{\frac{\sum(X-\overline{X})^2}{n-1}}$$

式中，s 表示标准差，$\sum$表示一组分数的总和，X 表示每一个单独的分数，$\overline{X}$ 表示一组分数的平均数，n 表示一组分数的个数。 126

按照表 7-4 中的步骤计算出下列这组分数的标准差：

13 14 15 12 13 14 13 16 15 9

1. 列出所有的原始分数，计算出其平均数（13.4）。
2. 用每一个原始分数减去平均数（13.4），并记录在表中名为“离均差”的那一列。注意，离均差之和为 0。

   想象一下如果标准差被定义为离均差的平均值会如何？或许你会想知道既然离均差的平均数已经计算出来了，为什么还要继续算下去？因为离均差的平均数恒定为 0（稍后会解释这一现象）。为了避免 0 值的出现，离均差必须要平方。

3. 将离均差平方，并记录在名为“离均差的平方”的那一列。
4. 将离均差的平方加总（34.4）。

表7-4　原始分数、离均差及其平方

原始分数 (X)	离均差 ($X-\overline{X}$)	离均差的平方 $(X-\overline{X})^2$
13	−0.4	0.16
14	0.6	0.36
15	1.6	2.56
12	−1.4	1.96
13	−0.4	0.16
14	0.6	0.36
13	−0.4	0.16
16	2.6	6.76
15	1.6	2.56
9	−4.4	19.36
$\overline{X}=13.4$	$\sum=0$	$\sum=34.4$

5. 用分数总个数（9）减去1去除离均差的平方和（34.4），得出3.82。

   用9而不是10去除离均差的平方和，是因为你宁可选择保守，人工地增加标准差的数值。你可能会发现，随着样本量的增大（如从10扩大到100），在分母上减1的调整，会使有偏值（分母为样本量）和无偏值（分母为样本量减1）之间的差异越来越小。

6. 将3.82开平方，得到正平方根1.95，即为标准差。去掉烦琐的开平方这一过程，或许是你所期待的，对吗？

你会思考为什么要开平方吗？因为你想回到原来列出的数值，所以你得把在第三步中平方了的数值（为了避免出现负的离均差，否则它们加起来的结果是0，标准差就会是0!）再一次开平方。

在计算标准差的过程中，你会发现一些很有趣的数字。比如说离均差的和。你知道为什么它恒定为0吗？因为平均数所代表的意义使得离均差的和恒等于0。如果离均差的总和不等于0，那么只有两种情况：要么平均数计算错误，要么离均差计算错误。

还有一种差异量数在研究报告中也常常可以看到，即**方差**（variance），它是标准差的平方。方差的计算公式就是将标准差的计算公式去掉根号。因此，标准差的平方是方差，方差的正平方根是标准差。方差用s^2表示。

在我们所引用的200个学生阅读和数学成绩的分数中，阅读成绩的标准差是7.22，方差是52.13。数学成绩的标准差是10.02，方差是100.40。

自我测试

变异性是生活的情趣所在。你知道理解分数分布的变异性的重要作用吗？

理解分布

前面讨论了几种不同类型的集中量数和差异量数，但是你只需要计算出平均数和标准差这两个统计量就可以很好地理解一组分数的分布特征。有了这两个描述统计量，你就可以全面地理解分数分布特征及其含义。 127

正态（钟形）曲线

观察图 7－8 的形状。

这就是通常所说的**正态曲线**（normal curve）或钟形曲线。正态曲线的形状描述了变量（例如身高和体重）的分布特征，它本身有一些有趣的特点：

正态曲线总是对称的。

- 平均数、中数、众数三者相等（用沿曲线顶端向下的垂线与 X 轴的交点来表示）。
- 形式对称，对称点是中央点，也是最高的点。
- 两端向 X 轴无限逼近，但永远不能相交。也就是说，曲线具有渐近性。

事实上，许多推论统计（详见第 8 章）的前提条件都是假设样本分数呈正态分布。

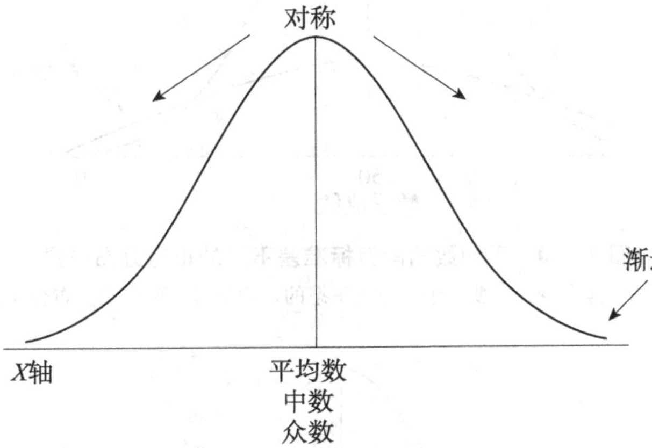

图 7－8 正态（钟形）曲线

上图是一幅形状完美的理论上的正态曲线图（现实生活中的正态曲线图并没有这么完美），那么我们如何利用它更好地理解分数分布特征呢？

首先我们来探讨在正态曲线中平均数和标准差的特点和作用，然后再讨论标准分数的相关概念。

平均数和标准差

首先，不同的正态曲线会有显著的差异。例如，图 7－9 中的两个正态曲线，标准差相同，但平均数不同。而图 7－10 中的两个正态曲线则相反，平均数相同，标准差不同。

不论平均数落在 X 轴的哪一处位置，除了上面所提到的三个特征外，正态曲线还有如下特征：

在正态分布中，平均数向左或右各延伸 1 个标准差（不管标准差的数值是多少），所包括的面积总是总面积的 34%（实际上是 34.12%），如图 7－11 所示。也就是说，如果这 200 个学生的数学成绩的平均数是 47.37，标准差是 10.02，那么在数值 47.37 和 57.39（平均数加上 1 个标准差）之间包含了 34%的分数，另外还有 34%的分数位于 128

数值 37.35（平均数减去 1 个标准差）和 47.37 之间。

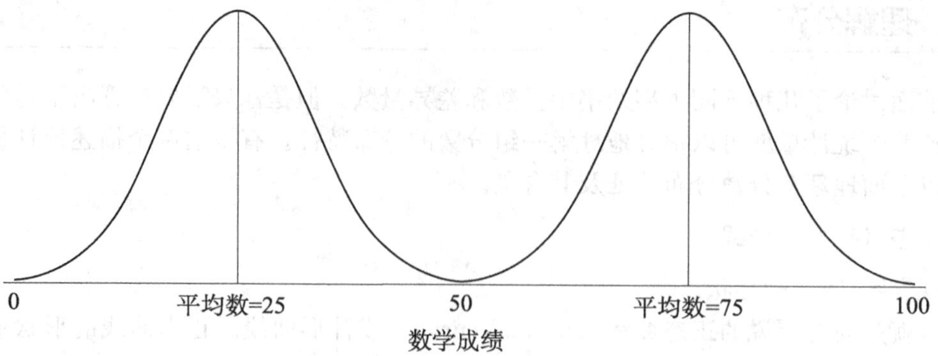

图 7-9　标准差相同但平均数不同的正态分布形式

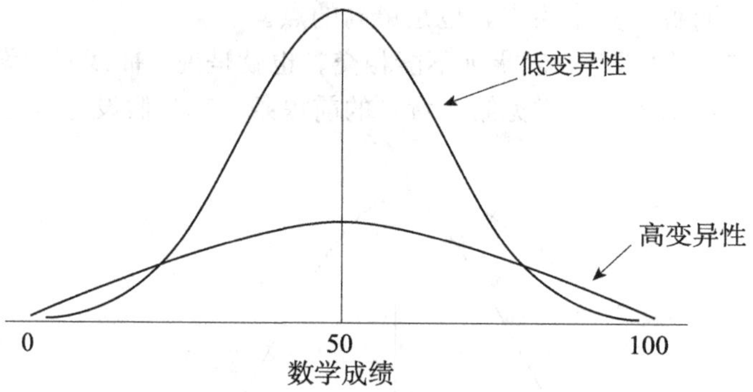

图 7-10　平均数相同但标准差不同的正态分布形式

不管平均数或标准差的值是多少，只要一个分布是正态的，你就可以预计到分布会在多少百分比处下降。

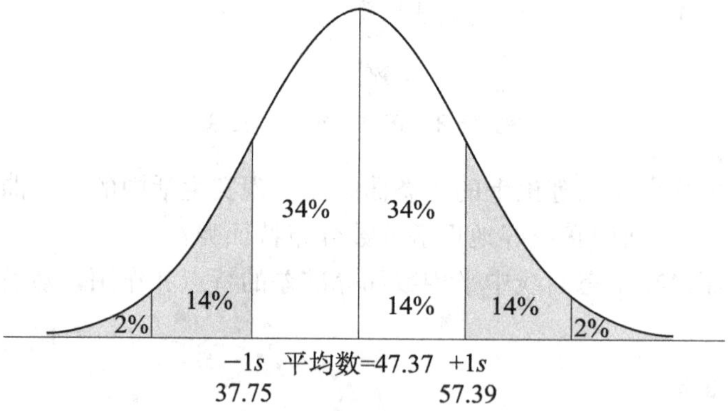

图 7-11　正态曲线下单位标准差面积比例

无论平均数和标准差的数值是多少，如果是正态分布，你就能准确地知道落在某一部分的案例的百分比。

34%这个数字是独立于平均数或标准差的，它不随平均数或标准差的变化而变化。正态曲线的这个特点是由其自身的形状所决定的，与任何描述统计量无关。如果你在卡片上画一个正态曲线，然后剪掉平均数和平均数加上或减去 1 个标准差之间的那部分面积，你会发现这部分卡片的面积刚好占总面积的 34%。

你能看到正态曲线是对称的。因此，在正态分布中，在平均数减去 1 个标准差到平均数加上 1 个标准差之间包括 68%的数值。

129

在我们引用的例子中，68%的分数位于 37.35 和 57.39 之间（见图 7-11）。那么剩下 32%的分数呢？这些分数位于平均数减去 1 个标准差的左边部分以及平均数加上 1 个标准差的右边部分（见图 7－11）。更为准确的是，你可以直接从图中看出位于不同界限内的分数比例之间的差异。由于正态曲线是逐渐向两端下降的，毫无疑问一个数值落在两端的可能性远远小于落在中间的可能性。

标准分数：计算和运用 z 分数

标准分数使得不同分布中的分数的差异性比较更准确、更简单。

之前，我们主要探讨了如何通过平均数和标准差来比较分数分布的差异性。为了获取分数分布差异方面更多的信息，我们要引入 z 分数这一概念。

标准分数（standard scores）是针对那些有相同的参照点和相同的标准差的分数而言的。在一般的研究报告中，出现频率最高的标准分数为 z 分数。z 分数是原始分数与该组分数的平均数的差除以标准差所得到的结果，即表示原始分数在平均数上下几个标准差的位置。

计算 z 分数的公式如下：

$$z=\frac{(X-\overline{X})}{s}$$

式中，z 表示标准分数，X 表示原始分数，$\overline{X}$ 表示一组分数的平均数，s 表示标准差。

例如，如果标准差是 10，某个原始分数是 110，这组原始分数的平均数是 100，那么这个原始分数的 z 分数是：

$$z=\frac{(110-100)}{10}$$

表 7－5 中呈现了表 7－4 中所列的原始分数以及它们相应的 z 分数。凡大于平均数的原始分数的 z 分数为正数，而那些小于平均数的原始分数的 z 分数则是负数。

表 7－5　原始分数及其 z 分数（注意离平均数越远的分数，越容易变成极端值）

原始分数	离均差	z 分数
13	−0.4	−0.20
14	0.6	0.31
15	1.6	0.82
12	−1.4	−0.71
13	−0.4	−0.20
14	0.6	0.31
13	−0.4	−0.20
16	2.6	1.33
15	1.6	0.82
9	−4.4	−2.26

例如，分数 13 的 z 分数是−0.20，那么它就位于平均数 13.4 的下方。如果原始分数等于平均数，其 z 分数就为 0。而当某一分数刚好位于平均数以上 1 个标准差处时，它的 z 分数就为 1。

标准分数最大的价值在于它可以用于比较不同数列中分数之间的差异性。一个简单的例子如表 7－6 所示。

表 7-6　　用 z 分数比较不同分数在各自分布中的相对位置

学生	班级平均分	标准差	原始分数	z 分数
萨拉	90	2	92	1
弥迦	90	4	92	0.5

萨拉所在班级的数学平均分是 90，标准差是 2。她的数学成绩是 92，z 分数是 1。而弥迦所在班级的数学平均分也是 90，并且他的数学成绩也是 92，但是标准差却是萨拉班级的 2 倍即 4，因而他的 z 分数是 0.5。虽然他们得到相同的分数，但是萨拉的 z 分数大于弥迦的 z 分数。换言之，如果他们使用相同的常模，那么萨拉的成绩高于弥迦的成绩。为什么能做出这样的判断呢？

相对于班级里的其他同学，萨拉的成绩是较高的。萨拉班级成绩的离散程度较低，使得这两个相同的分数在各自的班上的相对位置不尽相同。弥迦所在班级成绩的离散程度较大，因此同样的分数在其班级分布较高处的可能性要低于萨拉所在班级。

130 这就是原始分数不能仅仅通过相加求平均数来进行比较的原因。因此当要比较来自不同分数分布中原始分数之间的差异性时，就必须要用到 z 分数或其他类型的标准分数。

z 分数的真正意义

z 分数能够表明原始分数在分数分布中的相对位置。例如，在一个平均数是 100、标准差是 10 的数列中，z 分数为 1 的位置表示的是分数 110。类似地，在正态曲线中，不同的 z 分数代表了不同的原始分数。因为在前面的内容中我们已经探讨了正态曲线下单位标准差面积所占比例（见图 7-11），以下论述也是正确的：

- 84%的分数落在值为+1 的 z 分数之下，因为 50%落在均值之下，34%落在均值和值为+1 的 z 分数之间。
- 16%的分数落在值为+1 的 z 分数之上，因为曲线下的全部面积是 100%，84%的分数落在值为+1 的 z 分数之下。

> z 分数不仅能用于比较来自不同分布的分数间的差异性，还能够用于预测某一分数出现的概率。

以上关于不同的 z 分数之间相互关系的各种论断，可以帮助我们理解不同的原始分数在该组分数分布中的位置如何。例如，在一个样本量为 50 的正态分布中，位于平均数之上 1.5 到 2.5 个标准差的原始分数只有三个，或占 6%。通过以上学习，你就能很好地理解这一点。因此，z 分数是一种非常有说服力的统计量。

这些数值可以用百分比来表示，也可以用另外一种名词——概率（probability）来表示。换言之，原始分数位于平均数之上 1.5 到 2.5 个标准差之间的概率是 50 个分数中会有 3 个，100 个中会有 6 个，或者是 0.06，或者是 6%。类似地，原始分数位于平均数之上的概率为 0.50 或者是 50%。

在第 8 章中，概率论作为推论统计的一个重要基础，将被重点阐述。如果我们可以确定结果出现的概率，我们就可以知道特定结果出现或不出现的可能性。通过概率论，我们也可以推断出某一结果不能为我们接受的原因：是偶然因素还是有其他相关的因素？你想知道其他相关的因素有哪些吗？请继续学习第 8 章。

现在你知道为什么比较不同分数在分布中的位置时要用 z 分数而不是原始分数本身了吗？

▼ 小结

有的人喜欢收集数据，而有的人却认为这是一个枯燥乏味的过程。但是无论如何，这都是一个需要花费时间和精力的工作。所有的准备工作已经完成，你把数据集中在一起准备进行一些统计处理。你进行数据收集，将它们转录到数据收集表中，并运用了一些描述统计量来描述这些数据的基本特征。你并不仅仅满足于计算出平均数，但是你至少知道了该如何继续处理和使用你的数据。

▼ 在线资源

➢描述统计入门

如果你并不能完全理解描述统计，或者你觉得统计不够有趣，可登录 http：//www. mste. uiuc. edu/并搜索“descriptive statistics”，了解描述统计在足球运动中的应用。没有开玩笑！

➢神奇的可汗学院

登录 https：//www. khanacademy. org 并搜索“descriptive statistics”，你会找到可汗学院（Khan Academy）提供的范例——清晰且信息丰富的教程。然而，这是学院包含的数千主题的冰山一角——很难相信，除非你亲眼见到。它们对每个人都是永久免费的。很酷吧！

➢z 分数转换器

登录 http：//wise. cgu. edu，进入“tutorial”搜索，就可使用 p 到 z 转换器、正态分布分数到 z 分数转换器。

131

▼ 练习

1. 使用光学扫描仪来取得测试结果的优点和缺点是什么？

2. 使用数字输入分类数据而不是使用单词或字母的优点是什么？

3. 在研究过程中，什么时候是开始寻找参与者的最佳时间？

4. 你已经发现，为了你的研究，你需要 20 个班级的 101 个学生来完成你的问卷。你估计学生通常在 30 分钟内完成问卷。

a. 收集数据的时间应该是多少？

b. 在估算数据收集需要多少时间时，你应该考虑哪些因素？

5. 为什么对那些没有参加你的研究计划的参与者来说，跟进很重要呢？

6. 你正在进行一个性别差异对阅读分数的影响的研究，为此，你调查了三个学区的 1、3、5 三个年级学生的阅读成绩。请你创建一个数据收集表，要求包含以下自变量：性别、学区。确保你的数据收集表中包含足够的信息量，如数据收集者姓名的首字母、收集数据的日期、学生的序号以及其他一些重要的信息。

7. 利用电子表格如 Excel 创建一个含有四个变量的数据集。其中两个变量必须是性别（1 或 2）和组织成员（1：是；2：不是）。然后创建两个因变量，并输入至少 20 个数据。在下面的练习中和下一章中，你将会用到这个数据集。

8. 中数最适合的数据是什么？

9. 某一样本量为 10 的数列，其平均数为 100，标准差为 5，计算以下原始分数的 z 分数：

a. 101

b. 112

c. 97

计算以下 z 分数相对应的原始分数：

a. −0.5

b. 1.1

c. 2.12

为什么你更倾向于使用 z 分数而不是原始分数？使用标准分数的目的是什么？

10. 计算出以下数列的全距、标准差和方差：

5，7，3，4，5，6，7，2，5，3

11. 克莱尔和诺亚都是很用功的学生。以下是他们俩数学和科学的成绩：

学生	数学成绩	科学成绩
克莱尔	87	92
诺亚	78	95
班级平均分	68	84
班级标准差	8.5	11.5

a. 计算克莱尔和诺亚数学成绩的 z 分数。

b. 如果 z 分数越大表示其成绩越好，那么在每一科中，谁的成绩更好？

c. 谁的整体成绩更好一些？

12. 在对来自不同分布的原始分数之间的差异性进行比较时，为什么要使用 z 分数？

13. 如果某一学生成绩的 z 分数为 0，那么和班上其他同学相比，该同学的成绩如何？

14. 如果要描述美国各社会阶层薪资的集中趋势，该如何选择集中量数，是平均数、中数还是众数？为什么？

15. 一组分数的平均数为 100，标准差为 15。原始分数大于等于 115 的学生的百分比是多少？

16. 列出三种集中量数，并为它们下定义。

17. 在分类数据中你应该使用哪一种集中趋势？

18. 为了充分理解数据的分布和分布的意义，可使用的最重要的两种集中量数是什么？

19. 一组分数的方差是 64。标准差的值是多少？

20. 手动或使用 Excel 计算以下两组分数的平均数、中数和众数。

组 1	组 2
1	3
1	2
1	10
4	3
3	7
5	5

21. 附加题：使用你在做第 7 题时创建的数据集。用 Excel 计算出被命名为“文本 1”和“文本 2”的变量的均值。

第 8 章

推论统计

章节概览

- 对推论统计说“Hello”!
- 统计显著性
- 显著性检验
- 显著性对意义
- 元分析
- 小结
- 在线资源
- 练习

在充分理解集中量数、差异量数以及正态曲线功能的基础上，我们可以更好地运用这些统计工具来描述样本的特征。同时这些统计工具还有另一个很好的功能，就是帮你做出明智的决策，从而使你所收集的数据能够准确反映你所要检验的假设的有效性。

在你学会了使用第 7 章所介绍的统计方法来描述一个数据样本之后，下一步就是要学会推论统计的方法。所谓的推论统计就是如何根据你所收集来的较少的样本信息推断出样本所来自的总体的相应信息。

研究实例

你已经知道如何描述一个样本或一个总体，但是如何从样本中获取信息并推论总体呢？这就是推论统计背后的全部概念。

一个很好的例证是，考品州立大学的怀特（D. Mundrae White）研究了 30 名在读生与 30 名毕业生对“大麻在大学生及毕业生中使用的危害性”的看法的差异。他使用了“监测未来调查问卷”（Monitoring the Future Survey）并使用独立样本 t 检验（你会在本章学到），查看不同组别之间的平均值差异，然后从结果中推断取得样本的总体人群，结果无显著性差异。

想要了解更多，可以查看原文：

White，Mundrae D.（2015）. “Perceptions of the Harmful Effects of Marijuana Use：A Comparison between Graduate and Undergraduate College Students.” *Journal of Human Behavior in the Social Environment*，*25*：333-343.

对推论统计说“Hello”！

如果说描述统计是用来描述样本特征的方法，那么推论统计就是根据样本的描述性特征来推断样本所来自的总体的相应信息的一种方法。在这本书的上半部分，我们一直强调好的科学研究都有一个重要的特点，那就是它所选择的样本能够代表样本所来自的总体。可以说样本的代表性越好，根据样本信息所得出的结果就会越可靠。整个推论统计都建立在你可以准确地选择一个样本来最大限度地代表总体这一假设的基础之上。而推论统计首先对选取的样本进行测验（和实验），再根据样本得出的结果来推论总体的信息。

推论如何进行

让我们通过一个研究来了解推论的过程。例如，研究者想要做一个有关青少年在道德困境的处理方式上是否存在性别差异的研究。该研究的一般步骤我们已经在第 1 章介绍过了，下面是研究可能发生的次序：

1. 研究者选择了一些具有代表性的青春期男女，他们能够很好地代表其所属的总体。
2. 每一个被试都接受测验，以评估他们的道德发展水平。
3. 运用某一统计检验方法，将男生组的平均数与女生组的平均数进行比较。

133 4. 可以得出的结论是平均数之间的差异是由偶然因素（也就是性别之外的一些因素是差异的原因）引起的，或者他们之间的差异确实是由性别这一因素引起的。

5. 可以得出这样一个结论，对于样本所属的总体而言，性别在道德发展中有一定的作用。换句话说，我们在对样本数据进行分析的基础上对总体信息做了推论。

选择有代表性的样本是推论统计成功的关键。

自我测试

推论统计和描述统计之间最重要的区别是什么？

偶然性的作用

当对所涉及的变量之间的关系一无所知时，偶然性总是能够对可能存在的任何关系做出最佳的解释。为什么？因为在没有其他信息的情况下，偶然性就是最合理的解释。

对于任何结果而言，偶然性都是首选的最佳解释。

例如，在你排除影响两组青少年道德发展水平差异的所有可能的因素之前，最好的一个解释就是如果两组之间存在差异，这仅仅是由于偶然因素的存在。那么什么是**偶然性**（chance）呢？偶然性就是产生了变异，而这种变异却无法用你所研究的变量进行解释。这就是为什么性别导致男生和女生两组之间差异这一命题不能作为初始假设的原因。在最初，没有任何证据支持这种假设。

作为一个研究者最主要的任务就是减少偶然因素在理解变量之间关系时所起的作用，而这主要是通过控制可能存在的变异来源（比如在前面介绍的实验中引起差异的因素有年龄等等）来实现的。

在第 11 章你将学到更多有关如何控制误差来源（或是如何对你的结果做出相反解释）的知识。如何研究一个相对较小的观测样本以及如何对一个较大的总体做出推论，这些问题的背后隐含着一个基本原理，现在让我们对其进行理解。这种技术（或是潜在的原理）是相当具有吸引力的，它是许多日常科研报告的基础。

中心极限定理

从很多方面看，中心极限定理是推论统计的基础。

由样本获得的结果和能够将这些结果推广到总体之间最重要的联系是一个假设，即从总体中重复取样，会得到一组可以代表总体的分数。如果这个假设不能成立，那么许多（不是所有）推论统计的检验就不能运用。

记得在前面一些章节我们已经讨论过这个问题：你怎样知道样本所属总体是否服从正态分布？答案是不知道，因为你不可能准确地去检验或是估计整个总体的特征。而且从某种意义上讲，**中心极限定理**（central limit theorem）的存在使你甚至不必在意（惊讶！）总体是否呈正态分布。中心极限定理认为不管总体分布形状如何（是正态分布或者不是），从总体中抽取的所有样本的平均数的分布都将是正态分布。这就意味着即使总体分布是 U 形（正好与钟形分布相反），你从这样的总体中抽取样本容量为 30 或是更大的样本，这些样本的平均数的分布依然将是正态分布。你可能会立刻明白这个定理的内容，但是当你再回味一会儿时，你就会考虑当它应用到一些总体真实分布不是正态的或者不是钟形的研究中时，它的真正意义是什么。

最重要的是，这个定理意味着我们在将由样本所获得的结果推广到总体时，不需要知道总体的分布状况。该定理起到相当重要的作用，如果没有这个定理，在可以进行推论的前提下，你将发现将由样本所得到的结果推广到样本所来自得总体是非常困难的。

这个定理成功操作的关键之一是样本容量必须大于 30。如果样本容量小于 30，你需要运用非参数统计或是任意分布法，这些统计方法不受正态分布的约束。

中心极限定理的例子　表 8－1 显示总数为 100 的数据总体，这些分数在 1 到 5 的范围内变化。图 8－1 显示的是这些分数的分布状况（依据分数的频数）。总体平均数是 3.0。正如你所看到的那样，总体呈 U 形分布，当然在现实的研究中，总体不可能被直接观察（否则我们不必对推论感兴趣了!）。但是为了达到解释说明的目的，我们假设这是可能的。

表 8－1　　呈 U 形分布的总数为 100 的总体

1	5	2	5	5
2	3	5	2	1
1	5	1	2	1
4	4	1	5	1
1	5	5	5	1
1	3	1	5	1
4	5	1	4	4
1	3	4	1	5
5	2	5	5	5
1	1	3	5	5
2	5	2	2	1
5	2	4	5	1
5	5	4	5	1
2	4	2	2	1
1	1	1	1	2
4	4	4	3	5
1	1	5	4	1
5	4	5	1	4
3	4	1	4	5
1	1	2	2	5

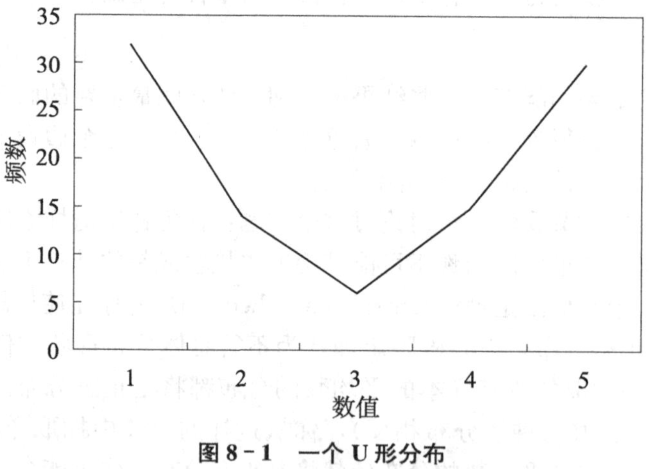

图 8－1　一个 U 形分布

从这个总体中随机抽取一个样本容量为 10 的样本，计算其平均数，它的平均数为 4。现在抽取另一个样本（平均数为 2），依此类推直至抽取 30 个样本容量为 10 的不同
134 样本。表 8－2 显示了这 30 个样本的平均数。

一旦这些平均数被绘制成图（好像它们是一个分数的分布），这个分布正如图 8－2 所显示的那样，接近正态分布。所以无论是一个呈相反分布（那就是如图 8－1 所显示的 U 形分布）的总体还是一个呈如通常的正态分布的总体，我们都可以找出一些分数使之呈正态分布。而且所有平均数（30 个不同样本的平均数）的平均数（2.76）相当接近样本所来自的总体的平均数（3.0）。这是一种巧合吗？不是。X 档案吗？不是。是超自然的力量吗？不是。是奇迹吗？不是。令人惊诧？不是。这只是中心极限定理的力量。

表 8－2　　从样本中产生的 30 个平均数（使用表 8.1 中的数值）

4	3	3
1	2	5
3	3	3
2	3	3
3	2	4
3	2	2
1	3	4
3	1	3
4	3	3
3	2	2

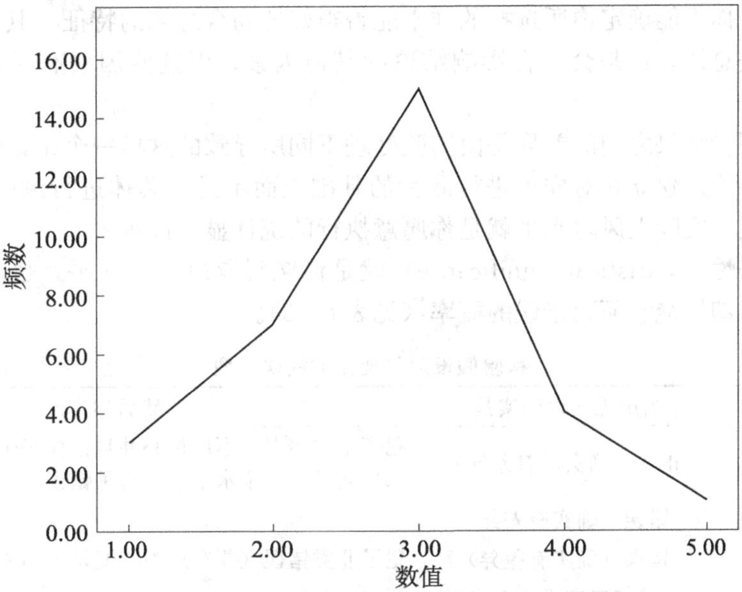

图 8－2　能够体现中心极限定理的样本平均数的分布

中心极限定理是一个很重要的定理，它充分揭示了在样本所属总体确实不服从正态分布的时候，推论统计的强大作用。由于该定理的存在，人们可以根据正态分布的特征对总体的信息进行推论。这个事实说明了中心极限定理为推论统计提供了足够的灵活性。从许多方面讲，它也是实验研究的基础。如果没有推论的存在，整个总体都将要被检验，当然这是一个不合理也不切实际的任务。

自我测试

在讨论推论统计的时候，中心极限定理为什么如此重要？

统计显著性 135

由于取样存在缺陷（因为你不可能选择一个能够和总体特征完全匹配的样本）。在取样过程中会引入某一误差（取样误差）。而且不能够直接对总体的假设进行检验（因为那样不切实际，总体太大），推论统计也可能不那么完美。此外，推论本身就可能犯一些清晰的平常的错误，比如两组之间彼此不相同（从样本数据上可以反映出来），但实际上（在总体中确实存在的情况）它们之间是没有差异的。

例如，研究者有兴趣了解参与学前项目的孩子与未参与学前项目的孩子在学习成绩上是否存在差异。虚无假设是两个群体的学习成绩相等。研究假设是参与学前项目的孩子的平均成绩高于未参与项目的孩子的平均成绩。可以这样做假设吗？

作为一名优秀的研究者，你的工作就是表明（尽你所能）两群体之间所存在的任何差异仅仅是由有学前教育的经历这一因素引起的，而不是其他一些因素或是因素的组合。你可以利用第11章所介绍的技术，控制或是消除任何影响差异的可能原因，比如父母的教育水平、家庭中子女的数目等等。一旦消除了其他潜在的解释变量，唯一留下的对差异的解释就是学前经验的影响了。但是你可以百分之百确定吗？不，你不可以。为什么？首先你不能确定你所选择的样本能否很好地吻合总体的特征。其次即使样本能够很好地代表总体，还是会存在影响结论的其他因素，而这些因素有时也被叫作偶然因素。

在做出测验结果之间的差异是由实验处理不同所导致的这样一个结论时（但是考虑到你所做的结论是建立在对样本进行测验的基础上而不是对总体进行测验），你必须要接受一些风险。实际上风险水平就是你愿意执行的统计显著性水平。

统计显著性（statistical significance）就是你愿意冒风险的水平，也就是当虚无假设正确时，你却拒绝它而犯错误的概率（见表8-3）。

表8-3　　检验假设时可能犯的错误类型

如果你	当虚无假设确实是	然后你
拒绝虚无假设	正确（确实没有差异）	犯了Ⅰ类错误（不用担心并且记住每个人都会在一个水平或是另一个水平上犯这种错误）。
拒绝虚无假设	错误（确实有差异）	
接受虚无假设	错误（确实有差异）	犯了Ⅱ类错误（要有点担心但是也不要过于担心）
接受虚无假设	正确（确实没有差异）	

比如在上面的例子中，虚无假设是两群体之间不存在差异（记住，虚无假设总是以等式的形式表达）。但是，在给你们的数据中，你发现差异确实存在。也就是，考虑到目前为止你所拥有的证据，学前教育的经历似乎对学习成绩有影响。但是在真实的世界
136 中却可能没有差异，如果你拒绝了虚无假设，你将犯一个错误。此类错误就是我们所熟知的**Ⅰ类错误**（Type Ⅰ error）。

犯Ⅰ类错误的概率和统计显著性水平是同一个概念。

显著性水平（level of significance，也称α）有某些常用的值，比如0.01和0.05。例如，如果显著性水平是0.01，就意味着在对任何虚无假设的检验中，在它确实是正确的情况下，你都有1%的可能性拒绝虚无假设，即得到两群体之间有差异的结论而事实上两群体之间并没有差异。如果显著性水平是0.05，就意味着在对任何虚无假设的检验中，在它确实是正确的情况下，你都有5%的可能性拒绝虚无假设，即得到两群体之间有差异的结论而事实上两群体之间并没有差异。注意显著性水平与虚无假设的独立性检验相关，而且“在100个虚无假设的检验中，我犯了5次错误”这种说法是不恰当的。

在研究报告中，统计显著性通常以$p<0.05$表示，读作观测到这种结果的概率小于0.05。在报告或是期刊文章中常简单地表述为“在0.05水平上显著”。

正如表 8－3 所显示的，伴随着 I 类错误，你还可能犯另一种错误。当你不经意地接受错误的虚无假设时，**Ⅱ类错误**（Type Ⅱ error）就会发生。例如，样本组所代表的总体之间确实存在差异而你错误地认为它们之间没有差异。

增加样本容量可以减小犯Ⅱ类错误的概率。

就理想状态而言，你想同时减小 I 类错误和Ⅱ类错误，但这总是很难实现或很难控制的。你可以完全控制 I 类错误的水平或是你所愿意承担的风险，因为你可以设置风险水平。Ⅱ类错误就不像 I 类错误那样可以直接控制，但它与样本的容量等因素相关。Ⅱ类错误对样本中个体的数量特别敏感，随着样本容量的增加，犯Ⅱ类错误的概率就会减少。换句话说，随着样本特征与总体特征越来越匹配（通过增加样本容量来实现的），你接受错误的虚无假设的可能性也会降低。

自我测试

为什么随着样本容量的增加，犯Ⅱ类错误的可能性就会减少？

显著性检验

推论统计最大的优势是可以根据样本信息对总体信息做出推论。**统计显著性检验**（test of statistical significance）是实现推论的最有用的方法之一，我们可以根据所提出问题的性质和虚无假设的形式来决定使用哪一种类型的检验。

例如，你是否想了解两个群体之间的差异，如男孩的某些考试成绩是否与女孩的成绩有显著性差异？或是两个变量之间的关系，如家庭中子女的数量和智力测验的平均成绩之间是否存在关系？虽然这两个问题需要不同的方法来解决，但是都需要一个特定的显著性检验的方法来验证虚无假设。

虚无假设是显著性检验的开端。

显著性检验的过程

任何假设检验中的证明都需要将临界值与获得值做比较。

显著性检验基于这样的事实：每一类型的虚无假设（比如 $H_0: \mu_1 = \mu_2$，代表两组样本平均数之间没有差异）都与特定类型的统计检验类型联系在一起，而每一种统计检验类型与特定分布联系在一起。你要比较从样本获得的数据的分布。通过样本特征与检验的分布特征的比较，你就可以推断样本特征是否不同于预期的随机分布特征。重申一次，在你没有证据去证明其他的情况下，偶然因素是看似最真实的解释。

下面是对任何一个虚无假设进行检验时都需要采用的一般步骤。仔细阅读和回顾这些步骤，因为它将作为检验各种假设的指南而被反复运用。 137

1. 提出虚无假设。你是否记得虚无假设的陈述形式是等式？虚无假设是假定没有其他影响判断的信息的情况下事件的“真实”状态。例如，当你对长时记忆和记忆建立技巧的日常练习之间的关系一无所知时，你就可以假设他们之间是没有联系的。这可能不是你所想要检验的那个假设，但是它总是作为统计推论的出发点。
2. 设置虚无假设的风险水平（或显著性水平或犯 I 类错误的概率）。在研究中，每一个假设都有特定的风险水平，即犯 I 类错误的概率。犯 I 类错误的概率越小（比如 0.01 与 0.05 相比），你愿意承担的风险越小。没有假设检验是没有风险的，因为你永远都无法知道两个变量之间的“真正”关系。就如同你永远不会发现你活期存款里真正有多少钱。

3. 选择恰当的统计检验方法。每一个虚无假设都伴随着特定的统计检验方法。你可以在你们学校所开的统计课上学习更多的有关什么问题适合什么统计检验的细节，你也可以使用我们在这章稍后所展示的备忘单。
4. 计算检验统计值（或称获得值）。这个**获得值**（obtained value）就是具体统计检验的结果。例如，两个群体平均值之间差异的显著性、相关系数与0之间差异的显著性、两个比值之间差异的显著性，都需要进行统计检验，得到一个具体的数值。
5. 使用特定统计量的统计临界值表确定拒绝虚无假设所需要的值。每一个检验统计量（伴随着样本的大小和你愿意承担的风险）都有相应的**临界值**（critical value），这个值是虚无假设是真实的情况下你预期的拒绝虚无假设的统计检验值。
6. 比较获得值与临界值。这是关键的一步，就是将从统计检验中获得的值（你计算出来的）与你预期的随机情况下对应的值（临界值）进行比较。
7. 如果获得值远远超出临界值，那么虚无假设就不能被接受。也就是说，虚无假设的等式陈述（反映偶然性）就不是你所发现的差异的最有力的解释。这就是推论方法表现其优点的地方。只有获得值大于随机状态对应的值（也就是统计检验的结果不是偶然变动的结果），你才可以说你所发现的任何差异不是随机结果，且虚无假设的等式陈述不是你发现的任何差异的最有力的解释。相反，差异一定是处理因素引起的。
8. 如果获得值没有超过临界值，那么虚无假设就是最有力的解释。如果你不能证明你所获得的差异是由偶然因素之外的因素（比如处理因素）引起的，那么差异一定是由偶然因素或是其他你没有控制的因素引起的，换句话说，虚无假设是最好的解释。

让我们通过一个显著性检验的实例来了解这些步骤。

独立样本平均数的 *t* 检验

独立样本平均数的 t 检验是一种常用的对两群体独立的不相关的平均数之间差异的显著性检验。这些不相同的群体包括男性群体和女性群体、那些接受实验处理的和没有接受实验处理的等等。

> 有许多不同类型的统计检验，独立样本平均数的 t 检验只是其中之一。

陈和斯蒂文斯（Chen & Stevenson，1989）研究了北京、芝加哥、明尼阿波里斯、仙台（日本）、台北这几个城市的3 500名小学生以及他们的父母、老师的文化差异。与这个大型研究相关的一个研究假设是做家务的量（由孩子的母亲评估）在四年的研究期间会发生改变（变多或者变少）。

以这个研究为例，可展现前面描述过的八个步骤：

1. 提出虚无假设。在这个研究中，虚无假设如下：1980年和1984年相比，花在做家务上的平均时间没有差异。采用符号，该假设可以表示为：

$$H_0: \mu_{1980} = \mu_{1984}$$

这里，H_0 表示虚无假设，μ_{1980} 表示1980年做家务的总体平均水平，μ_{1984} 表示1984年做家务的总体平均水平。

138

记住，因为虚无假设总是涉及总体，所以常常用参数 μ 而不是 $\overline{X}$ 表示平均数。

2. 设置虚无假设的风险水平（或显著性水平或犯Ⅰ类错误的概率）。通常我们会选择0.05或是0.01这个值。在这个研究中，我们用0.05这个值。

3. **选择恰当的统计检验方法。**适合这个虚无假设的统计检验是独立样本平均数的 t 检验。平均数是独立的，因为它们是由不同组计算出来的。
4. **计算检验统计值（或称获得值）。**在这个研究中，将 1980 年中 320 位母亲评估的花在家务上的时间与 1984 年花的时间进行比较，结果检验统计值是 2.00。这是应用在第三步中提到的公式得出的结果。这个值是直接从期刊文章中提取的。
5. **使用特定统计量的值的临界值表确定拒绝虚无假设所需要的值。**每一个检验统计量（伴随着样本的大小和你所愿意接受的风险水平）都有相应的临界值。为了确定临界值，必须参照相应的统计表（见表 8-4）。

为了决定统计检验要达到显著性所需的临界值，你必须知道两件事情：检验研究假设所在的显著性水平（在这个研究中是 0.05）和反映样本容量的**自由度**（degrees of freedom，在这个研究中是 320）。你需要知道样本容量，因为随着样本容量的改变，临界值也会随之改变。你知道为什么吗？这是因为随着样本容量的增加，样本会越来越接近总体，你所需要的检验统计值和拒绝虚无假设的临界值之间的差异也会越来越小。

用表 8-4 中的信息去决定临界值。从头至尾细读自由度列表直到你找到尽可能接近 320 的为止（是 120）。仔细阅读“0.05 的显著性水平”那一列。由于你没有对差异的方向做出假设，所以这是双侧检验或是无方向性检验。在自由度为 120、显著性水平为 0.05 的情况下，你可以看到拒绝虚无假设所需要的临界值是 1.980。

表 8-4　临界值的局部列表（用于决定获得的结果归结于偶然因素或其他因素的可能性）

自由度	0.05 的显著性水平	0.01 的显著性水平
40	2.021	2.704
60	2.000	2.660
120	1.980	2.617

6. **比较获得值与临界值。**在这个研究中，这两个值分别是 2.00 和 1.980。
7. 如果获得值远远超出临界值，那么虚无假设就不能被接受。也就是说，虚无假设的等式陈述（反映偶然性）就不是你所发现的差异的最有力的解释。在这个研究中，检验统计量的值比临界值大。换句话说，这个 t 值仅仅由偶然因素引起的可能性在对任何一个虚无假设的检验中都小于 0.05（5%）。所以依据样本数据，我们可以得出这样一个结论：1980 年人们花费在做家务上的平均时间和 1984 年相比存在差异。差异的种类是什么？平均数的检验（与 1984 年每周 305 分钟相比 1980 年每周 252 分钟）显示做家务花费的时间在增加。
8. 如果获得值没有超过临界值，那么虚无假设就是最有力的解释。在这个研究中检验统计量的值超过临界值。虚无假设不是对差异最有力的或是站得住脚的解释。

($t_{120}=2.00$，$p<0.05$) 真正的意义是什么？　当你对期刊的文章以及如何写它们越来越熟悉时，你就会形成如下的陈述：结果在 0.05 水平上显著（$t_{120}=2.00$，$p<0.05$）。字面意思很清楚，但是真正的意义是什么呢？

- t 代表统计检验的类型，在这个研究中使用的是 t 检验。记住检验类型有数百种。
- 120 代表自由度的数值。

- 2.00 是检验统计量的值，或者是将 t 检验应用于研究结果所得到的值。
- p 代表概率。
- 0.05 代表显著性水平或是犯 I 类错误的概率。

139 通过做研究和看期刊文章，一旦你对阅读这些表述有一些经验，你就会发现快速浏览这些数字以及找出它们的意义是很容易的。就大部分情况而言，你将发现格式是标准化的，只是一些元素的值在变化（比如 F 检验中的 F 值，或者将 0.05 换成其他一个不同显著性水平的值），但是它们的意义没有改变。

$p<0.05$ 的新发展　近几十年中，统计学家以及类似领域的学者一直用 $p<0.05$ 或是 $p<0.01$ 来表述结果的统计显著性。正如你刚刚学的那样，像 $p<0.05$ 只是告诉我们概率小于 0.05 而没有告诉我们准确的概率是多少。可以是 0 到 0.049 999 9 中的任何一个，对吗？

随着数据分析软件包的引入，结果的准确概率就成了结果的一部分。例如与获得值相关的概率可能是 $p=0.0375$，而不是 $p<0.05$（你必须承认它相当不精确）。不需要猜测拒绝虚无假设的可能性有多大，答案已经有了。

这是否意味着你不需要理解临界值的意义以及如何使用临界值表？不。仅仅意味着更容易找出与结果相关的确切概率。你仍然需要足够的实践来理解这个特定的值对研究意味着什么以及结果应该如何解释。科技进步了，但理念不变。做一个入门或进阶的研究者，最重要的是理解基本理念。

自我测试

当你要对研究结果做出决策时，为什么要将检验统计量的值与临界值做比较？

如何选择恰当的检验方法

现在让我们来讨论一个大的（但是很常见的）问题：“如何选择一个恰当的统计检验方法？”像前面提到的那样，你需要上很多统计课程来完整地学习这个技巧。毕竟经验仍然是最伟大的老师。事实上，除非你有实际的机会去用这些方法，否则你不可能真正学会用哪一种方法以及在什么时候用。

为了达到我们的目的并开始学习，我们制作了一份简易备忘单，如图 8－3 所示。你必须知道自己在做什么，这样选择恰当的检验就不完全是随意决定的结果。当然，这也是很好的开始学习的起点。

> 任何虚无假设都有相应的检验方法，用该方法可以检验假设的有效性。

不要认为图 8－3 可以满足你学习不同检验何时是恰当的这一需要，这里的备忘单只是用于帮助你开始学习。

140 那么，如何使用这个图呢？

1. 假设你是统计初学者，对显著性检验有一定的了解，但是对何时使用哪一种很困惑。
2. 回答备忘单上面的问题，通过回答每个问题来浏览整个图直到看到图的最后，在最后找到的那个统计方法就是你应该使用的。在图 8－3 中我们重点介绍了独立样本平均数 t 检验的步骤，仅以此为例。

你与 Excel——使用工具包计算独立性检验的 t 值

这里说明如何使用 Excel 来计算独立性检验的 t 值。

数据（为了我们的目的，数据库很小）包括两组被试的测验分数，一组被试在实验

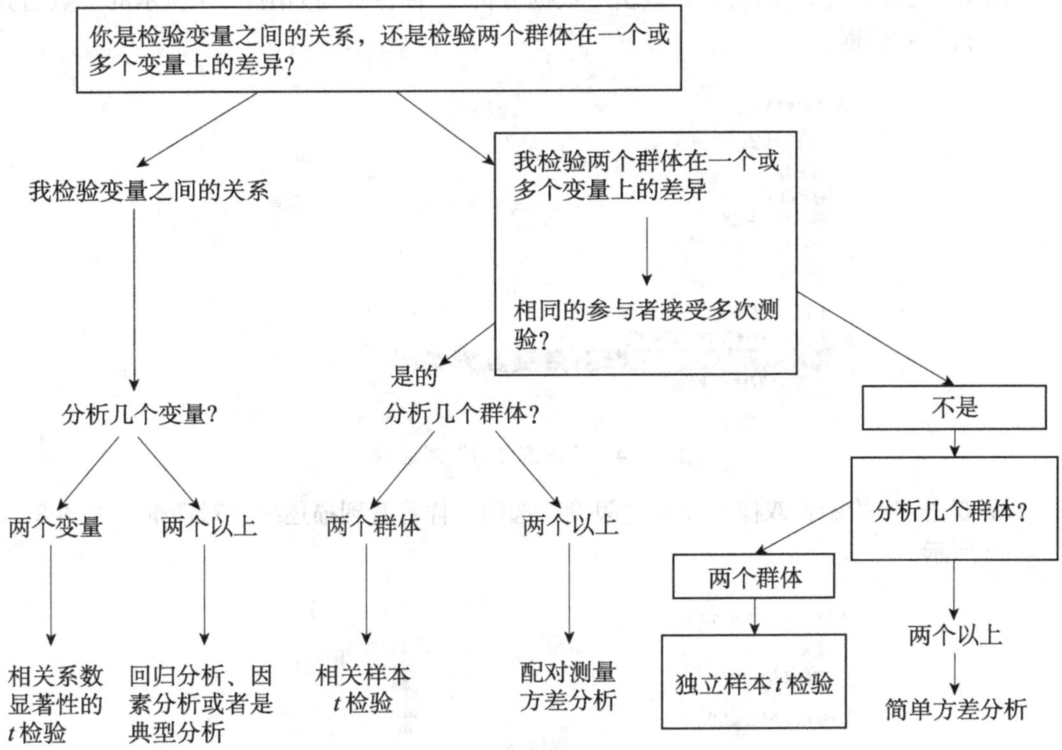

图 8-3　选择统计检验方法的备忘单

在研究工作开始之前，你必须要知道每种检验方法的适用范围。这时，上述的备忘单就发挥作用了。

组，另一组被试在控制组。按照这份数据做一个工作表，然后继续。

实验组	控制组
94	70
82	66
89	72
78	68
95	67
89	91
83	56
91	41
70	89
96	78
79	77
71	66
97	55
78	65
78	100
72	81
72	83

下面是使用 Excel 和工具包的步骤。

1. 单击 Excel 上的“数据”选项卡。

2. 在“数据”标签的右边，点击“数据分析”。你将看到如图 8-4 所示的“数据分析”对话框。

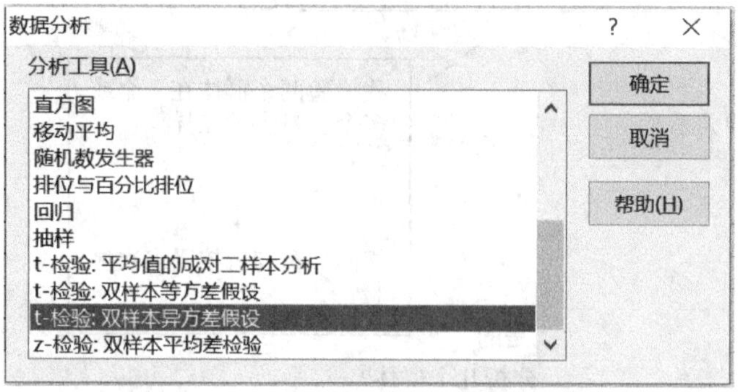

图 8-4　“数据分析”对话框

3. 双击“t-检验：双样本异方差假设”选项，你将看到描述统计对话框，如图 8-5 所示。

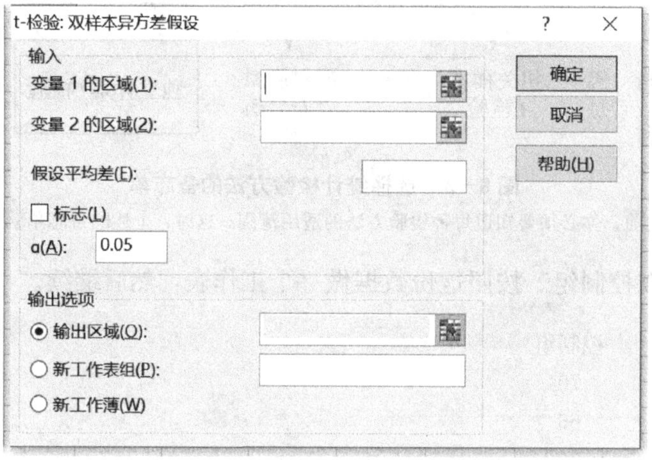

图 8-5　“t-检验：双样本异方差假设”对话框

4. 在“变量 1 的区域”框中，输入值 A1：A18。
5. 在“变量 2 的区域”框中，输入值 B1：B18。
6. 点击选中“标志”框。
7. 点击“输出区域”按钮并输入值 D1。
8. 点击“确定”，将出现如图 8-6 所示的分析结果。

从结果中可以看出，这两组之间的差异在 0.01 水平上显著，而 t 值为 2.05。轻轻松松。

一些其他的显著性检验

正如你已经学过的那样，不同的显著性检验适用于不同类型的问题。在前面的例子中，恰当的显著性检验可以检验不相关的、彼此独立的两组平均数的差异。下面主要介绍其他一些常见的统计显著性检验。记住，有超过 100 种不同的检验方法可以被我们应
141 用。表 8-5 展示了其中一些检验的例子，包括与之相关的一些研究问题、虚无假设和适当的检验方法。

t-检验: 双样本异方差假设		
	实验组	控制组
平均	83.17647	72.05882
方差	88.27941	210.5588
观测值	17	17
假设平均	0	
df	27	
t Stat	2.651669	
P(T<=t)	0.006621	
t 单尾临	1.703288	
P(T<=t)	0.013241	
t 双尾临	2.051831	

图 8-6 已完成的分析

表 8-5 检验的一些例子

问题	虚无假设	统计检验
组间差异		
不相关的两组平均数之间有差异吗?	H_0：$\mu_{组1}=\mu_{组2}$	独立样本平均数的 t 检验
相关的两组平均数之间有差异吗?	H_0：$\mu_{组1a}=\mu_{组1b}$	相关样本平均数的 t 检验
三组平均数之间全部存在差异吗?	H_0：$\mu_{组1}=\mu_{组2}=\mu_{组p3}$	方差分析
变量之间的关系		
两个变量之间有关系吗?	H_0：$\rho_{xy}=0$	相关系数显著性 t 检验
两个相关系数之间有差异吗?	H_0：$\rho_{ab}=\rho_{cd}$	相关系数差异显著性 t 检验

这些例子主要的目的是让你熟悉一些可能在文献中遇到的最常用的检验。再重复一遍，如果你想了解更多的有关这些检验的知识，你应该考虑修一门你们学院开设的一级或是二级统计课程。希腊字母 ρ 代表两个变量之间相关的总体参数。

相关群体之间差异的研究 你刚刚看到了一个应用统计检验来检测两组数据平均值之间差异的例子，在这个例子中每一组的测量值是不相关的，也就是说测量值是独立的，比如两个不同组的被试，每个组的每一个被试只接受一次测验。

另一种常见的情形就是组间并不是独立的。例如，你所感兴趣的是整个学年中同一组学生在阅读能力测验中的得分是否产生了变化。你可以在九月份组织一次能力测验，在来年六月再组织一次。虚无假设是两次测验的得分之间不存在差异。

因为得分是相关的（同一批学生接受两次测验），所以独立样本平均数的 t 检验不合适。反而，相关样本平均数的 t 检验是合适的统计检验。这两种程序最主要的不同是相关样本平均数的检验要考虑两组分数相关的程度。查看图 8-3，看你是否能够找出相关样本平均数检验的方法。（提示：最主要的决断点在于是相同的被试不止一次地接受测验，还是两组不同的被试接受测验。）

例如，28 个男生在秋季阅读测验中的得分的平均数为 76.8，标准差为 6.5，同一组被试在春季阅读测验中得分的平均数为 82.4，标准差为 7.8。两次测验是否存在显著性差异？让我们依照先前确定了的相同步骤和相同过程来检验这个问题。

1. 提出虚无假设。

$$H_0: \mu_{组1a}=\mu_{组1b}$$

2. 设置虚无假设的风险水平（或显著性水平或犯Ⅰ类错误的概率）。

142 3. 选择恰当的统计检验方法。对虚无假设而言恰当的统计检验是相关样本平均数的 t 检验。平均数是相关的，因为它们依据的是同一组被试的表现。

4. 计算检验统计值，$t=2.581$。

5. 确定拒绝虚无假设所需要的值。参照表 8-6 中给出的值，临界值的确定方法如同独立样本平均数检验的临界值确定。自由度为 $n-1$ 或是 27，这里的 n 和观察对象的个数相等，在这个例子中为 28。这里用 $n-1$ 而不是 n，因为我们想对总体的值做一个保守的估计。我们故意地低估样本容量（27 对 28）。

　　你可以看到这个表所包含的信息和表 8-4 所显示的信息是同种类型的，但是应用于成对观察。表中临界值也增加了。

　　这里存在一个重要的信息：在 0.01 的显著性水平上检验假设。双侧检验中拒绝虚无假设所需要的临界值是 2.771。

表 8-6　　判断虚无假设的另一组临界值

自由度	单侧检验的显著性水平			
	0.05	0.025	0.01	0.005
	双侧检验的显著性水平			
	0.01	0.05	0.02	0.01
26	1.706	2.056	2.479	2.779
27	1.703	2.052	2.473	2.771
28	1.701	2.048	2.467	2.763
29	1.699	2.045	2.462	2.756
30	1.697	2.042	2.457	2.750

6. 如果检验统计量的值远远超出临界值，那么虚无假设就不能被接受。也就是说，虚无假设的等式陈述（反映偶然性）就不是你所发现的差异的最有力的解释。在这个例子中，获得值 2.581（从分析的结果中获得）没有超过临界值 2.771。

7. 如果检验统计量的值没有超过临界值，那么虚无假设就是最有力的解释。基于样本数据的观察值没有达到可以拒绝虚无假设的程度。两组之间没有差异的虚无假设是最有力的解释，所观察到的任何差异（76.8 对 82.4）都是由取样误差引起的。

群组间关系的研究　第 9 章讨论了一种叫作相关系数的描述统计量（第 5 章也提到了），它是两个变量之间关系的量化指标。如果你对两个变量一无所知，假定你称它们为 X 和 Y，那么仅仅考虑到偶然因素的影响，你期望它们之间的关系是什么？因为你没有理由相信它们之间是有关系的，所以你不得不假设它们之间的关系为 0。如果偶然因素是唯一起作用的因素，并且这两个变量之间没有任何共同点，那么这正是你所期望的。

相关的显著性检验就是看相关系数的值或是两个变量之间的关系是否显著不同于 0 这个值。虚无假设是：

$$\rho_{xy}=0$$

例如，我们可以假设你想检验这样一个研究假设（在 0.01 水平上）：数学和阅读分数之间的关系（它们之间的相关系数为 0.13 或是 $r=0.13$）不同于 0 这个值。

这个显著性检验的值是 t 分数分布的一部分。一旦计算出了 t 值，你就可以去查找一些统计表，这些表与涉及其他 t 值的多种统计检验都要参考的统计表相同。

如果虚无假设不能被拒绝，那么你就可以认为两个变量之间没有关系。如果没有显著关系（或是 X 和 Y 之间的真实关系），那么任何一个相关系数又为何会不同于 0 呢？简单来讲，这是取样误差造成的。事实上，0.13 这个值并不是你从样本所来自的总体中发现的那个真值，而只是不精确或是不那么准确的取样带来的影响。取样误差是永远存在的一个威胁。你的任务就是在样本检验过程中，将取样误差带来的差异和真正的差异分开。

自我测试

请举出一个例子，在这个例子中使用独立样本平均数差异显著性检验比使用相关样本平均数差异检验要恰当。

多因变量的处理

> 多元方差分析可能是一种尖端技术，但是它比较容易学习。在实际运用方面，它甚至能使你的研究更加有趣。

143

你正在探索的研究问题可能要求考虑多个因变量。在这种情况下，你至少要熟悉两种先进的方法。

多元方差分析（multivariate analysis of variance，MANOVA）是检验在多因变量中发生的组间差异的一种先进技术。某种程度上，多元方差分析类似于做一系列组间的 t 检验。两种技术之间最主要的区别是多元方差分析要考虑因变量之间的关系。换句话说，如果因变量之间密切相关，那么要分清是否在因变量 1 上的差异比在因变量 2 上的差异小，可能会有困难。多元方差分析能够将每一个因变量对理解组间差异所做的独特贡献分开，以至于在因变量 1 上存在的差异，不会和在因变量 2 上存在的任何差异相混淆。

因变量之间有关联这一事实，使得许多成对的 t 检验对于有效的研究而言，成了严重的威胁。例如，假设你要检验实验组和控制组在理解、记忆、回忆和阅读速度这些变量上的差异。正如你怀疑的那样，这些变量之间都存在关联。对两组被试在阅读速度上的差异进行 t 检验，结果可能出现显著性，但是差异背后真正的原因是阅读速度和理解联系十分密切，而对文章的理解才是产生差异的真正原因。

因为这些变量之间相互关联的特征，所以犯Ⅰ类错误（或 α 错误）的概率不是 0.01 或 0.05 或其他类似的数字。相反，它是：

$$1-(1-\alpha)^k$$

式中，α 表示犯Ⅰ类错误的概率，k 表示成对比较的数目。

例如，在一个有三个因变量的研究中，你可以做三次比较（变量 1 和变量 2、变量 1 和变量 3、变量 2 和变量 3），所以犯Ⅰ类错误的概率不是 0.05，而是 $1-(1-0.05)^3$，或者是 0.14，它很不同于假定的 0.05。当虚无假设确实是真的时候，拒绝它所要承担的风险不是 5%而是 14%。换句话说，用多重 t 检验是十分冒险的，因为你将会提高你正在涉及的Ⅰ类错误的水平。

如何解决这个问题？可以采用某种类型的技术如多元方差分析，它可以通过某一类型的事后检验来控制因变量之间的这些关系。事后检验就是因变量彼此之间进行平均数的比较，这样做能够控制Ⅰ类错误的水平。

因素分析（factor analysis）是另一种先进的技术，它允许研究者减少代表某一概念的变量的数目，用得分较高的因素作为因变量。变量之间的关系越密切，代表整个变量矩阵所需的变量数越少。

例如，假设你的研究是预期父母关于孩子性别的知识对孩子人格知觉的影响。因素分析将相似的变量组合在一起，以至于许多变量都代表某一特定的概念。研究者要给每一个组或是因素命名。因素分析最大的用处是研究者能检验一系列的变量，看它们之间的关系到底有多密切，而不是处理每个单独的变量。例如你可以直接研究依恋这个概念而不是研究目光接触、触摸和言语表达这些变量。

显著性对意义

对一个研究者而言最有吸引力的情景是他们发现实验结果确实存在统计显著性。尽管你可能刚开始你的学术生涯，但是在学院里你可能会听到或是从其他学生那里也会听说最想要的研究结果就是“结果具有显著性”。

在说这些时，你同事所表达的意思和统计显著性真正的意义之间或许并不是一回事。你同事所要表达的意思是研究取得了技术上的成功，因为对我们所观察到的事物而言，虚无假设并不是合理的解释，在理论上，要检验的研究假设得到了支持。如果你的实验设计和其他因素都经过谨慎的考虑，统计上显著的结论毫无疑问使你在研究领域做出贡献，迈出了第一步。但是我们要正确地看待统计显著性的存在和重要性。

例如，假设我们面对的是规模非常大的不识字的成年人（大概 10 000 人），样本分为两组。一组通过课堂教授来接受读写能力集中训练，另一组通过电脑来接受读写能力的集中训练。组 1（在课堂上学习的人）在阅读测验上的平均分数是 75.6，组 2（用电
144 脑学习的人）阅读测验平均得分是 75.7。两组分数的方差相等。就你所能看到的，成绩均值的差异只有 0.1（75.6 与 75.7 比较）。然而对独立均值进行 t 检验时，结果在 0.01 水平上显著，其表明用电脑学习比在课堂学习的效果要好。换句话说，其他偶然因素所起的作用减小了。

0.1 的差异实际上是统计显著的，但是否有意义？考试成绩提高（在这么小的范围内）是否能够为花费 300 000 美元建立这个项目提供充分合理的解释？或者说即使在统计检验上是显著的，在实际中也可以忽略？

还有另外一个例子。因为样本越大，越接近总体的特征，当样本容量很大的时候，两个变量之间只要有很小的相关，就会可能出现统计显著的情况。例如有 100 对分数，相关系数为 0.02 的 X 和 Y 在 0.05 水平上显著。相关系数的平方（或是作为相关力度指标的决定系数——更多的有关知识将在第 9 章出现）只能解释 4%的变异。这意味着 96%的变异无法解释或是无法测量。即使给出了统计上显著的关系和不是仅仅由偶然性引起的结果，还是有很多解释工作要做。事实上，只要样本足够大，任何差异都将会是显著的。

从这两个例子中，我们可以得出下面有关统计显著性重要性的结论：

1. 统计显著性本身或内部是无意义的，除非所执行的研究具有合理的概念基础，可以由此推导结果显著性的意义。
2. 统计显著性不能脱离发生的背景被独立解释。例如你是学校的管理者，如果留级项目以半分之差显著地提高了学生在标准测验上的成绩，你还愿意将学生继续留在一年级吗？
3. 虽然统计显著性是很重要的概念但是它并不是终极目标，当然也不应该是科学

> 研究的唯一目标。这就是为什么我们以检验假设开始而不是证明假设。如果我们的研究设计正确，即使虚无假设也会揭示重要的信息。如果特定的处理因素没有产生影响，这就是其他人需要知道的重要信息。如果你研究的设计很好，接着你应该知道为什么处理因素没有发挥作用，后来的研究者在设计他们的研究的时候会考虑你提供的有价值的信息。

更为重要是在做研究时还有其他可供选择的理论设计。一些研究者使用个案研究或其他质性研究方法比如观察法、访谈法等。质性研究着重于经验的性质和自然性，而不是关注数字和统计检验的结果。这是值得我们记住的。

自我测试

统计显著性和实际意义是实验结果和恰当的分析必备的两个不同的性质。你可以只考虑其中之一而不考虑另一个吗？为什么以及会导致怎样的结果？

元分析

在整合使用相同因变量的同一主题的不同研究中，元分析是一种很有用的技术。以前你可能听说过**元分析**（meta-analysis）这个术语。一个好的研究最重要的特征之一就是研究结果具有可重复性。例如，如果你成功地运用某一技术教不识字的成年人如何去阅读，你就会去想相同的技术可不可以用于相似的情景、相似的总体而得到相似的结果呢？

> 元分析是一种非常有效的技术，它可以将使用相同因变量来考察同一主题的不同研究结合在一起。

但是如果有 10 个、50 个甚至是 100 个对同一现象的研究又如何呢？这些研究在被试数目、研究环境甚至处理和程序上都不相同，这些研究唯一的共同点就是得出相同的结果或是使用相同的因变量，而这些因变量可以是阅读、认知能力、痴呆开始的年龄或成千个变量中的任何一个。那么，如何理解这些收集而来的结果？尽管产生这些结果的研究在许多重要的因素上彼此不同，比如样本容量、取样方式、变量处理等等，但是这些结果可以被整合吗？

答案是肯定的。借助元分析，拥有相同因变量的多种研究的结果是可以被整合的。在你看元分析是如何运用的例子之前，要确保你理解相同的因变量并不意味着所有研究使用完全统一的研究工具。当然，测量的是相同的概念变量比如智力、攻击性或成就。如果一个人的兴趣是研究人格的独特成分，各种各样的研究工具比如卡特尔十六种人格因素问卷（16PF）或是明尼苏达多相人格调查表（MMPI）就都可以被运用，并且这些研究的结果可以在元分析中得到整合。 145

元分析这一术语最早是由格拉斯（Gene Glass）在 1976 年提出的。他打算使之成为一种可以整合独立实验研究结果的方法。元分析期望可以将大量有关某一特定现象的不同信息进行整合。记住，元分析的研究和分析的数据来自已经实施过的实验而不是收集新数据然后再分析。实际上，在做元分析之前，研究的一部分工作已经完成了。

如何做元分析

这儿有一个关于早期干预效果的元分析研究的例子（Castro & Mastropieri，1988）。在经典的元分析中，一般有四个步骤，但是在具体操作这些步骤时可能会有一些变化。

第一，收集尽可能多的或是尽可能可以代表某一主题的研究。卡斯特罗和马斯特罗皮里运用了第 3 章介绍过的多种技术和资源寻找已有的研究，包括学位论文摘要（Dissertation Abstracts）、教育资源信息中心（ERIC）和心理学摘要（Psychological Abstract）。他们也会给每一个他们认为在这个领域发表过文章的研究者或是参与某种早期干预项目的参与者去信。卡斯特罗和马斯特罗皮里收集了 74 个研究，每一个都是关于早期干预项目对有缺陷的学龄前儿童（5 岁）影响的研究。

第二，研究的结果需要被转化成某一共同的度量标准以至于它们可以彼此被比较。这样做是明智的，因为比较不同的事物纯粹是浪费时间。在众多元分析中所使用的度量标准就是所谓的**效应量**（effect size）。这个值是用实验组（或是接受某种干预的组）和控制组（或是没有接受某种干预的组）平均数之差再除以使用控制组计算出来的标准差的值计算出来的。效应量越大，两组之间的差异就越大。由于标准差（标准单位）的使用使不同组和不同结果之间可以进行比较，这正是元分析的关键所在。

在元分析中，效应量反映的是因变量的影响。自变量就是指可以操控的因素比如干预类型、儿童的年龄等等。在卡斯特罗和马斯特罗皮里的研究中，有 215 个实验-控制比较组，从 74 个研究中产生了 215 个效应量。

第三，研究者会发展出一套系统来编码研究的各种维度，包括被试的描述、所用的干预类型、所选的研究设计、结果测量的种类和初始研究的作者所得出的结论。在对第二步计算出来的效应量的检验中需要用到这些因素。

第四，总的来说，有各种描述和相关技术可用来检验研究的结果。通过像前面两个步骤描述的那样进行定义和编码因素，研究者意欲从中找寻出研究结果的趋势和实质上的共性。卡斯特罗和马斯特罗皮里得出的研究结论是，早期的干预项目确实对有缺陷的儿童产生了中度且及时的良性影响。这些良性的影响体现在一些结果中，比如智商分数、动作技能、语言技能和学业成就。而对于其他变量比如社会竞争、自我概念和家庭关系等，实验处理的效用还没有被发现。

还有另外一个例子可以证明某一类研究的适用范围。在一个经典的研究中，史密斯和格拉斯（M. Smith & G. Glass，1977）验证了这样一个经典的问题：心理治疗有作用吗？他们采用元分析的方法来研究这个问题。

研究者对多达 375 个研究进行了元分析，共产生 833 个效应量。这 833 个效应量代表了 25 000 个实验组和控制组的被试（那些接受或是没有接受心理治疗的被试）。对效应量的检验结果发现接受心理治疗的被试和那些没有接受的被试相比存在重要的、令人信服的差异。与此同时，各种类型的心理治疗之间没有差别（比如行为治疗和精神分析）。

元分析技术的伟大之处在哪里？一是元分析和其他好的研究一样，能够组织数据并且帮助我们理解数据的意义。想象一下 375 个研究，每一个研究的结果都被罗列在列表中，再想象一下从这些研究的结果中得出一个普遍的有效的结论有多难。假设一些研究涉及非常小的儿童，其他一些研究涉及婴儿，一些检验社交技巧，一些检验智商等等，结果可能是混杂的。但是元分析能减少这种混杂，使之成为容易理解的事物。

自我测试

元分析主要用来研究哪类主题？为什么？

▼ 小结 146

这一章主要简单介绍了推论统计以及推论这个概念如何提供了一些有力的做出决策的方法。在前面两章，你先学习了数据的收集，然后学习了检验数据的模式比如差异检验和相关性检验。现在你要做好准备去探究另一个领域。它是研究方法中要使用的许多设计模型中的第一个：非实验研究设计的方法。

▼ 在线资源

➢有关社会研究方法的网络中心

你想更多地了解研究方法吗？你可以随时上网吗？请登录 http：//www. socialresearchmethods. net/，该网站有很多好的链接，从随机骰子产生到帮助你选择合适的统计方法。

➢实际使用 Excel 统计

你的电脑、手机上可能已经有 Excel 了，所以为什么不用它作为分析工具呢？

还有，为什么不用 Excel 来统计数据呢？登录 http：//www. real-statistics. com 这一统计网站学习如何使用。

▼ 练习

1. 什么是偶然性以及它在推论统计中所起的作用是什么？
2. 为什么在研究开始时，偶然性是被观察的两组之间差异的最有力解释？
3. 根据中心极限定理，样本容量小于 30 的含义是什么？
4. 研究者分析实验结果时发现获得的 t 值（用于独立样本平均数的 t 检验）是 1. 29，实验中第一组共有 25 名儿童，第二组共有 30 名儿童。参照临界值表讨论虚无假设能否被拒绝？
5. 如何理解一个研究的结果具有统计学上的显著性但是却没有实际意义？
6. 犯Ⅰ类错误的概率与统计显著性水平之间的关系是什么？
7. 中心极限定理是怎样起作用的，以及它为什么在推论统计应用中有如此重要的作用？
8. 从下面一组分数中随机抽取含有 10 个分数的样本。现在再这样重复取样四次直到你一共拥有样本容量为 10 的五个独立的样本。

5	1	5	5	5
1	5	1	1	1
4	5	5	5	4
2	4	2	4	4
1	2	4	5	4
2	2	3	2	3

a. 总体的平均数是多少？

b. 各平均数的平均数是多少？

c. 如何用中心极限定理来解释为什么 a 的答案和 b 的答案如此接近？

d. 这个例子是如何说明中心极限定理的作用的？

9. 具有统计上的显著性这一术语是什么意思？
10. 举出一个具有统计显著性而没有实际意义的结果的例子。
11. 解释为什么研究者不能直接证明一个假设？

12. 作为一名研究人员，有什么方法可以减少你犯Ⅱ类错误的概率呢？

13. 作为一个研究者，你感兴趣的课题是儿童保育对婴儿和照料者之间发展出来的依恋安全感的影响。你的假设是，与那些由他们最重要的照料者在家里照顾的 11 个月大的婴儿相比，那些自两个月开始就接受保育的同龄婴儿没有安全的依恋。你将采用哪些一般步骤来检验你的假设？

14. Ⅰ类错误和Ⅱ类错误之间有什么差异？

15. 在研究报告的结果部分，$p<0.01$ 意味着什么？

16. 在研究中，在对变量之间的关系进行检验之前，建立一个显著性水平是可取的，而不是先进行统计检验，再决定可接受的显著性水平。你认为为什么会这样？

17. 为了让你正确地拒绝虚无假设，在显著性检验中获得的值和临界值之间需要有什么关系？

147 18. 为什么临界值随样本大小的变化而变化？

19. 当你的研究中涉及多个因变量时，本章所描述的哪一项统计检验最适合于评估群体差异？

20. 作为一名研究者，你对于调查新的阅读课程对于平均阅读成绩的影响感兴趣。你打算通过按季度来检测四组学生在阅读方面的进程的方法完成实验，所选的学生都是学习该课程的十年级学生。最适合选用以下哪一种统计检验？为什么？

a. 独立样本平均数的 t 检验

b. 相关样本平均数的 t 检验

c. 方差分析

21. 什么是元分析？何时最有可能应用到元分析？元分析里面的效应量是什么意思？

第 9 章

非实验研究：描述和相关的方法

章节概览

从某种程度上讲，你通过前八章的学习，已经为学习接下来的内容做好了准备，下面的四章都是关于特定的研究设计和研究方法的内容。在这一章，你将会学到非实验研究的方法，那是一些对问题进行调查研究但又不对变量进行操纵的方法。第10章将讨论另外一种非实验研究方法：质性研究方法。为什么要把质性研究单列一章？那是因为质性研究的整个领域（虽然未必新鲜，但正在占据越来越大的重要性）作为一种提出和解决社会和行为科学研究问题的独特方法，应当单独陈列。

那么，请先把我们的注意力转向我们在这要学习的技术。

例如，你想要了解一些大学生抽烟而其他人没有抽的原因，那么你可能会实施某种类型的调查，而这种调查就是我们这一章所要涉及的描述性技术中的一种。又或者，你对冒险性行为和药物滥用之间的关系产生了兴趣，或许你采取的首要（但不是最终）步骤就是实施一项相关研究，在此过程中，你可以对具有相关性的一些问题进行了解。你可能会检验变量间的相关关系并了解到相关关系（两事物有联系是因为它们在某方面拥有共同点）和因果关系（一事物引起另一事物）间的重要区别。

本章将集中在有关描述研究的一些问题上，包括它们是怎样被提出的，又是怎样被解答的。这是在接触质性研究、真实验研究和准实验研究方法之前，我们需要学习的方法部分的第一章。

研究实例

相关分析是最常见的数据分析工具，以下是一个完美的例子。帕梅拉·布洛特里奇-格兰特（Pamela Blotnicky-Gallant）和她的同事们已经知道了注意缺陷多动障碍（即ADHD）对孩子在学校的表现有显著的影响。此外，她们还研究了知识、信念和课堂实践之间的关系。为此，他们使用了基于网络的问卷调查，由113名教师完成，发现教师对ADHD的症状和诊断有更多的了解，然而对ADHD的一般事实了解较少。以下分析与本章有关：教师对ADHD的观念与他们基于证据的管理实践有显著相关。但关于ADHD的具体知识与课堂实践没有显著相关。请记住，作为一种描述性工具，相关研究是信息丰富和有用的，但它只进行描述。

想要了解更多，可以查看原文：

Blotnicky-Gallant，P.，Martin，C.，McGonnell，M.，& Penny Corkum，P.（2015）. “Nova Scotia Teachers’ ADHD Knowledge，Beliefs，and Classroom Management Practices.” *Canadian Journal of School Psychology*，*30*：3-21.

描述研究

尽管存在数个因素可以将不同类型的研究区分开来，但最重要的一个因素可能还是你想要解决的问题的类型（见第1章的图1-2）。如果你正在实施一项描述研究，你会尽力去了解当前正在发生的事件，以及它们怎样与其他因素关联。你会提出问题和假设，收集数据，并且继续的工作就好像你在实施任意一种类型的研究一样。

> 描述研究能够描述某些现象的当前状态。

149 描述研究的目的是描述在研究时段内事件的当前状态。例如，你想要了解有多少老师在使用某种特殊的教学方法，你就可以让一组学生完成一份问卷，然后可以计算出结果。如果你想要了解3岁、5岁和7岁儿童在使用特定类型词汇的频率方面是否存在差异，你可以用一份描述或发展框架图来描述这些差别。

描述研究与因果关系比较研究或称实验研究（在第 11 章具体讨论）间的最显著的差别在于，描述研究不设处理组和控制组，你无须检验任何变量对其他变量产生的影响。换句话说，所有你要为你研究报告的读者做的，只是描绘一幅画面。而当人们阅读了一份使用了我们将要讨论的任何一种描述研究方法的研究报告后，他们对于发生了什么可能会想象出一幅更大的画面。因为报告会给讨论为什么事情会发生留下空间，然而那个问题通常留给后续的实验研究法来解决。

尽管存在许多不同类型的描述研究方法，但在此讨论的焦点将是调查研究以及描述变量间关联的相关研究。

调查研究

取样在理论和实践上最好的应用很可能就被发现于调查研究中。调查研究者试图通过应用调查，直接研究群体的特点。你可能对选举期间所做的各种调查最为熟悉，做法是从潜在的选民中选取一个相对较小的样本（大约 1 200），并对他们的选举意向进行提问。如果调查的结果和竞选的真实结果相差无几，问卷设计者的声誉就会得到提高。

调查研究（survey research），也叫作样本调查，它可以考察频次、心理和社会变量之间的关系，以及像态度、信念、偏见、偏好和想法这些构念。例如，样本调查可用来测量如下方面：

- 父母对学校使用惩罚的态度。
- 选举偏好。
- 邻近居民对新的停车禁令的态度。
- 青少年对强制宵禁的感知。
- 高校中的药物使用。
- 立法者对死刑的看法。

访谈 调查研究所使用的最基本的工具就是**访谈**（interview）。访谈（或称口头问卷）可以采取从最不正式的街头问答会话的方式，到详述访谈者和受访者之间互动的高度结构化的方式。实际上，许多关于问卷的要点同样也适用于访谈。例如，尽管你无须在意访谈中问卷的物理形式（因为应答者看不到它们），但你也得对一些问题加以注意，如不同部分间的过渡、对你提问信息的类型保持敏感，以及保持客观和直截了当。

> 比起与某人讨论一个问题，访谈更加富有挑战、难以完成。

大多数的访谈是从被称为**表层信息**（face-sheet information）或是中性信息开始的，其主要涉及应答者的年龄、居住安排、子女数量、收入、性别和教育水平等。这些信息能帮助访谈者完成许多事情。

首先，它有助于在访谈者和受访者之间建立一种和谐关系。诸如“你在哪读的大学?”或“你有几个小孩?”这样的问题，相对来讲没有威胁性。

其次，它建立了描绘受访者特征的一系列数据。在接下来的调查中分析访谈的主要焦点时，这些数据将被证明是非常有价值的。

访谈包含两种基本类型的问题：结构化的以及非结构化的问题。**结构化**（structured）或称**封闭式**（closed-ended）问题须有清楚、明确的焦点，并且需要给予明确的回答。对于它们，访谈者和受访者须有同样的理解。如“你多大开始抽烟?”或“你来过这家商店多少次?”这样的问题，就需要明确的答案。与此同时，**非结构化**（unstructured）或称**开放式**（open-ended）问题，就允许受访者详细地作答。此类问题如“为什么你反对第一次海湾战争?”或“你是怎么看待早孕问题的?”，就需要受访者做出更加广泛的回答。在这两个例子中，访谈者都可以在随后提出额外的问题。

如果你需要获取一些别的方式可能难以得到的信息，包括人们的情感和感受的第一手资料，那么访谈将是十分有用的。例如，在一项由史密斯和谢帕德（M. L. Smith & L. A. Shepard，1988）实施的研究中，对老师和家长的访谈是了解幼儿的入学准备和延迟入学的多层面方法中的一个部分。在这项研究中，访谈法同诸如课堂观察法及重要事件分析法等相结合使用。研究者通过依据整个研究中收集到的其他信息，对访谈结果进行检验，从而使访谈结果得到了很好的利用。

150 从积极方面来看，访谈法提供了极大的灵活性，因为它可以允许你追逐问题的任何方向（在项目的范围之内）。你也可以关注受访者的非言语行为、情境以及可以提供重要信息的其他方面。访谈法的另一个优点是你可以根据自己的便利设置访谈的基调和日程（当然指的是在某种程度上）。

访谈法也有一个缺点，它比较费时，而时间是宝贵的。如访谈10个人，包括旅途等时间在内，可能要花费20～30个小时。而且，访谈法由于其匿名性比问卷法等其他方法更低，应答者可能不情愿表现得如使用其他方法时那么诚实。访谈法的另一缺点在于你自己的偏见，以及缺乏一套标准化的问题。比之采用同样问题的其他访谈者，一位优秀的访谈者能够深刻地探察到额外的信息，而且可能是不同类型的信息。进行追问是一个很好的做法，但是当追问导致了不一致的信息，并因此产生不同的结果时，我们该怎样处理访谈？

自我测试

你认为与问卷法这样更加结构化的方法相比，访谈法的主要的优势是什么？在什么情况下，你可能会使用访谈技术？

开发一个访谈　访谈开发的开始非常类似于为一个研究项目提出建议。你的首要步骤是通过对项目目标的考虑，列出访谈的目的。然后，像以往一样，你通过检索相关文献找出过去有人做过什么工作以及是否有其他的访谈研究被实施过。你甚至可能会找到一项以前被使用过的实际的访谈，并且在你的研究中，可以使用其中的一部分。研究者会使用十年前的同一份访谈，来寻找十年后的变化趋势，这也是一种比较常见的做法。

其次，为你的研究挑选一个无论是在特征上还是规模上都比较适合的样本。如果你想了解人们对种族动乱的看法，你就不能只对白人居民进行提问——你需要访问所有的少数族群。类似地，即使访谈会花费大量的时间和精力，也不能带着样本规模缺失可以通过完善访谈细节来弥补这样的想法，从而缩减样本的规模，这种想法是无用的。

下一步，就需要开发访谈的问题。到目前就你所知，无论是结构化的还是非结构化的问题，均需要明确而简洁，不能带有隐藏的问题、双重否定、花哨话等。决定访谈是否恰当的最好的途径之一是对其进行现场试验。即对与访谈的目标受众具有同样特征的人进行使用，听取他们的反馈，并且如果发现有必要的话可以进行任何修改。

在问卷的形式完成后（差不多），就到了训练访谈者的时间了。你所需要的访谈者的大部分特质是很明显的：他们应当有礼貌，衣着整洁，外表无争议，并且足够负责任以准时到达访谈的地点。然而，有了这些品质通常还不够。访谈者必须学会在有必要的时候怎样超越问题。例如，当你提问有关种族歧视的问题时，应答者可能会提道：“是的，我有时会感到好像我正在遭受歧视。”这时你不要问“为什么?”，因为对应答者答案的追问可能会导致潜在的有价值的及有趣的信息的损失。最好的训练方法是让有经验的访谈者观察受训者提问某个实习应答者，然后再提出反馈意见。

最后，就是实施实际访谈的时候了。留足时间，然后去实施。不要害羞，但也不要太激进。

访谈的十条建议

如果你曾非常努力地为访谈做准备，那么访谈时你可能不会碰到太大问题。然而，有些特定的事情你还是应当牢记，以使得你的访谈进行得更加顺利一些，并且使你在检查你努力的成果时，会发现这个访谈更加有用。

这里有十条关于访谈的建议，把它们记在脑子里。请记住，即使不是以下的全部，也有很多的部分可归结为访谈者的影响。在访谈中，访谈者的行为可以显著地影响访谈的结果。

没有人会做得完美，但你应当尽力遵循这十条关于访谈的准则。

1. *开始访谈时不能太冷淡。*可以先通过一些谈话活跃一下气氛，话题可以是从天气到职业棒球大赛（特别是如果昨晚刚进行过一场比赛，而你也知道受访者是这项运动的爱好者）。使用可以破冰的任何活动，活跃双方的互动。如果你被提供了一份咖啡，那么就接受它（如果你不想的话，就不要把它喝光）。如果你不喜欢咖啡，就礼貌地拒绝或者叫一份替代品。
2. *请记住你是在获取信息。*紧紧围绕任务，也可以用打印好的一套问题来帮助你。
3. *坦率和直接。*清楚地记住问题，这样你就不需要经常参考你的纸片，但也不要显得太过随意或者漠不关心。
4. *穿着得体。*如果你觉得佩戴六个耳环，会妨碍到应答者的话，你就去除掉其中的五个。不要仅仅穿着短裤、内衣，那样不适合进行访谈。 151
5. *寻找一处你和受访者都不致分心的安静场所。*当你约定了访谈后，你就应当决定好地点。如果你提议的地点不被接受（比如“在快餐厅”），你就提议另一个地点（例如图书馆的休息室）。在访谈的前一天打电话确认一下你的访问。你会因忘记访谈的受访者的数量感到吃惊。
6. *在你第一次提问某个问题的时候，如果受访者没有给你满意的答案，就复述一下。*继续复述部分或全部问题，直到离你确信想要的答案越来越接近。
7. *如果有可能，就使用磁带或数码录音机。*如果你这么做，你应当要意识到一些事情。第一，在对会话录音之前请求受访者许可。第二，不应当将录音机视作支柱使用。不要只录音而不做笔记，在访谈进行的时候你应当尽你所能记录下所有的信息。
8. *让受访者觉得这是一个重要项目中的一个重要部分，而不仅仅是某人在实施一项测试。*如果被给予机会，大多数人会乐意谈论一些事情。告诉受访者你明白他们的时间是多么宝贵，以及对他们的参与你是多么感激。确定承诺给他们一份访谈结果的复本。
9. *成为优秀的访谈者的途径就跟进入卡内基音乐厅一样：练习，练习，再练习。*你的第一次访谈，会和其他人一样，可能充满了忧虑和怀疑。但随着你做了更多的访谈，你得到增强的信心和对访谈的掌控会使访谈过程更加顺利，而由此也会产出更加有用的信息。
10. *感谢访谈者并询问他是否还有其他问题。*通常要邮寄给（或电话告知）受访者一份你的工作结果的概要。

其他类型的调查　你是否碰到过这样的事？你正在家吃晚饭的时候，电话铃响了，电话那头的人想了解你多久坐一次巴士、重复利用一次报纸、使用一次电脑、租一辆车。

这些电话就呈现了本质上都是描述性的调查研究的若干类型中的一种。除了访谈研究——最主要的调查研究方法——和电话调查外，调查研究还包括专题小组或焦点小组（即应答者中的一个小组反复接受调查）以及邮寄问卷。

怎样实施调查研究

调查研究开始于一份关于什么时间采取什么行动的总体规划（**流程图**［flow plan］）。总体规划开始于研究的目标，再引入可能被用来搜集数据的不同的方法，并以一份总结报告和成果摘要结尾。

1. *澄清研究目标*。第一个步骤就是澄清调查研究的目标。例如一项小型的学校系统研究计划要求研究者研究公立学校中对使用惩罚的态度。作为研究计划的组成部分，研究者需要考虑提出的问题的性质，即：是否关心惩罚的效果？惩罚采用什么样的执行方式？何种类型的惩罚（身体的或其他）？

   定义研究目标的性质可能需要对随后要接受深度访谈的应答者先做一些初步的访谈。在研究中这一步的主要目标是定义变量，诸如惩罚和态度，哪一个应当被研究。如果研究者最终提问的问题需要得出具有重要意义的信息的话，所有这些本身相对模糊的术语，都需要进一步被澄清和定义。

2. *确定样本*。在研究目标确定后，下一步就是确定取样计划，以及获取参加研究的个体的一个样本。是否所有的老师和家长都要参与？可能不是，因为他们会导致样本构成太大，并且调查一个这样大的样本会很低效。但是怎样的一个样本才能相对代表这个群体？

   回到第4章——怎样从一个地区四所学校的各个年级中，分层随机抽取包含三位家长的样本，以及从中级和核心两个管理层中，抽取管理者的随机样本？如果样本包含孩子，研究者可能就需要设计一个方案，即需要考虑这些孩子遭受惩罚有多频繁以及因为什么原因受惩罚。如果只选择很少受惩罚的孩子或者只选择经常受惩罚的孩子，就会使样本的特征倾斜，进而使研究的结果产生偏差。

3. *确定方法*。既然研究目标和样本规划已经明确，那么在访谈或专题小组研究中可能会发生什么？这里就有一些研究者可能关心的问题：

- 问题主要是开放的、封闭的，还是两者结合？每一个问题怎样代表有关内容、观点或态度？
152
- 应答者的样本怎么确定？是否包括家长、老师、管理者，或者三者都有？学生又怎么办？
- 数据怎么收集？访谈怎么使用？是否要邮寄问卷？
- 要提问什么类型的问题？什么实际信息将被包含在内？

   这些问题怎样被回答，部分地取决于为实现先前确定的研究目标而采用的信息类型。

4. *编码和计分*。调查研究产生的结果可能是很冗长的需要进行分析的反应，也可能是简单的是-否式反应，这取决于问题的形式和内容。在数据收集完成后，研究者需要对它们进行编码（例如，1代表男性，2代表女性）以及用组织好的样式对答案进行计分并将其填入简易的表格。

有一个简单的例子如表9-1所示，它显示了对经常使用体罚和从不使用体罚的家长的分类，以及这两个群体关于体罚效果的不同判断的分类。

表 9－1　　在调查环境下怎样收集数据和计分举例

	体罚是残忍且无效的	体罚是严厉且不必要的	体罚在特定情况下有用	体罚能有效遏制不良行为	体罚是对付不良行为的最有效的方法
使用体罚的父母	12	14	15	23	32
不使用体罚的父母	46	13	14	7	6

对这些反应的频次进行某种类型的分析，可用来回答关于家长对待惩罚的态度的问题。

调查数据的效度　收集调查数据是一项困难的工作。这意味着需要不断地探询被试，同时还要处理很难控制的无关来源造成的变异。然而，稍显奇怪的是，建立这些数据的效度却相对容易得多！例如，有一种对访谈中获取的数据建立效度的途径，就是通过寻找替代的资源进行确认。例如年龄和政党归属这些公共的记录是很容易被检查和确认的。甚至可以对应答者进行第二次访谈，以确定他们第一次所说内容的真实性。虽然说不存在人们不能撒两次谎的原因，但是好的研究者应该意识到这种可能性并且试图确认可能对研究目的十分重要的实际信息。

评估调查研究　像其他所有的研究方法一样，调查研究也有其优点和缺点。以下就是它的一些优势。第一，调查研究允许研究者无论研究什么，都能进行一个广阔的构思。如果取样得当，把研究结果推广到数百万人身上并不难，就像经常实施的竞选民意测验等一样。与这种推广能力相伴而来的是金钱和时间的大量节约。

第二，调查研究的高效还在于，研究工作的数据收集部分在与应答者进行一次接触，并收集好信息后就完成了。而且，所需工具极其简便。在某些案例中，一个笔记本和一份问卷就足够用来收集数据了。

第三，如果操作得当，并且取样误差较小，调查会产生非常精确的结果。

调查研究的缺点也是比较严重的，最主要的是采用访谈法和问卷法时，会产生资源偏差。**访谈者偏差**（interviewer bias）发生于访谈者微妙地使应答者的回答向某种或其他方向偏倚之时。例如，访谈者通过微笑、皱眉、移开目光或其他动作来鼓励（甚至是以一种最无意的形式）赞成或反对的回答，那么偏差就产生了。

与此同时，受访者也会做出带有偏差的回答，因为他可能不想给出社会能够接受的答案之外的回答。毕竟，对于“你是否殴打你的配偶？”这个问题，有多少人能够以一个确切的“是”来做出回答？

这些偏差必须通过谨慎地训练访谈者以使其保持客观，以及确保所提问题不会将受访者引入或置于一个无人能够坦率作答的位置来加以防范。

调查研究的另一个问题是有人不予回应，就像在某些通信调查案例中那样。这会是一个大问题吗？肯定有可能。不回应者可能构成了一个与回应者不同质的群体。因而，在不应答者身上的发现可能会跟之前考虑的整个群体有所不同。那么惯常的做法是什么？回头并试图找到那些第一次没有作答的人。

153

自我测试

你在第 3B 章阅读了一些伦理准则，那么那些伦理准则和我们以上讨论的各种调查方法之间可能会产生什么冲突？

相关研究

相关研究描述两个或者更多变量间的线性关系，而不涉及将一变量的效应归因于另一变量。作为一项描述性技术，它是非常强大的，因为这种方法显示了变量（例如学习时间和考试成绩）彼此间是否在某些方面拥有共性。

在第5章，我们利用相关系数来估计测验的信度。同样的统计方法将再次作为一个描述性的角色在此使用。例如，相关法就被用作标准化测量，用来评估家庭相关度（例如，双胞胎、表亲、无亲戚关系者）和智力测验成绩的相似度之间的关系。相关越高，两者间的关联度也越高。在这样的一个案例中，你可能会预期，在同一个家庭中长大的双胞胎（他们拥有更多的相同之处），要比在不同家庭中长大的双胞胎在智商得分上具有更大的相似性。他们的确是这样！分开抚养的双胞胎仅仅具有共同的遗传禀赋，而在同一个家庭中成长的双胞胎（无论是同卵［单个卵子］，还是异卵［两个卵子］）则有着相同的遗传和环境背景。

变量间的相关关系

评估关联度的最常用的测量指标是相关系数，它是一个反映两变量间的相关的数字。它的大小用－1.00到＋1.00之间的数来表示，它在强度上，会随着一个变量同另一个变量共有的变异的增加而增加。也就是说，两个事物共同性越多（就像一对双胞胎），它们之间的相关程度越强（只有这样才讲得通）。如果你和某人有共同的兴趣，那么你们之间的行动的相关性就很有可能超过你和那些同你没有任何共性的人。

> 正相关并不是“好的”，负相关并不是“坏的”，正、负相关除了跟相关关系的方向有关外，跟其他无关。

例如，你很可能会发现，手指灵活性的测试分数和手-眼协调的测试分数之间要比手指灵活性和人的身高之间具有更强的相关。类似地，你会预期到阅读和数学成绩之间的相关，会比阅读和体力之间的相关更强。这是因为阅读和数学之间拥有的某些共性（例如，智力和问题解决的技巧）要超过阅读和举重之间的共性。

相关关系可能是直接或正性的，这就意味着当一个变量的值发生变化时，另一变量也将朝着相同的方向变化，例如你的学习时间和你的考试成绩之间的关系。一般来讲，你学的时间越长，你的成绩越好。同样，你学的时间越短，你的成绩将会越差。注意一下，正性这个词有时候解释为跟好同义，但在这不是。例如，父母花在他们孩子身上的时间与孩子的青少年权威卷入水平之间存在负性的关系。这里负性就是坏的意思吗？完全不是。

相关关系也可以反映间接的或负性的关系，那就意味着当一个变量的值朝一个方向发生变化时，另一变量将朝着相反的方向变化。例如你完成多项选择题的速度与你的测试分数之间的关系。一般来讲，你完成得越快，你的分数越低；你完成得越慢，你的分数越高。但这么解释并不意味着你完成得慢一点，你将会变得更加聪明。事情并不像那样，这也进一步证明了为什么相关关系不是因果关系。它能够表明的只是，对于特定的一批学生，在他们的测试花费时间和总成绩之间存在负性的关系。因为这是一种群体统计，所以要进行个体成绩的推断是困难的，进行因果推论也是不可能的。

在表9-2中，对上述我们讨论的两种类型的相关进行了总结。

有趣的是，相关系数重要的特性并不是它的符号，而是它的绝对值。一个－0.78的相关就比一个＋0.68的相关强，就如＋0.56的相关要比－0.60的相关要弱一样。

表 9-2　相关的类型

如果 X……	和 Y……	相关是	举例
值增加	值增加	正性的或直接的	一个人越高（X），就越重（Y）
值降低	值降低	正性的或直接的	一个人犯的错误（X）越少，用于补救工作的时间（Y）就越少
值增加	值降低	负性的或间接的	一个人的行为（X）越佳，在课堂上的耽误（Y）就越少
值降低	值增加	负性的或间接的	一个人用来学习的时间（X）越少，考试时犯的错误（Y）就越多

相关系数是什么样子的

最常用来衡量相关关系的是**皮尔逊积差相关系数**（Pearson product moment correlation coefficient），用字母 r 表示，跟在 r 后面的符号表示具有相关关系的变量。如符号 r_{xy} 代表变量 X 和变量 Y 之间的相关。要计算相关，你所处理的群体的每一个被试都必须有一对分数（如阅读分数和数学分数）。例如，你要计算花在学习上的小时数和考试成绩之间的相关，那么你需要对每个个体的所花小时数和考试分数进行测量。

散点图是两变量间相关系数的一种生动的呈现。 154

正如你刚读到的，相关关系的范围在－1.00 和＋1.00 之间，并且可以取这两个极点间的任一值。例如，看图 9-1，它展示了 4 个数据集（A、B、C 和 D），每一个数据集可由其旁的散点图来表示。

散点图（scattergram）是显示成对分数的图形。在数据集 A 中，相关系数是＋0.70。（一会你将会看到怎么计算这个数值。）

要绘制散点图，须遵循以下步骤：

1. 用一张绘图纸，建立 X 轴（水平的）和 Y 轴（垂直的）。
2. 标明成对变量中哪一个作为 X，哪一个作为 Y。通常，一对变量中的第一个被指定作为 X 值。
3. 对被试 1，在坐标上输入 X 和 Y 的值，在此例中（图 9-1 中的数据集 A），X 的分数是 3，Y 的分数是 3，所以输入对应（3，3）的数据点。
4. 对所有的数据点都重复步骤 3，那么你就会发现散点图正如图 9-1 中显示的数据集 A 的图形。

现在让我们看下数据集 B，它的相关只有 0.32，大大弱于 0.70。你可以看到更强的相关（数据集 A）具有如下方面的特征：

- 相关越强，数据点越往一条直线靠拢。
- 数据点靠拢的直线趋向 45°角时，相关增强。

A 中的数据显示的是高正相关（0.70），而 B 中数据显示的是低得多的相关（0.32）。C 中的数据显示的高负相关（－0.82），并且，和高正相关一样，坐标中的数据点沿着对角线排列（在此例中，是从左上角到右下角，趋向于 45°角）。在最后一个数据集 D 中，显示的是变量 X 和 Y 之间非常低的相关，旁边的坐标图也显示了这种较低相关的图样。一言蔽之，通过这些点所画出的线将是平坦的或是水平的。

总之，图样越呈一条直线并且越沿 45°角排列（无论是从左下角到右上角表示正相关，还是从左上角到右下角表示负相关），两变量间相关关系存在的视觉证据越充分。

155

数据集 A

X	Y
3	3
5	6
4	7
6	8
7	7
8	6
6	7
7	9
8	8
9	9

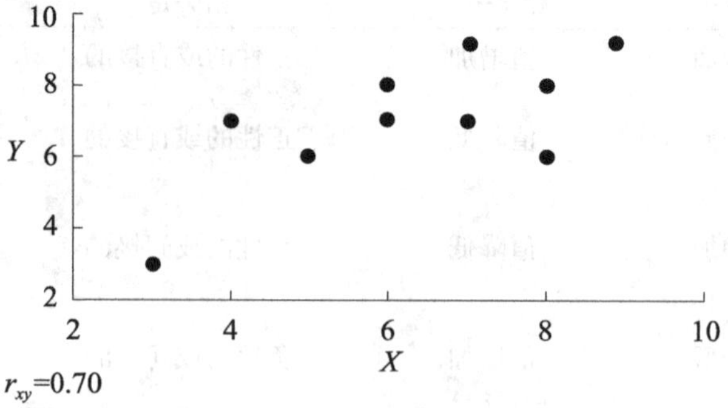

$r_{xy}=0.70$

数据集 B

X	Y
3	3
5	6
4	7
6	5
7	7
8	3
6	7
7	9
8	5
9	9

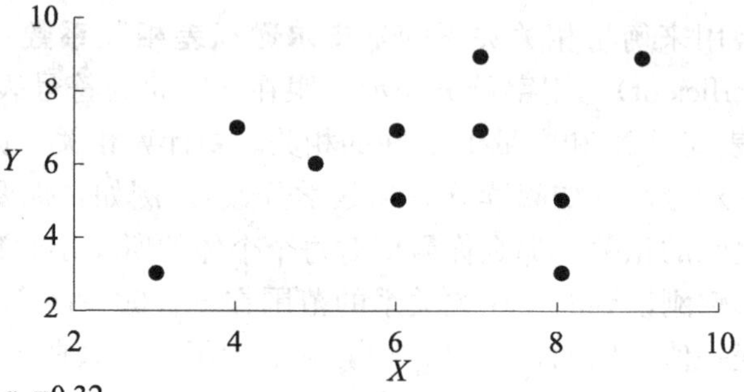

$r_{xy}=0.32$

数据集 C

X	Y
3	9
5	8
4	7
6	7
7	6
8	3
6	3
7	4
4	9
5	8

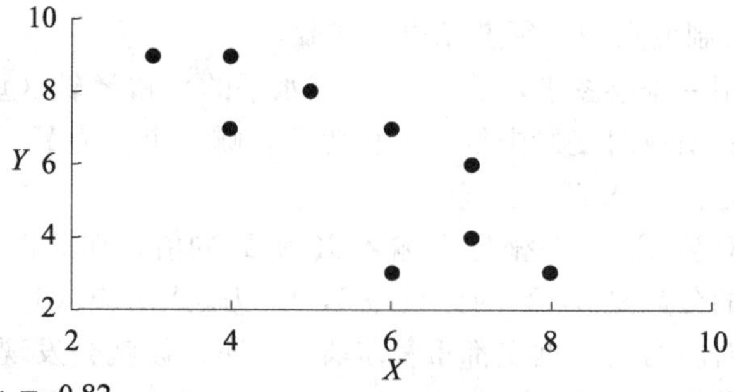

$r_{xy}=-0.82$

数据集 D

X	Y
3	2
5	4
4	5
6	4
7	3
8	4
6	5
7	4
8	2
9	3

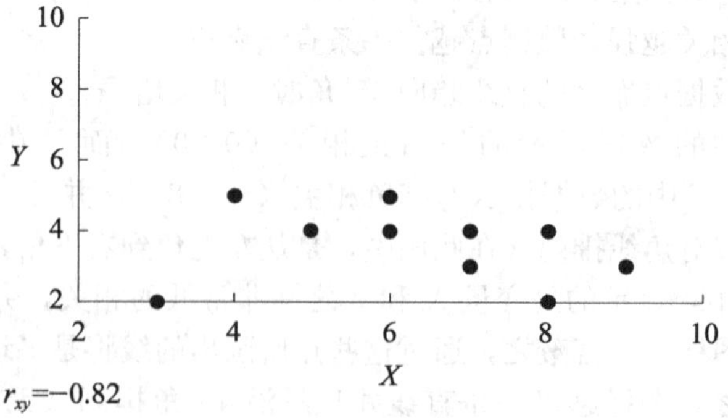

$r_{xy}=-0.82$

图 9－1　四张散点图以及相对应的相关系数

随着相关变强，无论是正的还是负的，数据点都会趋向于沿 45°角排列。

自我测试

相关关系可以是正的，也可以是负的，举出一个负的并不代表坏的，以及正的并不代表好的之例子。

计算皮尔逊相关系数

计算两变量间相关的最简易的途径是使用原始分数计算法。计算相关系数 r_{xy}（这里 xy 代表 X 和 Y 间的相关）的公式如下：

$$r_{xy}=\frac{n\sum XY-\sum X\sum Y}{\sqrt{[n\sum X^2-(\sum X^2)][n\sum Y^2-(\sum Y^2)]}}$$

式中，r_{xy} 是 X 和 Y 间的相关系数，$\sum$ 是求和符号，n 是样本大小，X 是个体在 X 变量上的得分，Y 是个体在 Y 变量上的得分，XY 是每一个 X 分数和对应的 Y 分数的乘积，X^2 是单个 X 分数的平方，Y^2 是单个 Y 分数的平方。 156

皮尔逊相关系数是最常用的相关计算类型。

让我们来看一个简单的例子，计算图 9－1 中数据集 C 的相关系数，变量 X 的平均值为 6.3，变量 Y 的平均值为 4.6，最终的计算公式应该如下：

$$r_{xy}=\frac{-0.37}{\sqrt{3[32.1][62.4]}}=-0.82$$

自己尝试一下，看看能否得到同样的结果（$r_{xy}=-0.82$）。你也可以使用 SPSS 或者 Excel，看看能否获得同样的结果。

相关系数是变量 X 和变量 Y 之间相关的表达，用 r_{xy} 来代表。那么当你拥有超过两个变量的时候会发生什么？你会获得一个以上的相关系数。总体来看，如果你拥有 n 个变量，你就拥有“从 n 中一次取 2”对相关。在表 9－3 中，你可以看见一个相关矩阵，或者叫一个显示三个变量（年级、阅读和数学分数）间成对相关的表格。三个相关系数中的每一个都是使用上述的公式来计算的。

你可能注意到了，矩阵的对角线上都是 1，因为任何数同它自身的相关都是 1。而且，对角线右边的相关系数和左边的相关系数形成了一个镜像。矩阵中的两半相关系数（在表 9－3 中高于或低于 1.00 的对角线的）是一样的。

表 9－3　两个以上变量以及它们之间的相关举例

	年级	阅读	数学
年级	1.00	0.321	0.039
阅读	0.321	1.00	0.605
数学	0.039	0.605	1.00

你和 Excel——用工具包计算相关系数

用 Excel 工具包计算相关系数和第 8 章描述统计量的计算很相似，这里有你可以使用的样本数据。

在你使用任何统计分析包之前，熟悉一下手动运算这些值的步骤，保证你理解这些值都代表什么。

下面是使用 Excel 和工具包的步骤。

1. 点击 Excel 功能区的“数据”。
2. 在“数据”标签的右边点击“数据分析”，你可以看到“数据分析”对话框。
3. 双击“相关系数”选项，你将会看到如图 9－2 所示的“相关系数”对话框。
4. 在“输入区域”框内输入值 A1：C16。
5. 点击选择“标志位于第一行”按钮。
6. 点击“输出区域”按钮，输入值 E1。
7. 点击“确定”，结果将会如图 9－3 所示。

而且，正如你在结果中所见的，相关系数的范围是－0.110 到 0.416。

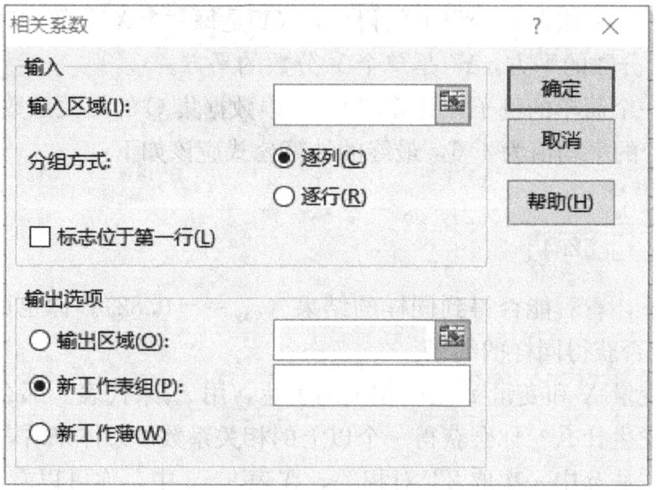

图 9－2　“相关系数”对话框

	测验1	测验2	测验3
测验1	1		
测验2	0.306876156	1	
测验3	0.416424115	-0.110812763	1

图 9－3　已完成的分析

解释相关系数的意义，须注意决定系数。

解释皮尔逊相关系数

相关系数是一个有趣的指标。它反映了变量间的关系程度，但要解释到如它所代表的一样，又相对比较困难。然而，这里有两种解释这些表示相关的一般指标的途径。

157 第一种就是目测法，在此法中，某一特定值的相关系数同某一特定的命名程度之间的联系如下所示：

相关系数	强度
0.8～1.0	非常强
0.6～0.8	强
0.4～0.6	中等
0.2～0.4	弱
0.0～0.2	非常弱

记住：不要被这些数字欺骗。即使是最弱的相关（例如 0.1），如果它所基于的样本量足够大，并且充分接近总体的规模，它在统计上也可能是显著的。而你在第 8 章已经了解了统计显著和有意义的区别了。

解释相关系数的另一合理的方法就是对其值进行平方，计算其**决定系数**（coefficient of determination）。决定系数 r_{xy}^2 是一个变量可以由另一个变量说明的变异量。换句话说，它允许我们，要估计可用来解释一个变量的变异量，可以通过检验另一个变量的变异量来实现。因而，如果两变量间的相关系数是 0.40，那么决定系数就是 0.16，即此变量中 16%的变异可以用另一个变量的变异来解释，84%（或 100%－16%）的变异不能解释。不能解释的变异部分通常被称为**偏离系数**（coefficient of alienation）。

观察当变量间的相关变强时，变量间关系中可解释的变异量怎样变化是有趣的，这种变化的预测可能并不是你想象的那样。

表 9－4 就显示了简单的相关系数（第一列）和决定系数（第二列）。注意一下随着
相关系数值的增加，可解释的变异量的变化。例如，相关系数从 0.4 增加到 0.5，可解 158
释的变异量的增加为 9%。但是如果相关系数再增加一个相同的量（即从 0.6 到 0.7，也是增加了 0.1），可解释的变异量的增加就会达到 13%。可解释的变异量的增加并不是线性的，而是相关越高，可解释的变异量“跳跃”得越高。

表 9－4　可解释的变异量（作为相关系数值的函数）的差异

如果 r_{xy} 为	和 r_{xy}^2 为	那么变化是从……	解释了如下更多的变异量（%）
0.1	0.01		
0.2	0.04	0.1 到 0.2	3
0.3	0.09	0.2 到 0.3	5
0.4	0.16	0.3 到 0.4	7
0.5	0.25	0.4 到 0.5	9
0.6	0.36	0.5 到 0.6	11
0.7	0.49	0.6 到 0.7	13
0.8	0.64	0.7 到 0.8	15
0.9	0.81	0.8 到 0.9	17
1.0	1.00	0.9 到 1.0	19

图 9－4 就是表 9－4 的内容的图示。随着相关系数的增加，可解释的变异量增加得更快。那就是为什么图 9－4 显示的线是曲线——变异量（Y）并不随相关系数值（X 轴）的增加而成比例地增加。那就是为什么相关系数的值越高，两变量关系间的可解释的相对变异比一个较低的相关系数值更多。

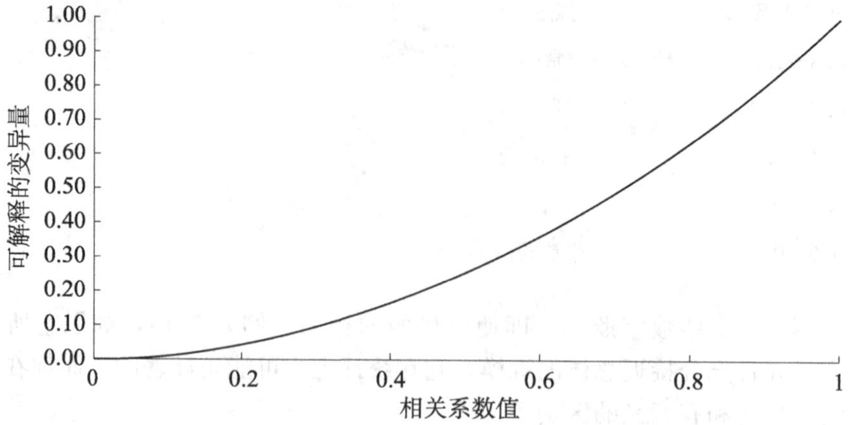

图 9－4　在相关关系中，变异量作为关系强度的函数是如何变化的

自我测试

到目前我们学过的这些研究方法中，相关研究法具有一些什么优势和缺点?

▼ 小结

非实验——描述或相关——设计对你是否适合？这并不是一个真的需要回答的问题。相反，你应要问的是你所感兴趣的课题是否要用到描述法所提及的工具。正如先前所强调的，所提出的研究问题决定了它的回答方式。如果你想要调查 1930 年代俄克拉荷马的居民是怎样抚养小孩的，或者孩子的抚养方式是怎样变化的，历史编纂学可能比较适合你。那么描述法可以提供什么？它能够提供对事件的一个说明，通常是如此详细以至于可以作为提出和回答其他问题的跳板。个案研究、**发展研究**（developmental research）和相关研究，无论对于什么研究对象，都以一种表达全景的方式，描述出特定的图像。尽管这些研究方法并不能奢侈地允许我们揭示变量间的因果关系，但是它们提供的工具却能够回答其他研究方法所不能够回答的问题。

▼ 在线资源

➢教育数据库

用来开启你的描述研究的教育数据库（Educational Databases，作为美国国会图书馆主阅览室的一部分），可以在 http：//www. loc. gov/rr/main/alcove9/education/database. html 找到。在这里，你可以找到从教育资源信息中心（ERIC）到全球大学的清单这样的任何信息。

➢在研究中使用访谈

瑞德大学的约翰·苏勒（John Suler）博士提供了如何进行访谈，以及如何恰当地将访谈信息纳入你的研究论文里的建议。登录 http：//www-usr. rider. edu/～suler /，然后点击“using the interview in research（handout for students）”即可获取。

➢如何进行调查

你可以在 http：//www. wikihow. com 上搜索“How to Conduct a Survey”找到对如何进行调查的简单但直接的介绍。

▼ 练习

1. 写出一些能使用调查研究法研究的问题。列出每一项研究中具有调查性质的一些问题。
2. 说出访谈的两个优点和缺点。
3. 在“你对取消儿童运动计分的态度是什么?”这个访谈问题上，写出三个潜在的后续问题。
4. 简要概述一下进行访谈的五个步骤。
5. 将下列相关系数按照强度从大到小的要求进行排列。 159

a. 0.21

b. −0.67

c. 0.53

d. −0.01

e. 0.78

6. 以下的表述哪里有误? 你花费在学习上的时间与你在学校的考试成绩具有直接的关系。因而，如果你在一次考试中表现不好，那就意味着你的学习时间不够。

7. 指出下列关系所描述的相关的类型：正性的、负性的或无相关。

a. 当 A 增加时，B 的值也增加。

b. 当 A 增加时，B 的值下降。

c. 当 A 下降时，B 的值增加。

8. 对于上面一题中的三种关系，各举一例。

9. 说出下列假设在性质上是否表现为相关关系。

a. 在托儿所被抚养和在家里被抚养的学龄前儿童的认知能力没有差别。

b. 父母的教育、社会经济地位和儿童的数学成绩之间存在关联。

c. 纽约的犯罪率和社会经济地位之间没有关联。

d. 父母的教育不能够增加孩子在数学成就测验中的成绩。

e. 一直以来，农村和城市的学校采用的纪律政策存在差异。

10. 改善以下访谈问题：

a. 你认为青少年抽烟和喝酒是可以接受的吗?

b. 你初中时最常用的口语是什么?

11. 描述研究的目的是什么?

12. 举一个描述研究是回答你的研究问题的最恰当的方法的例子。如果你做了，你的问题是什么?

13. 下列关于相关系数的描述，哪一个是正确的?

a. 相关关系可以是正的。

b. 相关关系可以是负的。

c. 相关关系反映因果关系。

d. 相关关系测量两变量间的关联。

14. 相关系数是显著的，但没有意义，这样的例子有什么?

15. 考察晚餐牛奶消耗量和夜间尿床的关系，并发现两者之间有显著的相关 0.25。你如何解释这个发现的意义?

16. 决定系数是什么意思? 对于相关为 0.60 的两个变量，决定系数的值是多少? 偏离系数的值是多少?

160

第 10 章

非实验研究：质性方法

章节概览

研究实例

正如本章要学习的，质性研究的领域与社会行为科学中其他类型的研究有很大的不同，强调研究人员和研究对象之间正在进行的互动。

在一项研究中，周博士和她的同事们研究了流感对生病儿童父母的影响、对他们生活质量的影响。所使用的方法是访谈，包括有关孩子症状的信息，父母的医疗护理访问经历；对家庭日常生活的影响，情绪、身体和社会幸福感。在 21 次访谈中，有五大主题，包括日常生活的突变、情绪的冲击、社会孤立与关系变迁、家庭和朋友支持的重要性、与医疗系统的互动。他们的结论是，一个孩子得了流感，这一事件对父母有重大影响，在制订教养工作政策时应考虑到这种影响。

想要了解更多，可以查看原文：

Chow，M.，Morrow，A.，Booy，R.，& Leask，J.（2013）. “Impact of Children's Influenza-Like Illnesses on Parental Quality of Life：A Qualitative Study.” *Journal of Paediatrics and Child Health*，*49*：664-670.

实施质性研究

> 质性研究和量化研究并不是非此即彼，而是一种允许你提出和回答不同种类问题的不同方法。

虽然在社会行为科学中，量化研究是不可或缺的一部分，但做研究时，有时可能还有一些其他更适合的方法。**质性研究**（qualitative research），简言之，就是一种应用访谈、综述、个案研究和其他相关探索技术探究导致人们行为的某些过程的社会行为科学的研究。

半开玩笑地说，一些人认为质性研究就是没有数据的研究。事实上，许多学生选用质性研究是因为他们相信质性研究比较容易实施，因为几乎没有涉及统计分析。然而，从复杂性、需要的努力水平以及增加的复杂分析方法（如计算机程序）等许多方面看来，情况恰恰相反。

> 你能从研究来源那里获得下结论的信息。学会如何使用这些资料。

质性研究方法和人们口头分享思想传统、访谈别人一样，已经存在几千年了。仅仅在过去的大约 25 年中，作为理解行为、回答社会行为科学研究中的重要问题的合理工具，这些方法才被接受。你在本章中读到的很多东西可能已经在这本书的其他地方被提及过。不管怎样，这些方法和技术对质性研究来说是独特的。如个案研究是自然性的描述，但它们也是质性研究的方法。

在第 8 章中，你学习了具体的统计以及它们应用的清晰流程。结果是，许多质性研究的流程要求很高，因为所有强加给你的准则从统计学自身转移到研究者身上了。你必须使用不同于传统的方法去详细描述你的一举一动。然而关于它如何使用，几乎没有学者被系统地训练。在本章后面，我们将讨论确定合理的质性研究的方式。但现在，我们从质性研究中经常使用的各种资料来源的区别开始。

质性研究有何不同

你在课堂上和在本书中所学到的大多数内容涉及量化研究领域。但是你将在这一章学到，质性研究正成为一个越来越有吸引力的工具，可用于回答行为和社会科学中出现的问题。 161

但它如何不同于量化研究？看看以下比较来形成初步概念，如表 10－1 所示。这些差别能为即将进行的讨论提供一个良好的基础。

表 10-1　量化和质性研究有何不同

	量化研究	质性研究
目的	检验假设	发展假设
文献综述	早期完成	同时完成
研究反馈	预先确定、无偏差、客观	待定、有偏差
测量工具	客观工具	访谈、焦点小组
方法	可信和有效的测量工具	访谈、焦点小组
结果	统计分析	丰富的陈述
特定背景	不受背景影响	依赖特定背景
概化	高	低
设计和示例	实证研究	个案研究

研究资源

正如之前你在这本书上所学的，原始资源和二级资源都是宝贵的资源。在这一节，我们讨论质性研究的不同信息来源：文件资料、档案记录、实体文物、直接观察、参与者观察和焦点小组。其他大多数被使用的资源和第3章中讨论的二级和一般资源是一样的。

文件资料

不管是内部撰写还是对外发布的**文件资料**（documentation）都提供了大量的信息。如对内使用或通过新闻发布的关于“儿童护工要求”的新政策，就提供了官方目标和组织政策的相关信息。文件资料也通过其他方法收集到证实或反驳的信息。

有时可以去做一个有趣的检测，就是比较官方发布的内容（它是应该得到的）与你能够收集的文件副本提供的信息（它是真正得到的）。这对一个会思考并且介入某些问题的人来说，可能是一个重要的视角。

档案记录

在可获取的情况下，**档案记录**（archival records）提供给研究者关于组织构成的描述性资料。通常感兴趣的是被研究的组织中，有助于组织方向改变的组织图表和预算的记录。例如有两个如今在高职位上，但是先前合作过的人，档案记录表明他们是亲近的关系或是处在“日久生厌”的状态。档案记录可以展示给研究者，哪些雇员近些年没有晋升，是因为拒绝了机会还是对更高层的管理缺乏了解。

医院前雇员的档案记录可能启示当前和未来卫生保健设施的方向。例如在分道扬镳后，医院前雇员是否有更好的发展？分道扬镳是因为医院行政委员会改变方向还是此人接受了其他医院的职位？如果前雇员友好地离开，那么未来可能有战略上的合作。如果是不友好的，则可能造成两个医院为了同一市场或同一学术空间相互竞争的后果。

> 档案不仅因为它包含的内容，而且因为可存储和提取的资料量而吸引人。

实体文物

实体文物（physical artifacts）是对你的解释有帮助的实体物品或要素。例如，一个昏暗的、阴沉的物理空间传达了哪些关于组织士气和个人角色的信息？或者假设你正在研究信息科技政策是否适用于学院体制的公司，但当你走进主管的办公室，你发现办公室没有电脑，而且主管也承认他是电脑文盲，对电脑一窍不通。我们可能得到一个结论，即这位主管可能是一位好的管理者，但对于组织的成功，他做了什么贡献？

直接观察

直接观察（direct observation）发生于研究者处于或接近于被研究的环境之时，但不参与环境自身。这种方法和人们之间的互动一样，周围环境都是被观察的以便证实或推翻固有假设。或者要么作为一种方式获取对研究框架的理解，要么帮助形成假设。 162

直接观察不是唐突的，即意味着研究者要保证环境中正常活动不受打扰，同时进行自己的观察。即使有问题，也是在事件正常进行不会被打断时提出。这种研究方法也可以用来研究非人类对象，如野外的动物。当用来观察人类时，这种方法对于理解研究对象表面和非表面的关系和联系是很有用的。

参与者观察

参与者观察（participant observation）是实施研究时一个较难的方法，因为它需要研究者主动地参与到被研究的社会网络中，同时应坚持足够的客观性和超然性，以便能精确评估收集到的素材。不管怎样，它能产生一些极好的、有用的信息，如成为和平队（Peace Corps）[①] 的成员，并从自身角度描述那些行动，这是传统的量化方法无法做到的。

对临时的研究者来说（如果有这样的事），参与者观察的耗时性可能是不受欢迎的一个方面。为了能被一个群体充分接受从而了解它的真正的特征，研究者必须在那里待足够长的时间，并能表现自然。如果他们不那样，信息就是无价值的，除非研究者研究的问题是群体对外来者是如何反应的。

焦点小组

焦点小组（focus group）是由研究小组的一个成员组织聚集起来的一群人，研究小组的其他成员可能会对他们进行公开或秘密的观察。如家长会被召集到一起，以了解他们对执行新的学校日程安排或取消住在学校附近的学生校车的感受和看法。

焦点小组出现的背景应该是一个鼓励坦诚、公开交流的环境。而且主持人应尽量不强加自己的观念给这个小组（毕竟小组成员的观念也是有价值的）。在这里鼓励多讨论，主持人的工作是确保参与者在此过程中不被小组中的一个或几个人“操纵”，害羞的成员也应参与到讨论中。

焦点小组有四个主要的功能，表 10 - 2 进行了总结。

表 10 - 2　　焦点小组的功能

功能	例子
收集信息	询问初中生的父母：“放学前一段时间用来进行团体活动而不是用来讲授知识，你认为这样会产生怎样的效果？”
形成洞见	询问幼儿园工作人员：“最后几周，家长忘记了签名就将孩子接出去。你认为是什么原因导致他们忘记了？”
决定小组成员如何做出决策	询问护士：“当轮班变了的时候，你是如何告之你的病人的？”
鼓励小组交流	询问警察：“我们想知道，作为一个群体，你觉得新的医疗福利计划如何？这些政策对人们加入警察这个行业起了怎样的激励作用？”

① 和平队成立于 1961 年，是约翰·肯尼迪在总统竞选中提出建立的，其主要使命是以志愿者的方式，向第三世界国家提供教师、医生、护士各种技术人员等，利用美国在经济、技术和文化上的整体优势，同苏联争夺广大的中间地带。——译者注

第一，它们是一种在相对较短的时期内从大量的人群中获取大量信息的好方法。如果有人研究人们对职业摔跤的看法，可以访问儿童、青少年、年轻人、父母等社会各界人士，了解他们在观看电视上职业摔跤时的想法。关键是将截然不同的群体分开。10 岁的孩子在有父辈的场合比在满是同辈的场合可能更少畅所欲言。

第二，焦点小组有助于领悟之前不能理解的主题。说到职业摔跤，一些人认为，一周内它不会拥有多于 10 个的观众。事实上职业摔跤是种几十亿美元的产业。实际上，它有一群接受过教育的、职业的男女拥护者。一些人认为，一个有吸引力的焦点小组会找接受过教育的、经常看摔跤的白领，然后让他们讨论为什么职业摔跤是吸引人的。当然很多人会说，这样的讨论是无意义的，但可能会提到一些不明显的观点，这有可能就是实施质性研究的整个目的。

第三，焦点小组有助于研究者理解小组成员如何形成他们的结论。参与者说出他们的思维过程有助于研究者剖析个体动机，有助于顺着什么才是对小组成员真正重要的这条线索来确定关键步骤。

第四，焦点小组鼓励小组互动，这有助于综合不同的观点，个人访谈的方式做不到这一点。有时候，需要不止一个人参与问题的回答，有棘手任务的时候，需要一个团队分配时间一起完成。

163 焦点小组是一个非常有用的研究问题的方法，但它们的成功取决于组织者保持小组始终处于任务中的能力。

自我测试

哪种问题你想用质性方法来而不是用量化方法?

个案研究

曾有个叫吉妮（Genie）的小孩，她早期的大多数时间与人类隔绝（Curtiss，1977），最后，她在 14 岁那年被发现并被解救出来。她提供给心理学家很多关于语言发展迟滞影响因素的信息。

> 个案研究经常是非常详细的个人描述。个案研究的完成耗时较长，但能产生很多细节和洞察。

心理学家和语言学家通过使用个案研究方法研究她的语言发展。**个案研究**（case study）是采取尽可能详细的方式研究处于独特背景或环境下的个体或机构的一种方法。独特这个词在这里非常关键，因为，和对研究对象本身感兴趣一样，研究者对其目前所处的环境也很感兴趣，这是将这个人（这个个案）与其他人区别开来的唯一特征。

你可能听过个案研究这个术语，个案研究的思想体现了医师收集和散播信息时使用的大部分方法论。《美国医学会杂志》（周刊）经常提供一些状况异常、症状和治疗要求需要特别注意的个案研究。他们的个案信息需要被宣传。

由医师转行成为心理学家的西格蒙德·弗洛伊德（Sigmund Freud），是应用精神分析理论进行个案研究的先驱。他对著名的患者安娜·O（Anna O）症状的细致观察产生了自由联想技术这种治疗方法。同样著名的是让·伊塔德（Jean Marc Itard），作为第一批“特殊教育者”，他的个案研究描述了一个野孩阿维龙（Aveyron）的经历，这已经成为一部颇受欢迎的电影《野孩子》（*The Wild Child*）的创作基础。

个案研究不仅局限于人。哈佛商学院就定期将商业失败以及成功的个案研究作为练习，以此作为研究生研究素材的主要来源。调查一个案例，在微观角度来说，能让学生回顾那些步骤，更好地理解一笔交易可能会受到哪些因素的影响。类似地，家庭、学校、群体、社会组织都已经是个案研究方法的关注点。

例如，关于实验学校，即夏山学校（Summerhill）的著名描述（Neill，1960）就是一个基于“开放”教育理念对一所独特的英国学校的详细个案描述。一个类似的作品是科德（T. Kidder，1989）的《在学童之中》（*Among School Children*），此研究是关于一个五年级女老师在一学年中教学行为的叙事性个案研究。某种程度上，由于作者的技巧和个案研究的本质，读者能深入了解两所不同种类学校的生活。同时，我们不应该忘记作家乔纳森·考泽尔（Jonathan Kozol）在他《蕾切尔和她的孩子们》(*Rachel and Her Children*)、《野蛮的不平等》(*Savage Inequalities*)、《天赐恩宠》(*Amazing Grace*)等书中，让很多社会团体了解到了质量低劣的学校、无家可归和贫穷是如何影响孩子们和他们的家庭的。

个案研究方法的一些优点

个案研究是一种记录人们行为多样性形成原因独一无二的方法。第一，个案研究只关注个体或一件事（如一个人或一个学校区域），能进行详细审视，能收集许多详细的数据。因此，个案研究一直是临床背景下最受欢迎的一种方法。

第二，个案研究鼓励使用不同的技巧获得必要的信息，其范围从针对个人的观察，到访谈那些可能了解所研究个案信息的其他人，再到学校或医生关于健康或其他事件的记录。

第三，没有一种方法能比个案研究获得更丰富的、正在出现的信息。这正是弗洛伊德早期工作所做的。他当然不能使用问卷调查病人的梦，也不能通过审视细节之外的其他方法分析心理功能的水平。这些数据为他对人们心理功能的洞察和最早被接受的人类发展的阶段性理论做出了贡献。

第四，个案研究虽然并不一定产生需要检验的假设，但能指明进一步研究的方向。

个案研究方法的一些不足

164

个案研究方法提供了一些非常重要的信息（可能是其他方法无法呈现的），但它也有缺点。

> 个案研究在概化程度上存在不足。

第一，和其他事物一样，你看到的并不总是真实的。个案研究看起来容易（你只需找到一个主题、一个学校、一个教室、一个办公室、一个家庭），但事实上，它是最耗时的研究方法之一。你需要在多种背景和来源的情况下收集数据。你很少能选择背景和环境，如果你观察的小孩待在屋里，不出去休息，你也不能。

第二，你记录在日志或杂志上的笔记可能精确地反映了“现实”（或者是你所观察的），但它只是一个“事实”，每个人都带着偏差进入一个给定的情境，研究者必须尝试不让偏差影响数据收集和阐述的过程。一个正确的步骤是认识到你是有偏差的（正如我或你最好的朋友），所以你能确定，你下的结论是基于正在发生事件的一种有偏差的观点。

第三，个案研究有深度，但广度不够。虽然它们很受关注，但不像其他研究方法那样有综合的理解力，个案研究只适合于你想完成的对一种现象的深入研究。

第四，不要想尝试在你看到的和你认为可能对结果有影响的两者之间建立因果联系。虽然你可能想推测，但是在个案研究中，没有什么能让你下此结论。不仅仅因为不充分的数据（$n=1$）难以推论存在因果关系，最重要的是研究因果关系不是这个方法的目的。如果你想研究因果关系，需要使用被广泛接受的其他方法。

第五，依据它们的特性，个案研究结果的概化程度是有限的，虽然你可以像你研究的个案一样，研究另一个小孩或机构，但因为研究的关注点是相似的，所以结果也相似。这样的推论是不明智的。

一些科学家坚信，个案研究是永远不能创新的基础研究（创新也不是个案研究的目的）。然而，个案研究的确揭示了通过任何其他办法都难以获得的人类行为的差异性和丰富性。

自我测试

个案研究较其他研究方法有很多优点。以家庭进餐时间的兴趣点为主题，就个案研究的这些优点各举一例。

民族志

民族志（ethnography），如词根*民族的*（ethnic）所引起的联想一样，与探索某种文化紧密相连。你认为民族志应该是什么样的？可以想象这样的画面：和利文斯顿博士一样，穿着卡其布T恤，头戴安全帽，在丛林中徘徊，并居住在原始部落，研究第一手的村庄文化。民族志就是这样的吗？

好的民族志和它们研究的现象一样数量丰富。

当然这并不是研究文化的唯一方法。一个人可以决定在工厂中任职，从一个蓝领雇员的角度研究工人的组织文化。另一种方式是成为无家可归者的收容所里的志愿者，观察无家可归的人在收容所内外是如何生活的。或者搬进一个高犯罪率的地段，了解守法居民和他们的家人每天是如何努力避免角落里的危险的。

民族志和个案研究在许多方面是共同的，包括可以运用访谈法和文件资料法，但这些方法有几个关键特性不同（Goodwin & Goodwin，1996）。

首先是*全面的视角*。民族志者全面观察研究的群组和现象。研究者将其看作一个整体，而不是看作各组成部分的综合。这是民族志的一个优势。

其次，民族志者*崇尚自然主义*，因为他们居住在被研究的文化中，成为一个参与式观察者，被那种文化成功接受，尽量不受文化干扰。

民族志也表现出*长期田野作业*的特征。它一般要求研究者花几年时间处于一种文化中，目的是使自己融入那种文化中。

165 最后，民族志者可以在他们的研究设计中加入关于研究将如何产生的*先入为主*的想法。事实上，民族志者应该熟悉文化中的信息。民族志事先没有研究设计、没有假设的阐述，也没有判断，直到民族志者待在一个地方，通过观察掌握了充分的信息后，才给出假设和判断。

在许多方面，一个民族志者比一个个案研究者有更多的约束。如民族志者必须能在观察中迅速总结、阐明研究问题和假设，而不是研究前提出假设。

历史研究

阅读托马斯·乔丹（Thomas Jordan）的《维多利亚时代的童年》（*Victorian*

Childhood，1987）一书的序言，你能获得至少一条线索，是关于历史研究不同于通常在杂志上看到的一些社会行为科学实验研究的。他在致谢里提到密苏里大学图书馆、耶稣基督后期圣徒教会、华盛顿大学、美国国会图书馆、英国国家图书馆、皇家卫生协会、革新俱乐部、皇家统计协会。这些机构以各种形式为《维多利亚时代的童年》这本书提供了资料。无论是关于 150 年前儿童身高的记录还是纺织厂小于 15 岁的童工的比例（约 14%），都是他的研究"对象"，他也用这些数据例证了历史研究中的一些关注点。

理解过去能更好地理解未来。请学习历史课程！

《维多利亚时代的童年》一共有九章，每章关注不同的主题，如城市、工作、生与死、学习和倡议以及改革等。乔丹查阅了非常有趣的资料来支持他关于那段时间英国儿童抚养和被对待方式的结论。资料不仅从一本杂志或另一个学者的文章中获得。乔丹还经常通过一些你甚至想不到的方式获取研究的主要来源（一会你将了解更多），更不必说那些可理解的方式。

他使用的一些材料包括：

- 定期从英国运送男孩到澳大利亚的"蛇头"的船只数量的记录。
- 反映孩子态度和父母角色的诗篇，如《婴儿》（"The Baby"）：

  婴儿紧握他小手，
  咿咿呀呀扭一扭，
  好奇你在吃什么，
  妈妈心里就有数，
  明白什么他想要，
  记住他还不能嚼，
  坚硬食物可不好，
  这些知识早知道。

  （资料来源：*Victorian Childhood：Themes and Variations* by Thomas E. Jordan，1987，State University of New York Press.）

- 报纸的分类广告。如 1817 年 9 月 14 日《纪事晨报》上的一则：招收"年轻女家庭教师"，教习"历史、地理、写作、算术以及女红"，她将"得到充分尊重和善待"。一年 30 基尼[①]。
- 1801 至 1851 年主日学校（Sunday School）[②] 开放的数量。以教派分类（至少 11 种）。

显然，乔丹做足了功课，这儿看看，那儿看看，每个地方都看看。他需要找出尽可能完整的一幅图景来展示那个时代儿童的状况。和其他好的科学家一样，他收集资料（从很多来源），然后用一种方式组织信息，从而让读者能读到一些如果不经过他的努力就会被忽视的结论。

实施历史研究

社会行为科学中的历史研究或**历史编纂学**（historiography），有时候被不公平地给予了二等的地位。人们经常不能决定这样的研究是该纳入社会科学还是人文学科。它经常被归结于各自的领域（教育学史、物理学史等），却没有自己的家。它肯定是一门社会科学，因为历史学家像社会学家一样收集和分析资料。另外，它也是一门人文学科。因为历史学家（或做历史研究的人）调查个体在学校和家庭等社会公共机构扮演的角

① 基尼货币出现在 1633 年，是英国第一代由机器生产的货币。——译者注

② 主日学校是英、美诸国在星期日为贫民开办的初等教育机构，兴起于 18 世纪末，盛行于 19 世纪上半期。——译者注

色。更进一步，因为几乎没有行为和社会学家被教授过历史研究和其他相关研究的方法论，几乎没有人做过那个领域的研究，甚至没有人熟悉适当的方法。通常，对诸如儿童保育的历史、教育改革、精神分析的起源或其他许多有趣的主题，感兴趣的历史学家都做了重要贡献。

166

“历史编纂学”是“历史研究”的另一个名称。

理解现象的历史本质与理解这个现象本身一样重要。为什么呢？如果不了解现象发生的情境，就难以全面领会它对科学所起的推进作用（如发展心理学或粒子物理学）。

如在过去的50年里出现（并持续着）的美国人口老龄化的历史事件，激起了老年医学领域的越来越多的兴趣。相似地，理解维多利亚时代以及19世纪末维也纳（当弗洛伊德开始发展他的精神分析理论时）的风俗和情况，能帮助我们比原来更好地理解弗洛伊德的理论。

当你听到“那些忘记历史的人将会因重蹈覆辙而受到谴责”这样的引用时，须明白它不是无价值的空谈，而是真实的情况。这也是你需要掌握历史研究方法的另一个原因。

历史研究的步骤

可能你从没想过，但在很多方面，实施历史研究的步骤和实施此书中提到的其他研究是相似的。

虽然资料或基本信息和其他研究明显不同，但历史研究者和使用其他方法的研究者有很多步骤是一样的。让我们看看以下六个步骤吧。

第一，*历史研究者定义一个他们想研究的主题或问题*。历史研究的范围是无限的，因为它是由现在事件和过去事件构成的。所有的过去事件都是历史学家的数据库，包含了大量的文件资料和思想。其中许多很难被找到，更难被证实是否具有真实性。像侦探一样，历史研究者搜索从航海日志到教堂的诞生记录中的每一件事，找出谁和谁有关、这个或那个人在团体中扮演了怎样的角色。这是对遗留信息的审查（可能是简单阅读或是和同事讨论），从而提出进一步探索的思路。

这一步和其他研究者的努力很像，经常是从对一个特殊领域的个人兴趣开始。如一个人可能对教育改革以及要求孩子接受义务教育的法律的历史感兴趣。

第二，*研究者尽可能以问题的形式阐明假设*。如问题可能是：“何时、如何以及为什么16岁以下孩子的学校教育是义务的?”尽管是以科学研究中很少见的非陈述的方式提出假设，但历史研究有一套不同的规则。第2章中讨论的好假设的一些标准也适用于历史研究（如关于是否受过教育的假设），但其他一些并不适用（如寻找变量间的统计关系）。

第三，如同其他研究活动，*需要利用多种资源收集资料*。如你马上将要看到的一样，这些资源和你所熟悉的明显不一样。访谈可以成为几乎所有种类研究的数据来源，但分析签署的文献资料和收集到的记录，还有其他类似的来源则是历史研究的领域。

第四，*同评估证据的准确性一样，真实性也需要被评估*。更多的内容将在这章的后面提到。

第五，*数据需要被综合或整合，从而提供一个连贯的“信息体”*。这和在准备议案时评阅文献采取的步骤相似。不同的是，需要对研究结果进行整合，从而寻找值得进一步研究的问题。

第六，和其他研究项目一样，*你需要根据最初提出的关于为什么这个主题值得注意的论点，以及对研究开始时提出的问题做出结果解释*。对所收集资料的理解深深影响了对数据的解释。你对19世纪末20世纪初的经济、政治和社会思潮了解得越多，就越能理解为什么规定义务教育。

自我测试

历史研究一直在微型非虚构文学作品中出现，如沃尔特·伊萨克森（Walter Isaccson）获得普利策奖的作品《本杰明·富兰克林传》。这种研究对流行性消费有什么影响？

历史资料的来源

历史学家经常依赖两种不同的数据来源：原始资源和二级资源。每一种都在历史研究中扮演着特殊的角色，每一种都有同样的价值。

虽然历史研究的数据看起来不同，但在使用过程中许多步骤和传统研究模式是相似的。

167

历史资料的原始资源　历史资料的原始资源就是原始文物、文件资料、访谈以及目击证人的记录、口头故事、日记以及学校记录（表 10－3）。例如你想知道第二次世界大战期间，日本家庭是如何适应收容的，和查阅有过这种经历的成年人的日记一样，对那种家庭中的孩子的访谈就是原始资源。在比尔·塔特尔（Bill Tuttle）的获奖书籍《爸爸去战场》（*Daddy's Gone to War*，1995）中，他描写了二战期间缺少父亲的儿童的情感和经历。他使用了 4 000 多封那时是小孩现在是成人的信件作为他叙述的资料。花费大量的时间收集这些资料需要很大的努力，但这为那时候上百万的美国儿童提供了那种引人入胜的生活描述。

原始资源能产生另外的不可获得的信息。

表 10－3　　**历史资料的一些原始资源**

资料	例子
文件资料	会议记录 合同契约 行为事实 遗嘱 许可证 照片 列表 票据 电影 目录 地图 报纸报道 日记 毕业记录
口述的故事	第一人称讲述或记录的事件的法院抄本、法庭记录
遗留物、零料、遗迹	工具 食物 宗教器具 衣服 建筑 仪器 书籍 注释 卷轴

原始资源是被毫无意图地记录下来，后来被历史学家使用的一个事件或经历。来源

可能是 50 年前电影院中放映的一部纪录片，或是 1952 年接受精神分析治疗的人的数目记录，或是像《爸爸去战场》中的学校董事会议的记录。如果你是历史学家，难以形成学校董事会议情形图像的唯一障碍是，你只是从记录中了解别人的观点。尽管如此，你还是相当接近当时的真实情形。

历史资料的二级资源 原始资源是事件的直接叙述，而历史资料的二级资源是二手的历史资料，至少曾从原始事件里抽离出来过。例如重要的统计学的总结、重要的原始资源的清单、基于目击者叙述的报纸专栏（叙述本身是原始资源）。如旁观者提供的叙述，就是二级资源。但是就如同小孩玩打电话的游戏，经常有信息在互相传达的过程中丢失。

二级资源比原始资源更容易获得，但在细节上不如原始资源丰富，并且可能是不准确的。

使用二级资源需要考虑的最重要的因素就是你能相信资料原始资源的程度。例如重新分析 100 年前伯特（Cyril Burt）关于双生子的数据使得一些科学家推断这些数据是伪造的。智力的本质曾经是通过分析这些伪造的数据得出的，而我们还坚信这样的结果是真实的。

原始资源和二级资源：哪个最好？

对历史学家来说，获取原始资源是一种理想状态，但事实并不能如愿。和研究领域的其他情况一样，理想状态（如完美的样本）是不可能获得的。于是，只好对获得二级资源感到满足。

当两者都提供重要信息时，两种资料是同样有用（同样可信）的，研究者不该认为一种优于另一种。如你很难访谈乔丹描述的一位维多利亚时代的任课老师，但你能通过阅读一封家长写给校长的信，很好地了解校园生活中发生的事。好的历史学家不会抱怨原始资源的缺乏或是一封可能很重要的信的遗失。相反，他们会充分利用可获得的信息。

168 这是另一个例子。对于那些对儿童发展感兴趣的人来说，在位于俄亥俄州耶洛斯普林斯的安提阿学院，有多得令人难以置信的手稿库和视听材料，那儿两种资料都能找到。那里的儿童发展研究协会已经贮备（将继续收集）大量和儿童以及他们的家庭相关的原始和二级资源。这经常是由最初管理这项工作的科学家贡献的。他们拥有的一些材料是可以获得的，包括：

- 某特殊主题上，研究者们一致的研究结果。
- 包含一些想法和特定目标进展情况的个人信函。
- 将形成重要研究论文的草稿。
- 能被其他对同样领域感兴趣的人使用并用新技术进行分析的原始数据。
- 研究的视频，如格塞尔（Arnold Gesell）博士按“年龄和阶段”编辑的关于儿童成长和发展的细节。
- 成千上万专注于儿童的专业协会会议的安排和计划。

历史学家的根本准则是什么？没人应该丢弃任何东西！历史资料案卷保管员鼓励参加活动的人保存对每件事情的记录并交给他们。再基于他们的专业训练，决定什么是需要保留的重要信息，什么是该丢弃的。

真实性和准确性

就像使用成就测验作为数据来源的研究者必须确保测验的可靠性和有效性一样，历史学家也需要确定构成他们的论点的原始资源和二级资源的价值。和其他人一样，历史学家对收集的信息需采取批判的态度。另外，今天不准确的原始文件资料（可能是伪造物）可能是明天另一个历史学家错误的信息来源。这个周期不断重复，一个人的原始资源变成另一个人的二级资源，整个数据库渐渐被非真实的信息污染。

通过两个分开的标准可以完成对原始资源和二级资源的评估：真实性（也被称为外部评判）和准确性（也被称为内部评判）。

> "真实性"是"效度"的另一种说法。

作为一个标准的外部评判　外部评判（external criticism）被应用于历史资料，与资料的真实性有关。基本上，这个标准询问资料是否真实可信。当公布时是否被记录？谁签署了它们？查明哪儿有人期望获得这样的资料？这些都是资料能被相信前必须问的一些问题。

文件资料的**真实性**（authenticity）或一些其他原始资源有时候很容易确定，有时却几乎不可能确定。墨水的质量和年代能被用来检验文件资料的日期。各种笔迹风格、印刷技术、纸张成分、语言的使用以及常识都能显示文件资料是何时（甚至是如何）制订的。历史学家在寻找一致性，就像七巧板一样，所有的片块都吻合在一起，或还有重要的没有吻合，因此就有了疑惑。如果资料的基础是可疑的，那工作还有什么价值呢？

和著名的死海卷轴（Dead Sea scrolls）[①] 一样，在同一个山洞中还发现了古代硬币，就能给出证据证明卷轴和猜想的一样古老。通过硬币和一些很复杂的检验（如碳年代测定）得出结论，卷轴约存在了 2 500 年之久。

> "准确性"是"信度"的另一种说法。

作为一个初级的历史学者，你既不需要培训也不需要掌握这种复杂的分析技术，你不得不或多或少地依据一些证据来判断结果的真实性，并判断资料的有效性。甚至你没有工具，你必须确保用尽了每种可能的方法来确定资料的真实性，否则你的研究努力可能是无价值的。

作为标准的内部评判　第二个可靠的评估标准是**内部评判**（internal criticism），它和**准确性**（accuracy）或已发生事件真实反映来源的可靠度有联系。从 1890 年关于有多少孩子在学校报名的调查中得到的数目是真实的吗？1950 年代，家长关于青少年情绪转变的报告是不是孩子真实行为的准确反映？

决定准确性水平的一种方式是让一名专家检查文件资料或遗迹，然后给出意见：它是不是所调查的那个时期事件的准确反映。

> **自我测试**
>
> 仅仅拥有目击证人作为信息来源是否就够了？为什么如此麻烦以真实性和准确性作为标准？

169

历史研究的局限性

毫无疑问，和其他社会和行为科学的研究方法相比，历史研究有明显的不足。

第一，因为可获得的资料总是受研究者无法控制的各种因素限制，所以结果的普适性就可能存在局限性。如果你不得不继续寻找符合的地方，却不能检验事件是否真的发生了，你不能从那样的发现中获得很多，也不能将它们应用于其他时间或背景。事实上，历史学家难以按照理想状态进行研究，只能对他们所能研究的特定主题感到满足。

---

① 1947 年，居住在死海西北部某一小村中的儿童，在死海附近的山洞中发现了一些羊皮卷，这些羊皮卷后被证实是一些用希伯来文书写的早期基督教的《圣经》。这些在死海附近山洞中发现的两千年前的卷轴被统称为"死海卷轴"，它是研究基督教发展史的文件资料。——译者注

概化程度上的局限是历史研究结果的主要不足。

第二，历史研究资料经常被质疑，因为它们主要通过别人的观察而获得，如信件、书籍或艺术作品。那些受过教育的人相信，某种程度上来说，一手的观察（如测验、任务）产生的最有可能理解行为的信息可能是正确的，但没有理由忽视历史呈现的其他种类的资料。

第三，历史研究经常是一个长期而艰巨的任务，它需要不是几千个小时，起码也是几百个小时去钻研文件资料（如果你能查找到），去寻找蛛丝马迹支持你的假设。对历史学家来说，这是个事实而不能算作局限，但它也确实阻碍了一些人参与这种活动。

第四，某些标准（如使用工具的信效度）一般情况下被应用于实证研究。其他不太严格（但更全面）的标准被用来评估历史研究中的测量工具。

质性研究工具

帮助质性研究者的研究工具发展得很缓慢，但最近它们已经变成非常综合的工具，有助于处理含有大量复杂和有潜在联系的质性数据的相关任务。QRS国际（http：//echo.gmu.edu/toolcenter-wiki/index.php?title＝QRS _ International）销售许多软件包，如Scrapbook。最受欢迎的（并且最早开发但还不断在更新的软件之一）是NVivo（在过去被称为NUD* IST）。通过这个软件，你可以如同在普通文本或在办公自动化任务中工作一样输入和编码研究数据、查找文本或代码模式、形成报告等。使用者可输入、创建、编辑文件资料，编码和注释文本，链接项目文件至另一个项目文件（如视频和音频文档），寻找文本间的关系，创建用户的数据模型。

另一个程序来自ResearchWare（http：//www.researchware.com），即Hyper-RESEARCH，它能编码、分析、组织数据。Hyper-RESEARCH有Mac版本，也有Windows版本。

▼ 小结

当需要研究量化方法难以研究的现象时，质性研究能成为一个强有力的、适当的非实验的方式来严格地探索学术问题。当被合理应用时，质性研究扩充了它们的研究主题，并让研究者更好地了解研究。

▼ 在线资源

➢质性研究

想知道网上关于质性研究的一切？对任何人来说，那太多了。但是朱迪·诺里斯（Judy Norris）在http：//www.qualitativeresearch.uga.edu/QualPage/sure做了很好的尝试。查看QualPage，为你自己去看看。

170 另一个好工具来源的链接是东北大学计算机与信息科学学院提供的资料（http：//www.ccs.neu.edu/course/is4800sp12/resources/qualmethods.pdf）。这份概述展示了有趣、可补充本章所学的质性研究观点。

➢如何做

登录http：//www.sagepub.com（搜索“Creswell”，点击封面图片“Qualitative Inquiry and Research Design”然后点击“PREVIEW”选项卡，再通过前进导航箭头找到第3章“Designing a Qualitative Study”）

你会发现一份如何进行质性研究的详细描述，作者是克雷斯韦尔（John. W. Creswell）。

➢关于质性研究的 100 个问答

丽莎・吉文斯（Lisa Givens）教授是质性研究领域的一位领军人物，她提供了有关质性研究的一组最基本的问题及答案。登录 http：//www. sagepub. com，并搜索“100 Questions about Qualitative Research”可找到这个简洁的指南。

▼ 练习

1. 假定你正在进行一个关于学校担保人的用处的质性研究，这章讨论到的研究资料中你能找到哪些?

2. 如果你打算研究整合小型社区的影响，你将查阅什么原始资源和二级资源?

3. 质性方法和量化方法有什么不同，何时该使用哪种方法?

4. 设计一个最适合用个案研究方法研究的问题。务必考虑到这章中讨论过的优势和劣势。

5. 在社会和行为科学中历史研究者使用的方法和更传统的（实验）研究者使用的方法最重要的区别有哪些?

6. 写一段你想完成的历史研究的描述，回答以下问题：

a. 你将如何确定你的资料的真实性?

b. 你将如何确定你的资料的准确性?

7. 列出 5 种不适合用质性方法研究的问题。

8. 在设置关于女性在婚姻中的角色的焦点小组时，是让女性和她们的丈夫在同一组还是不同的组别中更好? 为什么?

9. 找到一篇作者采用个案研究的期刊文章，并简要总结这一个案研究。

10. 纪录片导演摩根・斯普尔洛克（Morgan Spurlock）的电影《大号的我》(*Supersize Me*)，记录了他在一个受欢迎的连锁店里只吃快餐的 30 天旅程，这是运用现代媒体的个案研究方法。在流行的电影、电视或书籍中，有哪些其他真实或虚构的个案研究例子?

11. 考虑以下的潜在结论：吃快餐和避免运动 30 天会导致体重增加 13%、抑郁发作和性欲下降。从研究的角度来看，为什么这个结论不恰当?

12. 一位民族志者在一种新的文化中花了 3 周时间，然后回到家开始检查她收集的数据。她的方法有什么不妥?

171

第 11 章 前实验与真实验研究方法

章节概览

科学家们的工作就是找出事情发生的原因。他们不遗余力地试图去回答诸如为什么一群孩子比另一群孩子更加积极主动、为什么部分成年人比同龄人更加成功，或者态度的分歧来源于哪些地方等问题。本章所描述的方法与模式将有助于研究这些现象。

有助于理解这些差异的工具之一就是**实验研究方法**（experimental research method）。与前面讨论到的所有研究方法不同的是，实验方法可明确区分出事物产生的原因与结果。这意味着，一旦用了此方法，将可以做出这样的判断：A 确实引起了 B 的发生，或者说 A 并没有引起 B 的发生。其他的研究方法，比如历史法、描述法均不能够提供这样的假设。尽管它们可以用来解释不同变量之间的关系，但却不能确立变量之间的因果关系。

为什么？因为实验设计本身就可以控制一些影响差异的潜在变量，所以可以下这样的结论：两个因素之间的关系是，改变一个因素必然会引起另一个因素的改变。因而，两因素之间不仅仅存在共变关系（如相关研究中的那样），它们之间还有更深层次的关系。也就是说两因素之间除了有共变关系外，一个因素还会直接影响另一因素。

例如，最简单的实验设计就是将来自总体的被试随机分配到两组，其中一组即**实验组**（experimental group），接受实验处理，而另一组即**控制组**（control group），不接受实验处理。在实验结束之后，对两组被试进行施测，观察其在某一指定测试上，分数是否存有差异性。假设（这是最理想的假设）两组被试的条件在实验开始时是均等的，那么可以这样说，在实验结束时观察到的任何差异都是源于实验处理。这就是实验设计的目的。

如果实验设计合理，就可以对证明变量之间的因果关系具备更多的掌控力。更广泛地说，实验研究的运用，使科学家们对行为有了更好的理解。

研究实例

我们刚刚提到，实验研究设计是最严格的，采取了很多控制手段以隔离一个或多个变量对另一组（或一个）变量的影响。

帕尔思·拉吉鲁（Parth Rajguru）和他的来自中佛罗里达大学的同事调查了超过 250 项研究，以评估正念冥想对慢性疼痛患者干预的效果。可想而知，慢性疼痛是严重的疾病状况，对工作和生活有重大影响。他们所纳入的研究的标准是，发表在采取同行评议的杂志上（第 3 章我们就讨论过其重要性），将正念冥想作为慢性疼痛的主要治疗方法，至少有一组具有 12 周及以上症状病史的被试，最重要的是，所选的研究都包括一项随机对照试验（randomized controlled trial，这就是为什么这项研究在本质上是实验性的之关键）。他们发现正念冥想对慢性疼痛的影响很小或在统计学上不显著，但正念对心理健康评分的影响是显著的，值得今后研究。

想要了解更多，可以查看原文：

Rajguru，P.，Kolber，M. J.，Garcia，A. N.，Smith，M. Y.，Patel，C. K.，& Hanney，W. J.（2014）. “Use of Mindfulness Meditation in the Management of Chronic Pain：A Systematic Review of Randomized Controlled Trials.” *American Journal of Lifestyle Medicine*，*9*：176-184.

自我测试

科学上有很多著名的研究发现，但在方法论上，能够比较不同组之间差异的方法无疑是最重要的发现之一。但这类方法如此流行和如此受到重视的原因是什么？

172

实验设计

有许多不同类型的实验设计。本节将对唐纳德·坎贝尔（Donald Campbell）和朱莉安·斯坦利（Julian Stanley）在 1963 年的专著《教学研究的实验和准实验设计》（*Experimental and Quasi-Experimental Design for Research on Teaching*）所描述的相关内容予以介绍。这两种实验设计彻底改变了人们计划和执行研究项目的方法。

坎贝尔和斯坦利区分了三种类型的研究设计：前实验设计、真实验设计和准实验设计。准实验设计也被称作**因果比较设计**（causal-comparative design）。本章将重点探讨前实验设计和真实验设计，而准实验设计将在第 12 章予以介绍。

不同类型的实验设计最显著的差别在于对研究变量的控制程度。前实验设计控制程度最低，真实验设计控制程度最高，而准实验设计控制程度大概处于中间状态。研究设计控制程度越高，推论事件因果关系也就越容易。

对随机度（degree of randomness）的控制程度是三种实验设计的另一个区分点。你已经知道随机这个概念意味着选择样本时要公正，不受偶然因素的影响，但是除此之外，它在实验设计中也是一个非常重要的概念。

研究过程中随机分配这一点可用于区分不同类型的实验设计。

事实上，在所有最好的实验设计中，各个步骤都必须保证做到随机。

第一步，你所熟知的，从总体中随机选择被试构成样本。这是实验设计的第一步。假设现在已经拥有样本了。

第二步，将被试随机分配到不同的组中。比如，要确保被试被分配到组 1 的或组 2 的概率相等。

最后（如果完成了步骤 1 与步骤 2），你就拥有了两组特征相同的被试。现在你需要决定哪一组被试接受实验处理。如果有五组被试，要决定每一组将接受哪一种实验处理。在上面的例子中，你可以运用随机数表法将不同的实验处理分配到不同组别中。

完成上述步骤后，你可以确定：

1. 被试是随机从总体中抽取而又被随机分配到各组中的。
2. 同时，哪一组被试接受哪一种实验处理是随机的。

表 11－1 总结了前实验设计、真实验设计以及准实验设计的一些主要差别。虽然准实验设计将在第 12 章中讨论到，但这里也包含在内了，因此，在这里你们将看到三种实验设计的对照。表格中重点强调的是选择程序、被试安排以及任务分配的随机化过程中的差异。

表 11－1　前实验设计、真实验设计以及准实验设计的差别

条件	前实验设计	真实验设计	准实验设计
是否有控制组？	偶尔会有但一般没有	一定会有	一般会有
是否从总体随机选择被试？	否	是	否
是否将被试随机分配入组？	否	是	否
是否随机对各组实施实验处理？	否	是	否
对无关变量的控制程度是否很高？	否	是	一般

前实验设计

前实验设计（pre-experimental design）既没有从总体中随机选择被试，也没有包含控制组，因此这种设计在揭示自变量与因变量之间的因果关系时，其说服力虽没有完全消失但却大大减弱了。这种研究设计对无关变量很少或是没有加以控制，因而可能导致一些研究者意料之外的结果产生。例如，父母用一种古老的民间偏方（脖子上戴着一圈大蒜头）来驱除引起小孩子感冒的鬼魂。奇怪的是，这种方法竟然起作用了！这是得到的最差的一种实验结论，因为在这个实验中缺乏真正的比较，故不能显示与其他方法或是根本不用任何方法相比，大蒜的效果要好。当然，也有可能是这个孩子自己康复了。这就是没有对其他因素进行控制，因而导致了所观察到的结果（比如，感冒病毒按照其独有的方式起作用）。 173

前实验设计没有对被试个体进行随机分配。

在研究类型中，该类研究被称为**单次个案研究设计**（one-shot case study design），如下所示。在下面的例子中，我们将向你展示这类研究设计的一般步骤，如：首先某群体的人被分配到一组，随后对其施以实验处理，最后对其进行后测（如本例）。

步骤一	步骤二	步骤三
分配被试入组	实施实验处理	实施后测

让一组被试接受某一类型的实验处理然后对其进行施测，在这种单次个案研究设计中，你能发现哪些不足呢？首先，没有做出随机化的尝试。如何应用此类单次个案研究设计？虽然在实验设计或是建立变量之间的因果关系上没有多大用处，但是如果用来验证早期经验对后期行为的影响还是可以接受的。

另一种前实验设计，被称为**单组前后测设计**（one-group pretest posttest design），如下所示：

步骤一	步骤二	步骤三	步骤四
分配被试入组	实施前测	实施实验处理	实施后测

例如，一位研究者想研究方法 A 在增强肌肉力量方面的有效性。该研究者依照下面的步骤完成了实验：

1. 招募实验的志愿者。
2. 实施前测，即测量每位被试原有的肌肉力量。
3. 将被试置于假设的可增强肌肉力量的实验处理中。
4. 实施后测。

在该实验中最重要的是比较每位被试前测分数和后测分数之间的差异。该类实验设计的主要问题是没有控制组，因而研究者就无法区分前测与后测分数之间的差异是源于实验处理还是其他因素？如果有 50%的被试在后测之前没有足够的睡眠怎么办？或者如果这些被试同时也参加了其他有关增强肌肉力量的研究又该怎么办？相比于专门的实验处理，这些因素可能对于肌肉力量的增强起到了更加重要的作用。

自我测试

所谓的“前”在“前实验设计”中代表着什么？

真实验设计

真实验设计包括随机选择被试、随机将被试分配入组以及设置控制组等各个步骤。

真实验设计之所以能够为得出因果关系提供一个有力的支持，原因之一就是真实验的研究设计十分严谨，在该研究设计中能够做到随机选择被试、随机实施实验处理，以及随机分配被试入组。

真实验设计对从被试的选择，到分配入组以及实施实验处理的各个环节都进行了控制。

例如，让我们来看一种著名的研究设计，即**前后测控制组设计**（pretest posttest control group design），如下所示：

步骤一	步骤二	步骤三	步骤四
将随机选择的被试分配进控制组	实施前测	不实施实验处理	实施后测
将随机选择的被试分配进实验组（或处理组）	实施前测	实施实验处理	实施后侧

对于此类设计，研究者将会按照如下步骤进行：

1. 随机选择被试分入实验组与控制组。
2. 对各组都实施前测并观察其因变量。
3. 对实验组实施实验处理（控制组不接受此处理）。
4. 对实验组和控制组都实施后测（如果必要，采用另一种形式或编码）。

此处的假设是：被试都是被随机分配进控制组或者实验组，两组被试的特征在实验的开始时是同质的。而在实验结束后，可观察到的任何差异都可认为是实验处理的结果，因为其他能够解释差异的因素都已被考虑到实验情境中去了。

174 前测与后测控制组实验设计不只用于只有两组被试的实验情形。例如，假设研究者想要研究不同类型的阅读训练对成年人阅读水平的影响。一种实验处理是被试每周接受五天的指导训练，而另一种实验处理是被试每周接受三天的指导训练。第三组，作为控制组，被试将不接受任何指导训练。

该研究的实验设计如下所示：

步骤一	步骤二	步骤三	步骤四
随机分配被试到控制组	实施前测	不实施实验处理	实施后测
随机分配被试到实验处理组1	实施前测	每周接受五天指导训练	实施后测
随机分配被试到实验处理组2	实施前测	每周接受三天指导训练	实施后测

只要存在控制组，实验处理组的数量多少并没有很大的差别（在本例中，为2），相反，真正的差别来自控制组的特征。在一些实例中，可能控制组并不接受任何实验处理；而在其他的一些实例中，控制组可能需要接受区别其他组的不同类型的处理。控制组的不同类型反映了原始问题的种类。

如果控制组没有接受任何处理，存在的问题是：与控制组相比，实验处理真的有效吗？如果将一个实验组与另一个实验组做比较，存在的问题是：哪一种实验处理更有效？虽然这两者之间只存在着细微的差别，但请记住，它对于你考虑如何设计研究来说很重要。

另一种很流行的真实验设计是**单后测控制组设计**（posttest-only control group design），如下所示：

步骤一	步骤二	步骤三
随机分配被试到控制组	不实施实验处理	实施后测
随机分配被试到实验组	每周接受五天的指导训练	实施后测

这种研究设计最显著的特点是对实验组和控制组都没有实施前测，其原理是被试是被随机抽取且随机分配到各组中去的，所以不需要实施前测。在研究开始之前，两组被试已经是同质的了，不是吗？当我们拥有足够大的样本（每组至少 30 个）时，其答案是“是”。使用后测控制组设计而不用前后测控制组设计的另一个原因是，有时候不方便甚至不可能实施前测。在这些条件下，你只能使用后测控制组实验设计。

后测控制组实验设计从其根本上讲存在两点不足：第一，如果随机化过程不充分，那么很可能在实验开始时各组被试就不是同质的。第二，你不能利用前测将被试分配到不同的实验组，比如高分组和低分组。这些不足虽然可能不会带来严重的后果，但是却值得我们深思。

所罗门四组设计极其有效，但是昂贵并费时。

最后一种实验设计是前面几种设计的综合，即**所罗门四组设计**（Solomon four-group design），如下所示：

步骤一	步骤二	步骤三	步骤四
随机分配被试到实验或处理组	实施前测	实施实验处理	实施后测
随机分配被试到控制组 1	实施前测	不实施实验处理	实施后测
随机分配被试到控制组 2	无前测	实施实验处理	实施后测
随机分配被试到控制组 3	无前测	不实施实验处理	实施后测

这种设计中有四组被试，即一个实验组（需要接受实验处理）和三个控制组，在三个控制组中有一个也接受了实验处理。

这种设计最有趣和有用之处在于可以做多种比较，以确定究竟是哪些因素导致了实验结果的产生。你可能已经发现了实验组与控制组 1 相结合与简单的前后测控制组设计相似。但是，举个例子，假设你不仅对实验处理的效果感兴趣，而且想知道前测是否对最终的实验结果产生了影响。那么你就需要将实验组的结果与控制组 2 的结果加以比较，因为这两组唯一的区别就在于是否包含前测。如果只想知道前测是否对于后测产生了影响，你就可以通过比较控制组 1 和控制组 3 得到你想要的信息。因为这两组仅有的不同是，控制组 1 接受了前测，而控制组 3 没有接受前测。

你还可以进行其他类型的比较。比如，比较实验处理对没有接受前测（但接受了实验处理）各组的影响，即将控制组 2 和控制组 3 进行比较。与此相同的比较一般会出现在前面提到的后测控制组实验设计中。 175

为什么并不是每个研究者都会选择使用所罗门四组设计呢？原因是：时间。虽然所罗门四组实验设计对区分导致因变量变化的因素十分有效，但具体操作起来很费时间。首先需要安排四个组，并随机选择和安排被试于四种条件下（三个控制组和一个实验组），再完成大量的测验。对于许多研究者而言，该类设计并不实用。

内部效度、外部效度与实验设计

坎贝尔和斯坦利（1963）在其著作中概括了三种不同类型的研究设计。如果你打算继续从事你的研究活动，那么你就应该仔细阅读这一节。这对于理解什么是研究以及怎么样做研究都是十分必要的。而且，这能够让你对研究者如何思考问题并提出实验设计具备洞察。

内部效度是控制的同义词。外部效度是概化的同义词。

研究者们意识到只对研究设计进行分类是不够的，还要找出评估这些研究设计的方法。那么用来判断不同方法解决问题有效性的标准是什么呢？

他们的决定是什么？他们决定用内部效度与外部效度作为判断的标准，这两种效度都是用来衡量研究质量的。

内部效度（internal validity）是指所操纵的自变量对研究结果的解释程度。换句话说，如果你所做的实验处理对实验结果产生了影响，那么该实验就具有良好的内部效度。例如，如果你能证明实验处理确实提高了性格内向儿童的社交技巧，并且该实验处理是产生改变的唯一的原因，那么该设计（实验）就被认为具有较好的内部效度。如果对于一个实验其结果有不同的解释，那么该实验便没有较好的内部效度。

外部效度（external validity）是指来自某一样本的研究结果能够推广到其他样本的程度，从广义的意义上说，是指将研究结果概化到样本所来自的总体的程度。例如，如果你能将提高内向儿童社交技巧的方法应用到其他内向儿童身上，那么该设实验就被认为具有较好的外部效度。

鉴于很多原因，并不是所有的实验设计都具有可接受的内部效度与外部效度，坎贝尔和斯坦利将这些原因称为内部效度与外部效度的影响因素。一旦你知道了这些因素是什么，你就能够判断哪些研究设计质量高以及为什么。

影响内部效度的因素

以下是对影响实验内部效度因素的简短解释，这些因素都会降低操纵自变量引起实验结果的可能性。优秀的研究者都会极力消除这些影响因素。

历史因素 许多实验实施需要历经一段很长的时间（**历史**［history］），在此期间，实验处理之外的其他事件很可能发生，从而影响实验的结果。这些事件可能为观察到的组间差异提供一个潜在的解释（除了最初的实验处理之外）。

例如，有研究者想要研究两种不同饮食习惯对于多动症儿童学校行为的影响。但研究者不了解的是，一些实验组孩子的父母与他们的老师进行沟通并共同制订家庭计划来减少孩子们令人烦恼的学校行为。如果在两种不同的饮食习惯下，多动症儿童的学校行为发生了变化，那么研究者怎样知道这种变化不是由父母和老师共同制订的家庭计划引起的呢？外在影响（老师-父母行为）是历史因素威胁到实验内部效度的一个例子，因为可能是家庭计划而不是饮食习惯引起了观察到的变化。

成熟因素 **成熟**（maturation）被定义为由于生理或心理力量作用而促成的改变。这些改变可能会掩盖实验处理结果。

> 认为成熟不是一种实验处理，只是一种天性——就像认为小孩能自然学会走路一样，瞎说。

例如，研究者在研究为期一年的训练计划对于增强学龄期儿童力量的效果如何。在计划结束后，研究者评估了儿童的力量。发现经过一年训练，儿童力量的平均分数提高了。结论是什么？这个训练计划是有效的。这个结论正确吗？或许正确。但是，最有力的解释是，随着生理的发展，儿童会因年龄的增长或身体的成熟而增强其力量。

176

被试选取偏差 **选取**（selection）研究被试作为任何实验研究的基础可能会成为影响实验内部效度的因素，尤其是在选取过程没有随机化时。在被试选取过程中，由于包含了一些系统的偏差，各组被试在实验开始时并不同质。

例如，研究者想要探索课后儿童托管对家庭亲密程度的影响。作为实验的一部分，研究者设置了一个实验组（需要儿童托管的家庭）和一个控制组（不需要儿童托管的家庭）。因为那些家庭并不是随机选取的，也没有被随机安排接受处理，所以这无法说明实验中的两组被试是不是同质的，实验组的被试可能来自对该项目持有积极态度的家庭也可能来自对该项目持有消极态度的家庭。由于在实验开始之前就存在这些差异，研究结果会产生一定的偏差。

测验过程的影响 在许多实验中，前测是实验的一部分。当前测对后测产生影响时，**测验过程**（testing）就可能会成为影响实验内部效度的一个因素。

正如伴随内部效度的许多威胁，一个控制组可控制测验的众多威胁。

例如，研究者对一组学生进行了八年级的数学技能测试，然后教他们一种解决一次方程的新方法（实验处理）。最后实施后测，学生的正确率有了一定的提高。根据以上的信息，研究者无法区分正确率的提高是由于学习了一种解决一次方程的新方法，还是由于从之前实施的前测中获得了知识。前测的经历可能会使被试变得善于应付考试，从而提高了后测的成绩，而实验处理也许并没有起到作用。

测量工具的影响 当用某种**工具**（instrumentation）进行测验时，工具本身就会对测验分数产生影响。分数的任何改变可能是测验程序导致的，而不是实验处理引起的。

例如，研究者运用论文测验来评估写作技巧训练的有效性。很少有人怀疑，与研究者评估第一篇论文所使用的标准相比，当他评估到第 100 篇论文时，其使用的标准已经完全不同了。即使评价标准没有改变，但仅仅疲劳也会导致研究者做出不合理的判断。所以是研究工具而不是实验处理导致了研究结果的出现。

统计回归效应 这是一个十分有趣（而且经常让人误解）的影响因素。世界上任何事物都遵循这个规律，即处在连续分数体某一极端的分数（比如非常高或非常低的分数），会在以后的测验中（使用同一种测验）向平均数靠拢。换句话说，如果儿童的测试分数十分高或十分低，你可以预测他们在随后的测试中其分数会向平均数靠拢，而不是背离它。只要它们原有的位置（在极端）是在测试分数中获得的，上述事实就会成立。

你可能已经意识到，回归现象是由于较低的测验信度或测量误差引起的，与被试的真实位置相比，这些因素使他们处于更加极端的地方。鉴于某个人的分值位于分布极端区域（无论在高端或是在低端）的概率性越低，他在其他测验上所取得的分值分布在更为趋中的一个区域里的可能性就越大。高分或低分会导致后续分数向分布的中心靠拢也就是向平均数趋近，这就是所谓的**回归**（regression）。

例如，一位老师为有严重生理缺陷的儿童开展了一项计划，用以提高他们的自理能力。在计划开始之前的九月份运用轶事信息编辑能力测验对他们实施了前测。在第二年的六月份，对这些儿童实施了重测，结果发现他们的这些能力提高了。可以得出这样一个可靠的结论：儿童自理能力的提高是由于回归的影响，而不是老师所给予的帮助。也就是说，即使没有其他的处理，儿童在研究开始时（在自理能力测验上）拥有极端分数也可能导致后续分数向平均值（较不极端之处）趋近。这一改变很可能是由于统计回归效应的单独影响，而与实验处理无关。

流失 在**追踪研究**（follow-up studies）中，有时一个很现实的问题是很难追踪被试。他们有的搬家了，有的拒绝继续参与研究，有的则有其他原因。当这些情况发生时，研究者必须明确在缺失一些被试之后，被试样本的构成是否和研究开始时相似。当离开的人数改变了被试样本本身的性质时，**流失**（mortality）或者脱落，就成为影响实验内部效度的一个很大的因素。

例如，关于非常小的婴儿的研究既是让人沮丧的，又是让人惊奇的。他们经常处在睡眠、哭泣，或吃东西的状态，很少准备着去玩要，并且很多时候不得不被送回家去，甚至有时会从研究中解除。那些从实验中解除的被试很可能在实质上的确不同于最后保留下来的被试，所以最终的被试样本就不再与最初的被试样本对等了，这就引发了一个新的问题，即实验处理在不同被试样本上的影响效果。

177

影响外部效度的因素

正如存在影响研究内部效度的因素一样，同样也存在影响研究外部效度的因素。再次说明，外部效度并不是指操纵自变量对因变量的影响程度（那是内部效度）而是指实验结果能够概化到其他情景的程度。下面将对外部效度的影响因素，包括其概念和实例进行讨论。与内部效度一样，研究者也将会努力减少外部效度的影响因素。

多重处理干扰 一组被试除了接受研究者给定的实验处理，还可能接受其他研究者意料之外的处理。因此，出现了**多重处理干扰**（multiple treatment interference），而在其他情景中可能不存在这种意料之外的处理，所以研究结果被概化到其他情景的程度就会降低。

例如，一组住在护理之家的居民正在学习如何变得更加果断，同时这些居民的护理员也学习到了一点。该实验的结果就可能很难推广到另一种实验情景中去，因为另一种情景下可能就没有像该研究中那样勤勉的护理员了。

反作用安排 从1927年到1932年，哈佛商学院的教授梅奥（Elton Mayo）在伊利诺伊电力公司的霍桑工厂做了一项研究。该研究主要是为了检验特定的实验条件——光照和工作时间——对工作效率的影响。但在研究过程中，被试知晓了梅奥的意图。甚至当灯光变得很微弱，工作时间变得很长的时候，实验组的工作效率还在提高。这是为什么呢？因为处于实验组的工人觉得自己受到了研究者的特殊关注，从而提高了工作效率；在研究中还发现与研究者的特殊关注相比，光照与工作时间的长短在研究中仅处于次要地位。除非被试在其他设置下（能掩饰实验意图）得到研究，否则实验的外部效度，以及概化水平就将会比较低。

偶尔，这种影响外部效度的因素被称为**反作用安排**（reactive arrangements），它还有另外一个名称，想必你已经猜到了，那就是著名的**霍桑效应**（Hawthorne effect）。

实验者效应 另一种影响研究外部效度的因素就是研究者本身。假设要设计一个实验来减轻被试在看牙医时的焦虑程度。被试在每次牙医开始治疗时，都会无意识地躲避，为了缓解这个症状，被试接受了系统脱敏。但系统脱敏的结果不能被概化到其他情景。因为其他情景中的训练者必须和该情景的训练者持有相同的训练模式，否则训练的性质就会发生改变。

霍桑效应表明研究者必须对被试关于研究的知晓情况加以控制。

换句话说，在该研究中，训练计划远没有训练者的情感表达对被试的影响大。因此训练结果不能被推广，因为训练人员并不是该研究的自变量。换句话说，**实验者效应**（experimenter effects）影响了实验的结果。

前测敏感性 你已经知道了前测是如何影响研究的内部效度的，相似地，前测会改变处理的性质，所以它或多或少会影响处理被应用到其他没有前测的情景中（即**前测敏感性**［pretest sensitization］）。为了保证这些因素的对等，使研究结果能够被最大化地推广到其他情景中，前测必须成为实验处理的一部分，当然，这将会改变实验处理的性质以及目的。

提高内部与外部效度的方法

> 如果你想减少影响研究内部效度的因素，就使用控制组，并且随机化、随机化，再随机化。

首先是内部效度。关于怎样提高实验的内部效度已不是什么秘密了：随机地从总体中抽取样本，随机地将被试分配入组，并且设置控制组。几乎每个实验设计都会运用这些方法，故大多数影响研究内部效度的因素会被消除。

我们来举个例子：针对有严重身体残疾的孩子，从九月份开始进行一项自理能力训练的计划。如果该研究中设置了一组没有接受任何训练的被试（即为控制组），那么控制组和实验组的被试会以相同的速度自然地恢复一些自理能力，所以在年末观察到的两组之间的差异是自理能力训练的结果。

相似地，如果两组被试在实验开始之前是同质的（通过随机化来确保），那么实验结束后两组之间的差异就是实验处理的结果而不是实验开始之前被试的不同质造成的。

控制组的引入和随机化的使用同样消除了其他因素的影响，比如测验过程、流失、成熟因素等。如果实验开始时，各组被试是同质的，并且经历了相似的环境和体验，那么两组之间的差异就是实验处理的结果，不是吗？ *178*

提高外部效度和提高内部效度有点不同。因为外部效度取决于研究者本身的行为方式而不是研究设计。例如，消除实验者效应的唯一的方法就是让实验者以对实验结果没有影响的方式主持实验。在减少牙痛病人看牙医时焦虑的例子中，训练者对待牙科诊所不能持有任何偏见。

通过实验设计可以有效减少影响实验内部效度的因素，但研究者只有通过控制自身的言谈举止才能有效地减少影响实验外部效度的大多数因素。

内部效度与外部效度的权衡

> 一个实验必须同时具有良好的内部效度与外部效度，并且要保持两者的平衡！

正如你现在有一块蛋糕并想吃掉它，但是你又不想长胖，实验的内部效度和外部效度也需要小心地加以平衡。从某种意义上讲，内部效度和控制是对等的。内部效度越高，你就越有自信说明观察到的结果是由操纵的自变量引起的。与此同时，如果控制过多（比如在一个严格设计的实验程序中，运用了一群非常特殊的被试样本），这样的研究结果就很难被推广到其他情景中去。这是事实，因为控制程度越高，实验重复性越差，更不必说寻找到与该实验相似的被试的难度了。

怎样解决这个问题呢？由你自己来衡量和判断。实验研究中，通过运用随机化和设置控制组的方法，尽可能地控制无关变量的影响，确保适度的内部效度。对于外部效度也是如此。只有研究结果能被概化到其他情景中，其价值才能体现出来。

> **自我测试**
>
> 在哪种实验情景（或你探讨的哪类主题）中，内部效度比外部效度更加重要，相反在哪种实验情景中，外部效度比内部效度更加重要？请记住，良好的内部效度和外部效度都是实验必不可少的，但两者之间存在一种微妙的平衡。

无关变量的控制

在此谈论的都是无关变量，那么它究竟是什么呢？所谓**无关变量**（extraneous variable）指的是那些会降低研究内部效度的因素。如果不以某种方式加以控制，那些变量就会混淆研究结果。正如你在本章所学到的那样，如果你不能区分不同因素的影响作用，研究结果将会被混淆。例如，研究者在研究学校提供早餐对于学生出勤率的影响。那些积极性很高的家长可能敦促孩子去学校吃早饭，这也可能导致学生出勤率的变化，而早饭本身，可能与学生出勤率无关。在这个研究中，实验处理（提供早餐）就被父母亲的动机所混淆了。

即使未被直接检验，那些重要的变量也不能被忽视。

在实验研究的任何阶段，都可能存在影响研究结果的变量。这些变量使研究者们无法确定究竟是哪一种因素引起了实验结果。如何解决这一问题呢？有很多种方法。通常可以将该问题转化成："哪些变量是重要的而需要考虑，哪些变量是不重要的？"记住，对于所有的变量而言，有些是可以忽略的（当它与研究无关时），有些是需要测量的（当它很重要，并且是实验的一部分时），有些是需要操纵的（当它很重要但因为某些原因而无法加以测量时）。

随机化是一种控制无关变量的有效方式。

对于那些重要的变量，该怎么样做才能减少其对实验结果的影响呢？

179 首先，你要选择忽视一些与因变量测量无关的因素。例如，如果出勤率是主要的因变量，供应早餐是主要的自变量，那么像儿童的性别、教师的性别、班级人数，或父母的年龄这些因素还重要吗？答案是可能重要也可能不重要。你只有通过阅读相关的文献，才能回答为什么教师的性别与儿童的出勤率有关或是无关。一般来说，如果你不能回答为什么某变量与你所做的研究有关，那么最好的办法就是忽视该变量。

其次，通过随机化可以控制影响实验结果的潜在变量。更重要的是，随机化确保了实验组与控制组的被试在许多不同特征上是对等的。在上面的例子中，孩子被随机分配进入在校吃早餐的组和不在校吃早餐的组，故父母的动机对于两组将可能产生一种均等的影响，所以父母的动机将不是观察到的差异的最有力的解释。

匹配

一般来讲，随机分配被试入组是一种确保各组被试同质的好方法。但是，当研究者想要确保两组被试在某一特征上对等时，就可能运用到其他方法。例如，在学校早餐计划的研究中，如果父母的动机会影响研究结果，并且研究者认为随机化分配不能很好地控制潜在的变量，那么匹配将是一种可选用的技术。

匹配（matching）被试是指如果实验组的被试在某测验上的得分为 X，那么研究者要确保控制组的被试有相类似的分数。一般来讲，你要记住这样一条原则：匹配的变量必须和因变量有较高的相关；否则，匹配就没有多少意义。因为这是一般的原则，在分配被试之前，匹配过程的第一步就是测量相关的变量。然后，根据分数高低对被试进行排序，把那些分数相近的成对被试挑出来，一个被试分配到实验组，另一个被试分配到控制组。之后继续进行实验。

为了确保一些重要的和潜在的变量不会对实验结果产生影响，研究者必须采取一定的策略，按照自己喜欢的方式进行安排，而匹配就是一种简单而有效的方式。

正如你可能会怀疑的那样，匹配也存在不足。首先匹配可能是昂贵而费时的，其次并不是所有的被试都能有另一个被试与之相匹配。假设一对父母的主动性极其高，而没有一对父母的主动性可以达到如此高度。你能将这对父母进行匹配吗？这令人怀疑。你可能必须删除极端分值的父母或者找到另一对其分值可与之匹配的高分父母。

还有另一个不足（幸亏阿曼达·布莱克默［Amanda Blackmore］发现并指出了这一点）——当研究者在对某一变量进行匹配时，常常会顾此失彼，难以在各个方面达到匹配。但是如果你随机分配被试入组，对组进行匹配（不是变量），那么你将有一个更好的机会使各组对等。

同质群的运用

确保无关变量不成为影响因素最好的方法之一就是运用同质群（homogeneous group），或是从与被试特征相似的总体中抽取样本。运用这种方法，大多数的无关变量（如种族或民族背景、受教育程度、政治态度等）就会被自动控制。再次强调，只有当无关变量对因变量产生影响的时候，同质群才显现出重要性。

协方差分析

协方差分析（analysis of covariance，ANCOVA）是我们介绍的最后一种技术也是一种相当复杂的技术，它允许你将群体之间最初的差异等量。例如，假设你在研究某一特别的训练计划对跑步速度的影响。因为你知道跑步速度可能与力量有关，所以你要确保研究中的被试的力量是均等的。假设，你努力地匹配被试却发现差异性太大，而不能确保各种被试是同质的。此时，你就要用到协方差分析。

最简单的协方差分析就是从实验处理的影响中除去协变量（在此例中指的是力量）和因变量（在此例中指的是速度）之间关系的影响。换句话说，可以用协方差分析来调整基于最初力量的最后的速度。协方差分析被广泛应用于准实验设计，在此类设计中，虽然你不能将被试随机分配入组，但是你可以得到有关影响实验结果的机体变量的信息。

所有变量在实验研究中都会起到或大或小的作用。你为什么不控制每一个变量呢？即使可以这么做，为什么又说它是一个糟糕的策略呢？

▼ 小结 180

你想知道是不是 A 导致了 B 的产生吗？要解决这个问题，实验方法是最好的选择。实验法对变量的控制程度是本书中所讨论到的其他方法难以达到的。坎贝尔和斯坦利（1963）界定了影响实验设计的各种因素，并提供了评估前实验设计与真实验设计的内、外部效度的工具，这些工作具有里程碑意义。运用匹配、同质群和一些统计技术等方法，你就有足够的自信确定是对自变量的操纵引起了组间的差异，而不是其他的一些无关变量。

▼ 在线资源

➢寻找更多有关研究设计的资料

更多有关实验设计的趣味学习资料尽在 http：//www. itl. nist. gov/div898/handbook/pri/section1/pri11. htm。

➢实验设计的术语表

在 http：//www. stats. gla. ac. uk/steps/glossary/anova. html，瓦莱丽·J. 伊斯顿（Valerie J. Easton）与约翰·H. 麦科尔（John H. McColl）将为你提供一份简洁而多信息量的有关实验设计的术语表。

➢实验设计

社会研究方法网络中心（http：//www. socialresearchmethods. net/kb/desexper. php）有一个很好的、简洁的、易于理解的实验设计导论。

➢效度威胁和研究设计

在 http：//www. creative-wisdom. com/teaching/WBI/threat. shtml，于仲浩（Chong-ho Yu）和芭芭拉·欧伦德（Barbara Ohlund）概述了坎贝尔和斯坦利（1963）、库克和坎贝尔（Cook & Campbell，1979），以及沙迪什等（Shadish，Cook，& Campbell，2002）的重要工作。他们也提供了自己的例子，这有助于说明不同的设计是如何对不同的效度威胁产生易感性的。

▼练习

1. 为什么在实验开始时，你可以假设一个前后测控制组设计中的组是等价的？

2. 你担心让参与者填写压力生活事件量表会增加他们的压力水平，让他们关注生活中的压力方面，从而影响测试分数。你能用什么研究设计来减轻你的忧虑？

3. 举例说明一项研究的内部效度比外部更有效。然后，给出一个外部效度比内部更有效的研究的例子。

4. 请解释影响实验内、外部效度的以下因素并举例说明在实验中它们是如何成为影响因素的。

a. 流失。

b. 测量工具的影响。

c. 前测的影响。

d. 反作用安排。

5. 一名研究者调查了唱歌对于幼儿言语技能的影响。他选择了100名幼儿作为被试（一个相当大的样本，是吗？）并且在他们3岁时开始教他们唱歌，五年之后，测量他们的言语技能。他通过对测量结果的分析形成自己的结论，并欢呼："结论成立！"该研究存在哪些问题？

6. 对一个好的研究而言，为什么内部效度和外部效度的平衡十分重要？

7. 让具有情绪障碍的儿童接受某一专门训练以提高他们的社交能力。训练开始前，这些儿童在社交能力测验上的得分极其低。训练结束后，这些儿童的社交能力的平均水平提高了57%。请指出本研究中哪些因素影响了研究的内部效度从而降低了研究的价值，如何提高研究的内部效度？

181 8. 一名健身教练想要比较两种运动项目对减肥的效果。他把他的客户分成两组：一组专注于短间隔的循环训练，另一组专注于有氧运动和自由负重训练。在他没有提议的情况下，一些客户已经决定自行减少他们饮食中的碳水化合物，希望能进一步减轻他们的体重。客户的饮食变化会对效度带来什么样的威胁？

9. 在许多标准化考试中，计分者被要求用分级评估准则来计分。分级评估准则可能会降低哪些效度威胁？

10. 在本章开头提到的三种类型随机化为什么很重要？

11. 在考察被试对离婚态度的研究中，如何确保两组被试是匹配的？请列出具体的匹配步骤。

12. 写一篇研究摘要，在该研究中统计回归成为影响研究内部效度的因素。在摘要中要描述清楚研究者采用哪些步骤来消除统计回归效应。

13. 在将一年级学生分配到不同的实验学习组去的时候，需要考虑的伦理问题是什么？随机分配被试是否涉及伦理问题？

14. 如何使用控制组来减小潜在因素对实验内部效度的影响？

15. 一位研究人员感兴趣的是，是否在家里养花会影响希望指数。她把参与者分成一个养花组和一个无花组，她考虑基于种族对这两个组的参与者进行匹配。她应该继续进行匹配吗？为什么或为什么不呢？

16. 在现实生活中有哪些前实验研究？请举例说明。

17. 使用前测有哪些优点?

18. 如果在实验中你已经尽力采用随机化的设计了，那么为什么还要运用前测呢?

19. 影响实验外部效度的因素有哪些? 作为一名研究者，你是如何处理每一种影响因素的? 请举出影响实验外部效度的一种因素的例子。提高外部效度的方法有哪些?

20. 当你想要让与因变量相关的变量 A 上的组同质，但是不能使用匹配的技术时，什么统计技术会有帮助呢?

第 12 章

准实验研究：实验研究的近亲

章节概览

在第 11 章中，你已经学习过一个实验设计是如何揭示两个变量之间可能存在的因果关系的。另一种类型的研究设计同样也尝试着揭示因果关系，但是却不具备真实验所特有的能力和效力。在本章中，我们一起来探讨作为实验研究法变式的准实验研究方法。尽管准实验研究可能并不具备真实验研究那样的效力，但是在实际选择研究设计的方法时，由于考虑到重要的文化及伦理因素，准实验研究常常更受青睐（有时是必须选择的方法）。更多内容详见下文。

研究实例

在社会和行为科学中，可能没有哪个领域比非典型行为领域更多地应用准实验研究。在医学领域也很常见。为什么？因为你根本不能将被试分配到可能有害的条件下。所以，你必须首先找到他们，并将其与此条件外的被试进行比较。

这项研究的目的是比较早期干预治疗与传统治疗对边缘性人格障碍的疗效。15 至 18 岁的门诊患者在传统治疗和早期干预治疗条件下进行了比较，研究假设是治疗组将在 24 个月内显示出精神病理行为的大幅减少和整体功能的更大改善。为什么是准实验？你当然不能把人们分配到人格障碍条件下——它已经存在了。结论是在 24 个月中，专门的早期干预措施比现有措施更为有效，可能会对患者的疗效产生实质性的改善。

想要了解更多，可以查看原文：

Chanen，A. M.，Jackson，H. J.，Mccutcheon，L. K.，Jovev，M.，Dudgeon，P.，Yuen，H. P.，Germano，D.，Nistico，H.，McDougall，E.，Weinstein，C.，Clarkson，V.，& Patrick D. McGorry. (2009). "Early Intervention for Adolescents with Borderline Personality Disorder Quasi-Experimental Comparison with Treatment as Usual." *Australian and New Zealand Journal of Psychiatry*，*43*，no. 5：397-408.

准实验方法

准实验方法与前实验方法、真实验方法在一个至关重要的方面有所区别。在**准实验研究**（quasi-experimental research）中，导致组间差异原因的假设是已经成立的。例如，如果你对言语能力的性别差异进行研究，可能导致这种言语能力差别的原因（自变量是性别）是已经存在的。换言之，组群是已经分配好的。再者，在准实验设计中，群体是已经进行了预分配的。

> 准实验方法不具备真实验方法同样的效力。

在上例中，和年龄、族群、眼睛颜色以及其他数百种变量一样，由于性别是预先确定的，研究者无法决定谁会被分配进入哪个组。换而言之，被试已经基于某些特征或经历被预先进行了分组。当采用真实验方法时（如第 11 章中所述），自变量值的变化范围是无限的。更为重要的是，研究者可以决定自变量变化的水平（如每周训练三小时、五小时或七小时）。而当采用准实验方法时，任何研究者对实验的控制都无法达到与真实验同等的水平。 183

确定自变量的水平是实验设计的开始，例如性别（男、女）、种族（白人、亚裔等）、年龄（18 岁以下、18 岁及以上）和疾病（有心脏病史、无心脏病史）。

对群体（或处理）的预分组导致了准实验方法与经典真实验方法相比的最大缺陷：

对于因变量变异原因的解释能力较弱。例如，言语能力存在性别差异，那么这种差异是由性别原因导致的结论或许是成立的，但事实上争议仍然存在。这种差异为什么被归结为性别？为什么不是早年教养方式、经历和机遇的不同或是激素分泌水平的差异影响了大脑的发育？这里只列举了三种可能导致这种差异的解释。然而，要全面了解差异的实质，其他可能的因素也必须被考虑在内。

那么，何时可以采用准实验设计？何时采用准实验设计更为合适呢？尽管存在上述的疑惑，准实验方法仍然是至关重要的，这是因为：由于伦理、道德或是实际应用的问题研究无法进行时，可以采用准实验方法进行探索。请阅读下列研究课题并且尝试去思考它们有何共同特征：

- 受虐待儿童与非受虐儿童在人格上的差异。
- 婴儿期营养不良造成的影响。
- 孕期前三个月母亲服用可卡因对新生儿行为的影响。
- 养老院的老人和子女陪伴生活的老人在智力水平上的差异。

这样的课题还可以列举很多。你能指出为什么在这些课题中，准实验设计比实验设计更为适合吗？研究者如果对以上的例子中所包含的处理或被试分组进行人为设置都是有违伦理道德的。将一个儿童分到 A 组（接受阅读帮助组）或是 B 组（未接受阅读帮助组）是可以的，但是你能剥夺一个孕期妇女足够的营养或是将老人送入疗养院来检验以上假设吗？这显然不行。

准实验研究允许我们对这种已经成为既定事实的变量的影响进行研究，这也是准实验也常被认为是**事后**（post hoc）研究的原因。

正如你所看到的，准实验设计允许在一定的群体中随机抽取被试，如从 500 名女性中随机抽取 50 名组成 A 组。然而，研究者不可能随机安排群体进行处理（他们已经分配好了），这是其最大的缺点。

在实验控制和内部效度上，准实验设计比前实验设计具有更高的内部效度（你应该记得，前实验研究没有控制组），但是比不上真实验设计（你也应该记得，真实验设计既有控制组也可以将处理随机分配给被试）。尽管如此，准实验设计的外部效度水平很高，也许能达到和真实验一样的水平。

自我测试

从根本上说，为什么准实验方法不能像前面讨论的真实验方法那样“真实”地检验一个假设？

准实验设计

任何优秀的研究设计都必须具备的最重要特征有：对被试的随机取样、分配以及控制组的设置。这些条件如此重要是因为它们可以保证各组在实验处理之前是等值的。

然而，在一些情况下，随机化是不能实现或不可能达到的，设置控制组也是不可能的，或是代价太高或是不太合理。比如说，哪些准父母会生男孩、哪些会生女孩是无法随机确定的，同样也不可能随机确定哪些孩子会上幼儿园。不能随机分配被试的设计都可以称为准实验设计，因为它们并不是真正意义上的实验。准实验设计对因果关系的论证能力显然不能与真实验设计相比。

在这部分，你会学到几种最常用的准实验设计。

不相等控制组设计

不相等控制组设计是最常用的准实验设计之一，特别是在研究者不能或是很难将被试进行随机分组的情况下。例如，在教育研究的背景下，研究者很难将学生重新分配到不同的班级中去，但是你可以将现有的教学单位整体作为样本之一。以下是不相等控制组设计的范例：

不相等控制组设计是所有准实验设计中最受欢迎的一种。

184

第一步	第二步	第三步	第四步
将被试分配到实验组	实施前测	实施实验处理	实施后测
将被试分配到控制组	实施前测	不实施实验处理	实施后测

首先你会注意到，除了不能对被试进行随机取样和分配，这种设计与第 11 章中所说的控制组前后测设计非常相似。研究者采用原始群体作为被试，例如养老院老人、一个班级的学生或工厂工人。在实验开始之前，组间是否等值是存在（通常是存在一些）质疑的，这一点直接降低了其验证因果关系的能力，这就是为什么将其称为不相等控制组设计。

由于在实验前各组就可能在某些与因变量有关的特征上存在差异，对不相等控制组设计的内部效度最严重的威胁就是取样的问题。运用前测的结果，可以通过比较前测分数来确定两组间是否等值。如果两组在前测结果上是等值的（没有显著性差异），你就可以较少（仍然有一些）担心两组被试是否等值的问题。从统计方法上说，可以采用例如我们在第 11 章中讨论过的协方差分析（ANCOVA）技术来应对。但是尽管两组的前测分数可以在统计学意义上达到等值，仍然可能存在（随机化可以消除的）其他因素影响其内部效度。

当随机化不可能实现时，不相等控制组设计是最常采用的设计。它的优势在于对无关变量进行了控制（通过设置控制组）。虽然不能确保两组间等值，但是至少可以接近等值。

静态组比较设计

如果既不能随机分组又不能实施前测呢？那么应该选择**静态组比较设计**（static group comparison design），示例如下：

第一步	第三步	第四步
将被试分配到实验组	实施实验处理	实施后测
将被试分配到控制组	不实施实验处理	实施后测

除了没有进行前测，静态组比较设计和不相等控制组设计是相似的。在什么条件下需要采用不相等设计呢？也许是没有时间实施前测、实施前测太昂贵或是在实验处理前被试不能接受前测等等，不管是什么原因导致的上述情况，都需要采用此设计。以上只是适合采用静态组比较设计的几个例子。

这种设计存在问题吗？存在很多的问题。其中之一就是，这种设计不能对影响实验内部效度的最大因素即取样和被试流失问题进行控制。从外部效度来说，所有影响外部效度（大量对实验处理的干扰因素，例如实验环境的设置和主试的影响）的因素也仍然存在。

例如，你想要检验一种处理促进养老院老人的社会互动的效果。你选取三家养老院并采用同样的处理（两个实验组和一个控制组）。如果实验结果发现他们在社交技巧上存在差异，你如何能够知道这种差异不是在处理之前就已经存在的？你当然不可能知道。因为缺少前测的信息，所以你不能确定。

那么为什么需要这种设计呢？因为有时你没有其他选择——这是我们必须要上的有关不甚完善的实验设计的一堂课。它们是在条件不允许采用真实验设计的情况下采用的，对于这些实验的结论的解释也是有诸多框架的限制的。

单被试设计

正如在第11章中讨论的，实验方法是用来检验变量之间是否存在因果关系的最常用方法，然而，它并不是唯一的方法。

> 单被试设计可以对特定行为进行深入研究。

着眼于个体来理解因果关系所采用的方法与从群体角度出发是截然不同的。**单被试研究设计**（single-subject research design）在行为分析和特殊教育领域应用非常普遍，其实，几乎在所有研究背景下，当研究者想要了解操纵一个自变量可能给个体行为带来
185 的影响时，单被试研究也是非常适用的。事实上，可以肯定地说，与组群设计（例如坎贝尔和斯坦利［1963］所讨论的那样）关注于许多个体的一个或更多的行为不同，单被试设计关注于一个个体（同一种类型）的许多行为。但是，它们的目标是一致的：确定一个自变量对行为的影响。

这不仅仅是方法上的区别，这是在实施研究时关于行为以及行为的什么重要方面要去检验的整个观点的不同。单被试研究起源于发展研究上的行为观察，其中行为上的变化被作为其结果的函数。斯金纳（B. F. Skinner）的动物研究带来了一系列的思考，为行为方式和行为的研究方式提供了一种截然不同的视角。与群体研究方法相比，单被试研究无所谓优或劣，只是独特且有创造性地回答了关于因果关系的重要问题。

单被试研究富有开创性，已经成功应用到了其他研究背景下，例如对特殊儿童的行为进行研究的特殊教育领域。由于这些儿童的行为是特殊的、偏于常模的，很难建立一个大于或等于30人的样本来检验推论。但是，由于采用了不同种类的工具，在检验个体行为的同时，也满足了客观的精确性。

单被试研究的基本方法是：

1. 在实验处理之前测量行为。
2. 实施实验处理。
3. 撤回实验处理（称为反转）。

这种设计的假设是：如果行为的变化是实验处理的结果，那么当处理被撤回时，行为也会返回到处理前的水平。因此，如果一个研究者有兴趣减少一个在课堂上大声喧哗的孩子不合适言语行为的水平，应该这样做：

1. 对该学生平均5分钟出现不合适言语行为的次数进行记录，为期10天，研究者将该测量方案的实施结果作为该儿童不合适言语行为的代表性样本。由于研究者将实验处理的结果与这个阶段的水平进行比较以确定言语行为是否有所增加，所以第一阶段是基线阶段。
2. 实施处理。忽略这名儿童每次出现的不恰当的言语行为，当出现恰当的言语行为时给予强烈的口头表扬。为期10天，以同样的形式记录下来。

3. 作为对实验处理效用的最后检验，将表扬的水平提高到对该儿童的任何言语行为都进行表扬，然后再对言语行为进行测量。

ABA 设计可以对一个潜在有效的处理进行检验和再次实施。

该实验设计见图 12－1。

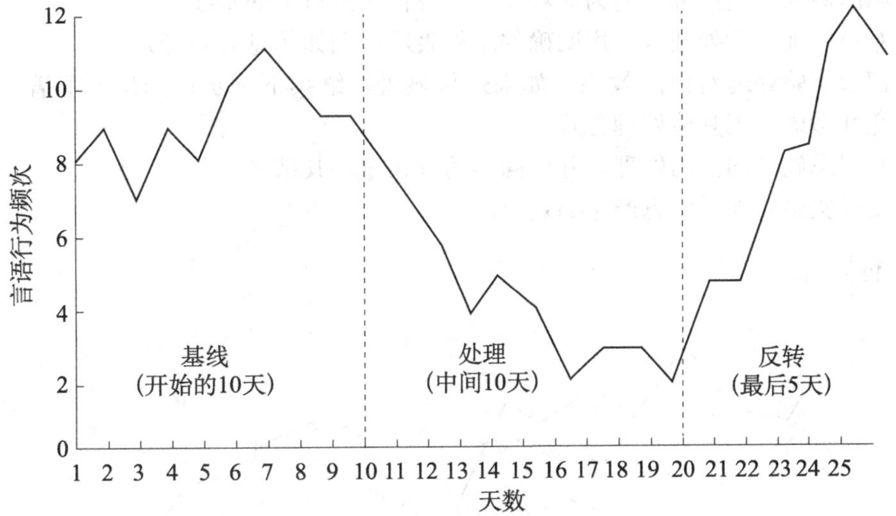

图 12－1　一个简单的 ABA 设计

基线已经建立，并且实施了实验处理，最后撤回实验处理来观察处理的效果。

你可以看到，当实施处理时，不合适行为的频次下降了，而当处理撤回时，这个频次又上升了。

在单被试研究的终端图中，基线用 A 表示，实验处理用 B 表示。在上例中，该设计是一个 ABA 设计。正如你可能推测到的，所有类型的设计都具备 A 和 B 两个条件，就像已经建立了基线 A 也实施了处理 B 的最简单的 AB 设计一样。另外还有一种 ABAB 设计，即基线和处理条件可以变化的设计。 186

相对于 AB 和 ABA 设计，ABAB 设计的主要优势在于它降低了引入潜在的修正处理（B）时所存在的伦理隐患，并且只测量处理被撤回时的影响。ABAB 设计试图通过再次引入实验处理，从而将行为撤回到第一次实验处理之后的水平。

例如，如果一名儿童的适当言语行为的频次很低，那么这样做是否合适就涉及伦理性的问题了。如果情况适合用 ABAB 设计来再一次揭示这种实验处理的影响，那么为什么不选择使用这种设计呢？

无论是 ABA 设计还是 ABAB 设计，单被试研究的研究者必须确保：他们关注的行为本身可以进行操作定义（否则无法有效测量），观察者必须是受过良好训练的，评分者信度必须是较高的，还有最重要的是，各种条件之间的差异可以进行实际操作（例如攻击性水平是可以降低的）。

多重基线设计

如果你已经注意到（我们确定你已经注意到了），你会发现任何的单被试设计都存在一个根本性的问题：对于处理的效果只有一次检验。因此，影响真实验设计和准实验设计内部效度的威胁因素也仍然存在。

这是多重基线设计被广泛应用的原因。在多重基线设计中，需要选取两个行为、两名被试或是两个情境作为研究对象，但只对其中一个对象实施实验处理。这是 ABA 设计的一种变式。因此，不实施实验处理的行为、事件或情境可以作为基线来进行比较，从而确定实验处理的效果。第二条基线就是一条控制基线。

在下例中，两个不同个体被作为对象，以同一行为为目标进行观察。假设我们尝试减少两名儿童的攻击性行为。以下是我们的工作程序（如图 12－2 所示）：

1. 画出两人（我们称他们为卢和罗恩）各自攻击行为的基线。
2. 对卢实施实验处理（采用明确的结果表示，例如休息时间等）。
3. 记录实验处理对卢的效果。如果效果显著，继续下一步；如果不显著，暂停研究并考虑采用其他处理方式。
4. 对罗恩施以同样的处理，并以同样的方式表示其结果。
5. 记录实验处理对罗恩产生的效果。

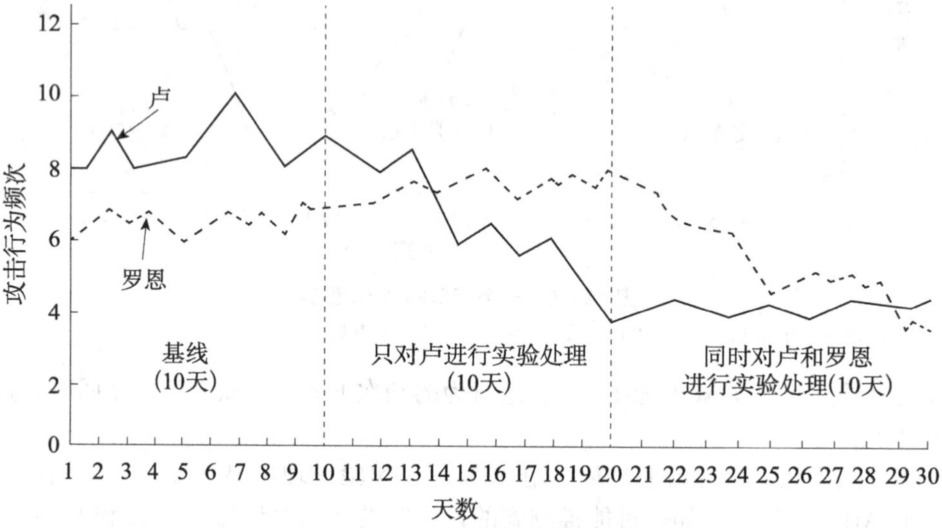

图 12－2　多重基线设计范例

当只有一个人（卢）接受了处理而另一个人（罗恩）还没有接受时，就可以对卢和罗恩进行比较。参见图 12－2，处理是有效的。在没有接受处理之前，罗恩的攻击水平是保持不变的，而卢的是下降的。此后，当罗恩接受了处理之后，他的攻击水平是下降的，而卢的则保持在接受处理之后的水平上。

自我测试

单被试设计并不仅仅是“回答问题的另一种方式”。事实上，它们在研究开始提出问题时就立足于不同的原理。这个原理是什么？

187

对单被试设计的评价

与其他研究设计一样，单被试设计也可以通过内部效度和外部效度来检验。

大部分 ABA 设计和 ABAB 设计有足够高的内部效度。它们都通过操纵自变量（引入或是撤回处理）来论证某种行为是否改变。因此，观察的是行为的结果，这是保证内部效度最基本的标准。

至于外部效度，或者说是普适性，又是另外一回事了。对单被试设计的批评认为，由于单被试设计的结果无法从单个被试推论到其他被试上去，其普适性是有限的。如你所料，这种批评通常来自对问题组成有着不同观点的传统组群设计的使用者。这些批评忽视了传统的组群设计也同样存在普适性的问题。特别是在有些实验没有对被试进行随机分配的情况下，它们适用于其他背景和情境的程度通常也只是微乎其微。

你可以通过消除本章中提到的影响实验效度的因素，让实验尽可能自然地发生来提高实验的普适性（外部效度），这样结果就可以被推论到其他的背景和条件中去。单被试研究的结果是否可以推广，依赖于该设计的结果在同样或是接近同样的条件下可以被复制的程度。例如，如果实验被试是一个四年级的女孩，实验的结果也适用于实施了完全相同实验的五年级女孩，是否可以说这个实验具备良好的外部效度呢？应该是可以的。在变化的条件下可复制的数量越多，其外部效度越高。

发展研究

发展研究对随时间发生的变化进行研究。

发展心理学研究者（以及许多教育学研究者、儿科医生和人类学研究者等）的研究领域是揭示和理解个体从出生到死亡所经历的变化。近一百年来，对个体毕生不同年龄或阶段行为变化的描述逐渐衍生了两种基本的发展研究方法。在我们的讨论中，我们把年龄看作自变量，并将人群按照年龄阶段划分为预先确定的不同群体。因此，它们本质上是准实验研究。

让我们一起来探索这两种研究方法，先围绕一个实例进行讨论，再来总结一下它们各自的优缺点。

纵向研究检验年龄变化。

纵向方法　**纵向方法**（longitudinal method）要求在所研究的发展时期内反复观察和测量同一组被试的行为改变。举例来说，如果在 1960 年对一组 30 岁的被试进行测量，在 1965 年（当他们 35 岁时）测量同一批被试，然后在 1970 年（当他们 40 岁时）再次测量，然后继续下去（如图 12－3 所示），这就是一个纵向研究。图 12－3 中的虚线表示该纵向研究对 1930 年出生的同一批被试每隔 5 年共进行了 5 次测量。

		测量年份				
		1960	1965	1970	1975	1980
出生年份	1940	*20*	*25*	*30*	*35*	*40*
	1935	*25*	*30*	*35*	*40*	*45*
	1930	*30*	*35*	*40*	*45*	*50*
	1925	*35*	*40*	*45*	*50*	*55*
	1920	*40*	*45*	*50*	*55*	*60*

图 12－3　纵向研究和横断研究对被试的出生年份、测量的年份和年龄的基础设计方式（年龄用斜体表示）

纵向研究可以用来检验在一个持续期间内年龄变化的影响。例如，J. L. 辛格、D. G. 辛格和拉帕茨斯基（J. L. Singer，D. G. Singer，& W. Rapaczynski，1984）对电视、想象力和攻击行为的关系进行了纵向研究。该研究的目的是验证在家庭背景中观看电视对家庭的社会互动模式存在影响。

该研究对 1977 年到 1982 年间出生的不同儿童群体（或波段）分阶段进行了测量，188
直至研究结束，最终的样本由 84 名儿童组成。研究者要求父母对孩子们看电视的行为进行记录，通过与父母进行面谈、分析学校提供的报告、测量孩子的智力、与孩子面谈和其他途径来收集信息。

纵向研究的优点是显著的。最重要的优点是可以在一段延续的时期内对被试心理发展的连续过程进行研究。更为重要的是，由于对同一批被试在不同时间点上进行反复测量，被试的表现更加受到他们自身的控制。换句话说，对测量情境来说，每个人的（他自己的）背景（基因、族群及其他）和经历是不变的。由于个体内的差异最小，这种类型的设计非常有效力。

纵向研究也有许多显著的缺陷。首先，进行这种研究花费很大。不仅对被试进行长时间的追踪耗资很大，人力成本和间接成本也是逐年增加。这也是相对很多年前的许多经典研究来说，最近很少有人进行纵向研究的原因之一。一个典型的例子是推孟（Terman）从 1920 年代发起并持续至今的关于天才儿童的研究（花费了大量美金）。

纵向研究的另一个缺点是被试易脱落（通常称为流失）。尽管你可能猜测脱落应该是随机的，但是存在的隐患是这种脱落通常是呈现系统性的特征，即特定类型的被试更可能脱落，导致剩余的样本在一些特征和特质上已经与最初的样本有了根本性的区别。例如，美国的亚群体中搬迁最频繁的是低收入家庭，当低收入家庭在从被试群体中脱落后，群体的性质也就发生了变化。

横断方法 与纵向方法对同一批被试进行反复测量不同，**横断方法**（cross-sectional method）是在同一个时间点上对不同群体进行测量。举例来说（见图 12-3 中的实线部分），在 1970 年同时对 30 岁、35 岁、40 岁、45 岁和 50 岁的人群（全都出生于不同的年份）进行测量，那么你正在进行的是一个横断研究。横断方法对不同年龄的被试进行测量比较，而不像纵向方法那样测量同一被试年龄变化的影响。

横断研究检验年龄差异。

例如，为了找出不同年龄的孩子在面对不同类型问题时所需要的建议类型有何差别，温特等（M. G. Wintre，R. Hocks，G. McVey，& J. Fox，1988）采用了横断方法。该研究包含 48 名被试——分别是 8、11、14 和 17 岁四个年龄段的 24 名男孩和 24 名女孩——向他们提供三个有代表性的假设问题。研究者要求孩子选取一位熟悉的大人、一个成人专家、一个同龄人或是一个同龄的专家来作为顾问。在这个研究中，研究者的着眼点是年龄的不同（而不是年龄的变化），通过在同一时间内对不同年龄的被试反应进行测量，研究者的目标就达到了。

和纵向研究一样，横断研究也同样有其优势和弊端。横断研究的其中一个优点是测量是在一个有限的时间段内完成的，所以花费比纵向研究少很多。此外，由于测量的时间比较短，流失率也最小，被试在同一个地方居住的时间足够完成这种类型的研究。那
189 么缺点呢？最严重的缺点就是群体只是根据年龄来区别的，所以缺乏群体间的可比性。因为在接下来的学习中，你将会了解到，年龄并不是一个非常有用的自变量。

纵向研究和横断研究策略的优缺点对比见表 12-1。

表 12-1　纵向研究设计和横断研究设计的优缺点

研究策略	优点	缺点
横断研究方法	• 耗资小 • 时间跨度短 • 较低的流失率 • 不要求研究人员与参加者建立长期的管理和合作关系	• 群体间的可比性的局限 • 不能揭示一个群体可能发生变化的方向 • 按年龄的顺序对被试进行测量，忽略了他们在成熟水平上可能存在的区别 • 在个体层面上，不能揭示个体发展的连续性信息
纵向研究方法	• 深入揭示发展进程中的细节信息 • 较高的（同一）群体的可比性 • 允许对广大不同群体进行持续研究 • 可以修正变量间的因果关系的推论 • 较高的群体间可比性	• 耗资大 • 潜在的高被试流失率

自我测试

有可能同时对纵向研究和横断研究结果造成影响的严重问题是什么？如何避免这个问题？

追踪研究的应用

表 12－1 详细地列出了纵向研究方法和横断研究方法的优缺点比较。你可以依据掌握的资源、时间限制和所要研究的问题等因素来选择适合的方法。

由于收集数据的时间跨度太长，无论哪种形式的纵向研究通常都不可能在研究者的本科或是研究生阶段的学习中完成。然而，追踪研究却是非常可行的，因为只需要在已经收集到的数据基础上再收集附加数据。事实上，这是一种很好的将潜在的纵向研究在相对较短的时间内完成的方法。

相对传统纵向研究，追踪研究可以用较少的时间和花费来回答发展研究的问题。

以斯基尔斯（H. M. Skeels，1942）对 25 个孤儿院婴儿进行的研究为例，这些婴儿在孤儿院得到了很好的照顾，但是却缺少关注和喜爱。研究者将其中 13 名婴儿由孤儿院转移到一个智障机构中，由一些妇女抚养。斯基尔斯发现，在机构由这些妇女抚养长大的孩子比孤儿院长大的孩子在智力测验上的得分平均高出 28 分。在 21 年之后的随访调查中（Skeels，1966），斯基尔斯检验了不同的抚养方式是否对儿童产生了更为深远的影响。惊喜的是，他发现，作为实验组的 13 名婴儿（被送到智障机构的婴儿）都已经自食其力，其中 11 人已经结婚，9 人有了孩子。不幸的是，那些没有特殊经历的孩子们有三分之一留在机构中长大成人，留在孤儿院的孩子只有少数过着正常成人的生活。斯基尔斯没有对他们今后的生活继续追踪下去，但是这个研究是一个本质上为纵向研究提供信息的追踪研究。

年龄在发展研究中的作用

年龄是一个研究者赖以对各种各样的人类行为进行解释的复杂变量。例如，尽管将儿童在不同年龄运用词语的变化作为年龄的函数比较简便，但是用认知复杂程度、经历和掌握符号的能力来解释这些变化会更为精确。

换句话说，年龄具有描述的价值但是却不能够用来解释。尽管年龄让我们可以“知其然”，但是仅通过年龄我们却不能够“知其所以然”。唐纳德·贝尔（Donald Baer，1970）在一篇很具说服力的文章《与年龄不相关的发展概念》中对这个观点进行了总结。在这篇文章中，他认为，经历是发展水平产生差异的动力，而不是年龄，研究这些经历会比机械地依据年龄和成熟水平来进行研究有成效得多。

年龄可以描述发展的进程但不能很好地对其进行解释。

这种观点以及对于年龄是否有用的普遍担忧带来了除上述横断研究方法和纵向研究方法之外的其他类型的发展设计。其中一些新技术把对行为进行测量的时间（测量本身的影响）、队列（或群体）的影响也作为变量加以考虑。

横断研究的基本形式是在同一时间对不同年份出生的被试进行测量。如果发现群体（或年龄层）之间存在差异，那么为什么不能说这种差异是由他们出生的年份造成的而不是由于年龄呢？出生日期对这种差异有什么影响呢？很简单。如果一群被试是在某种药品、某项技术发明之前甚至是某个影响学习难易程度的文化事件之前出生的呢？

例如，将孩子们以《芝麻街》（一个在公共电视台播放的、有深远影响的学前认知开发节目）播出之前和之后出生为标准划分为两组。观看这个节目很可能会对儿童的言语技能产生很大的影响。在这个例子中，队列（出生年份）和年龄可能会混淆（多好的词!)。当两个变量（出生时间和年龄）都被用来解释同一件事（言语技能的差别），混淆就发生了，你不可能将两者的影响分离开来。

190 年龄和测量时间发生混淆的另一个例子是内瑟罗德和保罗·巴尔特斯（J. R. Nesselroade & Paul Baltes，1974）的一个研究。他们对青少年时期人格变化进行测量，发现超我力量、焦虑和成就动机随年龄的增长而下降。也许有人会把这种变化归因于年龄，但是科学家们同时也发现，抛开孩子的年龄不谈，只是将年龄相差三岁以内作为一个阶段（有些从13至15岁，其他从16至18岁），测量分数的下降趋势是相同的。这显然与年龄的变化无关。与这种变化相关的是对这些行为进行评估时的文化瞬间。这是历史性影响的一个例子。不考虑被试的年龄，在测量期间发生的任何事件都有可能会影响孩子的得分。

尽管以成熟和年龄阶段作为主要自变量的发展研究可以对随时间推移带来的变化进行一个很好的描述，但是研究者仍然要注意其他的因素，正如内瑟罗德和保罗·巴尔特斯的研究中指出的，年龄并不是用于解释的因素。

自我测试

“年龄和所有事情相关，却不能解释任何事情。”受这个论断的启示，将年龄作为自变量意味着什么？有什么纠正的方法？

小结

本章是本书中对不同实验设计类型进行讨论的最后一章。现在你对于如何设计和实施一个实验已经具备了一定的基础知识，下一个阶段最重要的任务是学习如何将我们辛苦研究的成果与他人分享。想要学习如何写开题报告和研究论文，请翻到本书的第13章和第14章。

在线资源

➢单被试设计

登录http：//www. msu. edu（搜索“Tim Stocks”，再搜索“single-object design”）可找到更多不同类型的单被试设计及其评价，这是蒂姆·斯托克斯（Tim Stocks）博士给我们带来的一个站点。

美国国家评价、标准和学生测试研究中心（National Center for Research on Evaluation，Standards and Student Testing）的巴里·格里邦斯（Barry Gribbons）和琼·赫尔曼（Joan Herman）提供了一个关于真实验和准实验设计的总览和比较，这是同行评议电子期刊《实用评估、研究和评价》（*Practical Assessment*，*Research & Evaluation*）的一部分。所有这些能在http：//pareonline. net/（搜索“Gribbons”）找到。

➢纵向研究数据库

美国国立老化研究所（National Institute on Aging）所遵照的有关老化的纵向研究数据库信息可以在http：//www. nia. nih. gov/newsroom/2014/02/nih-adds-substantial-set-genetic-health-information-online-database看到。

练习

1. 准实验设计和真实验设计根本的区别是什么？何时、何地采用何种研究方法？

2. 单被试设计与组群设计有着很多区别。它们有何不同？在何种情况下，你会选择使用单被试设计？

3. 何时适合采用准实验设计？

4. 下列哪些自变量适合进行准实验设计？为什么？

a. 血型

b. 读书小组

c. 受虐待水平

d. 数学策略

e. 食物剥夺

5. 准实验设计与真实验设计在哪些方面存在区别？

6. 举几个准实验研究课题的例子。 191

7. 按照内部效度的水平从低到高排列这些设计。

a. 前实验设计

b. 真实验设计

c. 准实验设计

8. 不相等控制组设计和前后测控制组设计的区别是什么？

9. 举一个 ABAB 单被试设计的例子。比起 ABA 设计或 AB 设计，ABAB 设计的优势是什么？

10. 提出一个纵向研究和一个横断研究的例子，指出自变量和因变量，讨论你如何能够在这类准实验设计中避免年龄因素对结果解释造成混淆。

11. 这是一句对实验结果的陈述。“从 50 岁到 70 岁，样本随着年龄的增长，肺活量不断下降。”尽管这个陈述可能是正确的，但如果运用你所了解到的关于将年龄作为一个自变量的知识，那么一个可能的解释是什么？

12. 找一篇采用纵向研究的期刊文章，归纳一下摘要。你如何把它改成一项横断研究？

13. 队列效应在哪种设计中是效度的威胁：纵向还是横断？

第 13 章

撰写开题报告

章节概览

这一章将带领你历经写一份开题报告的过程。即使没有谁要求你写一份开题报告，也请你无论如何要坚持下去，因为这里所学的知识将对你的研究非常有用。你将学到如何区分开题报告的好坏优劣，也将学到以一种清晰、富于逻辑的方式建构一个问题以便能更容易地回答这个问题。在第 3 章有大量的关于文献综述的信息，包括网络上和网络之外的，这是准备任何开题报告的一个重要组成部分。如果你觉得有必要的话，现在就去复习一下。

写一份开题报告对任何人来说都不是一件容易的事，如果你之前没有写过或者没有过写作经历的话可能会难上加难。这项工作需要勤奋、投入和努力工作，但是所有的辛苦工作都是值得的。你将因一项引以为豪的成果而驻足，但是这仅仅只是一个开始。如果你能够真正坚持到底并且完成计划好的研究，那么你将在你的研究领域做出卓越的贡献。备受鼓舞之后，下面介绍的是开题报告写作的主要步骤，我们先来看看开题报告是什么样子的。

在图书馆和网络上，你可以查看像这样成千上万的内容——关于写作、经费申请、创造、进入研究计划的研究阶段。在你开始认真写作之前，花点时间浏览和阅读，将是很值得的。

研究实例

与前几章不同，本章的内容不太关注使用特定的方法或评估工具进行的研究，而是关注在撰写开题报告时有用的其他资源。这里有几个推荐：

Talinbe Abdulai, R., & Owusu-Ansah, A. (2014). "Essential Ingredients of a Good Research Proposal for Undergraduate and Postgraduate Students in the Social Sciences." *SAGE Open*. DOI: 10.1177/2158244014548178.

Sandelowski, M., & Barroso, J. (2003). "Writing the Proposal for a Qualitative Research Methodology Project." *Qualitative Health Research*, *13*: 781-820.

Clarke-Steffen, L., & Stewart, J. (1998). "Dusting Off That Old Proposal: How to Survive in the Land of Research." *Journal of Pediatric Oncology Nursing*, *15*: 229-233.

Higdon, J., & Topp, R. (2004). "How to Develop a Budget for a Research Proposal." *Western Journal of Nursing Research*, *26*: 922-929.

Morse, J. (2003). "A Review Committee's Guide for Evaluating Qualitative Proposals." *Qualitative Health Research*, *13*: 833-851.

开题报告的格式

了解如何组织和呈现开题报告是研究手艺的重要部分。将思想付诸纸上的行为将帮助你明晰你的研究兴趣，并且能够保证你所说的是你所指的。记得电视广告上有人说："是现在支付还是以后支付？"(Pay me now or pay me later?) 如果能把更多的工作和想法写进你的开题报告，之后完成研究将会更加容易。事实上，很多导师认为一份开题报告的前面两三章要与最后完成的论文有很高的相似性。

下面介绍的是开题报告包含的内容以及对每一部分的评论。记住，开题报告能以不同的方式组织，而且无论怎样，需要保证的是在你开始写之前导师能够认可你的大纲。

Ⅰ. 引言
  A. 问题陈述
  B. 研究的合理性
    1. 陈述研究目标
  C. 假设
  D. 术语界定
  E. 摘要，包括问题重述
Ⅱ. 文献综述（越齐全周详越好）
  A. 所述问题的重要性
  B. 主题的当前状况
  C. 文献和问题陈述之间的关系
193 D. 摘要，包括重述重要变量之间的关系以及这些关系是如何对引言中提出的假设起重要作用的
Ⅲ. 方法
  A. 被试（包括界定和选择的程序、步骤）
  B. 研究设计
  C. 数据收集方案
    1. 所有变量的操作性定义
    2. 测量工具的信度和效度
    3. 预研究的结果
  D. 数据分析
  E. 数据结果
Ⅳ. 意义和局限
Ⅴ. 附录
  A. 使用的测量工具的复本
  B. 预研究的结果（实际的数据）
  C. 机构审查委员会（IRB）申请书和批准书
  D. 被试知情同意书
  E. 时间轴
  F. 收集的原始真实数据

如果你看过别人的论文，你可能会注意到，这个大纲是根据同样章节标题的一般顺序而组织的——引言、文献综述、方法、结果和讨论。因为这里提到的仅仅是开题报告，所以最后两部分没有呈现真实数据的分析和讨论发现的内容。但是，开题报告会简单涉及研究的意义和局限，并且最后一部分即第五部分包含了所有重要的附录。

一份完成好的开题报告的前三个部分应包括引言、文献综述和方法。而其他部分（诸如研究意义之类）应当基于你自己的慎重选择或导师的想法。完成前三个部分的内容有大量的工作，尽管如此，你必须设法收集尽可能多的信息，这样做的好处是在你着手研究时能够充满信心。

外观

开题报告中的语言文字很重要，但它的外观也很重要。也许你说了些什么比你怎样

说更重要，但是马歇尔・麦克卢汉（Marshall McLuhan）有一句名言：媒介即信息。这里将提供一些简单明了的关于如何准备开题报告的小建议。如果你有任何关于准备工作的疑问，并且没有其他经典的指南，请参照《美国心理学会出版手册》第六版（APA，2009），这些在第 14 章中也将有讨论和说明。

- 每一页都需要在顶部、底部、左边、右边留出至少 1 英寸的页边距以便给批注留有足够的空间。
- 每一页需要有双倍行距。
- 所有文字材料需要校对。这不代表仅仅用拼写检查器就够了，因为它只能检查你的打字技能而不是拼写或语法技能。所以，校对两遍你的文章——一次针对内容，还有一次针对拼写和语法错误。当然，请一位同学或同事帮忙阅读一遍也是个不错的主意。
- 最后的文件需要剪辑和装订在一起，不需要花哨的封面或装订（太贵和没有必要）。
- 每一页需要标注页首小标题（所有这些都必须明确无误）和页码。

至于内容的格式，如果你照着第 14 章给出的例子，也就是使用 APA 指南来写，那么肯定错不了。这里介绍的内容和你将在第 14 中看到的可能会有一些出入，但是都没错。举个例子，指南中不会要求作者的姓名出现在每一页，因为文章是盲审的。但是，你的教授却要求每一页都有你的名字。

评价阅读过的研究论文

作为一个研究新手，你可能还没做好准备来担负专家的使命去评价和批判那些知名研究者的工作，对吗？错！即使对于研究过程你资历尚浅、经验不足，你仍然能够阅读并且对研究文章做出批判性评价，因为即便是最复杂的研究也需要以一种清晰和易于理解的方式写出。最后，即使你不能把以下所列的问题回答到让你满意的程度，这仍旧为你学习更多的知识提供了一个良好的开端。一旦你获得了更多的经验，答案就会出现。

> 当你为了写开题报告或者仅仅学到更多的关于研究过程的知识而开始准备通读论文时，你需要确定你能够阅读、理解和评价其内容。

一个好研究是什么样的呢？霍尔、沃德和科默（B. W. Hall，A. W. Ward，& C. B. Comer，1988）针对 128 篇已出版的研究论文提出了以上这个问题。通过研究专家的调查，他们发现以下的不足（按出现的顺序）是主要的问题。尽管该文章已经发表了 16 年，这些发现对于写开题报告来说仍然很有价值。 194

- 没有很好地控制数据收集的过程。
- 研究设计和计划有缺陷。
- 没有陈述出研究的局限性。
- 研究的设计中没有加上研究者提出的问题。
- 选择被试的方法不合适。
- 没有很清楚地呈现出研究的结果。
- 数据的分析方法错误。
- 文章的表述不清楚。
- 研究是基于哪一点的假设不清楚。
- 指导研究进行下去的方法没有说明清楚或者根本没有说明。

这的确是一系列的陷阱。为了帮助你避免这些最差的情况发生，你需要在任何研究文章中回答以下一组问题。

评价研究论文的标准

综述先前研究

1. 研究中所综述的文献是否和之前的文献紧密相关？
2. 综述的是最新的文献吗？有没有遗漏一些你所了解的出色的参考文献？

问题和目的

3. 你能理解问题的陈述吗？
4. 研究的目的是否陈述清楚了？
5. 研究的目的是否和文献综述紧密关联？
6. 研究的目标是否陈述清楚了？
7. 假设成立是否有概念性的合理解释？
8. 对于这个研究为何很重要是否有合理的理由？

假设

9. 研究假设是否很清楚地陈述了？
10. 研究假设是否很精确地陈述了？
11. 研究假设是否很清晰地陈述了变量之间的关系？
12. 研究假设是否立足于理论或者立足于相关文献的回顾和介绍？
13. 研究假设可以验证吗？

方法

14. 自变量和因变量界定清楚了吗？
15. 变量的界定和描述是否完整？
16. 指导研究的方法清楚吗？

样本

17. 以你所理解的方式来选择的样本是否代表总体？
18. 你是否清楚样本是如何获取的以及如何选择的？
19. 该研究的被试和其他相类似的研究中用到的被试有什么相似之处？

结果和讨论

20. 作者是否把结论和文献综述联系起来？
21. 结果和假设有关吗？
22. 对结果的讨论是否和结果一致？
23. 讨论是否提供了作者提出的最初假设的结果？

参考文献

24. 参考文献列表是当前的吗？
25. 参考文献的格式是否规范？
26. 参考文献是否完整？
27. 参考文献列表是否能反映该领域一些最重要的文献来源？
28. 论文正文中引用的每一篇参考文献是否都列在了参考文献列表中？

对研究报告的一般性评论

29. 研究报告是否写得很清楚并易于理解？
30. 语言是否不偏不倚（无性别歧视和有相对的跨文化性）？
31. 研究的长处和弱点是什么？

32. 研究的主要意义是什么？

33. 如何进一步改进完善研究？

在我的课堂上，学生都要做到针对研究论文回答以上 33 个问题以便能在他们的专 195
业课程中报告一项实验研究。

实际研究的计划

现在你已经掌握了用你自己的方式来制定好的可行的假设，而且你至少知道了如何进行文献综述以及从成百上千的可利用资源中找出有意义的资源。但你可能不知道的是，从你第一次进入图书馆到最后完成研究报告的检查和提交要花多少时间，特别是如果你从来没有参与过任何一项研究的话。而这正是下面要介绍的内容。

尽管你仍然要学习更多的关于研究进程的知识，但现在是体验一下你将要承担的其他活动的好机会，这些工作都是为了完成你的研究计划。了解完成这些活动将要花费多少时间是很有帮助的。

表 13－1 列出了完成研究所必须要做的工作的清单。这些工作是以之前讨论过的主要的标题来分组的。

表 13－1　　帮助你完成计划方案或研究的活动的清单

	活动（行为）	时间的预算		
		事情如计划般进展顺利	事情并不完全如计划般进展顺利	事情进展得一点都不顺利
引言	• 搜索主要的资源并构思概念	____	____	____
	• 形成一个研究问题	____	____	____
	• 呈现初步的假设	____	____	____
文献综述	• 搜索二级资源	____	____	____
	• 搜索原始资源	____	____	____
	• 重新考虑文献并陈述研究假设	____	____	____
方法	• 界定和描述因变量	____	____	____
	• 界定和描述自变量	____	____	____
	• 现场测量因变量	____	____	____
	• 制作数据记录表	____	____	____
	• 定位合适的样本	____	____	____
	• 对研究假设实施预测	____	____	____
	• 分发知情同意书	____	____	____
	• 收集数据	____	____	____
结果	• 分析数据	____	____	____
	• 报告结果，为了更有效，可以使用图表	____	____	____
讨论	• 回顾研究的性质和目的	____	____	____
	• 基于提出的问题清楚地指出结果	____	____	____
	• 做出研究假设是成立还是不成立的恰当的结论	____	____	____
	• 讨论研究的局限性	____	____	____
	• 讨论研究的意义	____	____	____
	• 讨论未来后续研究的主题和方向	____	____	____

现在来计算这个进程将要花费多少时间。一个有效的解决途径是估计每一个独立的活动（如写文献综述、收集数据等）将要花费多少时间，用一些标准化测量，比如说天数。记住有时候事情会

- 正如计划般进展顺利。
- 并不完全如计划般进展顺利。
- 进展得一点都不顺利（通常是规则，而不是例外）。

现在取这些值的平均数。为了更精确一点，我们把工作日分为4小时一块（8小时工作制），并且称每一块为一个时间单元，这样一周有10个时间单元。如果你把表13－1的内容输入一个电子表格（比如说Excel这样的程序），你能够很容易地把各列相加，就像你能够调整和修补这些必要的时间一样。

举个例子，让我们以搜索原始资源（作为文献综述的一部分）为例来看看一个研究并估计将要花费

- 4天或者8个时间单元，如果事情进展很顺利的话。
- 6天或者12个时间单元，如果事情不能完全如计划般进展顺利的话。
- 高达8天或者16个时间单元，如果事情进展得一点都不顺利的话。

一旦你做了这些估计，针对这项活动取平均值，你将对任一活动需要花多长时间有一个精准的估计，比如

$$(8+12+16)/3=12 \text{ 个时间单元}$$

或者6天，相当于满满一周的工作量（如果你在周六或周日也工作的话）。

如果你想更精确一点，再权衡一下这些估计。举个例子，你预料到在找样本时会遇到麻烦，你顶多能仅仅期待事情进展顺利。写下描述的部分，尽管这样也许会很仓促。相比较其他而言，你应该花两三倍的时间来权衡“并未如计划般进展顺利”的估计。

这些估计能够计算表13－1所示的所有活动，然后把它们相加以得到针对总活动的时间估计。记住每一件事都要比你最初所想的花的时间长，所以把时间留得宽松些，即使是你最乐观的估计也要这样。

选择因变量

在这本书中你已经在多处读到选择因变量或者小心处理测量结果是多么重要。这是你之前所有艰难的准备和思考同你想要测量的实际行为之间的联结。即使你对研究计划有了不起的想法，而且研究假设在目标上是正确的，但是一个选得不好的因变量却会导致灾难。

记住，当选择这样一个变量的时候，以下内容是很重要的。当你通过之前的研究来找到你所需要的东西时，把以下这些当一个清单来使用。

- 试着找到已经被使用过的测量措施。这会提供信度资料，而且你也可以通过引用该测量方式在前人研究中的应用来支持你的选择。
- 保证测量的效度已经确定。简单地说，不要选择那些效度还没有确定或者效度很低的因变量，否则会对你整个研究的可信赖度带来很多问题。你可以通过以下方式确认该测验被证明是有效的：通过回顾该测验在其他研究中被使用的情况或者检查有关该测验或评估工具的任何手册。
- 保证测量的信度已经确定。正如效度一样，信度是一个有效的因变量的关键特征。
- 如果测验要求特别的训练，考虑清楚学习怎样施测所要花费的时间和精力。这不是简单地阅读测验使用说明和实践操作就可以了，这意味着要经过强化训练，就

像智力测验和一些人格测验中要求的那样。

- 在你做决定是否使用一个测验之前，确定你能得到该测验的题目。你可能在之前的研究中了解到，最终做出的决定应该是基于对所预测总体、施测要求和费用等的估计。通常你能不花钱或者花最少的钱从测验编制者或出版商那里得到一个打包的题目（虽然这可能需要一封导师的介绍信，因为一些测验公司不会向任何提出需要的人寄出材料）。
- 如果测验中需要常模的话，确定常模是可用的。有些测验不要求使用常模，但是如果你是想把从更普遍的总体中得来的分数与不同样本的结果做比较，你必须有一些东西拿来做比较。正如你随后将看到的那样，常模对于常模参照测验来说尤为重要。
- 获得测验的最新版本。出版商经常改变测验材料，无论是对材料的重新包装还是实际标准或信效度数据的改变。还是问同样的问题："这是最新的可用的版本吗?"
- 测验必须适合你所研究的年龄组。如果一个测验测量的是 10 岁年龄组，这并不代表它将同样对 20 岁年龄组具有信效度，或者甚至它能测出那个年龄段同样的行为和观念。找找相同测验的其他形式或者其他能测量扩展年龄组的相同结构的测验。
- 最后，找出各类杂志对该测验的回顾以及参考来源。比如布罗斯研究所（登录 www.unl.edu 并搜索 "Buros"），它列出了数以千计的包罗万象的测验。还有《心理测量年鉴》（第 14 版），它也是由布罗斯研究所出版的。这两份资料包含了关于不同类型测验的全面的信息，包括施测程序、费用、外部专家对于测验的主要评述等等。在你决定采取一种工具之前检查这些主要的评述。 197

测验综述

下面主要关注的是选择因变量（或者作为自变量的各组任务的审查措施）。也许所有事情朝着对你有利的方向发展，可是恰好找到你想使用的测验来诊断、评估、决定效应，并且作为一个配置工具来使用等是很困难的。你所选择的因变量甚至在正式意义上来说并不具备测验的性质，但是如果它是的话，你需要关心这个工具的许多不同的特征和性质。

考虑到这一点，下面有关标准的提纲将帮助你对比不同的测验。对于你想考虑的每一个测验，尽可能在完成大纲后使用以下信息来做出决定。确保权衡了每一个相应的标准，举个例子，虽然一个测验的设计和测验目的可能是合适的，但是如果它贵得让人望而却步或者需要特殊的训练来施测，那么使用该测验的可能性不大。

基本信息

1. 测验的名称
2. 出版日期
3. 测验的编制者
4. 出版商
5. 所有需要的测验材料的费用
6. 取样的费用

总体测验信息

7. 编制者所陈述的测验的目的

8. 其他研究使用该测验的目的
9. 包含的年龄层
10. 包含的等级
11. 包含的特定群体
12. 施测的方法（个人或群体）
13. 计分的方法（人工或计算机）
14. 施测所需的时间
15. 施测的简易性
16. 计分的简易性
17. 施测所要求的训练量
18. 测验手册和其他材料的充足性

设计和外观

- 清晰、直观的指导语
- 设计及结果的满意度
- 每一页条目的安排
- 阅读的简易性

信度

- 提供的信度数据
- 信度类型（重测信度、复本信度等）
- 用于确定信度的独立研究

效度

- 提供的效度数据
- 效度类型
- 用于确定效度的独立研究

常模

- 常模的适用性
- 常模群体的描述
- 常模群体是如何选择的
- 常模群体对研究目的的适用性

评价

- 过去是如何使用的
- 外部评述的摘要
- 其他的评价性信息

样本选择

许多研究者感觉到没有什么比选择出一个能准确反映他们在研究中感兴趣的总体特征的样本还重要的了。然而选择样本有时候是一件冒风险的事，因为你在样本选择进程能取得任何进步之前，需要回答所有问题。以下是一些需要牢记在心的问题：

1. 设想一下你试图从选择的样本中找到合适的被试，并且把在你的圈子里试图做同样的事的人的数量乘以 100。这只是保守的估计，因为我们不知道你所在的大学里有多少人在寻找研究的样本。你能去哪里寻找？试试以下途径： 198
   - 基督教堂和犹太教堂。
   - 男女童子军。
   - 退休家庭和社区组织。
   - 学前机构。
   - 独身俱乐部。
   - 特殊兴趣和爱好组织。
   - 兄弟会组织。
2. 如果一个组织是因某种特殊的原因而形成的，而且该原因与你所研究的相去甚远，不要选择任何一个这样的组织。举个例子，如果研究忠诚或友谊，你不太可能从麋鹿俱乐部（Elks Club）里找你的被试，如果研究是为了调查支持公立教育的态度，你不太可能选择那些把孩子送去私立学校的家长作为被试，除非这样一些样本的选择是你的取样计划中一个重要的组成部分。
3. 寻找被试之前，仔细想想你想要做什么，你想要如何去做，以及他们将得到什么回报（如参加免费工作坊、得到研究的结果等）。

如前文所说，总体必须适合你想要研究的那些群体的特征。也许这是毋庸置疑的（无论如何我还是会在这里强调），但是从一个区分度低的总体中选择样本是样本选择中的首要错误。如果你想要研究学前儿童，你不能仅仅因为两个年龄组在年纪上很相近而研究一年级的学生。要知道学前儿童和一年级学生的经历大不相同。

你所做的研究的类型将决定你需要的样本的类型和规模。举个例子，如果你做的是需要卷入长时间的深度访谈并且有普遍性限制（这不是方法的目的之一）的个案描述研究，那么你的样本中只需要非常少量的被试。如果你做的是组间差异研究，每一组将至少需要 30 个被试。

比起自编的测验，一个高信度的测验将产生更加准确的结果。测量工具的信效度越低，越需要大的样本容量来获得你想要的准确的结果。

在处理过程中考虑费用问题。你的经费（资源）越多，你就能测试更多的被试。记住，在一定范围内样本量越大越好，因为大样本更接近对总体的估计。

你所研究的变量的数量和你所使用的组群的数量将影响样本的选择。如果只想简单地了解男女在言语技能方面的差异，你可以每组选 25 到 30 个被试。如果增加年龄（5 岁组和 10 岁组）和社会经济地位（高和低）两个变量，需要增加到 8 个不同的配对组合（比如高社会经济地位的 5 岁女孩），并且增加到 8 乘以 30，即 240 个被试，这样样本量才够。

收集和分析数据

如果沿着本章的步骤进行下去，你能做到如下几点：

- 了解开题报告的格式。
- 选择在你研究领域中的一些重要问题并详细说明感兴趣的变量（包括自变量和因变量）。
- 找到信效度都高的因变量的测量措施。

现在已经准备好进入数据的分析阶段。

在第7章和第8章，你已经学过如何使用一些基础的统计工具来描述在研究早期阶段中收集到的数据的特征。

开题报告进行到这里，你需要提出以下任务，并且确保在继续进行下去之前这些任务已经完成了。

1. 设计一种数据收集类型，以便能在组织数据和数据的精确度上帮助你。
2. 明确说明你要使用何种类型的统计量来描述测量的变量。在什么水平上的测量可能会导致失败？什么测量水平（称名、顺序、等距、比率）能更好地体现你所想要表达说明的？
3. 确认在数据最初分析阶段列出的其他信息。也许你需要被试的人口学变量，比如性别、年龄、社会经济地位或者党派。即便这些信息与你所提的问题没有直接相关，收集这些资料也没什么坏处。研究完之后你可能想回头去看看这些信息，而且你很庆幸已经收集到了这些信息。但这并不代表着你所使用的人口学调查问卷有十页纸那么长，题目量超过了1 000道。这意味着在合理范围内你收集到的信息与你的主要问题相关，尽管并不是直接的相关。
4. 收集预测数据，以便能够练习第7章和第8章讨论过的简单的描述统计和推论性统计。要认真对待数据分析，按照你的计划，一个步骤一个步骤来进行。这样，
199 你将确切地知道你理解和不理解的是什么，如果有必要的话可以求助。数据分析既要用到这一章的准则，又要用到SPSS。

选择一种推论统计

通常，选择一种推论检验是需要关注的一项任务。当你开始着手时，选择可能是令人生畏的。

你可以掌握一些最普通的情况，比如测验两个或更多组的平均数之间的差异并且关注组间的关系。在这两种情况下，检验结果显著性的原理可以同样适用。

现在，千万别有以下两种想法：(a) 能用第8章中的图来代替基本统计课程；(b) 这是一门统计课程（这是一本统计书）。不过，图8-3在指引你正确选择方面倒是提供了一些简单的帮助。你已经知道了第8章中关于推论统计的一些知识，但是想要学到更多的话，报名参加统计学课程吧，让你的导师（父母）开心。

保护人类被试

正如第2章中提到的那样，许多组织倡议研究机构（比如大学）需要做出某种承诺，并且经常审查其开题报告，以保证作为被试的人（和动物）不会有任何危险。

在调查研究者开始他们的工作之前，需要完成一份正式的知情同意书。知情同意书作为开题报告的一部分，应该与开题报告联系起来。委员会审查信息，要么批准计划，并且指出人类被试不能受到危害，要么尽力同调查研究者一起更改提出的方案，以便研究能按计划进行。

▼ 小结

到了写开题报告的时间了，这里有值得你贴在书桌上的座右铭：

“是现在支付还是以后支付。”

这是一个真理。成功的科学家告诉我们，如果一开始对问题有一个清晰的、深思熟虑的思路，那么开题报告的其他部分，包括研究的实施，将会顺利走上轨道。反过来说，如果最初的问题不清晰，你会

发现自己将陷入挣扎的境地，而且不能集中注意力于真正的问题之上。每一天都补充写一点开题报告，读一遍，再放置一会儿，请一位朋友或同事浏览一下并提出意见，再写一点，再把它放置一段时间。知道是什么意思了吗？勤于练习，努力工作，你将收获很多。

▼ 在线资源

➢APA 格式

在 http：//www. apastyle. org 获得最新版《美国心理学会出版手册》的初学教程、更新或者是改动的总结。

➢获得研究经费

S. 约瑟夫·列文（S. Joseph Levine）提供了一个非常有用的关于怎样写开题报告的指南，网址是 http：//www. learnerassociates. net/proposal/。如果你知道怎样写开题报告，为什么不试着去申请经费呢?

➢同意准入书

在 http：//www. niaid. nih. gov/researchfunding/grants/newpiguide. aspx 这个网址中能找到更多的关于批准和申请过程的信息。它是美国国立卫生研究院（NIH）旗下众多机构之一。

▼ 练习

1. 编制一份有 6～8 道题的与人口统计变量相关的问卷。要保证包含分类变量的答案选项。
2. 去图书馆选择一篇在你所感兴趣的领域中具有代表性的文章。对照本章详细说明的每一条标准（参见标题为“评价阅读过的研究论文”的部分）进行应用。为了让这项练习更加有趣，可以与一位同学或同事共同完成这项任务，或者选择同学或同事类似的文章并且与你的结果进行比较。
3. 你认为哪些元素应该是人类实验或机构审查委员会审查的一部分?

第 14 章

撰写研究论文

章节概览

当某一天你有机会发表一篇你自己的或者与他人合著的研究论文时，如果你处理得当，论文被录用了，你（你的教授和你的父母）难道不引以为荣吗？

撰写一篇研究论文有许多方法，大多数杂志要求论文必须遵循一定的指南。在社会和行为科学领域中，《美国心理学会出版手册》提供了标准（第六版，2009）。这一章阐述了如何按照指南来撰写论文的过程，尽管这不能替代购买的手册（手册大概需要花费 29 美金，你的所在院系或导师那里可能有一本）。这章内容还提供了如何按照 APA 指南的基本内容来有序组织和规范你的研究论文。

为了便于理解，本章最后引用了一篇范例来演示论文撰写的正确格式。这篇论文是由我和一些与你们一样正在学习的学生共同完成的，根据手册的一些基本指南，你可以看到用楷体对论文进行了标注并提供了相应的建议。只需按图索骥即可。[①]

研究论文是什么样的?

就像书籍、报告或其他由信息组成的文档一样，论文由不同的部分组成。这里依次对这些部分进行了罗列。

- 标题页。
- 摘要。
- 引言。
- 方法。
- 结果。
- 讨论。
- 参考文献。
- 附录。
- 作者注释。
- 脚注。
- 表格说明文字。
- 表格。
- 图的说明文字。
- 图。

这样的罗列是非常简单的，下面主要描述每一部分包含的内容及功能。

标题页

读者关注论文首先看到的就是标题页，它必须尽可能涵盖所有的信息并清晰简练。标题要单列一行，表达主旨，并与论文内容相关。当论文寄出去接受审稿时，杂志的编辑会去掉标题页以使审稿者不知道论文的作者是谁。

标题要简练和具有解释性，正如我们在第 3 章中讨论的那样，标题经常作为索引词条的基础。如果论文的标题不能清楚地反映主题，那么使用索引去搜寻研究主题的人可能很容易忽略掉已经完成的重要工作。

正如你所看到的论文样例一样，标题页包含了如下内容：

① 本章所介绍的论文撰写格式更多适用于英文期刊，因此这篇论文范例并未进行翻译（只对标注进行了翻译），而是保留了原貌，这样也更有利于了解国外英文期刊论文的写作规范。——译者注

- 页眉小标题（每页上都显示）。
- 论文题目。
- 根据作者贡献标注的作者名单（不一定要按照字母表顺序），还要列出他们的研究单位（假如作者来自不同机构）。

页眉小标题和页码一起出现在论文的每一页上，用于标识论文（因为论文上没有其他标识信息）。许多论文在审稿时并不知道作者是谁，必须有一些信息用来标识。页首小标题必须简短。

摘要

201 摘要是论文的内容总结，它用一种浓缩和直接的方式来告知读者本文的研究目的和研究结果，不需夸张和修饰，只要陈述事实，一般不超过 120 字（编辑会清点摘要字数）。摘要必须包含如下重要的信息：

- 用一句话陈述的研究目的。
- 对于研究中被试的描述，包括数量、年龄、性别、族群、特殊条件以及其他重要的特征。
- 结果。
- 任何可供参考的结论。

摘要不要缩进排版，要在文章顶部中央用大小写字母来书写，为了节约空间，数字要用阿拉伯数字（如 3）而不是用字符（如三）来表示。此页页码要标注为 2。

引言

正文的第一页以居中的论文标题开始，其中每一个单词的首字母都要大写（冠词和介词除外）。引言和论文的其他部分不同，没有明确的标注，而是紧跟在论文标题之后，提供研究问题的框架以及陈述研究的目的。

一篇很好的引言可以为读者聚焦问题重点提供充分的背景资料，而不是简单地对重要文献进行历史回顾。它需要阐明研究的重要性，目的是让读者在理解问题时针对问题的重要性和范围获得充足的线索。

当研究的问题已经呈现完毕时，引言结尾处必须清楚地表述研究目的。例如："这篇描述研究有三个目的，第一个是……"有些作者也会提出一系列的假设。

方法

论文中方法这一部分用于描述研究是如何进行的，这部分信息必须呈现详尽的细节以便每个读者都可以在重复实验时参考这些信息。

因为论文之间在方法部分的组成上是千差万别的，小标题的使用也相差甚远。最常见的小标题是"被试""工具"和"数据分析"。

在方法部分，被试的信息要足够详尽，需要回答如下问题：谁参与了研究？如何被选中？有多少被试？还要提供关于被试的性别、族群、居住地、婚姻状况及其他重要特征。哪些在研究中非常重要的特征必须涵盖在内？例如，在用人类作为被试的研究中很少有不将性别作为重要因素报告的例子，相反被试的体重倒是不那么重要。在一些研究中，可以较容易地将被试的特征编制成一张表格。

结果

方法后面是结果部分。在这部分读者可以发现用何种统计技术分析得出数据和结果。这里不需要对分析结果进行解释，只要说明如何统计分析得出结果。但需要明确说明分析是用了哪些变量，必要时要阐明为什么要选择这些特殊的程序。

作者在此报告研究的实际结果。这里除了数字还是数字，因为只要数字。正如你所见，表格可以使结果一目了然（例如本章最后样例中的表 1、2 和 3）。当然要同时提供清晰的文字说明。

讨论

最后，在讨论部分，论文的作者可以自由探索以往研究、当前研究的目的、研究假设和当前研究的结果之间的重要联系。在这里展示研究完成情况以及衡量结果是否与研究预期相符。有的时候结果和讨论会合并。

现在，研究者总结研究目的和发现结果。在这里你可以发现通过目前研究你如何解决问题，并且发现研究结果的贡献有多大。当然讨论部分也阐述了当前研究的意义和局限，同样也对未来的研究提出了建议。

参考文献

参考文献包含了论文在写作和研究中用到的资料，可以是书本或网页上的任何资源。参考文献必须用规范的格式构成一个列表（将在这章后面讨论）。

附录 202

附录经常包括一些对于理解论文时不太重要，但对于形成事件来龙去脉十分重要的信息。通常附录包含了原始数据和图示。

作者注释

作者注释包括了不属于先前任何部分的但对于理解论文又十分重要的辅助性材料的说明。

脚注

脚注用于对论文中一些参考文献或技术要点进行详尽说明。

表格说明文字

每一张表都要有序号和标题来标识。

表格

表格用行和列的文本形式呈现，它们常常在结果部分被使用，表格必须按顺序标识（除非只有一个表格）。

图的说明文字

每一张图都要有序号和标题来标识。

图

在这个位置呈现论文实际用到的图。

核心要点

论文的内容是文章最重要的部分，格式非常重要，尤其是当编辑每年收到成百上千的论文时，标准格式可以让审稿过程更顺畅。

这是一些你需要牢记在心的重要规则：

1. 保证文本的可阅读性。
2. 正文采用 12 磅制 Times New Roman 字体，图的说明文字则采用 12 磅制的 Arial 字体。
3. 所有行，包括标题行都要采用双倍行距。
4. 保证页面上下左右各留 1 英寸的页边空白。
5. 页码数字如下标注：
   a. 标题页单独一页，标“1”。
   b. 摘要单独一页，标“2”。
   c. 文本开始单独一页，标“3”。
   d. 参考文献、附录、作者注释、脚注都要另起一页，页码顺序标注，而且不要用艺术字（图表等亦如此）。
6. 每一段的第一行必须缩进 5～7 个字符。
7. 正文应当左对齐，右侧则不对齐，保持参差状。
8. 标题的书写格式用一个三级标题例子来说明，这对大部分论文而言足够了。
   a. 第一级标题居中，大小写。
   b. 第二级标题居左一点，大小写。
   c. 第三级标题缩进、加粗，小写。
9. 在所有标点符号后都留一个空格（包括句号、逗号、分号等）。
10. 摘要不要缩进。
11. 参考文献要另起一页。

▼ 小结

这就是按照 APA 指南和本书来准备论文的过程，我真诚希望你们用这本手册可以如我一样得心应手。希望你的成功能够接踵而至。

203

题头→Family Engagement

1

Defining and Measuring

标题 → Engagement Within the Family: Development of the Family

Engagement Behaviors Scale

标题用于告知读者论文的中心意思和关注焦点。

作者 → Kristin Rasmussen Teasdale

研究单位 → University of Kansas

204

每一页的题头 → Family Engagement

2

不要缩进 ↘

Abstract

To date, no assessment of family engagement—defined as the positive behaviors family members carry out to invest in and learn about the family unit and members, and to achieve individual and common family goals—exists within the field of positive psychology of the family. The aim of this study was to define more clearly the term "family engagement" and to develop a measure of this concept: The Family Engagement Behaviors Scale (FEBS). The participant sample includes 309 adults from diverse family backgrounds. Results show initial support for the internal consistency and test-retest reliability of the FEBS, as well as concurrent validity of the FEBS.

研究的目的和主要发现都要在摘要中报告出来。

Keywords: family, engagement, strengths, assessment

Family Engagement

3

一级标题 → Defining and Measuring Engagement Within the Family: Development of th

Family Engagement Behaviors Scale

标题

首行空1.5英寸

全文选择双倍行距

Families have competencies they use to survive challenges, and individuals have strengths that influence their families. However, traditional family psychology, much like other psychology fields, generally has focused on assessment and treatment of family dysfunctions without examining the useful skills families already have in place or could adopt. To omit these competencies from the working model in assessment skews the overall view of the family unit and provides a less accurate picture of the family's situation. It also limits the resources families can seek to develop when trying to achieve goals.

引言提供让读者理解研究怎样做的背景。

1.5英寸边距

Despite the call for positive family functioning assessment tools, and despite family literature's inclusion of engagement as a family strength (Sheridan, Dowd, & Eagle, 2004; Sheridan, Warnes, Cowan, Schemm, & Clarke, 2005), an extensive literature search failed to find an extant measure focused solely on the positive behaviors relating to family engagement as it is conceptualized in the present study. Measures of similar constructs are available, but none seems to speak to family engagement as a specific strengths-based, predictive, and action-oriented construct. Though traditionally sound family measures often address the feelings of cohesion and interactional styles families have, there seems to be an opening for a measure that looks specifically at the changeable behaviors families can enact frequently to improve their overall level of functioning, and that lends some more predictability to family interactions. Therefore, the purpose of the current study is to develop and work toward initial validation of a measure of engagement within the family: The Family Engagement Behaviors Scale (FEBS).

1.5英寸边距

206

One of the primary reasons for developing a measure focused on common behavioral aspects of family functioning is to provide a way to examine more closely the strengths-based facets of family functioning that are more dynamic and changeable than the feelings of closeness, which affect family functioning but seem to require more extensive intervention methods. The working model for the FEBS supposes that family engagement leads to the growth of strong positive feelings about family, which in turn contribute to more family engagement, in a circular, forward-feeding process.

诸如这里所见的引用为研究问题和假设提供了历史背景。

图1的参考位置

Insert Figure 1 about here

This model is derived from the one offered by DeFrain and the University of Nebraska-Lincoln for Families Writing Team (2007), whereby the authors propose loving actions toward family members influence the growth of loving feelings, which in return promote more loving actions. Between changing behaviors and changing feelings, intervening at the behavioral level seems to be the most amenable place to begin, which is why the FEBS specifically focuses on dynamic family behaviors rather than extant feelings about the family.

Despite family engagement's presence and stressed value in strengths-based family theory, few empirical studies have included family engagement as a construct. Possible reasons for this gap between theory and empirical research include the fact that researchers do not have a reliable and valid measure of family engagement to use, nor an agreed-upon definition to use. An aim of the current study is to address these two issues by offering a definition of family engagement and operationalizing the construct via development of a measure of engagement within the family, the FEBS. If, as hypothesized, the FEBS

所有的重要假设在初始研究问题的背景中得到清晰陈述。

demonstrates adequate internal consistency, test-retest reliability, and concurrent validity with measures of family quality of life and family strengths, conceivably it could provide insight about the actions families can take frequently to enhance their family wellbeing.

Method

二级标题 →

Participants

Participants in the initial sample included 309 family members who represent diverse ethnic, socioeconomic, education level, and age populations. They were recruited from Zoomerang, a Web-based survey program, in an attempt to find participants who more closely represent the national census demographically than do participants in previous normative samples for family assessments. Criteria for inclusion were broad: Respondents were required to be 18 years old or older and were required to be in a home including at least one parent and one child. Table 1 shows the breakdown in demographics of the participants of this study.

方法部分包含足够多的细节，这样其他研究者就可以像原作一样重复研究。

插入表格的参考位置

Insert Table 1 about here

A separate group of participants was recruited in order to examine initial test-retest reliability of the FEBS. In this sample of 29, participants were college students enrolled in an orientation seminar, and the majority of participants again were white and non-Hispanic.

表格是用于帮助总结重要信息的唯一方式。

Hypotheses

To address issues concerning the reliability and validity of the proposed measure of family engagement, it is hypothesized that the measure a) will be internally consistent, demonstrating a Cronbach alpha of .70 or higher, b) will show moderate to strong concurrent validity with the family interaction, parenting, emotional wellbeing, and physical/material wellbeing subscales of the Beach Center Family Quality of Life Scale

(FQOL Scale; Hoffman, Marquis, Poston, Summers, and Turnbull, 2006), demonstrating a significant Pearson product moment correlation at the $p < .01$ significance level, c) will show moderate to strong concurrent validity with the American Family Strengths Inventory (AFSI; DeFrain & Stinnett, 2002), demonstrating a significant Pearson product moment correlation at the $p < .01$ significance level, and d) will have adequate test-retest reliability, demonstrating a correlation coefficient of .70 or stronger that is significant at the $p < .01$ level.

Instruments

Family Engagement Behaviors Scale (FEBS). The measure of family engagement in this study reflects an attempt to unify related definitions of engagement and focus on their behavioral aspects. Consequently, the measure contains items that address behaviors that correspond to being involved within the family, focusing on role activities, actively investing in family members, and carrying out actions that lead to the achievement of common family goals. Several items were reverse-coded in the first draft of the FEBS, and in order to provide a validity check, multiple items addressed the same engagement behavior in this draft.

The rating scale for each item is a 4-point Likert scale, where 1 = *unlike our family*, 2 = *somewhat unlike our family*, 3 = *somewhat like our family*, 4 = *like our family*. Internal consistency for the current sample was tested with Cronbach's alpha, and concurrent and face validity were evaluated as well. Additionally, an exploratory factor analysis was conducted to determine whether the measure was unidimensional or multidimensional.

Family Quality of Life Scale (FQOL Scale). The FQOL Scale (Hoffman et al., 2006) is a 25-item measure with five unidimensional subscales determined by factor analysis: Family interaction, parenting, emotional wellbeing, physical/material wellbeing, and disability-related support. The FQOL Scale has demonstrated ample internal consistency, test-retest reliability, and convergent validity.

American Family Strengths Inventory (AFSI). The AFSI (DeFrain & Stinnett, 2002) is an 86-item questionnaire divided into six subscales—appreciation and affection, commitment, positive communication, enjoyable time together, spiritual wellbeing, and effective management of stress and crisis—as well as a global measure of family strengths. This measures comes from research by Stinnett, DeFrain, and their colleagues within the international family strengths model, and it covers information obtained from more than 24,000 family members in 35 countries over the course of 35 years.

Demographic Questionnaire. All participants filled out a demographic questionnaire to provide information about their age, marital/relationship status, annual income, ethnicity, the number of children they currently have in their household, and any disabilities experienced by their family members.

Procedure

In developing the FEBS, the first step was to consult theory-based literature to review extensively family psychology theories and outcome-based research, and to determine how to conceptualize family engagement in a way that is consistent with theory, easily defined, and relatable to clinicians and family members alike. Also at this time, experts on family strengths, after being given a definition of family engagement, were asked to provide information about the components of family life they see as being most relevant to family engagement. Consistent with the literature and with descriptions from experts in positive family functioning, the current study's definition of family engagement is the positive behaviors family members carry out to invest in and learn about the family unit and members, and to achieve individual and common family goals. Initial FEBS items were based on the information gathered from experts and the review of theories.

210

Before data collection with the study sample occurred, a group of 10 individuals participated in a pilot study to give feedback about the time requirement, wording, and item content of the measure. Based on the feedback, items were revised before the study sample completed the FEBS. Also at this point, four experts in the field of family-centered positive psychology who are knowledgeable about family engagement reviewed the measure to determine its face validity. They rated each item on a Likert scale ranging from 1: *Absolutely does not relate to the construct* to 5: *Absolutely relates to the construct*. Based on pilot study data analysis, pilot study feedback, and expert feedback, item revisions were made before administration to the study sample.

A sample of 309 participants completed the measure in the revised format, along with completing a demographic questionnaire, the FEBS, the AFSI, and the family interaction, parenting, emotional wellbeing, and physical/material wellbeing scales of the FQOL Scale. Initial concurrent validity was assessed, and Cronbach's alpha was used to measure the internal consistency of the FEBS with this sample as well. Also, on two occasions, one month apart, 29 participants completed a revised version of the FEBS to assess initial test-retest reliability.

Following the initial administration to a sample of 309, the author completed an exploratory factor analysis to determine the number of factors appropriate for the final scale, and items with the highest factor loadings that appeared to be most relevant to theory remained in the final version of the FEBS.

结果部分提供了分析结果的总结和稍后将讨论的任何其他相关信息。

Results

A factor analysis was performed to look at the number and nature of appropriate factors for the created measure. As no literature is available to support positive hypotheses about separate factors of family engagement, the factor analysis was an exploratory one, rather than a confirmatory one, and no hypothesis was made about the number of factors. The dimensionality of the 104 initial items from the Family Engagement Behaviors Scale (FEBS) was analyzed using maximum likelihood factor analysis. Two criteria were used to determine the number of factors to rotate: the scree test and the interpretability of the factor solution. Based on the scree plot, two factors were rotated using a Varimax rotation procedure. Figure 2 shows the scree plot for the 27-item version, which holds the same shape as the original scree plot from the 104-item measure.

Insert Figure 2 about here

The rotated solution, as shown in Table 2, yielded two interpretable factors: family engagement and active disengagement with family. From the initial 104 items, the items with the lowest factor ratings and items correlating strongly with other items were removed one at a time, and new rotations were completed to yield the final 27 items. The family engagement factor accounted for 49.84% of the item variance and the active disengagement factor accounted for 10.04% of the item variance; a total of 59.88% of the variance was accounted for with the two factors. No items loaded strongly on both factors.

把论文的结果和讨论部分结合起来，有时会更简单、更简洁。

Insert Table 2 about here

The internal consistency estimate of reliability for the FEBS was evaluated with the coefficient alpha. The final 27-item version of the FEBS demonstrated an alpha of .96, indicating strong internal consistency. This analysis supports Hypothesis 1, which states the FEBS will have a Cronbach's alpha of .70 or stronger. Internal consistency of each subscale was also examined. Factor 1, family engagement, demonstrated an alpha of .97, while Factor 2, active disengagement, demonstrated an alpha of .84.

212

To determine whether the FQOL Scale and AFSI demonstrated internal consistency with the sample of this study, Cronbach's alpha was evaluated for both measures. Both measures demonstrated strong internal consistency in this study; the alpha for the FQOL Scale was .966, and the alpha for the AFSI was .972.

Test-retest reliability, as addressed in Hypothesis 2, was evaluated with a Pearson product moment correlation between 29 participants' responses at Time 1 and their responses exactly one month later. The Pearson product moment correlation for this analysis was .811, $p < .001$, demonstrating strong test-retest reliability.

The third and fourth hypotheses address concurrent validity evaluation of the FEBS. These hypotheses state that the Pearson product moment correlations between the FEBS and the FQOL Scale (Hoffman et al., 2006), and the FEBS and the AFSI (DeFrain & Stinnett, 2002), would be moderate to strong correlations and would be significant at the $p < .01$ level. Both hypotheses were supported. The correlation between the FEBS and the FQOL Scale was .781, $p < .001$, which is classified as strong (Cohen, 1988). The correlation between the FEBS and the AFSI was .623, $p < .001$, which is classified as a moderate to strong correlation (Cohen, 1988).

Discussion

The aim of this study was to define more clearly the term "family engagement" and to develop a measure of this concept: The Family Engagement Behaviors Scale (FEBS). Results show initial support for the internal consistency and test-retest reliability of the FEBS, as well as concurrent validity of the FEBS when correlated with existing strengths-based family assessments.

讨论部分将论文的各个单独部分，尤其是引言和结果联系在一起。它也是论文作者认为值得考虑的任何未来研究方向的呈现之处。

The factor analysis conducted with the original 104 items of the FEBS, which led to the removal of items with the weakest factor loadings, designates which 23 behaviors are the strongest indicators of family engagement and which four behaviors are the strongest barriers to family engagement. While the 23 behaviors can be thought of as strengths in the area of family engagement, the four items (all reverse-coded) on Factor 2 can be thought of as indicators of active disengagement. In other words, while some family members may have a lower base rate of family engagement—whether due to a lack of knowledge, skills, or opportunities to practice the skills—other family members may participate in avoidance behaviors that appear to be more hurtful to the family.

Limitations and Considerations in Interpreting Results

Regarding data analysis, concurrent validity and test-retest reliability analyses warrant some caution in interpretation. Since no validated measure of family engagement was found to use as a measure of concurrent validity, concurrent validity in this study was only able to be demonstrated with measures of related and more general constructs, and not with a previously validated instrument aimed specifically at engagement within the family. Furthermore, the coding of "not applicable" items on the AFSI to neutral responses could have affected results of the concurrent validity. The test-retest reliability shown in the results should be interpreted with caution as well, as the sample for this analysis is small and homogeneous, and as respondents answered the 27 items within the 104-item version of the FEBS. The 27-item version should be examined with larger more heterogeneous sample in the future.

Implications for a New Measure of Family Engagement: Addressing the "So What" Question

Even with initial reliability and validity support for the FEBS, the question remains: How is the introduction of this measure relevant and helpful for scholars, clinicians, and families? In short, this study addresses to some degree three problems commonly identified by scholars and

214

clinicians working with families and family assessments. The first issue is the tendency for family assessments to be deficit-focused while ignoring competencies that could be just as helpful in making positive changes in the family. The second issue is that within family strengths literature and even among family assessments, many constructs have remained vaguely defined or undefined, with little connection to theory (Krysan, Moore, & Zill, 1990; Turnbull, Summers, Lee, & Kyzar, 2007; Walsh, 1993). The third issue identified is the problem of continuing to use older measures that initially were normed on white, middle-class, homogeneous samples to assess families that do not share demographic characteristics with the initial norming samples (Krysan et al., 1990; Turnbull et al., 2007).

The FEBS appears to meet the goals of focusing on strengths, clarifying a definition, connecting to theory, and diversifying sampling methods reasonably well. As a result, this instrument may be useful for a wide range of families and the clinicians who work with them. It can aid family clinicians in assessing and developing short- and long-term goals with family members. It also may help with intervention planning by revealing behavioral strengths family members can call upon to overcome present and future challenges. When families are experiencing situational problems but still score high on the FEBS, clinicians can use the results to reinforce the skills families already have in place. With families who acquire nearly any score on the measure, clinicians can use responses to generate conversations (e.g., "Look at these skills you have; you are doing these things right. Now what can we add to them?").

The FEBS is a new assessment tool that is consistent with the current directions of the field of positive psychology of the family. It addresses common concerns scholars and clinicians have expressed, and it fills a gap between theory and assessment. It is applicable to families and clinicians alike, and family engagement is a relatively easy concept for families to grasp. The hope of the FEBS author is that these qualities will contribute to the usefulness of the instrument in enhancing everyday family life.

一级标题 → **References**

参考的图书 → *Cohen, J. (1988).* Statistical power analysis for the behavioral sciences *(2nd ed.). Hillsdale, NJ: Lawrence Earlbaum Associates.*

DeFrain, J. & Stinnett, N. (2002). Family strengths. In J. J. Ponzetti et a ; (Eds.), International encyclopedia of marriage and family *(2nd ed.). New York: Macmillan.*

参考的期刊论文 → *Hoffman, L., Marquis, J.G., Poston, D.J., Summers, J.A., & Turnbull, A. (2006). Assessing family outcomes: Psychometric evaluation of the family quality of life scale. Journal of Marriage and Family, 68, 1069-1083.*

参考的报告 → *Krysan, M., Moore, K., & Zill, N. (1990).* Identifying successful families: An overview of constructs and selected measures. *United States Department of Health and Human Services.*

Sheridan, S., Dowd, S., & Eagle, J. (2005). Families as contexts for children's adaptation. In S. Goldstein & R. Brooks (Eds.), Handbook of resiliency in children. New York: Kluwer/Plenum.

Sheridan, S., Warnes, E., Cowan, R., Schemm, A., & Clarke, B. (2004). Family-centered positive psychology: Focusing on strengths to build student success. Psychology in the Schools, *41, 7-17.*

Turnbull, A., Summers, J., Lee, S., & Kyzar, K. (2007). Conceptualization and measurement of family outcomes associated with families of individuals with intellectual disabilities. Mental Retardation and Developmental Disabilities Research Reviews, *13, 326-356.*

Walsh, F. (Ed.). (1993). Normal family processes. New York: Guilford Press.

216

附录提供了额外的信息，使呈现的内容对读者而言更加完整和有用。

Appendix A

The Family Engagement Behavioral Scale—Original Items

Please circle the response that best answers the question, "How much does this sound like your family?"

1 = unlike our family
2 = somewhat unlike our family
3 = somewhat like our family
4 = like our family

1. Whether messy or clean, we try to keep our home welcoming and comfortable.
2. The parents in our family are available to help with homework and projects if needed.
3. The parents in our family give space for the children to engage in their own fun projects.
4. We frequently talk to each other about what we enjoy about school/work.
5. We talk frequently about the satisfaction we get from our accomplishments.
6. The parents in our family complain to the family about the daily stresses of work.
7. We express our appreciation of each other.
8. When we experience a crisis, we talk together about how to cope.
9. We show our support for each other.
10. We let each other make reasonable mistakes.
11. We recognize when a family member needs help.
12. We offer our assistance when we feel we can help a family member.
13. We try not to impose many rules on family members.
14. We avoid blaming others for our own mistakes.
15. We have had to ask a family member to leave our family.
16. We value the stories the grandparents in our family have shared.
17. Members of our family understand what we expect of them.
18. We maintain reasonable expectations for each member of our family.
19. When a family member needs help from someone outside the family, we rarely seek it.
20. We give specific compliments to each other.
21. We frequently tell each other funny stories.
22. We frequently disagree about important issues.
23. We make an effort to "pick our battles" and choose confrontations carefully.
24. When family members are in a disagreement, one of us usually ends up leaving "huffing and puffing."
25. When we're in a rough patch, we demonstrate our faith in a brighter future.
26. The children in our family often come up with their own ideas of fun projects.
27. The children in our family make up their own games to play.
28. We encourage each other to take reasonable risks and rise to challenges.
29. We outwardly express our support for each other.
30. We give many more compliments to each other than we do criticisms.
31. We typically act in ways that are consistent with what we say.
32. We find ways to honor and learn about family members who have died.
33. We find ways to keep up with family members who live far away.

34. The parents in our family tell stories about their past.
35. The children in our family enjoy hearing about their parents' past experiences.
36. We frequently express what makes each member a good person.
37. We have some kind of fun together on most days.
38. We frequently talk about good memories together.
39. We learn about each other's goals.
40. We think about ways we can help other family members achieve their goals.
41. We have trouble coming up with family activities every member can enjoy.
42. We say please and thank you to each other.
43. We plan times in the future to get together for fun reunions or activities.
44. When a family member accomplishes something positive, we celebrate the effort the family member put forth.
45. Laughter is a very common occurrence in our home.
46. We apologize when we have hurt a family member's feelings.
47. We try to explain our actions when another family member has trouble understanding them.
48. When we spend time together, it is usually focused more on required activities than things we want to do.
49. We know what resources we have and what resources each member can use for his or her wellbeing.
50. When our arguments get heated, we make an attempt to calm down.
51. When we get in a disagreement, we try to avoid saying spiteful things.
52. The parents in our family differ significantly in their parenting styles.
53. We value the role other family members play in our own wellbeing.
54. When a family member fails in some way, we do not regard the member as a failure in general.
55. We have people outside the family whom we can rely on when we need support.
56. We encourage each other to take chances, even if a reasonable risk of failure is involved.
57. We prioritize work over family.
58. We prioritize our family over our friends.
59. We forgive each other when we have been wronged.
60. When one of us needs help, we talk to a family member about it.
61. When a family member suggests something to us, we usually take it into consideration.
62. We schedule family activities every member wants to attend.
63. We talk about who will fill each responsibility in our home.
64. Members of our family tend to criticize each other's character.
65. We talk about the positive results that arise when a family member has worked hard.
66. We record our family experiences, whether it's by video, scrapbook, growth chart, journal, etc.
67. When a member is away from home, we keep up frequent positive correspondence.
68. We work together on our spiritual enrichment, whether it is through religious practices, connectedness with nature, or another form
69. We take part in lots of outdoor activities.
70. We take part in lots of indoor activities.
71. Parents teach the children how to enjoy the city, town, or countryside we live in.

218

72. We make our home the kind of place where neighbors are comfortable visiting.
73. We have interesting guests visit our home from time to time.
74. In the future, we will probably be too busy to spend time as a family.
75. We recognize the unique talents each member has.
76. When things get tough, we try not to blame each other.
77. When we disagree with each other, we attempt to compromise.
78. We are truthful with each other.
79. When one of us says we will do something for the family, we do what we can to follow through.
80. When a family member is struggling, we express our understanding.
81. When we experience sudden change, we open up discussion about it.
82. The parents in our family model sound decision-making.
83. When members of our family argue, we often stop listening to what the other member is saying.
84. We are familiar with the friends and other important people who influence each family member's life.
85. When two members of our family disagree, the other members often take sides.
86. We have interesting things to play with and work with around the home (e.g., an old broken phone, paintbrushes, sand, building materials, gardens, pets)
87. The parents in our family tend to be too busy to attend to the children's specific needs.
88. Everybody has a space of their own in our home, no matter how small or large.
89. We invent games to play.
90. Even if we don't have a lot of money, we can almost always find fun stuff to do around our home.
91. We have traditions that are unique to our family.
92. We find many reasons to celebrate together.
93. We attend family members' performances or athletic events.
94. If one of us were to be presented with an award, we would want our other family members to be there.
95. We express gratitude.
96. We introduce family members to other people we know.
97. We talk about our hobbies.
98. We keep a lot of secrets from each other.
99. When a family member is struggling, we express our love.
100. We usually know where every member of the family is.
101. Family members frequently leave the home without telling each other.
102. We display drawings or other works created by family members.
103. We offer to help each other with unpleasant tasks around the home.
104. We have fun with animals, whether it's with a pet, at the zoo, or with the insects and frogs in our yard.

Appendix B

The Family Engagement Behavioral Scale

Please circle the response that best answers the question, "How much does this sound like your family?"

1 = unlike our family
2 = somewhat unlike our family
3 = somewhat like our family
4 = like our family

1. We forgive each other when we have been wronged.	1 2 3 4
2. We express our appreciation of each other.	1 2 3 4
3. When we experience a crisis, we talk together about how to cope.	1 2 3 4
4. We offer our assistance when we feel we can help a family member.	1 2 3 4
5. We give specific compliments to each other.	1 2 3 4
6. The parents in our family tend to be too busy to attend to the children's specific needs.	1 2 3 4
7. We outwardly express our support for each other.	1 2 3 4
8. We frequently talk about good memories together.	1 2 3 4
9. We learn about each other's goals.	1 2 3 4
10. When a family member is struggling, we express our love.	1 2 3 4
11. Laughter is a very common occurrence in our home.	1 2 3 4
12. We apologize when we have hurt a family member's feelings.	1 2 3 4
13. Family members frequently leave the home without telling each other.	1 2 3 4
14. We value the role other family members play in our own wellbeing.	1 2 3 4
15. We frequently express what makes each member a good person.	1 2 3 4
16. When a family member suggests something to us, we usually take it into consideration.	1 2 3 4
17. We talk about the positive results that arise when a family member has worked hard.	1 2 3 4
18. In the future, we will probably be too busy to spend time as a family.	1 2 3 4
19. We recognize the unique talents each member has.	1 2 3 4
20. When we disagree with each other, we attempt to compromise.	1 2 3 4
21. When a family member is struggling, we express our understanding.	1 2 3 4
22. When we experience sudden change, we open up discussion about it.	1 2 3 4
23. We express gratitude.	1 2 3 4
24. We keep a lot of secrets from each other.	1 2 3 4
25. We give many more compliments to each other than we do criticisms.	1 2 3 4
26. When a family member accomplishes something positive, we celebrate the effort the family member put forth.	1 2 3 4
27. We think about ways we can help other family members achieve their goals.	1 2 3 4

220

表题 → **Table 1**

Demographic Breakdown of the Initial Sample of Participants

Gender	
Male	44%
Female	56%
Age	
18 – 24	16%
25 – 34	24%
35 – 44	19%
45 – 54	22%
55 – 64	10%
65 or older	9%
Marital Status	
Single	16%
Committed relationship	7%
Engaged	3%
Married	60%
Separated	1%
Divorced	10%
Widowed	3%
Annual Household Income	
Under $20,000	19%
$20,000 - $39,999	30%
$40,000 - $59,999	19%
$60,000 - $79,999	13%
$80,000 - $99,999	96%
$100,000 or more	12%
Ethnicity	
Black	8%
Asian	5%
Latino(a)	1%
White, not Hispanic	85%
American Indian or Alaska Native	1%
Native Hawaiian or other Pacific Islander	1%
Do You Consider Your Family Biracial or Multiracial?	
Yes	15%
No	85%
Does Your Family Include a Member or Members with a Disability or Disabilities?	
Yes	23%
No	77%

Table 2

FEBS Factor Loadings

Scale/Items	Engagement	Active Disengagement
We express gratitude.	.814	.171
We outwardly express our support for each other.	.797	.160
The parents in our family tend to be too busy to attend to the children's specific needs (reversed).	.112	.797
When a family member is struggling, we express our love.	.793	.232
We think about ways we can help other family members achieve their goals.	.782	.099
We forgive each other when we have been wronged.	.780	.161
We value the role other family members play in our own wellbeing.	.775	.079
We express our appreciation of each other.	.767	.166
We apologize when we have hurt a family member's feelings.	.767	.137
When a family member is struggling, we express our understanding.	.765	.177
When we experience a sudden change, we open up discussion about it.	.764	.141
When we disagree with each other, we attempt to compromise.	.763	.086
We recognize the unique talents each member has.	.762	.221
We frequently talk about good memories together.	.761	.113
We frequently express what makes each member a good person.	.755	.045
Laughter is a very common occurrence in our home.	.753	.123
We learn about each other's goals.	.747	.118

(Continued)

222

Scale/Items	Engagement	Active Disengagement
When a family member suggests something to us, we typically take it into consideration.	.746	.149
Family members frequently leave the home without telling each other (reversed).	.008	.744
We keep a lot of secrets from each other (reversed).	.249	.742
When a family member accomplishes something positive, we celebrate the effort the family member put forth.	.742	.122
We give specific compliments to each other.	.742	.060
We offer our assistance when we feel we can help a family member.	.740	.173
We talk about the positive results that arise when a family member has worked hard.	.739	.208
When we experience a crisis, we talk together about how to cope.	.734	.137
We give many more compliments to each other than we do criticisms.	.730	.074
In the future, we will probably be too busy to spend time together as a family (reversed).	.165	.698

Family Engagement 223

21

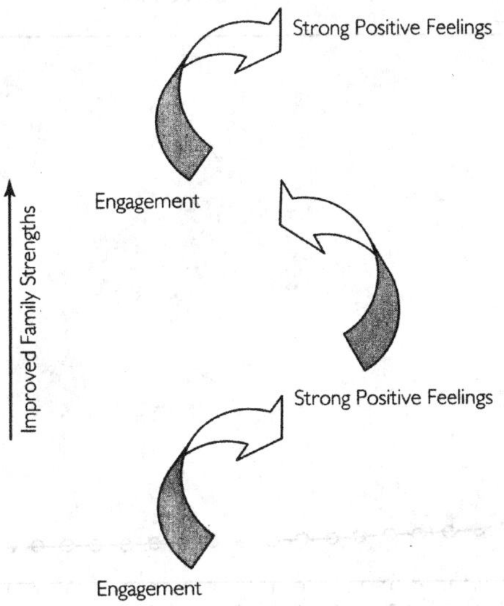

图题→ **Figure 1** The forward-feeding process of engagement and positive feelings within the family.

↑
粗体图序

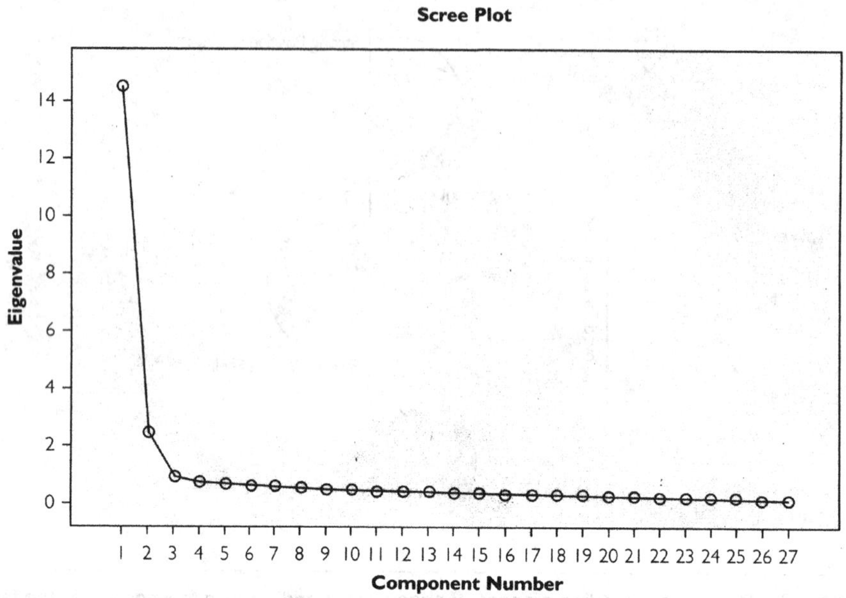

Figure 2 Scree plot for factors of the Family Engagement Behaviors Scale.

附录A　Mac和Windows系统的50个Excel快捷键

Mac系统的50个Excel快捷键

动作	按键组合
居中对齐	Command+Shift+竖线
左对齐	Command+Shift+左括号
右对齐	Command+Shift+右括号
文本加粗	Command+B
中心光标	Control+L
检查拼写	Command+分号
关闭一个窗口	Command+W
复制选中项目	Command+Option+C
复制文本	Command+C
创建图表	Fn+F11
创建新文档	Command+N
创建新文件夹	Command+Shift+N
剪切文本	Command+X
删除左边字符	Control+H
删除右边字符	Control+D
删除左边单词	Option+Delete
显示一个窗口	Command+Shift+P
清空垃圾桶	Command+Shift+Delete
查找下一个	Command+F4
查找上一个	Command+Shift+F4
斜体格式	Command+I
插入新行	Control+O
移动到当前行的开头	Command+左箭头
移动到文档末尾	Command+下箭头
移动到当前行的末尾	Command+右箭头
移下一行	Control+N
移动文件到剪贴板	Command+Option+V
移动一个单词到左边	Fn+Option+下箭头
移动一个单词到右边	Fn+Option+上箭头
移动选中项目到垃圾桶	Command+Delete
移动到行开头	Fn+左箭头
移动到行末尾	Fn+右箭头

续前表

动作	按键组合
移动到文档开头	Command＋上箭头
移动到上一文档的开头	Option＋左箭头
移动到行的结尾	Control＋E
移动到下一个单词	Option＋右箭头
往上移动一行	Control＋P
打开一个跳转窗口	Command＋Shift＋G
226 打开一个选中项目	Command＋O
打开帮助	Command＋Shift＋问号（?）
打开帮助	Command＋/
粘贴	Command＋V
打印文件	Command＋P
下滚一页	Fn＋下箭头
滚动到结尾	Fn＋右箭头
上滚一页	Fn＋上箭头
选择一行	Shift＋空格
选中一个工作表	Control＋A
下划线	Command＋U
撤销上一个命令	Command＋Z

Windows 系统的 50 个 Excel 快捷键

动作	按键组合
调整列宽	Alt＋O＋C＋A
调整行高	Alt＋O＋R＋A
左对齐	Alt＋H，AL
居中对齐	Alt＋H，AM
上对齐	Alt＋H，AT
右对齐	Alt＋H，AR
底部对齐	Alt＋H，AB
改变字体颜色	Alt＋H，FC
改变字体大小	Alt＋H，FS
改变字体样式	Alt＋H，FF
关闭一个文件	Ctrl＋W
关闭一个窗口	Ctrl＋F4
复制选择的值	Ctrl＋C
创建一个图标	F11
查找一个值	Shift＋F5
斜体格式	Ctrl＋3
往下	下箭头
下一页	PgDn

续前表

动作	按键组合
往左	左箭头
往右	右箭头
往上	上箭头
上一页	PgUp
插入图	Alt+F1
插入一行	Ctrl++
插入表格	Alt+N，T
合并文本	Alt+H，M
向左移动一个单词	Ctrl+左箭头
向右移动一个单词	Ctrl+右箭头
移动到一行的末尾	End
移动到一行的开头	Home
打开一个文件	Alt+F，O
打开一个新的工作表	Alt+F，N
打开帮助	F1
打开拼写检查器	F7
粘贴数据	Ctrl+V
打印一个文件	Ctrl+P
重做上一个动作	Ctrl+Y
保存一个文件	Ctrl+S
另存为一个文件	F12
分享一个文件	Alt+F，H
显示右击菜单	Shift+F10
设定数字为常规格式	Ctrl+Shift+1
设定数字为货币格式	Ctrl+Shift+4
设定数字为日期格式	Ctrl+Shift+3
设定数字为百分比格式	Ctrl+Shift+5
设定数字为科学计数	Ctrl+Shift+6
设定数字为时间格式	Ctrl+Shift+2
下划线	Ctrl+U
撤销上一个动作	Alt+退格
视图对象	Shift+F7

227

附录 B 样本数据集

序号	性别*	年级	班级	阅读成绩	数学成绩
1	2	8	1	55	60
2	2	2	6	41	44
3	1	8	6	46	37
4	2	4	6	56	59
5	2	10	6	45	32
6	1	10	6	46	33
7	2	8	6	58	58
8	2	6	6	41	43
9	2	8	6	50	45
10	1	2	6	35	41
11	1	4	6	56	58
12	1	6	1	47	33
13	1	2	6	43	44
14	2	2	6	44	39
15	1	6	6	48	37
16	1	8	6	50	51
17	2	4	6	48	54
18	1	2	6	45	44
19	2	6	6	58	59
20	1	4	6	57	53
21	2	6	4	32	36
22	2	4	6	60	60
23	1	4	6	57	52
24	2	2	6	40	42
25	1	2	6	44	44
26	2	6	6	58	60
27	2	2	6	43	44
28	1	8	6	47	53
29	1	10	3	55	49
30	1	2	6	40	44
31	2	6	6	50	55
32	2	8	6	51	58
33	2	2	6	44	43

续前表

序号	性别*	年级	班级	阅读成绩	数学成绩
34	2	8	6	56	59
35	1	4	6	45	43
36	1	8	6	57	54
37	1	10	6	58	59
38	1	10	6	47	20
39	2	4	6	48	43
40	1	2	5	31	34
41	1	8	6	60	59
42	1	8	6	41	42
43	1	10	6	54	55
44	1	10	6	56	57
45	2	6	6	56	57
46	1	6	6	48	46
47	2	2	6	43	40
48	1	6	6	58	60
49	1	6	6	45	47
50	1	6	6	50	56
51	2	10	6	51	41
52	2	6	6	50	45
53	2	8	6	54	54
54	1	8	4	38	22
55	1	4	6	53	51
56	2	4	2	53	47
57	2	2	6	42	45
58	1	2	6	43	41
59	2	6	6	57	57
60	2	2	6	38	45
61	2	6	6	56	57
62	2	10	6	50	44
63	1	6	5	53	56
64	1	2	6	41	41
65	2	4	6	48	53
66	1	4	4	39	45
67	1	2	6	44	39
68	2	6	6	55	58
69	2	4	6	50	57
70	1	8	6	31	31
71	2	8	6	59	57
72	1	6	6	51	50

229

续前表

序号	性别*	年级	班级	阅读成绩	数学成绩
73	2	2	6	44	43
74	2	8	6	52	40
75	1	8	6	58	59
76	2	8	6	42	48
77	2	8	6	51	49
78	1	10	6	58	59
79	1	2	6	43	38
80	1	4	6	55	58
81	2	10	6	58	57
82	2	10	6	49	23
83	1	2	6	33	35
84	2	6	6	53	39
85	2	6	6	56	60
86	2	10	6	54	53
87	1	4	6	49	54
88	1	8	6	58	56
89	1	6	6	48	51
90	1	2	6	43	40
91	2	4	6	52	43
92	1	6	6	58	57
93	2	2	6	45	45
94	2	4	6	49	55
95	2	4	6	55	55
96	1	4	6	54	54
97	2	10	6	53	41
98	1	4	6	53	53
99	2	2	6	41	41
100	1	6	6	51	56
101	1	10	4	48	30
102	2	4	6	57	57
103	2	4	6	56	59
104	2	6	6	57	60
105	2	10	6	56	45
106	2	2	6	37	45
107	1	8	6	47	39
108	2	4	6	56	51
109	2	2	6	42	44
110	1	8	6	55	59
111	2	6	6	52	56

230

续前表

序号	性别*	年级	班级	阅读成绩	数学成绩
112	1	8	6	58	60
113	2	6	5	54	53
114	1	2	6	39	29
115	1	10	6	49	45
116	2	10	6	47	40
117	1	8	6	54	53
118	1	4	6	51	54
119	2	8	4	55	48
120	1	4	6	49	53
121	1	2	6	45	44
122	2	2	3	42	42
123	2	4	6	42	46
124	2	4	6	49	43
125	1	8	6	56	59
126	1	2	6	40	43
127	2	4	6	55	60
128	2	10	6	54	58
129	2	6	6	47	50
130	2	6	6	56	58
131	2	4	3	43	38
132	2	6	6	41	45
133	1	8	6	47	57
134	1	6	6	55	55
135	2	2	6	41	44
136	1	10	6	47	29
137	2	8	6	52	37
138	1	4	6	51	48
139	1	6	6	59	59
140	1	8	6	36	47
141	1	4	6	53	58
142	2	2	6	37	37
143	1	6	6	49	55
144	2	8	6	55	57
145	2	10	6	40	47
146	2	10	6	53	56
147	2	4	6	57	59
148	1	2	6	45	44
149	2	4	6	56	57
150	1	4	6	46	50

231

续前表

序号	性别*	年级	班级	阅读成绩	数学成绩
151	1	8	6	48	36
152	2	6	6	43	41
153	2	6	6	51	54
154	2	8	6	41	52
155	1	4	4	41	30
156	2	2	6	45	42
157	2	10	4	39	19
158	2	6	6	57	59
159	1	8	4	58	59
160	2	4	6	52	48
161	2	10	6	27	18
162	1	2	6	40	43
163	1	10	6	41	15
164	1	6	6	51	53
165	1	6	4	39	52
166	2	6	6	58	60
167	2	2	6	42	41
168	2	6	6	52	51
169	1	10	6	41	39
170	2	6	6	38	23
171	2	10	6	55	59
172	2	6	6	59	59
173	1	10	6	31	31
174	2	6	6	50	55
175	1	8	6	59	59
176	1	10	4	49	19
177	1	2	6	36	37
178	2	10	6	54	50
179	1	10	6	46	41
180	2	4	6	35	38
181	2	6	6	45	57
182	2	6	4	40	31
183	1	10	6	54	47
184	1	8	6	57	52
185	2	2	6	41	42
186	1	10	6	52	47
187	1	10	6	55	57
188	2	8	6	36	33
189	2	6	6	39	43

续前表

232

序号	性别*	年级	班级	阅读成绩	数学成绩
190	1	2	6	45	45
191	2	6	6	49	42
192	2	6	6	51	51
193	2	8	6	55	43
194	1	2	4	38	33
195	1	10	6	50	45
196	1	8	6	55	59
197	2	8	6	58	53
198	1	8	6	52	54
199	2	8	6	52	48
200	1	6	6	42	53

*1=男性，2=女性。

附录 C　章后练习答案

第 1 章

1. 这是一个探索性练习，答案可以是多样的。

2. 这是一个探索性练习，答案可以是多样的。

3. 假设是关于两个变量之间关系的可检验的陈述，是针对特定研究问题的。理论则代表一系列与研究相关的观点。

4. 这是一个探索性练习，答案可以是多样的。

5. 这是一个探索性练习，答案可以是多样的。

6. 这是一个探索性练习，答案可以是多样的。

7. 一些正确的答案包括：身高、兄弟姐妹数量、父母教育程度、领养状态、遗传疾病的显隐性、注射疫苗史。

8. 这是一个探索性练习，答案可以是多样的。

9. 这是一个探索性练习，答案可以是多样的。

10. 变量之间有相关关系，只能说明它们之间存在一定联系，但是不能说明它们之间就有因果关系。在相关研究中，很可能其他的变量才是真正的影响因素。例如，营养和锻炼才是力量不同的原因，而不是年龄。即使一个变量的确对其他变量有影响，通过相关分析也不能揭示哪个是因，哪个是果。

11. 科学的定义通常包括以下内容：探索知识的体系；施测程序或过程；研究行动；在一定的理论框架中提出问题。

12. 可以借鉴的最好的经验就是问一问你自己："你到底想解决什么问题?"

13. 这是一个探索性练习，答案可以是多样的。

14. 一些正确的答案包括：可以产生新的问题；可以检验别人的研究结果；进一步说明得到这样的结果不是偶然现象。有些研究可能与其他的研究结果相悖或者是彼此矛盾，重复研究后可以帮助澄清那些模棱两可的关系。

15. 最直接的是通过提供给我们在决策过程中所需的能收集有价值和有效数据的工具。

16. 好的研究是基于他人成果的，是可以重复的，是一般化的，是基于一定的逻辑和理论基础的，是可行的，可以产生新的问题或者说其本质上是周期性的，是可以不断积累的，是一个能够有助于社会改良的非政治性活动。

17. (a) 一些正确的答案包括：父母教育水平和 6 岁孩子阅读能力之间的关系是什么？在家练习阅读花费的时间会影响阅读能力吗？6 岁儿童的智商和阅读能力之间的关系是什么？(b) 遵循科学方法，重新考虑这一理论对研究人员在检验数据和提出新研究问题方向是有益的。

18. 这是一个探索性练习，答案可以是多样的。

19. *历史研究*涉及那些过去发生的与当前事件有关的事件，它解析过去所发生的事件的性质。*相关研究*可以了解两个或者多个事物是怎样与其他的事物相联系的，或者是由一个或多个信息能够在多大程度上预测一个特定的结果。在*准实验*（或称*事后研究*）中，参与者已经得到了分组，因此研究者可以有较高的控制水平（当然不是最高的），从而知道是什么导致了这种结果。

20. 我们需要做的是：是——他们存在差异；是——预先指定了参与者（他们的国籍）；是——要使用准实验研究。

第2章

1. (a) 自变量是样本中的个体（儿童）和健身项目的类型，因变量是体格。(b) 自变量是戒烟计划的类型（共5种），因变量是每人每天的吸烟量。(c) 自变量是包装方式，因变量是购买的单位数量。(d) 自变量是材料呈现的方式（讲座、照片），因变量是安全驾驶行为的测量方法。

2. (a) 教学方式作为自变量，测试成绩作为因变量。(b) 选民的政党偏好作为自变量，选择的候选人作为因变量。(c) 参加的毒品和酒精康复计划作为自变量，再次成瘾的比率作为因变量。

3. 一些正确的答案包括：因变量、效标变量、结果变量和"y"。一些因变量的例子是成绩、身高、车色、所得税水平和对种族的态度。

4. 虚无假设总是一个等价关系，是因为在没有其他信息的情况下，研究者在考察群体间关系时，最初会假定群体间是等价的。研究假设可以采用很多形式是因为，如果假定的虚无假设不是对观察到的任何差异的最有力的解释，那么可以问的问题实在太多了。

5. 虚无假设：有孩子和没有孩子的中年男性对工作和家庭的态度相同。研究假设：有孩子和没有孩子的中年男性对工作和家庭的态度存在差异。

6. 虚无假设可以这样假定：前三年参加早期干预计划的儿童和没有参加的儿童在后期学习成绩上没有差异。定向型研究假设可以这样假定：前三年参加早期干预计划的儿童在学校的学习成绩测验中的得分高于那些没有参加该计划的儿童。

7. 与文献和理论有联系的假设的好处包括：了解研究同一主题的人们感兴趣的变量，有一个新的假设并增加理论改进的机会，在前人工作基础上节省时间和精力，在假设的方向上有更准确的猜想，当结果不支持假设时知道回到哪些地方。

8. 使用钓鱼法会产生太多需要清理的结果、难以解释的结果，或者没有实际效用的结果，也不会对现有的理论和文献做出任何有用的贡献。此外，有声望的期刊不太可能发表使用钓鱼法的研究。

9. 这是一个探索性练习，答案可以是多样的。

10. 统计显著性是指虚无假设为真时拒绝虚无假设的概率。至于它为什么很重要，那是因为它让我们意识到推论并不是绝对的，无论我们对结论有多自信，总是存在我们发生错误的可能。但是我们可以设置一个概率水平以及更好地设计我们的研究。

11. 研究结果不显著和意识到它是什么是同样重要的贡献，尤其是结果来自一个好的研究时。它也是提供了一种观点的信息。

12. (a) 样本包括在电话簿中列出的所有10个家庭，或者换句话说，每个参加的家庭。(b) 总体包括霍华德县的每个家庭。

13. (a) 卢的头发颜色（常量）。(b) 年龄（变量）。(c) 你住处的窗户数量（常量）。(d) 停在建筑面前的二手车的颜色（变量）。(e) 现在的时刻（常量）。(f) 本周测验中可能答对的题数（常量）。(g) 签署《独立宣言》的人数（常量）。(h) 坐在第三排第五位的女生的名字（常量）。(i) 今天的日期（常量）。(j) 在一个记忆测验中记住的单词数（变量）。

14. (a) 样本不能代表总体，即幼儿园或五年级的学生对学校的看法可能不同于三年级学生。(b) 结果缺乏普适性，校长不能充分推断其他年级学生的意见。

15. 研究者B有最好的方法来测量因变量，因为测量更具体。（第5章包含了更多关于测量水平的信息，以及为什么具体的测量方法对测量真正的目标结果更有帮助。）

16. 在这个例子中，卡特里娜飓风的经历是一个无关变量。也就是说，研究人员不能确定新奥尔良居民和彻奇波因特居民在躲避策略上的显著差异是由于居民居住的地方，还是由于卡特里娜飓风的影响。

17. 这是一个探索性练习，答案可以是多样的。

18. 一个好的假设一般以陈述句的形式表述，并且提出变量间预期的关系。好的假设还会反映该假设所依据的理论和文献，并且是简练扼要、可检验的。

19. 意义的概念很重要，因为它允许研究人员（我们!）评估我们对某一结果的自信程度，并能以不同程度的信心说出，结果是由偶然因素还是由其他原因造成的。

20. 这是一个巨大的问题，但至少有一个好的答案：统计显著性是一个与结果相关的数学概率，而意义是在一个基本的或应用的环境中这个结果的重要性。

第3A章

问题1～9和11的解答需要去图书馆查阅资料，答案也会因学生的不同选择和兴趣而有所不同。

10. 一些正确的答案包括：仔细考虑几天，与其他同学交谈，与导师或另一位教授交流，想其他的主意并与第一个主意对比。

12. (a) 允许查找者为个人或生意搜索联系信息。(b) 充当通配符，允许搜索结果返回相关的根，但有不同的前缀或后缀等。(c) 搜索中对重复的单词加权，并允许查找者找到同一主题的不同结果集合。

13. 阅读采取同行评议的期刊文章的一些优势包括：同行评议期刊的信息必须满足严格的指南和通过多次审查，期刊文章是盲审以减少偏差，通常包括文字审查和基础理论审查，它们通常有一个方法部分，有利于研究的重复，它们要有引用和参考文献。使用维基百科的一些优势包括：维基百科有广泛的文章和主题，它在很大程度上是值得信赖的，而且它的网站包含了相关的信息工具（维基词典、维基新闻、维基语录等）。

14. (a)《心理学百科全书》(S)。(b)《时代杂志》(G)。(c)《爱上统计学》(S)。(d)《体育健康杂志》(P)。(e) 档案资料 (G)。(f) 对弗洛伊德的《释梦》的评论。(g) 学位论文摘要在线 (P)。

15. 这个问题的答案可以是多样的。一些正确的答案包括：对不同年级的参与者重复研究，对已经从大学毕业的成年人重复研究，用另一个与职业相关的结果变量替换职业决策的结果变量。

16. 答案可以是多样的，因为搜索结果会因时间而发生改变。

17. 答案可以是多样的。一些正确的答案包括：孩子的数量、之前离婚的次数、婚姻的长度、离婚者的性别、孩子对离婚的态度。

18. 一些正确的答案包括：文献综述减少了选择已经回答的研究问题的概率；减少了选择一个琐碎的研究问题的概率；提供一个回答问题的框架；向你展示哪些想法被保留了，哪些被拒绝了；促进形成确凿的报告。

第3B章

1. 在研究中使用欺骗的决定必须是公正的。也就是说，如果研究人员能够合理地完成研究而不使用欺骗，那么欺骗不应该成为研究的一部分。同样，研究的潜在好处也要超过欺骗的使用。欺骗应保持在研究获得利益所需的最低限度内，所有被试应被告知个人干预的结论或所有数据收集的结论。

2. 这是一个探索性的练习，结果具体参照你的学院或大学。

3. 当参与者至少18岁时，当研究对参与者没有或低风险时，电子同意书是被允许的。在线知情同意书要分解为不同步骤，被试可以一一查看同意书的不同部分。

4. 多数情况下，研究者的行为对他们所属的机构和审查委员会负责。这些机构将判断并决定是否存在违反现象，需要采取什么措施。类似地，如美国心理学会等专业组织在面对成员出现意外时也会采取一些补救措施，如除去成员待遇，如果行为违反法律，将会受到起诉，接受民事或刑事惩罚。

5. 你必须自己去选择组织并分析。但该题将会说明一些准则是多么相似，也就是说大多数的科学家在展开研究时意识到了相同的伦理问题。

第 4 章

1. (a) 定义总体，以便进一步抽取样本。在这里，将总体定义为全体高中生。(b) 列出所有的高中生的名单。(c) 为每个学生编号。(d) 使用一些与研究本身无关的标准来为样本抽取个体，如随机数字表。

2. 研究者使用的是方便抽样。寻找样本并且引发参与很简单，但是她的样本不是随机的，可能在她的目标总体中不具有代表性。

3. 表中的数字是随机排列的，它们与总体的任何特征无关。

4. 他询问的是一个有偏差的样本，那么他是怎样判断哪些人不购买快餐的呢?

5. 当总体中的一些个体被选中的可能性已知时，可以选择概率取样。例如，如果要从 2 000 个球员中抽取 300 个中锋来参加大学篮球赛，那么每一个中锋被选中的概率就是 300 除以 2 000，即 0.15。

而在非概率取样中，个体被抽中的概率是未知的。例如，由于我们无法统计出妊娠期酒精滥用的妈妈的总数，我们就无法计算出每一个这样的妈妈被抽中的概率。

概率取样的优点是取样基于偶然因素，这样就可以消除通过非系统化和随机准则而进行的判断，从而增加样本的代表性。非概率取样的主要优点是方便、经济，从一定程度上增加了样本对总体的代表性。但是，缺点是由于取样的概率未知，结果的代表性备受质疑。

6. 减小取样误差最简单的方法是遵循合理的取样步骤，扩大样本量。

研究结果的概化水平与取样误差是成反比关系的。取样误差可以在一定程度上反映样本的变异性，因此随着取样误差的增大，研究结果的概化水平就会降低；反之亦然。如果样本量很大，这意味着总体是多样的，那么结果的代表性可能并不高。如果样本量增大，样本误差就会减小。因为随着样本越来越大，样本的变异性会改善取样误差，从而使样本越来越倾向于代表总体特征。

7. 当总体中每一类个体的数量并不相等时，可以选择分层取样的策略来抽取一个样本量为 150 的代表性高的样本。如果要从 10 000 个儿童中抽取 150 个儿童作为样本，那么每个儿童被抽取到的概率为 1.5%。用 1.5%乘以总体中非白人、白人、单亲和双亲家庭儿童所占的数量。例如，总体中有 5 700 个单亲家庭的儿童，那么抽取的容量为 150 的样本中，应该有 85.5 个单亲家庭的儿童，即 1.5%×5 700。使用分层取样策略，抽取的样本中，应该还有 64.5 个来自双亲家庭的儿童，其中 45 个非白人和 105 个白人。

8. 当通过邮件进行调查时，将样本量增加 40%到 50%有助于计入无回应的邮件和邮寄错误。如此，当你的原样本量是 100，你要增加 40～50，让总样本量为 140～150。

9. 为了更准确地代表总体，当组内存在较大变异性、组间差异较小时，样本量应该增加。

10. 由于总体中男女是平均分配的，那么抽取的样本中男女数量也应该是平均分布的。

11. 当样本量太小时，取样误差会增加，样本的代表性会降低。可以通过增大样本量来解决，但是如果样本量过大，组间的显著性差异可能是由推论统计本身的效力和性质造成的，而不是真实的结果。基于这个原因，使用过大的样本既不经济，也会造成自欺欺人。

12. 一个具有一定代表性的样本就算足够大，也不能过度增加样本量而增大边际效益。

13. (a) 不经济。(b) 研究者将无法利用推论统计的巨大优势。

14. 当总体是由群体而不是单独的个体组成时，使用整群抽样。而当总体是由每个单独的具有相似性的个体组成时，则使用简单随机抽样。

15. 在这个例子中，政党归属可能与研究者的研究课题无关。如果政党归属是相关因素，那么研究者应该使用分层取样来提高样本在总体中的代表性。

16. 系统取样很简单并包含一个代表总体的样本。但是，它不如其他取样方法精确，它违背了每个人都有平等的机会被选择参加的假设。换句话说，样本的随机性要小于其他取样方法。

17. 本例中的雇员使用配额取样。这名员工正在招募具有老板所要求的特征的人（20 名男性和 20 名女性）。然而，他并不是在主动地挑选参与者。不与员工进行目光接触的购物者没有相同的被选机会。

18. 当样本和总体之间并不相配，或者样本的性质不能很好地代表总体特征时，可以认为这是样本误差造成的。一个好的研究者会尽量降低取样误差，选取一个能较好代表总体特征的样本。

这对研究结果的有效推广起着非常重要的作用。如果样本误差太大，那么研究结果只能推及取样的总体，甚至连这个总体也无法有效推及。

第5章

1. (a) 等距测量。(b) 称名测量。(c) 等距或比率测量。(d) 比率测量。(e) 等距测量。(f) 称名测量。(g) 比率测量。(h) 称名测量。(i) 等距测量。(j) 顺序测量。

2. (a) t。(b) m。(c) m。(d) m。(e) t。

3. 重测信度：用同一测验在不同的时间对同一组被试进行测试，求两组得分的相关，看随时间的一致性。复本信度：用两个关于同一内容的包含不同题目的测试对同一组被试进行实测。内部一致性信度：用来检验一个测验内的题目本质上是不是单维的。

4. 在这个例子中，根据这一章的信度定义，你的汽车将被认为是可信的。虽然你可能会因为你的引擎在每次开车时都停了三次而感到沮丧，但是汽车的性能仍然是一致的。你可以预测每一次你开车的时候，引擎会熄火三次。

5. A组似乎有更高的内部一致性。A组中的每一项都与对死刑或对或错的看法有关。B组中的项目在某种程度上与法律、犯罪和惩罚相联系，尽管它们与A组中的项目没有密切相关。

6. 内容效度，请历史学专家来鉴定测验问题并确定测验所包含的内容的合适性。

7. 中等难度的测验最准确地反映了个人的表现。做一个太容易的测验并不能给你提供关于个人如何处理更难的问题的信息。同样，进行一个难度太大的测验，会告诉你个人无法正确回答的问题类型，却不能告诉你个人对于正在测试的结构能做些什么。

答案可能包括SAT、GRE和（或许）智力测验。

8. 当巴恩斯先生和弗莱彻夫人给他们的学生提供了不同的指示时，他们制造了对信度的威胁。在某些类型的多项选择测试中，不止一个答案在技术上是正确的，虽然其实只有一个答案是最好的或者最正确的。巴恩斯先生的学生们可能选择了“a”选项（如果它在技术上是正确的），甚至没有看答案“c”（它是这道题的最佳答案）。如果他的学生被要求选择最好的答案，则他们可能在测试中表现得不同，这是对信度的威胁。

9. 在最初的例子中，兰道教授正在检验复本信度，因为他使用的是一个测验的两个不同版本。如果他两次使用相同的测试，他将检验重测信度。

10. 测量水平用于评估一个变量的精密程度。

11. (a) 称名变量——性别。(b) 顺序变量——某竞赛中的名次。(c) 等距变量——智力测验成绩。(d) 比率变量——天数。

12. 一个测验可以有良好的信度而没有良好的效度，却不能有良好的效度而没有良好的信度。

13. 问一个你正在研究课题领域的专家，你的量表中的题目是否能评估你想要评估的东西，这是建立良好内容效度的好方法。

14. 在本例中，你已经建立了良好的区分效度。你可以说，你的量表上的题目衡量的不是社会赞许性。

第6章

1. 事实是，试题的难度各不相同，考生也不能回答每个问题，这说明在设计用来测量智力的题目上，测验将会很好地区分不同的人。

2. 标准化测验是由商业出版商提供的测验，他们有自己的标准指令和评分程序。它们不同于研究者/教师自编测验，因为可以被广泛应用于广泛的人群。

3. (a) 这个例子描述了一个标准参照测验，因为考生必须符合答对 70%的标准，并且每个人获得及格分数的机会不受其他参加考试的人的影响。(b) 这个例子描述了一个常模参照测验，因为考生获得及格分数的机会取决于其他个体的标准。

4. 增加或减少选项的吸引力改变了测验题目的难度等级。它也将改变区分度值。

5. (a) 区分度＝ 0.34；难度＝0.26。(b) 区分度＝－0.08；难度＝0.21。

6. 请你的一个同学检查你编制的问卷的语句是否清楚易懂。

7. 这是一个探索性练习，答案可以是多样的。

8. (a) 中等难度和低区分度。(b) 难度不高，区分度可以接受。

9. (a) 问题应当清楚，不要过多涉及个人隐私。(b) 问题要简洁。(c) 问题要有趣。

10. (a) 如果你能采用匿名的方式，那么个体会更加诚实作答。(b) 通过邮寄你可以调查很多地区。(c) 问卷法比访谈法更加经济。

11. 当给李克特量表计分时，保持一个方向是很重要的。如果一些题处于正方向（例如："情节很有趣。"），而另一些题处于负方向（例如："这部电影的大部分场景很无聊。"），其中一个方向的题目必须反向计分。例如，对"这部电影的大部分场景很无聊"的回应是 2 分时，要计 4 分，因为在负向题目上选择 2 分是对电影的正面回应。因此，我们把 4＋4＋4＋4 加起来等于 16。计分也可将所有积极的回应都移到一个消极的方向上，在这种情况下，总得分是 2＋2＋2＋2＝8，但是这需要计分者进行更多换算。在任何一种情况下，计分者都应在每一项调查中以一致的方向进行计分。

第 7 章

1. 光学扫描仪的速度非常快，而且节省了很多时间，也比手工评分更准确。扫描能使你除了简单的计分，在数据上应用一些功能（例如，计算题目的难度和区分度）。使用光学扫描仪的主要缺点是成本高。此外，尽管光学扫描仪是可靠的，但近年来一些公司报告了光学扫描仪所犯的错误。

2. 使用数字使数据分析更容易，因为数字比字母或单词更精确，而且数字比单词短。另外，一些统计软件在处理数据时只识别数字。

3. 由于数据收集是完成研究的最艰巨和最耗时的部分之一，寻找被试应该在研究过程中尽快开始。请记住，在研究人员寻求任何形式的参与者之前，机构审查委员会应该批准这项研究。

4. (a) 20 个班级，每次 30 分钟，需要近 600（20×30）分钟，或 10 小时。然而，在日程表上增加 25%～50%的时间是明智的，可以补偿可能发生的意外的耗时事件。在预估的数据收集的 10 小时内，增加 25%～50%的时间将增加 2.5～5 个小时。因此，你可以大约分配 12.5～15 小时用于数据收集（情况可能各异）。可预测的额外事件，例如旅行也消耗时间。(b) 答案可能会各种各样。除了分配额外的时间给无法预料的事件，当评估数据收集需要多少时间时，你应该计入学生上课迟到所耽误的时间（特别是问卷将在上课初就发给班级）、学生读得更慢或者做出更细致反应的时间、提交问卷的时间和任何需要知情同意的时间、你回答任何相关问题的时间，以及任何旅行时间和上课时间。

5. 如果没有及时跟进未参加计划的被试，可能会导致样本量小于实际所需的样本量。存在的可能性是，退出或不出现的个体在一个或多个变量上和参与的个体存在差异，从而在结果中产生潜在的混淆。

6. 你的数据集可能和别人的不同，只要具备了应有的信息即可。

7. 你的数据集可以与之不同，这里提供的答案仅做参考。自变量是性别和组织成员，因变量是测验 1 和测验 2。

序号	性别	组织成员	测验1	测验2
1	1	1	7	7
2	2	2	8	7
3	2	2	7	6
4	2	2	6	6
5	1	2	6	5
6	2	2	6	6
7	1	2	5	7
8	1	1	4	6
9	2	1	5	5
10	2	1	6	5
11	1	1	5	4
12	1	1	4	3
13	1	1	5	4
14	2	2	6	8
15	2	2	5	7
16	2	1	8	6
17	1	1	7	7
18	1	2	6	5
19	1	2	7	4
20	2	1	8	6

8. 中数最适合于顺序（排序）数据。在样本包括极端分数的情况下，这是非常合适的。

9. (a) 0.2。(b) 2.4。(c) −0.6。(d) 97.5。(e) 106。(f) 110.6。

z 分数使我们能够对使用不同评分标准的各类测验分数进行比较。它描述了在一次特定测验中原始分数在正态曲线中的位置。

10. 全距是5，标准差是1.703，方差是2.9。

11. (a) 数学成绩：克莱尔的 z 分数为2.24，诺亚的 z 分数为1.18。科学成绩：克莱尔的 z 分数为0.70，诺亚的 z 分数为0.96。(b) 最好的成绩是克莱尔的数学成绩。(c) 仅仅根据 z 分数，克莱尔的成绩更好一些。

12. 因为 z 分数可以表明原始分数在该组分数分布中的位置。以团体平均分作为比较的基准，以标准差为单位，不同性质的成绩一经转化为 z 分数，就可以直接进行比较。

13. z 分数为0表示该成绩刚好等于平均数，如果是正态分布，那么这名学生的成绩高于班上50%的学生。

14. 由于一些超级富豪的存在，平均数会高于社会上大多数人的薪资水平。因此，中数是最能描述其集中趋势的统计量。

15. 16%。

16. 平均数是所有分数总和除以分数个数的结果。中数是数列中位于中间位置的那个数。众数是数列中出现次数最多的那个数。

17. 这种模式是唯一可用于称名（分类）数据的集中趋势的度量。

18. 均值和标准差是充分理解数据分布和分布意义的两种最重要的集中趋势指标。

19. 为了得到标准差，你必须取方差的正平方根。64的正平方根8就是这个例子中的标准差。

20.

	平均数	中数	众数
组 1	2.5	2	1
组 2	5	4	3

21. 你的输出结果应该包括你的输入数据，以及在记作测验 1 和测验 2 的变量上的平均值（位于列尾）。

第 8 章

1. 偶然性就是事件的随机发生率，在没有给出任何信息的情况下，它是对结果看似最真实的解释。它在推论统计中的作用是，它成为衡量我们判断被观察的结果是否彼此不同的一个标准。

2. 当你开始研究那些你认为对观测包括差异有影响的变量时，你没有任何证据证明你的假设。所以你所能选择的解释不是自以为是的猜想而是差异是由偶然性引起的。

3. 当样本量小于 30 时，中心极限定理不能成立，这意味着样本均值不呈正态分布。因此，数据可能需要不用假定正态分布的非参数统计检验来分析。

4. 虚无假设不能被拒绝。根据自由度为 60（接近 53）、显著性水平为 0.01 的临界值表可知，要拒绝虚无假设，t 值必须大于等于 2.660。

5. 首先，统计上的显著意思是结果表明对观测到的结果而言，虚无假设不是最好的解释。可能存在这种情况，尽管结果是显著的但是对多种多样的原因而言并没有意义。首先，尽管那些暗含改变的实验处理可以产生显著性改变，但是这些改变是否足够大以至于值得花费纳税者的钱，投资几百万甚至更多？

其次，在另一种情景中，显著性结果并没有意义。通过成本-效益分析来评估显著性结果以达到确定结果是否有意义的目的，这似乎很明智。

6. 那是一回事。显著性水平就是产生Ⅰ类错误的概率。

7. 中心极限定理假定不管总体的分布特征如何，通过重复取样，可以用一个正态分布代表总体。在推论统计中这是很重要的环节。尽管不可能知道总体的分布形状是如何的，但是中心极限定理允许反推总体的分布，没有这个定理，研究者就会被严重地束缚在对总体的反推过程中。

8. (a) 总体平均数是 3.23。(b) 五个平均数的平均数是 3.16。(c) 为什么平均数的平均数如此接近总体的平均数，中心极限定理给出的解释是：不管总体是不是呈正态分布，重复取样都可以产生一个平均数的正态分布。通过计算平均数的平均数，并且因为这个数与总体的平均数如此接近，所以这就暗示该平均数一般分布在总体真正平均数的四周。(d) 这个例子说明了在做由样本到总体的推论的时候，中心极限定理有很大的作用。因为它揭示了研究者在不需要知道总体中存在的个体的真实状态时是如何将由样本获得的结果推广到总体的。

9. 结果有统计上的显著性是说观察到的两组之间的差异是由一些因素，比如主要是实验处理而不是偶然性引起的。研究人员设定了观察一个值的概率，一旦大于或等于它，这个发现就被认为具有统计学显著性。

10. 有这样一个例子：两独立组（或者说是两个投票组）之间存在很小的差异（几乎可以忽略），但是由于样本足够大以至于差异具有显著性。比如说组 1 是投票给候选人鲍勃的人（57%），组 2 是投票给候选人凯伦的人（56.99%），由于样本非常大而投票误差很小，所以两组之间的差异显著。有意义？我不这么认为。

11. 因为检验统计量的值超过或是与拒绝所需要的值相等而拒绝虚无假设时，研究假设就可能被当作组间差异的一个可能的备选解释而被接受。研究假设不可能被直接证明，因为接受检验的是虚无假设。

12. 增加样本量有助于减少Ⅱ类错误的发生率。（增加显著性水平也可以减少犯Ⅱ类错误的概率，但如果你的目标是避免Ⅰ类错误，则此方法不可取。）

13. （a）提出虚无假设：在依恋方面，在托儿所照顾的11个月大婴儿和在家照顾的同龄的婴儿之间没有差异。（b）显著性水平：$p<0.05$。（c）选择合适的统计检验：独立样本平均数的 t 检验。（d）计算检验统计量的值。（e）参照合适的 t 检验的临界值表，决定拒绝虚无假设所需要的值。（f）将检验统计量的值与临界值做比较。（g）依据检验统计量的值与临界值之间的比较结果，接受或是拒绝虚无假设。（h）依据最有力的解释得出结论。例如，如果没有超过临界值，那么最具吸引力的解释是，在托儿所照顾的婴儿和在家照顾的婴儿之间的差异是由偶然因素引起的。相反，如果超过临界值或是与临界值相等，虚无假设就会被拒绝，而研究假设就会被当作对依恋上的差异的一个可能解释而被接受。

14. Ⅰ类错误是当虚无假设为真时却拒绝它所犯的错误，Ⅱ类错误是当虚无假设为假时却接受它所犯的错误。

15. 这个例子中的 p 代表概率。表达式 $p<0.01$ 意味着，你犯Ⅰ类错误，或者拒绝虚无假设，但它为真并且你的结果由偶然因素引起的概率为1%（或更低）。

16. 等看到数据分析的结果后再去选择一个显著性水平，会让你在解释你的结果时存在偏向。要在选择0.01或0.05的显著性水平时，考虑一些重要的因素。本章的在线资源部分提供了在这个决策中考虑的因素的概述。

17. 当获得值比临界值更极端时，你应该拒绝零假设。

18. 随着样本大小的增加，样本变得更像总体。因此，为了拒绝零假设而得到的值与临界值之间的差异就不再很大。

19. 多重方差分析（MANOVA）适用于具有多个因变量的情形。

20. 方差分析（或者选项 c），因为你进行的是多于两组平均数的比较。

21. 元分析就是对许多研究结果的分析，它让我们对一般的趋势有所了解。

效应量是一个标准单位，这意味着它允许研究人员在不同的方法和样本之间进行比较，不用考虑以往研究中所使用方法和样本的差异。效应量告诉我们变量之间的关系有多强。它增加，差异就增大。

第9章

1. （a）有多少人打算投票赞成增加税收以资助新兴的运动领域？（b）医生怎样才能让病人更加满意？（c）教师比较喜欢的用于教学的策略是什么？（d）年轻人喜爱的非虚构类作品是什么？（e）学校里最受欢迎的学生是谁？

2. 访谈有众多优势，可以对人们的情感和观念提供更加丰富的信息，比其他方法允许更大的灵活性，允许研究者为数据收集定下基调，允许研究者直接观察访谈设置的质量和受访者的行为。访谈也有很多劣势，可能会花费较多时间和金钱，限制受访者的匿名性，缺乏标准化，而且可能倾向于研究者的偏向。

3. 答案多种多样，例子包括：

（a）你认为在儿童运动比赛中保留计分有什么好处？（b）对儿童运动员保留计分会如何变成一个负面经验？（c）你认为在运动中保留计分会怎样影响儿童的竞争性和生活的其他方面？

4. 访谈的五个步骤如下：

（a）确定访谈的目的并回顾相关文献。（b）为你的研究选择一个合适的样本。（c）制订合适的访谈问题，并进行现场测试。（d）按照你的方向训练访谈者的行为。（e）实施访谈。

5. 0.78，−0.67，0.53，0.21，−0.01。

6. 此论述的错误在于，没有理由认为两变量间的关系是因果关系。一个变量的变化不会必然引起另一个变量的变化。学习时间和考试成绩间的关系可能受到其他变量的影响。缺少对诸如睡眠时间、考试焦虑以及教师风格等重要变量的控制，任何人都不能断定是学习时间的欠缺导致了糟糕的成绩。

7. (a) 正性。(b) 负性。(c) 负性。

8. (a) 人越高就越强壮。(b) 应试者作答越慢，他所犯得错误就越少。(c) 谜题的破解者所需的步数越少，他的所得分数越高。

9. (a) 否。(b) 是。(c) 是。(d) 否。(e) 否。

10. 有许多正确答案。对于问题 (a)，访谈者应该把最初的问题分成两个不同的问题。与青少年饮酒相比，受访者对青少年吸烟的态度可能有所不同。此外，访谈者可能要进一步细化青少年分组，比如吸烟，对一个 13 岁的孩子来说是非法的，对 19 岁的孩子来说不是。访谈者可以用一个开放的问题来获得更多的信息，而不是一个封闭的问题。对于问题 (b)，口语对于访谈问题来说过于正式，尤其是针对初中生的问题。访谈者应该使用一个简单的词，比如口头禅。

11. 描述研究的目的是评估一组事物、人群、事件或构念的当前状态。它提供了对于现象的说明并起到构思其他研究的催化剂的作用。描述研究只是描述现象，它不解释因果关系或进行因果推论。

12. 当某人试图描述一定背景下的特定情况时，描述研究是适合的。例如，我对于了解要在家长会上露面的家长的平均数量很感兴趣，并且想把这个数量按年级和子女是否参加课外活动进行分解。

13. c 是唯一不正确的。

14. 在足够大的样本中，变量间通常会共有足够多的变异，以至于相关系数在统计上是显著的。但是，这不能说明它是有意义的。例如，在一个拥有 5 000 名小学生的样本中，问题解决技巧和学生每天乘坐的校车数量之间的相关可能是显著的，但这肯定是没有意义的。

15. 在这个例子中 0.25 的相关具有显著性，但 0.2～0.4 的相关被认为是弱的。因此，晚饭时喝牛奶和夜间尿床之间的关系不是很有意义，可能更多与外部因素（比如样本容量大）有关。在这个例子中，基于临床意义上显著而微弱的相关性，研究人员肯定不会建议母亲们不要给孩子们喝牛奶（这也是因果关系!）。

16. 决定系数表示一个变量的变异量对另一个变量的解释比例。变量间的相关系数为 0.60，则决定系数为 0.36 (0.60×0.60)，即一个变量有 36%的变异可以由另一个变量来解释。这使得余下 64% (100%－36%) 的变量未被解释，或偏离系数为 0.64。

第 10 章

1. 查阅本章中和第 3 章中同样被提到的资料的类型：一般资源、二级资源、原始资源。

2. 以下有一些选择：(a) 对现存参与者的访谈。(b) 报纸文章。(c) 照片。(d) 磁带录音。(e) 警方或其他法律相关文件。

3. 它们在数据收集的种类以及方法的基本理念上有不同。它们都能很好地回答相似的问题，但是最主要的区别在于，对大量正在发生之行为背景的丰富性是否感兴趣。如果感兴趣，则质性方法是更适合的方法。

4. 以下是很多可能性中的其中三个：(a) 对有特殊需求的孩子实施的项目的效力。(b) 在一学年内对独生子女进行一个简单的个案研究。(c) 一个体育主管与媒体打交道的效率。

5. 一些事实是，历史研究处理已经发生的事件，也处理原始资源和二级资源。另一个就是历史研究使用真实性和准确性作为标准。

6. 可个别回答。

7. (a) 父母对公立学校担保者作用的积极评论和消极评论是什么？(b) 家庭如何为孩子创造一个更好的更具支持性的环境？(c) 什么是最有效的干预项目，父母是如何对项目的效力做出贡献的？(d) 老年人如何最好地学习？(e) 平等准入法律的执行是如何影响学校新政策发展的？

8. 在焦点小组中，不同的群体应该保持分离。因此，在这个例子中，将女性与她们的丈夫分开是可取的。这样，男性和女性都更有可能表达自己的真实想法，而不是因为配偶的存在而调整自己的表达方式。

9. 这是一个探索性练习，答案可以是多样的。

10. 这是一个探索性练习，答案可以是多样的。

11. 这个结论表达的是一个因果关系，从个案研究中得出具有因果关系的结论是不恰当的，因为一个样本的规模不足以得出一个因果结论，并且个案研究的目的不是检验因果关系。

12. 这个民族志者可能没有在这一新文化中花足够的时间。她忽视了长期野外活动的民族志实践，这可能需要数年时间！

第11章

1. 你可以假设这些组是等价的，因为被试是随机分配的，这减少了组间的显著差异。

2. 所罗门四组设计是一个很好的选择，因为它可以让你决定前测是否影响后测分数。

3. 答案会多种多样。一个内部效度更高的研究例子是一项关于抑郁症医学干预的研究，它只包括那些被单一诊断出具备足够稳定性（不采取自杀行动）的被试在实验室参加双盲研究。一个外部效度更高的研究例子是一项改进一所高中的SAT规范的研究，学生在同一间教室里进行测试，可能有一些人走在外面的走廊上。

4. 流失——在一些时间跨度较长的研究中，由于某种原因造成样本容量下降或是减少。例如，实验进行中，那些参与实验的被试其家庭搬离了实验所在地。

测量工具的影响——测量因变量的程序的改变。例如，在对图画的评估的研究中，随着评估的进行，评价图画是否可接受的标准也会渐渐发生改变。

前测的影响——由于前测的经验的影响，被试的行为表现发生了变化。比如在一个研究中，需要事先测量年轻被试的自尊水平，而这样的前测有可能会唤醒被试从未有过的想法。而这种新思维模式很可能影响被试在实验处理期间的行为表现。

反作用安排——当被试觉察到自己正被观察时，他的行为表现就会发生改变。在很多实验中，直到实验的结束才会告知被试实验的真正目的。

5. 很明显，孩子的言语技能总是会提高，即使你让他们枕着词典睡觉，得出的最终结果可能也会是相同的。本实验缺少一个控制组，因此不能做出真正的比较。

6. 研究的结果既要能够证明研究假设又要能够被概化到其他总体中去。

7. 统计回归是影响实验内部效度的一个因素。由于测量工具存在测量误差，故用其对儿童进行测量时，结果处在一个极端的分值中，而在随后的测量中，得分很可能不再是极端值，即趋向平均值。

8. 客户的饮食变更会给历史记录造成干扰。

9. 分级评估规则有助于减少量表的干扰。它们提倡标准计分。

10. （a）从总体中随机选择被试。（b）随机分配被试入组。（c）给各组随机安排处理条件。

11. 步骤如下：（a）随机分配被试到不同的组中。（b）随机分配各组进行不同的处理。（c）应加以匹配的相关变量是：性别、父母亲的收入、父母亲的受教育水平。

12. 一个可能的摘要如下所示：研究者想要研究一种能增强记忆的新型药物对小白鼠智力的影响，而这种影响效果是通过测量它们学习一种新的迷宫的速度来获得的。研究者从100只老鼠中选择了最慢的或最愚钝的10只，然后对它们用药，最后研究者很高兴地发现老鼠的学习速度提高了。

13. 这是一个探索性练习，答案可以是多样的。

14. 很简单，设置一个控制组，如果其他变量都被控制了，那么控制组与实验组之间唯一的差别就是实验处理了。

15. 匹配过程取决于哪个种族与希望水平存在显著性相关。如果此前研究显示这两个变量的关系是显著的，研究者应该继续匹配。否则，可以用随机分配来完成。

16. 答案可能包括：迷信、无法证明的断言、暗含好运的行为。

17. 答案可能包括：与后测的结果进行比较以评估改变；建立一个标准，对被试进行匹配使其相互对；等等。

18. 因为我们并不是完美的，很可能存在一些变量污染或混淆研究结果。尽管我们假设实验开始前各组被试是均等的，但是实际上他们并不是。

19. (a) 多重处理干扰——被试除了接受研究者给定的处理，还可能接受其他研究者意料之外的处理，这将会降低研究结果概化到其他情景中的程度，而在其他情景中可能不存在这种意料之外的处理。(b) 反作用安排——如果被试知晓了研究者的意图，他们可能表现的与平时不一样，因此而降低了这一研究的概化能力。(c) 实验者效应——实验者过于积极地卷入某一研究，导致他很可能会成为一个处理变量。这将会降低该研究的普适性。(d) 前测敏感性——当研究者告知被试有关将要进行的或期待的信息时，这将会影响到后续的测量分值，并且会降低这一研究的内部效度。

20. 协方差分析。

第12章

1. 根本的区别是：在准实验设计中，被试事先就已经分配好。即使在仅有一个自变量的情况下，实验对分组也没有进行任何控制。

2. 组群设计通常是对一组被试的某一行为进行测量，而单被试设计是对一名被试的一组行为进行测量。最适合采用单被试设计的情况有：被试是有限的，或者所要研究的条件是稀有的或特有的。

3. 由于伦理上的限制，不能对自变量进行实验操纵时，则选择进行准实验研究。例如父母教养风格的影响、性别对工资的影响或是一个国家国民生产总值对就业率的影响等。

4. 血型、受虐待水平、食物剥夺只能够作为准实验设计的自变量进行研究，因为接受处理的被试是已经分配好的。

5. 在准实验设计中，你可能观察到的组间差异是已经存在的，而在其实验设计中，你可以对被试进行随机分组。

6. 以下是三个例子：(a) 性别如何影响自信？(b) 宗教信仰会影响职业选择吗？(c) 种族对于结婚的年龄有影响吗？

7. 从低到高：(a) 前实验设计。(b) 准实验设计。(c) 真实验设计。

8. 前后测控制组设计要求进行随机选择和分配，而不相等控制组设计则没有。

9. 一个可能的例子是：(a) 为患有阿斯伯格综合征的儿童建立（自我激励）行为的基线。(b) 对自闭行为的治疗。(c) 逆向实施（移除治疗）。(d) 再引入治疗，每一步都包括观察和记录在一定时间内的自闭行为。

10. 这里有一个例子。在一个30年的时间段内，一个研究者对社会群体中的成员互动对精神健康的影响进行了研究。研究者不应该仅仅考虑到参与者的年龄，还应该关注在此阶段内的社会行为（和其他可能的变量），尤其是与年龄相关的社会行为。

11. 当然，肺活量和年龄之间有关系，但是并不是年龄的增长导致了肺活量的下降。事实上，还有很多其他原因包括肺的弹性、早期肺活量水平、基本健康状况、烟草使用情况等，这些都比年龄的影响要大得多。

12. 这是一个探索性的练习，答案可以有多种。

13. 队列效应对横断研究设计的效度构成威胁。同年龄的被试可能有相似的历史和经验，这些可能会与年龄混淆。

第13章

完成这三道题得去图书馆查资料。无固定答案，需自由发挥。

参考文献

American Psychological Association (1992). *Ethical Principles of Psychologists and Code of Conduct*, vol. 47: 1597–1611. Washington, DC: APA.

——— (2001). *Publication Manual of the American Psychological Association*, 5th ed. Washington, DC: APA.

——— (2009). *Publication Manual of the American Psychological Association*, 6th ed. Washington, DC: APA.

Baer, D. (1970). "An Age Irrelevant Concept of Development." *Merrill-Palmer Quarterly, 16*, 238–245.

Burton, N., & L. Jones (1982). "Recent Trends in Achievement Levels of Black and White Youth." *Educational Researcher, 11*, 10–14.

Calishain, T., & R. Dornfest (2003). *Google Hacks*. Sebastopol, CA: O'Reilly Associates.

Campbell, D. T., & J. Stanley (1963). "Experimental and Quasi-Experimental Design for Research on Teaching." In *Handbook of Research on Teaching*, edited by N. L. Gage, 171–246. New York: Macmillan.

Castro, G., & M. A. Mastropieri (1988). "The Efficacy of Early Intervention Programs: A Meta-Analysis." *Exceptional Children, 52*, 417–424.

Chaffin, M., J. Silovsky, B. Funderburk, L. Valle, E. Brestan, T. Balachova, S. Jackson, J. Lensgraf, & B. Bonner (2004). "Parent Child Interaction Therapy with Physically Abusive Parents: Efficacy for Reducing Future Abuse Reports." *Journal of Consulting and Clinical Psychology, 72*, 500–510.

Chen, C., & H. Stevenson (1989). "Homework: A Cross-Cultural Examination." *Child Development, 60*, 551–561.

Cohen, J. (1988). *Statistical Power Analysis for the Behavioral Sciences*, 2nd ed., xxi, 567. Hillsdale, NJ: Erlbaum.

Cole, D. A., T. Vandercook, & J. Rynders (1987). "Dyadic Interactions between Children with and without Mental Retardation: Effects of Age Discrepancy." *American Journal of Mental Deficiency, 92*(2), 194–202.

Conoley, J. C., & J. J. Kramer, eds. (1989). *The 10th Mental Measurements Yearbook*. Lincoln, NE: Buros Institute of Mental Measurements.

Cook, T., & D. Campbell (1979). *Quasi-Experimentation: Design and Analysis Issues for Field Settings*. Boston, MA: Houghton Mifflin.

Csikszentmihalyi, M., & R. Larson (1987). "Validity and Reliability of the Experience-Sampling Method." *Journal of Nervous and Mental Diseases, 175*, 526–536.

Curtiss, S. (1977). *Genie: A Psycholinguistic Study of a Modern Day "Wild Child."* New York: Academic Press.

Damon, W., & R. Lerner, eds. (2000). *Handbook of Child Psychology*. New York: Wiley.

Duckett, E., & M. Richards (1989). "Maternal Employment and Young Adolescents' Daily Experiences in Single-Mother Families." Paper presented at the Society for Research in Child Development, Kansas City, MO.

Fleming, A. S., E. Klein, & C. Corter (1992). "The Effects of a Social Support Group on Depression, Maternal Attitudes, and Behavior in New Mothers." *Journal of Child Psychology and Psychiatry, 33*, 685–698.

Gardner, H. (1983). *Frames of Mind: The Theory of Multiple Intelligence*. New York: Basic Books.

Goodwin, C., & M. H. Goodwin (1966). "Seeing as a Situated Activity: Formulating Planes." In *Cognition and Communication at Work*, edited by Y. Englström & D. Middleton, 61–95. Cambridge, UK: Cambridge University Press.

Goodwin, L. (1986). "Use of Microcomputers with Preschoolers: A Review of the Literature." *Early Childhood Research Quarterly, 1*(3), 269–286.

Hall, B. W., A. W. Ward, & C. B. Comer (1988). "Published Educational Research: An Empirical Study of Its Qualities." *Journal of Educational Research, 81*(3), 182–189.

Hanna, E., H. Yi, M. Dufour, & C. Whitmore (2001). "The Relationship of Early-Onset Regular Smoking to Alcohol Use, Depression, Illicit Drug Use, and Other Risky Behaviors during Early Adolescence: Results from the Youth Supplement to the Third National Health and Nutrition Examination Survey." *Journal of Substance Abuse, 13*(3), 265–282.

Hanson, S. L., & A. L. Ginsburg (1988). "Gaining Ground: Values and High School Success." *American Educational Research Association, 25*, 334–365.

Jordan, T. E. (1987). *Victorian Childhood: Themes and Variations*. New York: State University of New York Press.

Kaufman, A. S., & N. L. Kaufman (1983). *Kaufman Assessment Battery for Children*. Circle Pines, MN: American Guidance Service.

Kazdin, A. ed. (2000). *Encyclopedia of Psychology*. New York: Oxford University Press.

Kidder, T. (1989). *Among School Children*. New York: Random House.

Klaczynski, P., K. Goold, & J. Mudry (2004). "Culture, Obesity Stereotypes, Self Esteem, and the 'Thin Ideal': A Social Identity Perspective." *Journal of Youth and Adolescence, 33*, 307–317.

Krohn, E. J., R. E. Lamp, & C. G. Phelps (1988). "Validity of the K-ABC for a Black Preschool Population." *Psychology in the Schools, 25*, 15–21.

Lampl, M., M. L. Veldhuis, & M. L. Johnson (1992). "Saltation and Stasis: A Model of Human Growth." *Science, 258*, 801–803.

Likert, R. (1932). "A Technique for the Measurement of Attitudes." *Archives of Psychology, 140*, 55.

Mitchell, J. V. ed. (1983). *Tests in Print III: An Index to Tests, Test Reviews, and the Literature on Specific Tests*. Lincoln, NE: Buros Institute of Mental Measurements.

Neill, A. S. (1960). *Summerhill*. New York: Hart.

Nesselroade, J. R., & P. Baltes (1974). "Adolescent Personality Development and Historical Change: 1970–1972." *Monographs of the Society for Research in Child Development, 39*(1, serial no. 154), 1–79.

O'Neil, B. (1994, Mar. 6). "The History of a Hoax." *New York Times Magazine*, 46–49.

Radin, N., & R. Harold Goldsmith (1989). "The Involvement of Selected Unemployed and Employed Men with Their Children." *Child Development, 60*, 454–459.

Sarasm, S. (1959). *Psychological Problems in Mental Deficiency*. Minneapolis, MN: Arc Resource Center.

Shadish, W. R., T. D. Cook, & D. T. Campbell (2002). *Experimental and Quasi-Experimental Designs for Generalized Causal Inference*. Boston, MA: Houghton-Mifflin.

Singer, J. L., D. G. Singer, & W. Rapaczynski (1984). "Children's Imagination as Predicted by Family Patterns and Television Viewing: A Longitudinal Study." *Genetic Psychology Monographs, 110*, 43–69.

Skeels, H. M. (1942). "A Study of the Effects of Differential Stimulation on Mentally Retarded Children: A Follow-Up Report." *American Journal of Mental Deficiency, 46*, 340–350.

———. (1966). "Adult Status of Children with Contrasting Early Life Experiences: A Follow Up Study." *Monographs of the Society for Research in Child Development, 31*, 340–350.

Skeels, H. M., & H. A. Dye (1939). "A Study of the Effects of Differential Stimulation on Mentally Retarded Children: A Follow-Up Report." *American Journal of Mental Deficiency, 46*, 114–136.

———. (1966). "Adult Status of Children with Contrasting Early Life Experiences: A Follow-Up Study." *Monographs of the Society for Research in Child Development, 31*, 340–350.

Smith, M., & G. Glass (1977). "Meta-Analysis of Psychotherapy Outcome Studies." *American Psychologist, 32*, 752–760.

Smith, M. L., & L. A. Shepard (1988). "Kindergarten Readiness and Retention: A Qualitative Study of Teachers' Beliefs and Practices." *American Educational Research Association, 25*, 307–333.

Social Networking Fact Sheet, Pew Research Center, http://www.pewinternet.org/fact-sheets/social-networking-fact-sheet/.

Solomon, D., M. Watson, K. Delucci, E. Schaps, & K. A. Battistich (1988). "Enhancing Children's Prosocial Behavior in the Classroom." *American Educational Research Journal, 25*, 527–554.

Stevens, S. S. (1951). "Mathematics, Measurement, and Psychophysics." In *Handbook of Experimental Psychology*, edited by S. S. Stevens, 1–49. New York: Wiley.

Terrance, L., & M. Johnson (1978). "Ratings of Educational and Psychological Journals." *Educational Researcher, 19*, 8–10.

Thurstone, L. L., & E. J. Chave (1929). *The Measurement of Attitudes*. Chicago, IL: University of Chicago Press.

Tuttle, W. (1995). *Daddy's Gone to War*. New York: Oxford University Press.

Vellman, P. F., & L. Wilkinson (1993). "Nominal, Ordinal, Interval, and Ratio Typologies Are Misleading." *American Statistician, 47*, 65–72.

Wigfield, A., & J. Eccles (1989). "Test Anxiety in Elementary and Secondary School Students." *Educational Psychologist, 24*, 159–183.

Wintre, M. G., R. Hocks, G. McVey, & J. Fox (1988). "Age and Sex Differences in Choice of Consultant for Various Types of Problems." *Child Development, 59*, 1046–1055.

术语表

ABD（all but dissertation，准毕业生） 特指除了最后毕业论文以外已完成所有学业的毕业班学生。

abstract（摘要） 期刊文章的主要概述，通常出现在正文之前。

accuracy（准确性） 历史资料来源的可信任程度。

achievement tests（成就测验） 一种用于测量诸如数学、阅读之类特定领域知识水平的测验。

analysis of covariance（ANCOVA，协方差分析） 均衡可能存在的任何原始差异的统计方法。

applied research（应用研究） 能直接应用的研究。

archival records（档案记录） 通常保存在被维护并且便于研究者获取的条件下，通过某种关系关联起来的材料。

attitude tests（态度测验） 用于评定个体对问题、事件、人物的看法或偏好的测验。

authenticity（真实性） 历史资料来源的真实程度。

baseline（基线） 在实验开始前与实验对象有关的行为水平。

basic research（基础研究） 一种纯理论研究，只增加某领域基础知识，没有直接的实际应用。

blind review（盲审） 杂志文章审核过程中，审核者不知道文章作者的身份。

browser（浏览器） 用于在互联网上浏览和工作的软件工具。

case study（个案研究） 一种描述性研究方法，用于研究在特定环境或者极端行为条件下的个体。

causal-comparative design（因果比较设计） 在研究中，被试基于实验者无法控制的特征进行分组，如性别、年龄，也被称作事后或准实验研究。

central limit theorem（中心极限定理） 推论统计的一个定理，即无论总体分布的形态如何，从中重复取样都会产生符合正态分布的平均数。

chance（偶然性） 对组间差异的一种非假定解释，即不能由被研究的变量来解释差异。

closed-ended questions（封闭式问题） 有清晰明确的重点并要求得到明确回答的访谈问题（等同于结构性问题）。

cluster sampling（整群取样） 一种概率取样过程，选中的是被试所在群体，而不是被试本身。

coding（编码） 用数字来代表数据。

coefficient of alienation（偏离系数） 无法解释变量间关系的变异量。

coefficient of determination（决定系数） 相关系数的平方，表示一个变量的变异由另外一个变量解释的值。

concurrent validity（同时效度） 效标效度的一种。

confounding（混淆） 变量争相解释在研究中发现的结果的情形。

construct validity（结构效度） 一个测验能真正测到其所要测量的心理能力或技能的程度，通常和理论基础或行为模式有关。

content validity（内容效度） 一个测验能真正代表所有可能要求回答的问题范围的程度。

continuous recording（连续记录） 在连续的基础上记录行为。

continuous variable（连续变量） 可以取任何值，具有连续性的变量。

control group（控制组） 实验中不接受实验处理，但有可能接受其他条件的组别。

control variable（控制变量） 对因变量有潜在影响的变量。

convenience sampling（方便取样） 一种非概率取样方法，被选择的样本往往代表一些受制的对象，例如一堂心理学入门课上的大二学生。

convergent validity（聚合效度） 结构效度的一部分，即当测量相同特征时，方法变异被共享的程度。

correlation coefficient（相关系数） 两个变量之间相关程度的指标，取值范围在＋1.00 到－1.00 之间，并且可正可负。

correlational research（相关研究） 一种测量两个或两个以上变量之间相互关系的研究方法。

criterion-referenced test（标准参照测验） 一种测量个体在特定目标范围内掌握特定行为水平的测验。

criterion validity（效标效度） 不考虑测验环境，一个测验估计（同时效度）或预测（预测效度）某种行为的程度。

critical value（临界值） 判断虚无假设刚好无法被接受的一个值，或虚无假设为真时你所期望能够接受的最小检验统计值。

cross-sectional method（横断方法） 发展研究的一种方法，主要用于研究年龄差异而不是年龄的变化。

data collection form（数据收集表） 一种记录原始数据的格式，大多数情况下是为了方便将数据输入计算机。

data point（数据点） 在一个测验或实验中，每个个体对应的分数。

degrees of freedom（自由度） 一个统计值可自由变化的余地，它有助于确定统计检验的临界值。

dependent variable（因变量） 研究的结果变量，因变量的变化结果由另外一个因素（自变量）引起。

descriptive research（描述研究） 一种仅描述一个现象而不试图测定导致现象的原因的研究。

descriptive statistics（描述统计） 简单描述一个分布的集中趋势和变异。

developmental research（发展研究） 随着时间的变化进行研究的一种方法。

difficulty index（难度指标） 正确回答多项选择题的受测者比例。

direct observation（直接观察） 在行为或结果发生的环境中观察行为的活动。

directional research hypothesis（定向型研究假设） 一种用于指出组间不同差异的方向（如大于或小于）的研究假设。

discrete variable（离散变量） 一种变量，只能取几个相互独立值的其中一个。

discriminant validity（区分效度） 结构效度的一部分，即当测量方法相同时，特征变异被共享的程度。

discrimination index（区分度指标） 在一个测验中，一个多项选择题能够区分高分组和低分组的程度。

distracters（干扰项） 多项选择题的答案，通常很容易注意到以至于那些不知道正确答案的人可能会误以为它们是正确的。

distribution of scores（分数分布） 数据的一般形态，包括平均数、中数、众数。

documentation（文件资料） 能支撑某个论点的资料或证据，通常以媒介形式（报纸、磁带、数据）出现。

duration recording（持续时间记录） 基于行为的持续时间进行记录。

effect size（效应量） 一种处理的效果越好所需样本量就越小的概念。

electronic mail（e-mail，电子邮件） 一种电子化交流、分享信息的方式。

electronic news groups（电子新闻群组） 互联网用户可以发布和共享信息的地方。

error score（误差分数） 个体观测值的一部分，主要是由方法、特征变异或方差引起的。

ethnography（民族志） 有关文化或者亚文化的研究。

experimental group（实验组） 接受实验处理的组别。

experimental research（实验研究） 一种通过使用控制组和处理组测量因果关系的研究。

experimental research method（实验研究方法） 一种测量变量间因果关系的研究方法。

experimenter effects（实验者效应） 由于实验者的存在改变了实验处理效果，进而对研究的内部效度所产生的一种威胁。

external criticism（外部评判） 历史研究中的一种评价标准，主要用于确定原始资料的真实性或有效性。

external validity（外部效度） 实验结果可推广的程度。

extraneous variable（无关变量） 对因变量有不可预测的影响的变量。

factor analysis（因素分析） 一种高级统计技术，允许减少变量来表示某种特殊构成，然后用因素得分作为因变量。

factorial design（因子设计） 一种研究设计，即将一个以上的自变量与其他不同自变量组合起来进行研究。

flow plan（流程图） 在调查研究中，对何时该做何事的总体规划。

focus group（焦点小组） 被要求对某个特殊事件或对象做出判断的一组被试。

follow-up studies（追踪研究） 将之前的研究基础作为收集额外数据的方法的一种研究。

frequency recording（频次记录） 基于某个特定行为产生的频次或者发生率来记录行为。

general sources（一般资源） 通过报纸、期刊或索引得到的一般信息。

generalizability（概化水平） 能够从数据中提取出推论或结论的能力。

Google search results（谷歌搜索结果） 使用谷歌作为搜索引擎进行搜索的结果。

Hawthorne effect（霍桑效应） 由于被试对实验的了解而对结果产生的影响。

historical research（历史研究） 研究过去发生的事件如何影响现在和未来的一套方法。

historiography（历史编纂学） 历史研究的另一种名称。

history（历史） 在实验过程中对实验对象不可控制的外部影响。

hypothesis（假设） 有待于检验的有根据的推测。

independent variable（自变量） 由研究者控制，试图检验对某些结果（因变量）的影响的变量。自变量是根据研究者的意见来操纵的，因此也被称为处理变量。

inferential statistics（推论统计） 基于从一个总体中抽取的一个样本来推断该总体特征的统计程序。

institutional review board（机构审查委员会） 出于对被试安全和保密的目的，对研究进行审核的一组人。

instrumentation（工具） 测验内部的一些情况，和被试能力无关，但也能影响行为表现。

internal consistency（内部一致性信度） 检验一个测验是否具有可靠单维性的一种方法。

internal criticism（内部评判） 在历史研究中，用来确定一个资料来源可靠性或准确性的评价标准。

internal validity（内部效度） 实验结果由自变量引起的推论准确性。

internet（互联网） 由全球在线网络组成的网络系统。

inter-rater reliability（评分者信度） 不同评分者使用相同测验得出的结果的一致性。

interval level of measurement（等距测量） 数值间具有相等距离但不能用于比例运算的测量。

interval recording（时距记录） 记录在特定时间间隔内发生的行为（也称时间取样）。

interview（访谈） 收集资料的一种方法，类似口头问卷。访谈可以是灵活、非正式的，也可以是有重点、结构化的。

interviewer bias（访谈者偏差） 访谈者不经意间影响受访者的回答所带来的偏差。

item analysis（项目分析） 使用难度和区分度来评估多项选择题的一种方法。

level of measurement（测量水平） 代表某种类型变量可能被评估的精度等级。

level of significance（显著性水平） 犯Ⅰ类错误的概率，或者当虚无假设为假时却拒绝接受的概率。

Likert scale（李克特量表） 态度量表中使用的一种方法，要求被试使用五点量表对一套陈述表示同意或者不同意。

longitudinal method（纵向方法） 发展研究的一种方法，用于评估一组被试在多个时间点的行为变化。

matching（匹配） 将被试按照类似的特征配对的方法，用以帮助解释不明原因的变异。

maturation（成熟） 由自然发展引起的变化，可能会影响实验的内部效度。

mean（平均数） 一个分布里所有分数的总和除以观察值的数量。

measurement（测量） 根据一定的规则对物体、事件、结果进行量化。

measures of central tendency（集中量数） 代表集中趋势的平均数、中数、众数。

median（中数） 在其分布中上下各有50%的分数的一个分数。

meta-analysis（元分析） 一种研究方法，用于研究可能存在于许多不同研究结果群组中的趋势或模式。

meta-search engines（元搜索引擎） 一种电子工具，可在互联网上搜索与多个搜索引擎产生的关键术语相关的信息。

method error（方法误差） 被试误差的一部分，主要由测验的特征和环境引起。

method of equal-appearing intervals（等高间隔法） 瑟斯顿量表法。

method of summated ratings（累积评定法） 李克特量表法。

mode（众数） 出现频次最高的分数。

moderator variable（调节变量） 掩盖自变量和因变量之间的真正关系的一种变量。

mortality（流失） 由于实验中被试的退出或移除而对研究的内部效度产生影响的一种因素。

multiple treatment interference（多重处理干扰） 当被试同时接受好几种处理时对内部效度的影响。

multitrait-multimethod matrix（多质多法矩阵） 使用多种方法测量多种特征。不管它们如何被测量，分数之间都是相关的。因此，如果同样的特征采用不同的方法测量，那么分数之间应该是相关的。如果不同的特征均采用相同的方法测量，那么分数之间应该是不相关的。

multivariate analysis of variance（MANOVA，多元方差分析） 用于分析发生在不止一个因变量之间群组差异的一种统计方法。

network（网络） 互相连接的计算机集合。

news reader（新闻阅读器） 获取和阅读新闻的一种软件程序（通常是网络浏览器的一部分，比如 Explorer 或 Netscape）。

news group（新闻组） 互联网上的讨论组。

nominal level of measurement（称名测量） 不建议用量而用标签分类的测量。

nondirectional research hypothesis（非定向型研究假设） 一种研究假设，即只提出不相等（如组间差异）但不指出这种差异的方向（如大于或小于）。

nonequivalent control group design（不相等控制组设计） 一种前实验设计，其中在研究的开始阶段组别是不对等的，并且缺乏合适的内部效度。

nonexperimental research（非实验研究） 未涉及变量处理以及因果关系的研究。

nonprobability sampling（非概率取样） 选择总体中任何一个样本的可能性都未知的一种取样方法。

normal curve（正态曲线） 一组分数的分布，其特征在于以平均数为中心呈对称状。分布的众数、平均数和中数相等，其双尾逐渐向 X 轴趋近。

norm-referenced test（常模参照测验） 个体表现被拿来与一大群同龄人的结果相比较的测验。

null hypothesis（虚无假设） 在研究中对组间均等的声明。虚无假设是观测自变量对因变量影响的出发点，也是比较组间差异是否显著的重要基准。

observed score（观测值） 真分数加上误差分数。

obtained value（获得值） 运用显著性统计检验后获得的值。

one-group pretest posttest design（单组前后测设计） 实验设计的一种，其中一组被试既接受前测也接受后测。

one-shot case study design（单次个案研究设计） 实验设计的一种，每组只接受一次测试。
open-ended questions（开放式问题） 被试有广泛的机会来回答的访谈问题。
optical scanner（光学扫描仪） 用于读取光学评分表的特殊计算机。
optical scoring sheet（光学评分表） 一种能够被计算机读取和处理的特殊印制的评分表。
ordinal level of measurement（顺序测量） 仅按照结果排序分类的测量。
parallel-forms reliability（复本信度） 通过同一题库编制的两个测验之间的关系。
participant observation（参与者观察） 参与实验或研究项目的个人有可能影响研究结果的活动。
person product moment correlation coefficient（皮尔逊积差相关系数） 衡量变量之间关系的一种指标。
personality tests（人格测验） 评定个体稳定的行为模式的测验。
physical artifacts（实体文物） 和某个特定时间段有关的对象或者正在研究的一种现象。
population（总体） 某些群体的全部。
post hoc（事后） 在"事实发生后"或者在处理已经被指定到各组之后所做的研究，也称为准实验研究。
posttest-only control group design（单后测控制组设计） 一种有着很高内部效度的真实验设计，其仅采用后测。
predictive validity（预测效度） 效标效度的一种。
pre-experimental design（前实验设计） 以缺少随机选择和分配为特征的研究设计。
pretest posttest control group design（前后测控制组设计） 一种有着很高内部效度的真实验设计。
pretest sensitization（前测敏感性） 前测的经历关系到自变量有效性的情形。
primary sources（原始资源） 人或文献所提及的第一手资料。
probability sampling（概率取样） 选择总体中任何一个样本的可能性都已知的一种取样方法。
projective tests（投射测验） 要求被试对模糊刺激做出反应的人格测验。其假设被试会将其世界观"投射"在这些刺激上。
proportional stratified sampling（比例分层取样） 一种随机分层取样方法，其中样本选取的对象与其在总体中的代表性成比例。
qualitative research（质性研究） 一种主要探讨在一定社会文化背景下发生的现象的研究。
quasi-experimental research（准实验研究） 按照性别、社会地位、地区等进行预先分配，然后进行的研究，也称后测研究。
questionnaires（问卷） 一组有侧重点的结构化问题，通常采取纸-笔自我报告的格式。
quota sampling（定额取样） 一种类似于分层随机取样的非概率取样方法，特定的层次是其关注的重点。但是，在选择时会设置一个指定的数目，一旦达到在这个数目就不会再进一步选取。
range（全距） 一个分布中最高分与最低分之差。
ratio level of measurement（比率测量） 可以成比例的比较，并且具有真正零点的测量。
raw data（原始数据） 未加整理的数据。
reactive arrangements（反作用安排） 霍桑效应。
regression（回归） 再测时极端分数回到一般表现水平的趋势。
reliability coefficient（信度系数） 反映一组变量之间关系的数字指标。
reliability（信度） 表现或者预测的一致性。
research（研究） 一个有组织的获取知识的过程。
research design（研究设计） 研究者在收集、处理、分析数据时所选用的研究方法和结构。
research hypothesis（研究假设） 研究中关于组间不对等的声明。研究假设认为组间存在定向或非定向的关联。
researcher-made tests（研究者自编测验） 为某个特定目的而设计并具有特定的评分和指导语的测验。
RSS（really simple syndication，简易信息聚合） 从源头向用户推送通知和其他信息的一种简易方式。

sample（样本） 总体中具有代表性的部分。

sampling error（取样误差） 样本特征与该样本所在总体特征之间的差异幅度。

scattergram（散点图） 显示变量之间关系的分数或数据点分布图。

scientific method（科学方法） 科学家们遵循的一套步骤，用于确保进行研究时有一个共同的基础。

secondary sources（二级资源） 历史资料的二手资源，如剪报及统计摘要。

selection（选取） 基于被试选择的偏差而影响一个研究内部效度的因素。

significance level（显著性水平） 虚无假设为真但却被拒绝的风险大小。

simple random sampling（简单随机取样） 总体中的每个成员都有平等、独立的机会被选入样本的取样方法。

single-subject research design（单被试研究设计） 观察一个被试的多种行为。

sampling error（取样误差） 样本特征和样本所在总体的特征之间的差异幅度。

solomon four-group design（所罗门四组设计） 一种传统的实验设计，其中四组不同的被试在同时回答许多不同问题时有一些相对简单的比较。

standard deviation（标准差） 分布中每个分数与均值的平均差。

standard scores（标准分数） 创建一个共同的参考点和相同的标准差以便于比较的分数。

standardized tests（标准化测验） 有着标准结构和评分方法因而可以被所有主试使用的测验。

static group comparison design（静态组比较设计） 具有有限内部效度的一种前实验设计。

statistical significance（统计显著性） 拒绝事实上为真的虚无假设的风险水平。

stratified random sampling（分层随机取样） 总体中的样本对象在某些变量上不对等时所采取的一种随机取样方法。

stratified sampling（分层取样） 选取代表总体中不同组别或层次的样本的过程。

structured questions（结构化问题） 有明确、明显侧重点并要求明确回答的访谈问题（类似于封闭式问题）。

structured tests（结构化测验） 有固定反应项目的测验。

systematic sampling（系统取样） 一种使用固定增量来决定样本组成的随机取样方法，例如，每第三个人被抽取为样本。

table of random numbers（随机数字表） 选取样本对象时使用的无偏差的标准。

test of statistical significance（统计显著性检验） 一种统计程序的应用，用于检验观察到的差异是否超过临界值以及偶然性是不是对结果的最有力的解释。

test（测验） 评定各种不同领域内个体差异的一种测量技术。

testing（测验过程） 基于因前测的实施所引起的组别敏感化，对某研究内部效度的一种威胁。

test-retest reliability（重测信度） 测验随着时间推移的稳定性。

the cloud（云） 数字信息的脱址存储位置。

theory（理论） 一组有相互逻辑关系的陈述，用于解释过去已经发生的事件，以及预测将来会发生的事件。

threads（线程） 通过电子通信关于特定主题的相关电子邮件评论或评论的字符串。

Thurstone scale（瑟斯顿量表） 用于构建态度测验的一种方法，其中所有项目根据态度分数进行分配。它接近于等距量表，用于个体对各种陈述表示同意或不同意。

time sampling（时间取样） 记录在特定时间间隔内发生的行为，也称时距记录。

trait error（特征误差） 个体误差值的一部分，主要由个体的特征引起。

true experimental research method（真实验研究方法） 原因和结果被明确测量的研究。

true score（真分数） 某人在某测验中的真正得分。

type Ⅰ error（Ⅰ类错误） 虚无假设为真时拒绝虚无假设时所犯的错误。

typeⅡ error（Ⅱ类错误） 虚无假设为假时接受虚无假设时所犯的错误。可以通过增加样本量来降低Ⅱ类错误的发生率。

unstructured questions（非结构化问题） 被试有着广泛的机会来回应的一类访谈问题。开放式问题就是其中一例。

URL（universal resource locator，统一资源定位符） 互联网上的网页地址。

validity（效度） 一组测验分数或一个实验解释的真实性或准确性。

variability（变异性） 一组分数分布的离散程度。

variable（变量） 可以取多个值的一类结果。变量是由研究者研究的。

variance（方差） 对一组分数分布的离散程度或变异性的测量。方差等于标准差的平方（s^2）。

z-score（*z* 分数） 基于均值为 0、标准差为 1 的分布的标准分数。

出处说明

注意：以下页码为原书页码，即本书边码。

第 1 章：**p. 8:** National Center for Education Statistics; **p. 8:** Centers for Disease Control and Prevention.

第 3A 章：**p. 42:** Educational Resources Information Center; **p. 44:** Reprinted from Web of Science with permission of Thomson Reuters; **p. 47:** © Google Inc.; **p. 49:** © Empresario, Inc.; **p. 50:** © Google Inc.; **p. 51:** © Google Inc.; **p. 51:** © Google Inc.; **p. 55:** © 2015 WeTransfer BV; **p. 59:** © Kansas University Libraries; **p. 60:** © Twitter Inc.

第 3B 章：**p. 64:** National Institute of Environmental Health Sciences; **p. 67:** © Neil J Salkind; **p. 70:** © Society for Research in Child Development; **p. 71:** © 2015 Georgia Institute of Technology; **p. 72:** © 2015 Georgia Institute of Technology; **p. 72:** National Institute of Environmental Health Sciences.

第 5 章：**p. 83:** From Handbook of Experimental Psychology by Stanley Smith Stevens, © 1951 John Wiley & Sons.

第 9 章：**p. 158:** The Library of Congress.

第 10 章：**p. 165:** "The Baby" from Victorian Childhood: Themes and Variations by Thomas E Jordan. Copyright © 1987 by Thomas E Jordan. Reprinted by permission of State University of New York Press; **p. 169:** © Center for History and New Media; **p. 169:** © Northeastern University; **p. 169:** © University of Georgia.

第 11 章：**p. 180:** © United States Department of Commerce; **p. 180:** © University of Glasgow; **p. 180:** © 2016 William M.K. Trochim.

第 12 章：**p. 190:** National Institutes of Health. The National Aging Institute's Web site (www.nia.nih.gov) is an institute of the NIH, a U.S. Federal Government agency that provides accurate, up-to-date information about aspects of aging research, information about clinical trials, educational materials and resources about aging for the general public, and information for researchers and health professionals.

第 13 章：**p. 199:** © Learner Associates; **p. 199:** National Institute of Allergy and Infectious Disease.

第 14 章：**p. 203:** © Pearson Education.

索引

注意：字母“f”和“t”分别代表本书中的图和表。

译后记

《心理学研究方法》（第 9 版）在经历了一年多时间的翻译校订后，终于脱稿了，心中甚为释然。这本书内容非常精练简要，我想这也是这本书之所以能够出版发行到第 9 版的原因所在。当初在接到编辑交给的翻译任务时，我的确有些犹疑不决，但是想到这样一本能够得到美国读者欢迎的好书，自己有机会翻译，也是一种荣幸。所以，尽管自己才疏学浅，在翻译过程中还是尽了最大的努力。

作者尼尔·J. 萨尔金德有 35 年之久的丰富的教学经验以及深厚的学术功底，他能够将复杂的研究方法，通过深入浅出的方式，阐释其精髓。简要而精练，浅显又深邃，是本书的特色。在新的版本中更增加了不少新内容。这些新的内容都是非常实用的。例如，一改以前使用 SPSS 统计软件包的做法，介绍了应用 Excel 数据分析包以及数据分析的实例。这样的做法对学生来说非常实用，因为学生们很难花钱去购买 SPSS 统计软件包，除非使用盗版。然而使用 Excel 就非常方便，一般电脑上都会安装。

译者虽然尽了自己最大的努力，但是才疏学浅，肯定有诸多疏漏之处。全书由我翻译，最后由童辉杰教授审校。

编辑张宏学老师为此书的翻译出版付出了大量劳动。在她的关心、鼓励和支持下，此书才得以顺利出版。

童定

2018 年 4 月 25 日

推荐阅读书目

ISBN	书名	作者	单价（元）
心理学译丛			
978-7-300-26722-7	心理学（第3版）	［美］斯宾塞·A. 拉瑟斯	79.00
978-7-300-28545-0	心理学的世界	［美］阿比盖尔·A. 贝尔德	79.80
978-7-300-18162-2	心理学改变思维	［美］斯科特·O. 利林菲尔德等	118.00
978-7-300-12644-9	行动中的心理学（第8版）	［美］卡伦·霍夫曼	89.00
978-7-300-09563-9	现代心理学史（第2版）	［美］C. 詹姆斯·古德温	88.00
978-7-300-13001-9	**心理学研究方法（第9版）**	**［美］尼尔·J. 萨尔金德**	**68.00**
978-7-300-16579-0	质性研究方法导论（第4版）	［美］科瑞恩·格莱斯	48.00
978-7-300-22490-9	行为科学统计精要（第8版）	［美］弗雷德里克·J. 格雷维特等	68.00
978-7-300-22245-5	心理统计学（第5版）	［美］亚瑟·阿伦等	89.00
978-7-300-13306-5	现代心理测量学（第3版）	［英］约翰·罗斯特等	39.90
978-7-300-17056-5	艾肯心理测量与评估（第12版·英文版）	［美］刘易斯·艾肯等	69.80
978-7-300-12745-3	人类发展（第8版）	［美］詹姆斯·W. 范德赞登等	88.00
978-7-300-13307-2	伯克毕生发展心理学:从0岁到青少年(第4版)	［美］劳拉·E. 伯克	89.80
978-7-300-20556-4	阿内特青少年心理学（第5版）	［美］杰弗瑞·简森·阿内特	69.90
978-7-300-18303-9	伯克毕生发展心理学:从青少年到老年(第4版)	［美］劳拉·E. 伯克	55.00
978-7-300-18422-7	社会性发展	［美］罗斯·D. 帕克等	59.90
978-7-300-21583-9	伍尔福克教育心理学（第12版）	［美］安妮塔·伍尔福克	109.00
978-7-300-16761-9	伍德沃克教育心理学（第11版·英文版）	［美］安妮塔·伍德沃克	75.00
978-7-300-17256-9	教育心理学精要（第3版）	［美］简妮·爱丽丝·奥姆罗德	79.90
978-7-300-18664-1	学习心理学（第6版）	［美］简妮·爱丽丝·奥姆罗德	78.00
978-7-300-23658-2	异常心理学（第6版）	［美］马克·杜兰德等	139.00
978-7-300-17653-6	临床心理学	［加］沃尔夫冈·林登等	65.00
978-7-300-18593-4	婴幼儿心理健康手册（第3版）	［美］小查尔斯·H. 泽纳	89.90
978-7-300-19858-3	心理咨询导论（第6版）	［美］塞缪尔·格莱丁	89.90
978-7-300-25883-6	人格心理学入门（第8版）	［美］马修·H. 奥尔森等	98.00
978-7-300-14062-9	社会与人格心理学研究方法手册	［美］哈里·T. 赖斯等	89.90
978-7-300-12478-0	女性心理学（第6版）	［美］马格丽特·W. 马特林	58.00
978-7-300-18010-6	消费心理学：无所不在的时尚（第2版）	［美］迈克尔·R. 所罗门等	79.80
978-7-300-12617-3	社区心理学：联结个体和社区（第2版）	［美］詹姆士·H. 道尔顿等	69.80
978-7-300-16328-4	跨文化心理学（第4版）	［美］埃里克·B. 希雷	55.00
978-7-300-14110-7	职场人际关系心理学（第12版）	［美］莎伦·伦德·奥尼尔等	49.00
978-7-300-15678-1	社会交际心理学：人际行为研究	［澳］约瑟夫·P. 福加斯	39.00
978-7-300-13303-4	生涯发展与规划：人生的问题与选择	［美］理查德·S. 沙夫	45.00
978-7-300-18904-8	大学生领导力（第3版）	［美］苏珊·R. 考米维斯等	39.80

西方心理学大师经典译丛

978-7-300-17807-3	自卑与超越	［奥］阿尔弗雷德·阿德勒	48.00
978-7-300-17774-8	我们时代的神经症人格	［美］卡伦·霍妮	45.00
978-7-300-17806-6	动机与人格（第三版）	［美］亚伯拉罕·马斯洛	58.00
978-7-300-17739-7	人的自我寻求	［美］罗洛·梅	48.00
978-7-300-20299-0	教育心理学简编	［美］爱德华·桑代克	45.00
978-7-300-20342-3	心理物理学纲要	［德］古斯塔夫·费希纳	49.00
978-7-300-18539-2	精神病学的人际关系理论	［美］哈里·沙利文	45.00
978-7-300-20275-4	社会学习理论	［美］阿尔伯特·班杜拉	48.00
978-7-300-20339-3	追求意义的意志	［奥］维克多·弗兰克尔	48.00
978-7-300-17738-0	当事人中心治疗：实践、运用和理论	［美］卡尔·罗杰斯等	89.00
978-7-300-24518-8	理解人性	［奥］阿尔弗雷德·阿德勒	39.90
978-7-300-24517-1	寻找灵魂的现代人	［瑞士］卡尔·荣格	48.00
978-7-300-23941-5	动力心理学	［美］罗伯特·伍德沃斯	45.00
978-7-300-23940-8	挫折与攻击	［美］约翰·多拉德等	45.00
978-7-300-26138-6	性学三论与爱情心理学	［奥］西格蒙德·弗洛伊德	38.00
978-7-300-26033-4	人类的遗产："文明社会"的演化与未来	［美］利昂·费斯汀格	55.00
978-7-300-26034-1	实现自我：神经症与人的成长	［美］卡伦·霍妮	65.00
978-7-300-27774-5	压力：评价与应对	［美］理查德·拉扎勒斯等	85.00
978-7-300-27972-5	心理学与灵魂	［奥］奥托·兰克	48.00
978-7-300-28167-4	习得性无助	［美］马丁·塞利格曼	58.00
978-7-300-27210-8	思维风格	［美］罗伯特·斯滕伯格	49.00
978-7-300-25215-5	超越自由与尊严	［美］B. F. 斯金纳	48.00

当代西方社会心理学名著译丛

978-7-300-28793-5	偏见（第 2 版）	［英］鲁珀特·布朗	98.00
978-7-300-28542-9	归因动机论	［美］伯纳德·韦纳	59.80
978-7-300-28329-6	欲望的演化（最新修订版）	［美］戴维·巴斯	79.80
978-7-300-12765-1	社会支配论	［美］吉姆·斯达纽斯等	65.00
978-7-300-13004-0	自我归类论	［澳］约翰·特纳等	45.00
978-7-300-13009-5	社会认同过程	［澳］迈克尔·A. 豪格等	59.00
978-7-300-13010-1	论辩与思考（新版）	［英］迈克尔·毕利希等	65.00

* * * *

图书在版编目（CIP）数据

心理学研究方法：第 9 版/(美)尼尔·J. 萨尔金德（Neil J. Salkind）著；童定译. —北京：中国人民大学出版社，2019.1
（心理学译丛）
书名原文：Exploring Research，9e
ISBN 978-7-300-26322-9

Ⅰ. ①心… Ⅱ. ①尼… ②童… Ⅲ. ①心理学研究方法－高等学校－教材 Ⅳ. ①B841

中国版本图书馆 CIP 数据核字（2018）第 232079 号

心理学译丛·教材系列
心理学研究方法（第 9 版）
［美］尼尔·J. 萨尔金德　著
童　定　译
童辉杰　审校
Xinlixue Yanjiu Fangfa

出版发行	中国人民大学出版社		
社　　址	北京中关村大街 31 号	**邮政编码**	100080
电　　话	010－62511242（总编室）		010－62511770（质管部）
	010－82501766（邮购部）		010－62514148（门市部）
	010－62511173（发行公司）		010－62515275（盗版举报）
网　　址	http://www.crup.com.cn		
经　　销	新华书店		
印　　刷	北京捷迅佳彩印刷有限公司		
开　　本	890 mm×1240 mm　1/16	**版　　次**	2019 年 1 月第 1 版
印　　张	21 插页 2	**印　　次**	2025 年 5 月第 4 次印刷
字　　数	499 000	**定　　价**	78.00 元

Pearson

尊敬的老师：

您好！

为了确保您及时有效地申请培生整体教学资源，请您务必完整填写如下表格，加盖学院的公章后传真给我们，我们将会在2～3个工作日内为您处理。

请填写所需教辅的开课信息：

采用教材			□中文版 □英文版 □双语版
作　者		出版社	
版　次		ISBN	
课程时间	始于　年　月　日	学生人数	
	止于　年　月　日	学生年级	□专　科 □本科1/2年级 □研究生 □本科3/4年级

请填写您的个人信息：

学　校			
院系/专业			
姓　名		职　称	□助教 □讲师 □副教授 □教授
通信地址/邮编			
手　机		电　话	
传　真			
official email（必填） （eg：×××@ruc. edu. cn）		E-mail （eg：×××@163. com）	
是否愿意接受我们定期的新书信息通知：　□是　□否			

系/院主任：________________（签字）

（系 / 院办公室章）

____年____月____日

资源介绍：

——教材、常规教辅（PPT、教师手册、题库等）资源：请访问 www. pearsonhighered. com/educator。（免费）

——MyLabs/Mastering 系列在线平台：适合老师和学生共同使用，访问需要 Access Code。（付费）

100013　北京市东城区北三环东路36号环球贸易中心D座1208室

电话：（8610）57355003　传真：（8610）58257961

Please send this form to：copub. hed@pearson. com